國際經濟合作

主　編　○李大鵬、李延
副主編　○李璽、蔣興紅、文佳、張藍月
　　　　　柳榆、周漢、張翔

財經錢線

國際經濟合作

主　編　李大鵬　李　延

副主編　李　璽　蔣興紅　文　佳
　　　　張藍月　柳　榆　周　漢
　　　　張　翔（排名不分先後）

前　言

　　隨著國際分工的不斷深化和世界經濟一體化的迅猛發展，各個國家在此基礎上形成了相互聯繫、相互依賴、共同發展的世界經濟體系。進入21世紀以來，伴隨著經濟全球化的迅速發展，國際經濟合作出現了許多新理論、新經驗和新問題。近年來，隨著中國改革開放的深入發展，國際經濟合作也有了很大的發展，但也面臨著巨大困難，國內外諸多不安全因素影響著中國企業走出去的步伐。在這樣的背景下，我們更需要大力開展國際經濟合作。

　　本教材圍繞生產要素國際移動和重新合理組合配置，對國際經濟合作進行了理論和實踐分析。全書共十四章。第一章為國際經濟合作概述；第二章為國際直接投資；第三章為中國利用外商直接投資；第四章為中國對外直接投資；第五章為國際間接投資；第六章為國際風險投資；第七章為國際技術轉讓；第八章為國際工程承包與勞務合作；第九章為國際租賃；第十章為國際發展援助；第十一章為國際稅收；第十二章為區域經濟一體化；第十三章為國際經濟協調；第十四章為可行性研究與資信調查。

　　由於時間關係和編者水平所限，書中不當之處在所難免，懇請廣大讀者批評指正。

編　者

目 錄

第一章　國際經濟合作概述 …………………………………………（1）
　第一節　國際經濟合作基本概念 ……………………………………（1）
　第二節　國際經濟合作的研究對象及與相關學科的關係 …………（5）
　第三節　國際經濟合作的類型與方式 ………………………………（8）
　第四節　國際經濟合作的產生和發展 ………………………………（11）
　第五節　國際經濟合作的意義和作用 ………………………………（15）
　思考題 …………………………………………………………………（17）

第二章　國際直接投資 …………………………………………………（18）
　第一節　國際直接投資概述 …………………………………………（18）
　第二節　國際直接投資的動機 ………………………………………（23）
　第三節　國際直接投資的主要方式 …………………………………（25）
　思考題 …………………………………………………………………（33）

第三章　中國利用外商直接投資 ……………………………………（34）
　第一節　中國利用外商直接投資概述 ………………………………（34）
　第二節　外商在中國直接投資的區位選擇分析 ……………………（42）
　第三節　中國利用外商直接投資的主要形式 ………………………（45）
　第四節　中國利用外商直接投資的部分政策法規 …………………（61）
　思考題 …………………………………………………………………（65）

第四章　中國對外直接投資 …………………………………………（66）
　第一節　實施「走出去」戰略與中國對外直接投資 ………………（66）
　第二節　中國企業對外直接投資的發展與現狀 ……………………（71）
　第三節　中國企業對外直接投資的實踐 ……………………………（76）

1

第四節　中國對外直接投資的管理體制 …………………………… (82)
　　思考題 ………………………………………………………………… (87)

第五章　國際間接投資 ……………………………………………… (88)
　　第一節　國際間接投資概述 …………………………………………… (88)
　　第二節　國際債券投資 ………………………………………………… (91)
　　第三節　國際股票投資 ………………………………………………… (97)
　　第四節　國際基金投資 ………………………………………………… (104)
　　思考題 ………………………………………………………………… (110)

第六章　國際風險投資 ……………………………………………… (111)
　　第一節　國際風險投資概述 …………………………………………… (111)
　　第二節　國際風險投資的運作 ………………………………………… (115)
　　第三節　在中國的外資風險投資的運行 ……………………………… (121)
　　思考題 ………………………………………………………………… (126)

第七章　國際技術轉讓 ……………………………………………… (127)
　　第一節　國際技術轉讓概述 …………………………………………… (127)
　　第二節　國際技術轉讓的內容 ………………………………………… (130)
　　第三節　國際技術轉讓的方式 ………………………………………… (134)
　　第四節　國際技術轉讓合同 …………………………………………… (138)
　　第五節　技術轉讓與知識產權 ………………………………………… (144)
　　思考題 ………………………………………………………………… (147)

第八章　國際工程承包與勞務合作 ………………………………… (148)
　　第一節　國際工程承包概述 …………………………………………… (148)
　　第二節　國際招標與投標 ……………………………………………… (151)
　　第三節　國際工程承包合同與施工管理 ……………………………… (157)

第四節　國際工程承包的銀行保函 ……………………………（163）
　　第五節　中國的國際工程承包 …………………………………（165）
　　思考題 ……………………………………………………………（168）

第九章　國際租賃 …………………………………………………（169）
　　第一節　國際租賃概述 …………………………………………（169）
　　第二節　國際租賃的主要方式 …………………………………（172）
　　第三節　國際租賃的程序與合同 ………………………………（174）
　　第四節　中國的融資租賃業現狀與發展策略 …………………（176）
　　思考題 ……………………………………………………………（180）

第十章　國際發展援助 ……………………………………………（181）
　　第一節　國際發展援助概述 ……………………………………（181）
　　第二節　國際發展系統的援助 …………………………………（186）
　　第三節　世界銀行貸款 …………………………………………（190）
　　第四節　中國與國際發展援助 …………………………………（194）
　　思考題 ……………………………………………………………（201）

第十一章　國際稅收 ………………………………………………（202）
　　第一節　國際稅收概述 …………………………………………（202）
　　第二節　國際避稅方法與國際反避稅措施 ……………………（209）
　　第三節　中國的涉外稅收制度 …………………………………（216）
　　思考題 ……………………………………………………………（220）

第十二章　區域經濟一體化 ………………………………………（221）
　　第一節　區域經濟一體化的形式 ………………………………（221）
　　第二節　區域經濟一體化的原因及現狀 ………………………（223）
　　第三節　區域經濟一體化的理論 ………………………………（227）

第四節　區域經濟一體化的組織 …………………………………………（232）
　　思考題 …………………………………………………………………………（238）

第十三章　國際經濟協調 ………………………………………………………（239）
　　第一節　國際經濟協調概述 …………………………………………………（239）
　　第二節　國際經濟協調的主要組織 …………………………………………（245）
　　第三節　國際經濟協調的主要領域 …………………………………………（251）
　　思考題 …………………………………………………………………………（256）

第十四章　可行性研究與資信調查 ……………………………………………（257）
　　第一節　可行性研究概述 ……………………………………………………（257）
　　第二節　可行性研究的實施方式 ……………………………………………（261）
　　第三節　資信調查 ……………………………………………………………（263）
　　思考題 …………………………………………………………………………（270）

第一章　國際經濟合作概述

　　第二次世界大戰結束後，在新的科技革命的推動下，生產力迅猛發展，各國之間的經濟聯繫日益加強。各國在國際分工的基礎上相互聯繫、相互依賴、競爭協調、共同發展，構成了當今的世界經濟體系。沒有哪個國家能夠脫離這個體系，獨立地存在於世界上。任何國家要實現經濟現代化都必須遵循世界經濟的發展規律，參與國際分工，發展同別的國家長期而穩定的經濟貿易合作關係。只有這樣，這些國家才能在未來的國際經濟競爭中立於不敗之地，世界經濟才能夠得到發展，這是世界生產力發展的客觀要求與結果。

　　20世紀80年代以來，世界形勢因「冷戰」結束而趨於緩和，經濟全球化和區域經濟一體化的趨勢已成定勢。但是，在技術水平不斷提高的前提下，傳統貿易方式受到衝擊，貨物貿易摩擦日趨嚴重。一種新的經濟交往方式——國際經濟合作，正日益成為國家之間、國際組織之間經濟交往的主要方式之一，並在國際經濟生活中發揮著越來越重要的作用。

第一節　國際經濟合作基本概念

一、國際經濟合作的內涵

　　合作是一種聯合行動的方式，是個人與個人、群體與群體之間為達到共同目的，彼此相互配合的一種聯合行動，具有行為的共同性、目標的一致性特徵，甚至合作本身也可能變為一種目的。成功的合作需要具備以下幾個基本的條件：第一，一致的目標。任何合作都要有共同的目標，至少是短期的共同目標。第二，統一的認識和規範。合作者應對共同目標、實現途徑和具體步驟等，有基本一致的認識。在聯合行動中，合作者必須遵守共同認可的社會規範和群體規範。第三，相互信賴的合作氣氛。創造相互理解、彼此信賴、互相支持的良好氣氛是有效合作的重要條件。第四，具有合作賴以生存和發展的一定物質基礎。必要的物質條件（包括通信、設備和交通器材工具等）是合作能順利進行的前提，空間上的最佳配合距離、時間上的準時、有序，都是物質條件的組成部分。

　　國際經濟合作是指第二次世界大戰結束以後，不同主權國家政府、國際經濟組織和超越國家界限的自然人與法人，為了共同的利益，遵照平等互利的原則，在生產領域中以生產要素的移動和重新組合配置為主要內容而進行的較長期的經濟競爭與協作

活動，還包括以國家間的經濟政策協調為重要內容的國際經濟協作活動。

根據上面的定義，可以看出國際經濟合作具有以下幾個方面的含義：

(一) 國際經濟合作的主體

國際經濟合作的主體是不同國家（地區）的政府、國際經濟組織和各國的企業法人與個人。

國際經濟合作是不同主權國家間的經濟協作活動，包括主權國家與國際經濟組織、主權國家間的企業法人之間、國際經濟組織之間、國際企業法人之間，乃至主權國家非法人機構、學術團體之間的合作。它不同於國內各地區間的自然人、法人（企業或經濟組織）和各級政府的經濟協作，國際經濟合作所涉及的政治風險、文化背景、國家法律、管理條件等都遠比國內地區間經濟協作複雜。這裡強調主權國家間的經濟協作，有別於歷史上宗主國與殖民地之間統治與被統治的不平等關係。歷史上的不平等條約，雖然是主權國家間政府簽訂的，但這些不平等條約下的經濟活動不是建立在平等互利原則基礎上的，因此不屬於國際經濟合作的研究範疇。此外，國際經濟合作的迅速而廣泛的發展是從第二次世界大戰以後開始的，這時的帝國主義殖民體系全面土崩瓦解，許多殖民地國家紛紛走上獨立和解放道路，為了發展本國經濟，它們積極開展對外貿易與國際經濟合作，這時的國際經濟合作才真正具有了普遍意義。

(二) 國際經濟合作的基本原則

國際經濟合作的基本原則是平等互利，即主權國家的政府、國際經濟組織、區域性經濟組織、超越國界的自然人和法人等之間，在平等互利原則的基礎上，各以其所具有優勢的生產要素通過一定的經濟協調機制，共同開展較為長期的經濟協作活動。

具體而言，平等互利的原則是指在經濟交往中，根據交往雙方的需要與可能，有來有往，互惠互利，任何一方都不能將任何不平等的條件或不合理的要求強加於對方。例如，在進行洽談或簽訂各種協議、合同時，要在平等的基礎上通過協商，兼顧雙方的權益，使雙方都有利可圖。協議或合同一經簽訂，雙方都應嚴格執行，任何一項條款沒有履行，都屬於違約行為。合作各方也可在平等的基礎上，通過協商或其他途徑解決合作中的爭議和糾紛。在國際經濟合作過程中，不論國家大小強弱，企業規模如何，他們的地位是平等的，都有權享受合作的利益。因此，國際經濟合作不同於歷史上宗主國對殖民地附屬國的掠奪、侵略與剝削，也有別於在不平等條約下，國與國之間的經濟活動，它是隨著殖民地體系全面崩潰而發展起來的新的經濟範疇。

(三) 國際經濟合作的主要內容

國際經濟合作的主要內容是不同國家生產要素的優化組合與配置。由於各國的自然條件和經濟發展水平不同，各國所擁有的生產要素存在著一定的差異（包括質量上和數量上的差異），只有將不同國家佔有的優勢生產要素結合起來，才能更快地發展經濟。通過國際經濟合作，各國可以輸入自己經濟發展所必需而又稀缺的各種生產要素，輸出自己具有優勢的或者多餘的生產要素，從而達到生產要素的優化組合，使各國的生產要素充分發揮作用，優勢互補，推動各國生產力的發展。

（四）國際經濟合作的領域

與國際貿易有所不同的是，國際經濟合作是不同國家在生產領域裡的相互協作。隨著科學技術和生產力的發展，國家間的相互經濟聯繫不斷加強，整個世界經濟生活日趨國際化。過去的那種主要發生在流通領域的國際經濟交流方式已經不能適應科技進步和生產力發展的需要了。現代國際化生產要求在生產領域中實現最有優勢的生產要素組合和採用最先進的科技成果，以取得最佳的經濟效益。國際經濟合作就是世界各國之間在生產領域所進行的經濟協作和配合，以及由此產生的經濟政策方面的協調。

（五）國際經濟合作的期限

國際經濟合作要求合作各方建立一種長期、穩定的協作關係，共同開展某些經濟活動。因此，國際經濟合作活動的週期一般比較長，有些項目的合作週期可能長達數十年，所以一般來講其風險也比較大。

二、國際經濟合作的基本特徵

國際經濟合作規模日益擴大，其內容和形式更加豐富多彩，常常是多種生產要素的複合轉移。以生產要素國際移動為基本特徵的國際經濟合作活動成為新的國際分工格局中的重要內容。國際經濟合作已發展成了一種涉及國家、遍及各個社會經濟生活領域、多層次的國際經濟關係，並形成了國際經濟合作發展的基本特徵。

（一）國際經濟合作反應一種新型的國家間關係

國際經濟合作所反應出來的是一種新型的國家間關係，是主權國家間的經濟合作，這是國際經濟合作的根本特徵。當代國際經濟合作的一個必要前提和基本原則是相互尊重國家主權、堅持平等互利，這也是判斷主權國家間是否進行經濟合作的主要標誌。相互尊重主權就是指所有參與國際經濟合作的國家政治上是平等的，應該相互尊重，任何一方不得損害對方的政治獨立和主權，更不能以武力逼迫對方接受自己的合作條件。平等和互利是緊密相連的，只有在平等的基礎上，雙方根據自己的需要和可能，獨立地自行決定合作的方式與內容，在合作過程中要兼顧對方的利益，各自以自己占優勢的生產要素參與合作。對相互間產生的矛盾與糾紛應按國際慣例和有關法律進行協調和解決。

（二）國際經濟合作已形成了全球性、廣泛性和多層次的格局

20世紀50年代以來，世界經濟表現出經濟生活國際化趨勢和相互依賴關係。經濟生活國際化是指各國經濟生活超越本國界限在國家間相互協作，經濟生活國際化包含生產國際化、市場國際化、資本國際化、金融國際化、科技國際化和經濟調節國際化等方面。每個國家都不是在封閉狀態下發展的，各國經濟相互滲透、融合。經濟生活國際化進一步發展成為經濟全球化，各種商品和生產要素在國家間流動，實現優化配置，國家間的經濟依賴和聯繫加強。

國際經濟合作的形式和層次具有廣泛性，這是國際經濟合作的綜合特徵。國際經濟合作的領域具有廣泛性，幾乎遍及經濟生活的各個方面和所有領域，滲透到各個層

次。從合作領域看，它包括生產、貿易、金融、科技和各國的宏觀經濟政策協調等方面的內容。國際經濟合作已形成了多層次的格局，它可以是企業間的行為，也可以是政府之間、政府與國際經濟組織之間或是區域組織之間的合作；它可以是在微觀領域展開的，也可以是在宏觀經濟方面的合作；其主體可以是具體從事業務活動的企業和個人，也可以是政府首腦。

（三）國際經濟合作常常是多種生產要素的複合轉移

以原子能技術、航天技術、電子計算機的應用為代表的第三次科技革命，是國際經濟合作發展的直接動因。第三次科技革命對生產、通信和運輸產生了深遠的影響，使國家間的生產和分工成為可能，為生產要素在國際流動和配置創造了必要的條件。國際經濟合作就是當代國際分工發展的產物，是以現代科學技術為動力，以生產國際化為基礎建立起來的。在以生產要素國際移動和重新組合配置為主要內容的國際經濟合作活動中，生產要素的國際移動有時是單一的要素移動，但在更多情況下，是資本、技術、勞動力、資源、信息與管理等多種生產要素的複合轉移。國際分工不僅表現為地域和範圍上的擴大，在分工深度上也進一步發展。國際分工已由產業間發展到產業內、企業內，尤其是第二次世界大戰以後，跨國公司得到了較大的發展，跨國公司與其子公司之間、與其他國家企業之間的生產和投資活動日益頻繁，跨國公司是現代國際經濟合作的重要主體之一。

（四）國際經濟合作中存在著競爭與合作、矛盾與協調的運動規律

一些專家學者將國際經濟關係中存在的既相互聯繫、相互合作，又相互矛盾、相互競爭的現象概括為「4C規律」：競爭（competition）—矛盾（contradiction）—協調（coordination）—合作（cooperation）。「4C規律」反應了國際經濟合作中普遍存在的運動規律。

第二次世界大戰後，國際經濟合作的發展並不是一帆風順的，始終處於競爭、矛盾、協調、合作的錯綜複雜的狀態中。主權國家必須認識到在宏觀國際經濟合作中矛盾是普遍、大量、經常性存在的，但這並不排除國家間和平共處和開展經濟合作的可能性。國家間在某些問題上會有利益衝突，目標也不一致，而在另一些問題上可能會存在共同的利益和目標，進行某種形式的合作。同時，合作與矛盾衝突也不是一成不變的，有時合作可能會轉化為矛盾和衝突，衝突也可能導致新的合作。在微觀經濟合作中，超國界的自然人或法人在進行經濟合作的過程中，也存在著利益分割的矛盾。矛盾對世界經濟持續穩定的發展是十分不利的。因此，對國際經濟關係中出現的矛盾問題進行必要的協調，已經成為國際社會的共同願望和要求。只有通過國際經濟協調機制的有效運轉，國際經濟合作才能順利開展，各國開展國際經濟合作的目標才能得以實現。

三、國際經濟合作的研究方法

一門學科的研究方法是由其研究對象決定的。國際經濟合作學的研究，必須堅持馬克思主義的立場、觀點和方法，採取實事求是的調查研究方法。所以，馬克思主義

政治經濟學是國際經濟合作的基本理論指導。同時，國際經濟合作學是一門新興學科。一門新興學科的建立，其研究方法應是多方面的，特別是要從國際經濟合作的各種具體實踐中總結經驗，並昇華為理論。為此，還應採取以下一些具體方法：

(一) 歷史研究的方法

從時間上考察，採用歷史研究法。歷史研究法即從歷史的角度研究國際經濟合作關係的運動規律。它包括研究歷史上的國際經濟合作關係、當前國際經濟合作的現狀與特點以及未來國際經濟合作的發展趨勢與戰略選擇三部分。

(二) 微觀與宏觀相結合的方法

從空間上考察，採用微觀與宏觀相結合的方法。微觀與宏觀相結合的方法是指把整個國際經濟合作分為各個國家的對外經濟合作、次區域性的、區域性的和全球性的對外經濟合作進行研究。

(三) 比較的方法

從社會制度上分析，採用比較法。比較法即比較各種社會制度——發達資本主義國家之間、發展中國家之間、社會主義國家之間以及不同社會形態之間的國際經濟合作，從中比較出各自的特點，以便取長補短，發展國際經濟合作理論與實務。

(四) 系統分析的方法

從各種方式上研究，採用系統分析的方法。系統分析法主要是剖析和比較各個系統合作方式的發展變化及其運動規律。

(五) 數量統計分析方法

從數量上考察，採用數量統計分析方法。數量統計分析方法即通過對各種生產要素的國際移動規模與國民生產總值之比，進行靜態分析與動態的比較，來衡量各國對外經濟合作的發展程度及其特點。

當然，上述這些研究方法在實踐應用中，都不是孤立進行的，而是相互交叉、綜合性的運用。

第二節　國際經濟合作的研究對象及與相關學科的關係

一、國際經濟合作的研究對象

根據國際經濟合作的內涵，國際經濟合作的實質內容是生產要素的國際轉移和重新配置。因此，國際經濟合作的研究對象是生產要素在國際轉移和重新配置的運動規律以及這一領域中進行國際經濟協調的有效機制。國際經濟合作的研究對象主要包括以下三個方面的具體內容：

(一) 研究國際經濟合作形成與發展的理論基礎

1857 年，馬克思在《政治經濟學批判》導言中，曾提到應當研究「生產的國際關

係、國際分工、國際交換、輸出和輸入、匯率等問題」。當時馬克思設想過國際經濟關係的許多問題，但是由於受到客觀條件的限制，沒有實現這一設想。如今，隨著國際分工的深入發展和經濟活動的日益國際化，國際經濟關係中出現了很多理論問題需要去研究和探索，如生產要素在國際流動及其表現形式，各國在國際經濟交往中表現出來的相互依賴、相互競爭與合作的關係，區域及合作的發展前景等，這些問題都與國際經濟合作的形成與發展緊密相連。國際經濟合作是伴隨著國際分工的廣泛和深入而發展起來的，其內容主要是圍繞生產要素的組合配置展開的，國際經濟相互依賴、相互作用是它的重要特徵之一，經濟全球化、經濟一體化是國際經濟合作乃至世界經濟發展的趨勢。研究這些理論，需要我們用實事求是的立場、觀點和方法進行分析，揭示國際經濟合作形成與發展的規律。

(二) 研究國際經濟合作中各國的政策調節和國際經濟協調機制

從宏觀角度，國際經濟合作主要研究各主權國家為鼓勵或限制資本、技術、勞務等生產要素的國際移動而採取的宏觀調控政策和經濟措施；為解決國際經濟交往中出現的矛盾，減少摩擦而建立起來的國際經濟協調和法律保護問題；當前世界經濟發展中區域經濟一體化趨勢等問題；探討不同經濟制度、不同經濟發展水平的國家之間在平等互利的基礎上開展國際經濟合作的必要性及發展趨勢。

(三) 研究國際經濟合作的具體方式和內容

從微觀角度，國際經濟合作主要研究合作的範圍領域、合作的具體內容、合作的方式及合作的環境；研究合作各方如何通過一定形式在生產、投資、科技、勞務、信息管理等領域進行合作、獲取經濟利益的過程；研究相關的國際市場、國際經濟合作環境和有關國際慣例。這些也是狹義國際經濟合作所包含的內容。

二、國際經濟合作與相關學科的關係

(一) 國際經濟合作與國際貿易的關係

1. 國際經濟合作與國際貿易的共同點

(1) 兩者都是國際經濟交往的重要形式。國際經濟合作與國際貿易是各個國家參與國際分工，獲得比較利益的重要手段，兩者都需要在國際市場上進行交換，都必須受到平等互利和相互尊重等原則的制約和調節。

(2) 兩者都與生產要素和商品生產相關。生產要素禀賦決定了國際經濟合作中各種生產要素的組合形式和結構類型。同時，生產要素的禀賦也決定了國際貿易中各國參與交換的商品種類、數量和結構。在國際經濟合作中，合作各方以自己占優勢的生產要素直接參與合作，共同生產商品和勞務；在國際貿易中，各國利用自己相對占優勢的生產要素生產商品，通過商品的國際交換實現生產要素間接轉移，獲得比較利益。

(3) 兩者常常結合起來，形成綜合性的國際經濟活動。如國際經濟合作方式中的補償貿易、承包工程都與國際商品貿易結合進行，技術轉讓、直接投資等也往往與國際商品貿易連接在一起，構成國際經濟合作和國際貿易兩種業務相互交織的綜合性國

際經濟活動。

2. 國際經濟合作與國際貿易的不同點

（1）兩者的研究對象不同

國際貿易主要研究國際商品流通的特點和規律，即生產要素間接國際移動的特點和規律，研究的重點是商品的進口與出口，屬於流通領域的範疇。國際經濟合作主要研究生產要素在國際進行直接移動和重新配置組合的特點與規律及其協調機制，研究的重點在於生產領域的直接協作。

（2）兩者的具體運作方式不同

國際經濟合作與國際貿易的具體方式不同主要表現在以下幾點：

①國際貿易的成交方式比較簡單。商品貿易的談判簽約內容相對比較簡單，成交較快。而國際經濟合作業務的內容一般比國際商品貿易複雜，合作方式多樣，合作項目的風險也較大，因而談判成交時間長，難度大。

②國際貿易的作價比較容易。國際商品貿易在價格和支付條款方面都有國際市場行情和國際慣例可供參考；而國際經濟合作項目的價格構成、計算方法以及支付方式等都要比國際商品貿易複雜得多。

③國際貿易的表現形式一般是各種各樣的合同，而國際經濟合作一般表現為各種各樣的項目。雖然項目中包含著合同，但是項目的範圍比合同廣，除了包含合同外，還包含項目建議書、項目可行性研究報告與項目章程等內容。

（3）兩者的業務週期長短不同

國際商品貿易都是買斷和賣斷的行為，所需時間一般較短。當交易達成後，買方收貨付款，賣方交貨收款，賣方與買方的交易關係即告結束。而在國際經濟合作業務中，各方需要在一段較長的時期內進行合作和發生經濟往來，直到合同規定的合作期滿或項目完成為止。

（4）兩者對各國經濟發展所起的作用不同

國際商品貿易主要是通過各國的進口和出口影響各國國民經濟，對各方來說，都可從對方獲得稀缺的產品，或者通過比較利益節約生產要素的耗費，但並不直接影響各國科技水平和生產力的提高，不能直接解決一國的資金短缺問題。而國際經濟合作則是合作各方在生產領域的直接合作。通過資本、技術、勞動力、土地資源等方面的轉移，可以直接促進各國技術水平的提高和生產力的發展，並可緩解一國經濟建設時的資金緊張狀況。

總之，國際經濟合作與國際貿易的總的關係是兩者相互替代、相互補充、相互促進和共同發展。

（二）國際經濟合作與國際服務貿易的關係

如前所述，國際經濟合作研究側重在生產領域中，以資本、技術、勞動力等生產要素的移動和重新配置為主要內容而開展的經濟協作活動，包括國際經濟合作的具體方式、國際經濟合作政策、國際經濟協調機制等內容。

國際服務貿易指跨越國界進行服務交易的商業活動，即服務提供者從一國境內向

他國境內，通過商業或自然人的商業現場向消費者提供服務並取得外匯報酬的一種交易行為。其具體包括：從一成員的國境向另一成員的國境提供服務；從一成員的國境向另一成員的服務消費者提供服務；由一成員的自然人在另一成員境內提供服務；通過一成員的法人在另一成員的商業存在提供服務。這裡的「服務提供」包括任何部門的任何服務（實施政府職能活動所需要的服務提供除外），包括生產、銷售和傳遞等項服務。

從上述概念可以看出，國際服務貿易研究的領域更寬、涉及業務範圍更廣，包括金融、保險、旅遊、教育、醫療、投資等，也包括許可證貿易、技術諮詢和技術服務。應當說，國際服務貿易的範圍涉及除了貨物貿易以外的其他經濟活動內容，與國際經濟合作研究內容有較大的交叉。但國際經濟合作作為一個單獨的研究領域，從研究的角度和範圍以及研究的專業深度上與國際服務貿易有一定的區別。國際經濟合作從生產要素國際直接移動與組合配置角度，研究資本要素、技術要素、勞動力要素以及組織管理等一些新要素跨國移動的運動規律和表現形式。國際經濟合作還研究由此產生的國際競爭與協調關係。國際經濟協調常常不直接伴隨著生產要素的跨國移動，但作為主權國家在經濟合作問題上的相互承諾，成為生產要素跨國移動的國際規則，對國際經濟合作發揮著重要作用，成為當代國際經濟合作的主要特徵之一。

第三節　國際經濟合作的類型與方式

一、國際經濟合作的類型

(一) 按參與國際經濟合作的主體範圍的不同劃分

按參與國際經濟合作的主體範圍的不同，可以劃分為國家集團之間的合作、區域性經濟合作、全球經濟合作。國家集團之間的合作包括發達國家之間展開的北北合作、發展中國家之間展開的南南合作、發達國家與發展中國家之間展開的南北合作、東西方經濟合作、社會主義國家間的經濟合作等。區域性經濟合作是指區域經濟一體化，包括各地區所組成的區域性經濟同盟、關稅同盟、共同市場、自由貿易區、優惠貿易安排等。全球經濟合作是建立國際經濟新秩序的未來目標模式。

(二) 按參與國際經濟合作主體的不同劃分

根據參加國際經濟合作主體的不同，國際經濟合作可以劃分為宏觀國際經濟合作與微觀國際經濟合作。宏觀國際經濟合作是指不同國家政府之間以及不同國家政府同國際經濟組織之間通過一定的方式開展的經濟合作活動。微觀國際經濟合作是指不同國籍的自然人和法人之間通過一定方式開展的經濟活動，其中主要是指不同國家對企業或公司間的經濟合作活動。宏觀國際經濟合作對微觀國際經濟合作的主體、範圍、規模和性質有較大的影響，但宏觀國際經濟合作服務於微觀國際經濟合作，多數形式的宏觀國際經濟合作最終都要落實到微觀國際經濟合作上來，微觀國際經濟合作是宏

觀國際經濟合作的基礎。

(三) 按國際經濟合作所含內容的不同劃分

根據所含內容的不同，國際經濟合作可以分為廣義國際經濟合作和狹義國際經濟合作。廣義國際經濟合作，包括一切超出國家界限的經濟交往活動。它不僅包括第二次世界大戰以後發展起來的新的國際經濟交往方式，而且涵蓋了國際商品貿易、國際金融服務等傳統的國際經濟交往方式。狹義的國際經濟合作，特指第二次世界大戰以後發展起來的、以生產要素國際轉移為主要內容的、主權國家間的經濟協作活動。因此，國際經濟合作與國際貿易、國際金融等學科有嚴格的區分。

(四) 按參與國際經濟合作主體個數的不同劃分

根據國際經濟合作主體個數的不同來劃分，國際經濟合作可以分為多邊國際經濟合作和雙邊國際經濟合作。多邊國際經濟合作是指兩個以上的國家政府之間以及一國政府與國際經濟組織之間所進行的經濟合作活動。多邊國際經濟合作又可分為全球國際多邊經濟合作與區域多邊國際經濟合作兩種具體類型。雙邊國際經濟合作是指兩國政府之間進行的經濟合作活動。多邊國際經濟合作與雙邊國際經濟合作一般都屬於宏觀國際經濟合作的範疇。

(五) 按參與國際經濟合作的經濟發展水平的不同劃分

根據參加國經濟合作發展水平的不同，國際經濟合作可以劃分為北北合作、南南合作和南北合作。北北合作是指發達國家之間展開的經濟合作，南南合作是指發展中國家之間展開的經濟合作，南北合作是指發達國家與發展中國家之間展開的合作。經濟發展水平差異不大的國家之間的經濟合作稱為「水平型國際經濟合作」，經濟發展水平差異較大的國家之間的經濟合作稱為「垂直型國際經濟合作」。

二、國際經濟合作的方式

(一) 國際投資合作

國際投資合作主要研究國際資本要素在國際移動的表現形式及其具體內容。它包括國際直接投資和國際間接投資兩種形式。國際直接投資是指投資者在東道國設立獨資企業、合資企業或收購當地企業等形式的國際投資行為。其具體方式有中外合資企業、中外合作企業、外資企業、外商投資股份有限公司、中外合作開發、境外投資企業、境外加工貿易企業、境外研發中心、境外併購、非股權投資等。國際間接投資主要是研究國際證券市場的運行機制。其具體形式包括發行國際債券、境外發行股票等。近年來，還出現了一種蘊涵巨大風險的高新技術產業的投資行為——風險投資。

(二) 國際技術合作

國際技術合作主要研究技術要素在國家間移動的有關內容，包括有償轉讓和無償轉讓兩個方面。有償轉讓主要指國際技術貿易，其採取的方式有帶有技術轉讓性質的設備硬件的交易和專利、專有技術和商標使用許可貿易等。無償轉讓一般以科技交流

和技術援助的形式出現，其具體形式包括交換科技情報、資料、儀器樣品、召開科技專題討論會、專家互換與專家技術傳授、共同研究、設計和試驗攻關、建立聯合科研機構和提供某些方面的技術援助等。

(三) 國際租賃

國際租賃是一國承租企業為了進行生產以定期支付預定租金的方式向另一國租賃公司借貸設備等，它是以特定的法律形式來進行的一種經濟活動。出租人按承租期限收取租金，出租人享有法律上的設備所有權，承租人擁有此項設備的使用權。國際租賃業務是一種新興的經濟合作方式，它是在國內租賃業務基礎上發展起來的，在當今國際經濟生活中佔有重要地位，也是許多國家的企業引進外資、設備的一項重要方式。

(四) 國際工程承保與勞務合作

國際工程承包具體形式包括總包、分包、二包、聯合承包和合作承包等。其業務涉及的範圍比較廣，不僅涵蓋工程設計和工程施工，還包括技術轉讓、設備供應與安裝、資金提供、人員培訓、技術指導和經營管理等。

國際勞務合作主要包括直接境外學生的勞務合作和間接境內形式的勞務合作。其具體形式有勞務人員（勞動力）的直接輸出和輸入、國際旅遊、國際諮詢、服務外包及加工貿易中的一些業務環節等。

(五) 國際經濟信息與經濟管理合作

國際經濟信息合作主要是指不同國家之間經濟信息的交流與交換。國際經濟管理合作的具體方式有國家間稅收合作、對外簽訂管理合同、聘請國外管理集團和管理專家、開展國際管理諮詢、聯合管理合營企業、交流管理資料與經驗、舉辦國際性管理講習班等。

(六) 國際發展援助

國際發展援助是國家間提供經濟援助和技術援助的總稱。經濟援助是資金、物資的支援和幫助；技術援助是智力、技能、資料和工藝等方面的支援和幫助。國際援助是國際經濟合作的一種有效形式，在現代國際經濟事務中，它已為大多數國家所接受，成為國際經濟關係的一個重要方面。國際發展援助主要包括對外援助和接受國外援助兩個方面，其具體形式有財政援助、技術援助、項目援助、方案援助、智力援助、成套項目援助、優惠援助、援外合資合作等。

(七) 國際經濟政策協調合作

國際經濟政策協調合作是一個複雜的系統，它包括各國政府代表有協調一致的意願、討價還價、達成協議、執行協議的一系列過程。它包括兩大類型：一類是以聯合國系統、區域性經濟組織等為主的，對各國經濟進行的協調活動。這種協調活動主要通過政府首腦會議及國家領導人進行的互訪、簽訂多邊或雙邊協定的方式進行。另一類是以區域經濟一體化的方式進行的，如建立自由貿易區、關稅同盟、共同市場、經濟同盟等。WTO的產生，正是在世界範圍內制定了一套能夠被廣泛接受、客觀公正、

具有權威性的爭端解決機制。這是一項全球性、高層次的經濟政策協調合作。

此外，還有雙邊與多邊經貿合作、國際土地合作（具體有對外土地出售、土地出租、土地有償定期轉讓、土地入股、土地合作開發等）等其他合作方式。

第四節　國際經濟合作的產生和發展

國際經濟合作已經成為當代經濟生活國際化發展的必然趨勢，是各國人民發展經濟的客觀需要。它是在傳統的國際經濟聯繫的基礎上產生和發展起來的，所以國際經濟合作是一個歷史的經濟範疇，是國際經濟關係在一定歷史條件下所採取的特色方式。因此，必須將國際經濟合作的演化和發展放在整個國際經濟關係的發展歷史中加以考察。國際經濟合作的產生與發展有其深刻的社會、歷史原因。

一、國際經濟合作的產生和發展

（一）早期的國際經濟合作

早期的國際經濟合作主要是圍繞早期國際貿易而出現的。例如，在古希臘時代，地中海周邊國家的貿易往來已相當頻繁。為了保證貿易的順利進行，由古希臘出面斡旋，各國約定互為對方的船只提供便利，並進而在關稅上相互提供一定的優惠。又如，在春秋時代的中國，各諸侯國之間的商業交往已相當發達，而且楚、晉、齊、魯等國之間均有通商盟約，規定互相之間為貨物運輸提供方便。再如，在封建社會時期，歐洲出現過「漢薩同盟」式的國際經濟合作。14—17世紀，北歐和中歐國家的一些商業城市結成了一個旨在維護商業利益的組織即「漢薩同盟」。參加同盟的北德意志和波羅的海沿岸的城市最多時達到160多個，加入這一同盟的城市被稱為「漢薩城市」。同盟以盧卑克為中心，商人代表會議是其最高權力機構，它同時設有最高法院，入盟城市必須遵守同盟權力機構的決定。同盟城市共同分擔經濟分風險，組織聯合貿易團，包租輪船，在西起倫敦、東至原俄國諾夫哥羅德的沿海各地設立商站，壟斷波羅的海地區的貿易。同盟的鄰近諸國享有商業特惠，統一商法，抵制封建法庭的干預，保護商隊的安全，以合作的方式來保障同盟成員的利益。

綜上所述，由於在奴隸社會和封建社會時期社會生產力和商品生產尚不發達，自給自足的自然經濟占統治地位，加上交通工具落後等因素，國際經濟合作處於低級階段，且往往是偶然的，局部地區發生暫時性的合作，還未形成世界經濟體系。

（二）第二次世界大戰前的國際經濟合作

第二次世界大戰前百餘年間，世界先後發生了兩次科技革命。18世紀60年代，第一次科技革命以蒸汽機和紡織機的發明為標誌，此時資本主義的大機器工業已經初步建立，這就要求有一個不斷擴大的世界銷售市場和原料供應來源與資本主義的大機器相適應；已有的市場範圍已不能滿足大機器工業發展的需要，迫使資本主義國家到國外尋找新市場，由此逐步形成了國際交換和國際分工，產生了世界經濟。19世紀末20

世紀初，第二次科技革命隨著電動機和電力的發明使用而產生。這次科技革命給資本主義生產關係和國際經濟關係帶來了新的內容和形式。至此，資本主義生產進入到機器大工業時代，生產快速增長，社會生產力得到空前提高，生產國際化進一步發展。到19世紀末20世紀初，資本主義自由競爭進入到壟斷時期。這一時期少數幾個帝國列強統治著世界，代表著資本主義經濟的存在和發展。它們不是靠正常的國與國之間的經濟往來、公平的商品交換或平等互利的國際貿易來支撐，而是靠對廣大殖民地的剝削和掠奪來維持。它們從殖民地廉價取得所需原料，然後再反過來向殖民地傾銷它們的過剩產品，把殖民地當成它們有利的投資場所。帝國主義國家的大量資本輸出，使資本主義市場迅速擴大，形成一個統一的、無所不包的世界市場。這一時期世界經濟形成了以資本主義國際化為主的特徵。

雖然第二次世界大戰前發生的兩次科技革命極大地推動了世界範圍內社會生產力的發展，並促使世界經濟形成和發展，但由於當時帝國主義殖民體系的存在，絕大多數國家喪失了主權，被剝奪了參加平等互利的國際經濟合作的權利。因此，當時的國際經濟合作不是真正意義上的合作，所以不能形成普遍的、全球性的局面。

(三) 第二次世界大戰後迅速發展的國際經濟合作

第二次世界大戰後，國際政治形勢發生了根本的改變，帝國主義殖民體系瓦解，許多亞非拉國家獲得獨立，一批社會主義國家出現，並形成了國際政治舞臺上一支新生力量。戰前幾個主要資本主義國家主宰整個世界命運的時代已然結束，世界政治呈現多極化和多元化的局面。

世界政治格局的改變必然帶來經濟活動的變化。國際經濟合作已發展成為各國參與的、涉及社會各國經濟生活領域的、多形式和多層次的國際經濟活動。這一時期，各國在更廣泛的領域內進行合作，以國際生產要素轉移為主要內容的國際經濟合作已發展成為世界經濟和國際經濟關係中一個非常重要的領域。真正意義上的國際經濟合作是第二次世界大戰以後產生和發展起來的。促進第二次世界大戰後國際經濟合作產生與發展的主要動因有以下幾個方面。

1. 直接原因：第三次科學技術革命的出現

第二次世界大戰以後，特別是從20世紀50年代開始，人類歷史上出現了新的科學技術革命即第三次科學技術革命，產生了大量的「技術密集型」產品，而且技術商品化的形成，又導致出現了新的獨立的生產要素市場——技術市場。在資本、勞動力、土地資源等其他生產要素中，技術的作用也越來越明顯，科學技術成為影響一國生產力水平的最重要的因素。第三次科學技術革命對國際生產、國際通信和國際運輸產生了深遠的影響，使國家之間在生產領域進行廣泛合作成為可能，為生產要素在國家間直接轉移和重新組合配置提供了必要條件和實際內容。因此，第三次科技革命的出現是國際經濟合作在第二次世界大戰後產生與發展的直接動因。

2. 重要動因：經濟生活國際化和國家間的相互依賴的加強

進入20世紀50年代以後，世界經濟的一個重大特點就是經濟生活國際化趨勢和相互依賴關係的迅速發展與加強。經濟生活國際化是生產力發展的直接結果，是世界各

國和地區經濟生活社會化、生產專業化協作發展超越本國界限而實行國際安排的表現。正是生產力這一最活躍、最革命的因素的不斷發展推動生產的社會化超出了一個地區、一個國家，進而把現代社會的整個經濟生活推向了國際化。經濟生活國際化具體表現為生產國際化、市場國際化、資本國際化、金融國際化、科技國際化和經濟調節國際化等方面。經濟生活國際化不僅強化了國家之間在經濟技術領域的相互依賴，使全球經濟融合為一個難以分割的整體，而且也使國家之間在經濟協調領域的相互依賴加深。任何國家都不可能在封閉的狀態下求得發展，任何國家的經濟活動必然會以某種渠道或某種方式傳遞到其他國家，同時也接受其他國家對自己傳遞的影響。近年來，經濟生活國際化進一步發展到經濟全球化，各種商品和生產要素在全球範圍內大規模流動與配置，跨越國界的經濟活動日益增加，各國經濟在各個層面上進一步相互滲透、融合與依存。經濟生活國際化和國家間的經濟依賴加強成為當代世界經濟發展的主要趨勢之一，也是推動國際經濟合作發展的一個重要原因。

3. 重要載體：跨國公司的大發展

第二次世界大戰以後，跨國公司取得了長足的發展。跨國公司與其子公司、分公司之間以及與其他國家之間的生產投資和經濟技術活動日益發展，遍及全世界。跨國公司的活動有力地促進了各國之間在生產領域的合作和生產領域的國際化，它們是開展國際經濟合作和生產要素國際移動的一個重要載體。

4. 現實基礎：第二次世界大戰後國際分工的新發展

第二次世界大戰後生產國際化的新發展特別表現在生產過程的國際化上。由於科技的發展，出現了許多新型的產業和產品，這些現代化產業和產品的結構和生產工藝十分複雜，技術性能和質量要求很高，它們的生產不僅要求國內許多部門和企業進行專業化協作，而且要求在國際範圍進行協作。因此，各國間不僅實現了部門間的國際分工，而且出現了部門內部的國際分工，即實現了按產品、規格型號、零部件、生產工藝流程的國際分工。各國的直接生產過程成為統一的世界生產過程的組成部分。垂直型國際分工、水平型國際分工縱橫交錯成為當代國際分工的突出特徵。與此相適應，各類生產要素不斷在國家間移動與重新組合配置，出現了各國在生產領域中進行國際經濟合作的各種方式。

5. 推動力量：各類國際經濟組織的產生和發展

所謂「國際經濟組織」包括區域性經濟組織和全球性經濟組織兩種類型。區域性經濟組織指地理區域比較接近的國家間建立的組織或締結的條約與同盟，如歐盟、北美自由貿易區、東盟等。這些區域性經濟組織在協調經濟發展目標、採取協調經濟政策、進行區域內的經濟合作等方面發揮了很好的作用。全球性經濟組織包括聯合國系統的有關經濟組織和有關經濟水平相似國家間締結的經濟組織，這些組織在協調組織內部合作、促進南南合作和推動南北合作等方面做了不少的努力，發揮了一定的作用。總之，第二次世界大戰後各種類型的國際組織大量湧現，它們在推動國際經濟政策協調和各種方式的國際經濟組織發展過程中發揮了重要作用。

6. 良好的外部條件：第二次世界大戰後國際政治、經濟局勢的變化

第二次世界大戰後，隨著殖民體系的瓦解，世界經濟格局出現了根本性的變化。

戰前由幾個主要資本主義國家完全主宰整個人類命運的時代結束了，許多新獨立的國家加入了發展中國家的行列，這使廣大發展中國家成為世界政治經濟舞臺上一股不可忽視的力量。另外，社會主義國家的出現，也形成了影響世界政治經濟生活的重要力量。

世界政治格局的變化必然會帶來世界經濟格局的變化。殖民體系的瓦解使原先殖民體系內部宗主國與殖民地之間的貿易活動變成了兩個政治上相互獨立的國家之間的國際貿易，原先依靠殖民統治為基礎的經濟掠奪已不能繼續存在，取代它的至少是在形式上平等互利的國際經濟聯繫。發展中國家為爭取經濟獨立，發展民族經濟，改善國際貿易做出了很大努力。它們為了發展民族經濟，在進出口貿易等方面採取了一系列保護民族經濟的措施。同時，又從發達國家引進了發展經濟所必需的資本、技術等生產要素。而發達國家則通過輸出資本、技術等繼續進入發展中國家市場，這就使發展中國家與發達國家間的經濟合作迅速發展。因此，第二次世界大戰後出現的這種國際政治經濟局勢變化為國際廣泛開展的經濟合作提供了良好的外部條件。

二、當代國際經濟合作發展的趨勢

國際經濟合作的開展，能夠推動各國經濟的發展和人民生活水平的提高，並能在某些方面發揮國際貿易難以起到的作用，這已成為越來越多國家的共識。國際生產要素市場的進一步發展也會對國際經濟合作的開展產生一定的影響。今後，國際經濟合作的發展趨勢主要有以下幾個方面：

(一) 競爭更加激烈

國際經濟合作領域中競爭的激烈程度並不亞於國際貿易領域。從經濟上的競爭來看，各國都在積極擴大本國產品的國際市場，吸引更多的資本流入本國，爭取更多的原材料來源和更大的勞務市場。為了使資源的配置能夠盡可能地有利於本國的發展，競爭就不可避免。發達國家仍然是世界經濟和國際經濟合作的主角，他們積極地參與到多邊或雙邊的國際經濟合作中，不斷推進區域經濟一體化的進程，在國際投資、國際信貸、國際科技服務、國際勞務等領域中開展了廣泛的合作。這些國家的經濟行為均反應其所追求的特定經濟利益和目標，在此過程中必然會遇到支持和反對的主體，因而摩擦和衝突在所難免。但是，我們應該看到，即使這些國家間存在著矛盾和衝突，也不能排除這些國家間開展國際經濟合作的可能。在合作中競爭，將成為國際經濟合作的新常態。

(二) 集團化

由於國際生產要素移動趨向集團化，因此，各集集團內國家間以及經濟集團與經濟集團之間的經濟合作將會有較多的增加。國際經濟合作中出現的集團化趨勢，實際上是發達國家之間經濟合作加強的表現，因為目前發展最為成熟的區域經濟一體化經濟集團主要集中在發達資本主義國家。

(三) 經濟合作多樣化

隨著經濟一體化程度的不斷加深，各種新型的國際經濟合作方式不斷湧現。目前，

國際經濟合作的主要方式包括國際投資合作、國際信貸合作、國際科技合作、國際勞務合作、國際租賃合作、國際發展援助和國際經濟政策協調合作等。近年來，新出現的國際經濟合作形式主要有 BOT 投資方式、非股權形式的國際投資、聯合研究與開發新技術或新產品、帶資承包工程、帶資移民、帶資勞務支付形式的補償貿易、承接國外的加工裝配業務、有組織的集體性質的國際勞動力轉移、以產品償還機器設備的補償貿易、向國外客戶出租儀器設備、購買外國發明的專利技術的使用權、對外進行國際諮詢業務、合作開發資源和特許經營等。國際經濟合作的多樣化體現為合作方式的多樣化，也體現為合作層次的靈活多變。當代國際經濟合作的層次在逐步提升，由企業與企業之間、政府與政府之間的合作向區域合作和跨區域合作的方向轉變。

(四) 經濟政策協調經常化、制度化

國際經濟協調屬於宏觀國際經濟合作。國家與國家之間的經濟依賴程度不斷加強，為了保障和推動生產要素的國際移動能夠更加順利地進行，需要不斷加強國際經濟協調。隨著經濟一體化的不斷推進，國際經濟協調本身也將依照發展、互利、自由、協商和平等的原則進行相應調整，以適應不斷變化的世界經濟和國際經濟合作發展需要。調整的方向主要包括加強多邊國際協調；促進資金、技術向發展中國家轉移；促進世界生產佈局的調整；加強對跨國公司的管理。為了實現上述目標，美日之間、美歐之間、歐盟成員方之間以及 WTO 成員國之間進行的經濟政策協調日益頻繁，而且正在向常規化、制度化方向發展。

(五) 跨國公司成為國際經濟合作的主體

在當今世界經濟的舞臺上，跨國公司已成為最活躍的主體之一，並且擁有強大的競爭力。跨國公司在世界範圍內進行貿易投資、配置資源、通過補貼、轉移定價等各種方式規避監管和關稅，甚至壟斷國際市場，從而獲得巨額利潤。隨著世界經濟不斷發展，全球跨國公司的經營規模也在不斷地擴大，跨國公司的力量日益龐大，特別是發達國家的跨國公司憑藉其雄厚的資金和先進的技術，對發展中國家的生產和銷售進行直接或者間接的控制，有些採取非法的手段逃避所在國海關、稅務以及外匯管制機構的監管，損害了東道國的利益，這也是國際經濟合作中值得關注的問題。發展中國家要對此進行深入的研究並採取相應的措施來反擊跨國公司的控制，維護自身的發展權益。

第五節　國際經濟合作的意義和作用

國際經濟合作的開展打破了以商品貿易為主的國際經濟交往格局，為國際經濟聯合增添了新的內容。國際經濟合作的開展不僅會對直接參加合作的各國的經濟起到積極作用，而且也會對整個世界經濟的發展產生良好的影響。國際經濟合作的作用主要表現在以下幾個方面：

一、加深了各國的生產國際化和經濟國際化

由於國際經濟合作是各國間重點在生產領域開展的較長期的經濟協作活動，所以也是各國在生產領域的相互結合，也就是生產的直接國際化，這就大大地擴展了生產力發展的空間，使世界經濟由傳統的以世界市場為主要特徵的時代，演變成以世界工廠為主要特徵的時代。

二、通過經濟協調行動改善了世界經濟外部環境

國家間在政策方面進行協調，發展區域合作和跨區域合作是第二次世界大戰後國際經濟合作的重要內容和主要特徵之一。第二次世界大戰以後，國家間在經濟上的協調包括經濟發展水平相近國家間的協調，區域性經濟組織、跨區域經濟組織以及世界範圍所進行的協調等多種形式。國際經濟協調有利於克服國際經濟中的矛盾和糾紛，有利於解決國際經濟中的不平衡現象，從而有利於各國之間開展各種形式的國際經濟合作。

三、實現了各國之間在生產要素數量、質量和結構方面的互補，提高了生產要素的使用效率和收益

國際經濟合作促進了生產要素在國家間的互通有無，這不僅表現在生產要素種類的互補上，更重要的是在同類生產要素數量、質量和結構的互補上。通過國際經濟合作，可以獲得某些稀缺資源，實現生產要素的最佳配置；可以獲得發展所迫切需要的資金技術；可以獲得廉價勞動力，從而降低生產成本。生產要素由閒置或過剩的國家流向短缺的國家，由價格低、報酬低的國家流向價格高、報酬高的國家，實際上就是由使用效率低的國家流向使用效率高的國家，由此提高了生產要素的利用率。

四、擴大了國際貿易的數量和範圍，影響和改變了國際貿易的流向

生產要素的國際移動能夠擴大國際貿易的數量和範圍。資本和技術要素的國際移動會導致機器設備和原材料等資本貨物類商品的國際貿易的增加；一國把從國外輸入的生產要素投入出口產品生產企業或出口產業部門，會推動該國出口貿易的擴大；國際工程承包業務的開展會帶動和擴大與此相關的設備材料等商品的進出口；生產要素的國際移動數量的增加還意味著世界服務貿易規模的擴大。此外，生產要素的國際移動也影響和改變國際貿易的流向。以直接投資形式出現的資本要素的國際移動，可以突破貿易保護主義的限制，實現國外生產國外銷售，從而使國際貿易的商品流向發生改變。

五、生產要素的國際移動會改變一些國家參加國際分工的態勢

20世紀50年代勞動密集型產業由歐美轉到日本，20世紀60年代開始轉移到亞洲「四小龍」，20世紀80年代轉移到泰國、馬來西亞等東盟國家和中國東南沿海地區。近年來，日本等發達國家開始向國外轉移一些資本密集型產業。任何產業的國際轉移

都包含著一部分資金、技術等生產要素的國際轉移，它們都是通過生產要素的國際移動實現的，生產要素的國際移動會導致某些出口產業的國際轉移和某些替代進口產業的加速建立。一個國家要加速本國替代進口產業的發展，就必須採用開放式的替代進口發展戰略，通過輸入國外的生產要素促進本國替代進口產業與產品的發展，從而實現本國產業結構的高級化和現代化。隨著出口產業的國際轉移，相關國家的出口產業結構、出口企業組織結構和出口商品結構必然會發生變化，從而改變這些國家在國際分工中的地位。

六、使不同國家具有優勢的生產要素結合起來產生了較大的規模經濟效應

國際經濟合作使生產要素從豐裕的國家向稀缺的國家轉移。根據要素的邊際收益遞減的規律，當密集地使用某一生產要素生產產品時，該要素的邊際收益呈遞減的趨勢。如果生產要素不能在國家間直接轉移，某種要素稟賦充裕的國家，只能密集使用充裕要素進行商品生產，則它所擁有的生產要素稟賦優勢最終將為密集使用過程中的邊際收益遞減所抵消，不能成為真正的優勢。通過國際經濟合作，生產要素從豐裕的國家流向稀缺的國家，與當地豐裕的生產要素組合，形成新的生產能力，進而提高要素的邊際收益，帶來更大的經濟效益。

國際經濟合作使不同國家具有優勢的生產要素結合在一起，產生較大的規模經濟效應。通過國際經濟合作，一個國家可以從其他國家獲得自己稀缺的生產要素，將自己所擁有的優勢生產要素與其他國家的優勢生產要素相結合，擴大產品生產規模，這不僅能抑制密集使用某一生產要素而產生的邊際收益遞減現象，還能帶來規模經濟效應。

七、國家間的經濟協調行動為世界各國經濟發展提供了良好的外部條件

國家間在政策方面進行協調，發展區域合作和跨區域合作是第二次世界大戰後國際經濟合作的重要內容和主要特徵之一。第二次世界大戰以來，國家間在經濟上的協調包括經濟發展水平相近或差距較大的國家間的協調，區域性經濟組織、跨區域經濟組織所進行的協調等多種形式。國際經濟協調有利於克服國際經濟的矛盾和糾紛，有利於解決國際經濟中的不平衡現象，從而利於各國之間開展各種形式的國際經濟合作。

思考題

1. 國際經濟合作的概念和含義是什麼？
2. 國際經濟合作的具體方式有哪些？
3. 國際經濟合作與國際貿易的區別和聯繫是什麼？
4. 簡述國際經濟合作的發展階段及其原因。
5. 簡述國際經濟合作發展的主要趨勢。

第二章 國際直接投資

國際直接投資作為以資本生產要素運動為媒介並帶動勞動、土地、技術等其他要素在國際上移動，實現生產要素在世界範圍內的重新組合與配置的一種方式，對於加速國際分工深化和區域經濟一體化、集團化，以及促進世界經濟發展，發揮著舉足輕重的作用，是當今國際經濟合作方式中的重要內容之一。

第一節 國際直接投資概述

一、國際直接投資及其類型

（一）國際直接投資的含義及特點

國際直接投資是指投資者為了在國外獲得長期的投資效益並得到對企業的控制權，通過直接建立新的企業、公司或併購原有企業等方式進行的國際投資活動。從一國角度出發，國際直接投資也被稱為對外直接投資或外國直接投資（FDI）。根據國際貨幣基金組織所下的定義，對外直接投資是指在投資者所屬經濟體以外的經濟體所經營的企業中擁有持續利益的一種投資，其目的在於對該企業的經營管理具有有效的發言權。

國際直接投資是生產資本國際化的實現形式。在直接投資過程中，一個國家的生產要素以生產資本的形態輸出到國外，組織和經營直接的生產過程，從而使投資國的生產過程擴展到國際範圍。在這一過程中，投資者的跨國投資行為，主要是集中在生產領域，並直接控制被投資企業的運作和經營，控制其生產活動。正因為如此，國際直接投資過程也就是生產國際化的過程，二者是分不開的。

（二）國際直接投資的類型

按照不同的標準來劃分，可以把國際直接投資分為不同的類型或形式。

（1）按照投資者控制被投資企業產權的程度可以分為獨資經營、合資經營、合作經營和合作開發等形式。獨資經營是指完全由外商出資並獨立經營的一種國際直接投資方式；合資經營是指兩國或兩國以上的投資者在平等互利原則基礎上，共同商定各自在被投資企業的股權比例，並根據東道國的法律，通過簽訂合同舉辦合營企業，共同經營、共負盈虧、共擔風險的一種投資方式，這也是在國際直接投資中較為常見的一種方式；合作經營與合作開發都是以簽訂合同或協議為基礎的國際經濟合作形式。

（2）按照投資者控制被投資企業的方式，也可以把國際直接投資分為股權參與式

的國際直接投資和非股權參與式的國際直接投資。按照這一標準，獨資經營屬於全部股權參與式投資；合資經營屬於部分股權參與式投資；而投資者沒有在東道國企業中參與股份，以其他一些形式如許可證合同、管理合約、銷售協議等進行的直接投資，均屬於非股權參與式的直接投資。

（3）按照投資者是否建立新企業，國際直接投資可分為創建新企業與控制現有國外企業兩類。一國投資者到國外單獨或合作創辦新的企業，或者組建新的子公司進行生產經營活動，均屬於前一種形式；而通過收購國外公司或與國外公司合併以獲得對東道國企業的控制權，則屬於後一種形式。

（4）按照投資主體與其投資企業之間國際分工的方式，可以把國際直接投資分為水平型投資、垂直型投資和混合型投資。水平型直接投資也稱為橫向型直接投資，是指一國的企業到國外進行投資，建立與國內生產和經營方向基本一致的子公司或其他企業。這類子公司和其他企業能夠獨立完成生產和銷售，與母公司或國內企業保持水平分工關係。垂直型對外直接投資是指一國投資者為了生產過程的不同階段實現專業化而將生產資本直接輸出到另一國進行改廠或建立企業的投資活動，與其國內出口則主要體現為互補關係。這是因為海外企業與國內企業形成一種互為市場的關係，任何一方市場規模的擴張，都會對另一方生產的發展產生直接的擴散效應。混合型投資是指兼有權益性質和債權性質的投資。這種投資通常表現為混合性證券投資。如購買另一企業發行的優先股股票、購買可轉換公司債券等，均屬於混合型投資。

二、國際直接投資理論

第二次世界大戰後尤其是進入20世紀60年代後，隨著西方跨國公司以及對外直接投資的發展，西方經濟學者對這一領域產生了極大興趣，並進行了理論上的探討和研究，形成了各種派別和眾多的理論。這裡僅做簡要的介紹和評述。

（一）壟斷優勢理論

壟斷優勢理論是由美國經濟學家海默於1960年在其題為《國內企業的國際經營：對外直接投資研究》的博士論文中首次提出的。在其論文中，海默研究了1914—1956年美國對外投資的資料，發現1914年前美國幾乎沒有對外證券投資，直到20世紀20年代開始出現對外證券投資。而第二次世界大戰後，美國對外投資迅速增加，但對外證券投資發展卻異常緩慢。海默得出對外直接投資與對外證券投資有著不同行為表現的結論，並以壟斷優勢論加以解釋。20世紀70年代，海默的導師金德爾伯格對這一理論進行了補充和完善，從而形成了跨國公司理論的基礎——壟斷優勢理論。該理論同時又被稱作「海默—金德爾伯格傳統」替代了「赫克歇爾—俄林模型」，成為研究對外直接投資最早、最有影響的基礎理論。

海默等人認為，要解釋第二次世界大戰後的對外直接投資，必須放棄國際資本流動傳統理論中關於完全競爭的假定，應從不完全競爭的角度進行研究。所謂不完全競爭，是指由於技術壟斷、商標、產品差別及規模經濟引起的，偏離完全競爭的市場結構。一個企業或公司之所以對外直接投資，是因為它比東道國同類企業具有更有利的

壟斷優勢，從而在東道國生產能獲得更多的利潤。

企業的壟斷有三類。第一類來自產品市場的不完全的優勢，如商標、產品差別、銷售技能、操作價格等；第二類來自生產要素市場不完全的優勢，如專利和專有技術、獲得資金的優越條件、管理技能等；第三類來自規模經濟的優勢，包括內部和外部的規模經濟優勢。通過對外直接投資，跨國公司可以使其擁有的壟斷優勢得以充分利用，從而在產品成本、產品差別等方面具有競爭優勢。但是跨國公司對外投資的目的並不僅限於此，它還力圖扼殺東道國國內企業的競爭，並對投資企業實行長期控制。

海默還具體分析了美國企業的對外直接投資的原因。他認為，美國企業之所以進行對外直接投資，一是為了繞過東道國的關稅壁壘，以維持和擴大市場；二是為了保住企業對國外營運及技術運用的控制，並獲得技術資產的全部收益。因此，他認為，美國企業對外直接投資應以獨資經營方式為主要形式。

壟斷優勢理論的突破在於它用壟斷和不完全競爭替代了完全競爭，並將國際直接投資同國際證券投資區別開來研究，從而成為跨國公司理論的基石。但是，這一理論也有不足之處。由於它是以經營的分析為基礎，其理論就缺乏普遍意義；它不足以解釋生產部門跨國的地理佈局和服務也屬於跨國經營的行為，而且也無法解釋發展中國家以及20世紀六七十年代日本企業對外直接投資的行為。

（二）產品週期理論

產品週期理論是根據產品週期不同階段的特點來研究對外直接投資的過程。該理論由美國哈佛大學教授弗農提出，並於20世紀70年代初進一步做了修正。

弗農認為，當企業在市場上推出新產品時，產品的週期就開始了，並先後經歷創新、成熟和標準化三個階段，不同的產品階段決定了企業不同的生產成本和生產區位的選擇。企業的對外直接投資，是企業在產品週期運動中由於生產條件和競爭條件變化而做出的決策。在產品的整個生命週期中，跨國公司在外建立子公司發生在第二階段和第三階段。按照這種理論，到國外建立子公司的跨國公司一般都擁有技術和產品壟斷優勢。這種優勢是當地企業所沒有的，或許也不能在市場上買到。他們對外投資建立子公司的目的就是維持並充分利用其壟斷優勢，以在國外謀取最大化利潤。

產品週期理論運用動態分析技術，對國際直接投資由發達國家投向不發達國家的經濟現象解釋得比較清楚。同時，該理論回答了企業為什麼要到國外直接投資和為什麼能到國外直接投資以及到什麼地方投資的問題。此外，該理論的另一獨特貢獻在於它強調對外直接投資和出口是由同一企業進行的，並將對外直接投資和對外貿易統一起來進行分析。一般認為，該理論基本符合20世紀五六十年代美國企業的現實。但是20世紀80年代以後，大量新興工業化國家的跨國企業，對發展中國家甚至發達國家進行投資，這種「新橫向」投資和「逆向」投資顯然無法用產品生命週期理論加以解釋；同時，該理論對於那些以國外自然資源為目標的對外直接投資，以及目的不在於出口替代的對外直接投資而言，顯然無法做出合理的解釋。改理論的研究對象集中在美國跨國公司的對外直接投資上，因而其研究結論對於那些經濟結構與美國不盡相同的國家的公司所從事的對外直接投資也難以做出令人滿意的解釋。

(三) 比較優勢投資理論

20世紀70年代末，日本學者小島清運用比較優勢原理，把貿易與對外直接投資結合起來，以投資國和東道國的比較成本為基礎，著重分析對外直接投資的貿易效果，提出了對外直接投資的「比較優勢理論」。其基本思想是對外直接投資應該從本國（投資國）已經處於或即將陷於比較劣勢的產業──邊際產業（也是接受國具有顯在或潛在比較優勢的產業）依次進行。日本在20世紀60年代至80年代對東亞地區的直接投資顯示出如此特性。小島清理論較好地印證了日本對外直接投資初期的特性，但20世紀80年代尤其是90年代以後日本對外直接投資情形並不符合小島清理論，有的學者認為小島清理論是一個階段性的對外直接投資理論。雖然小島清理論並不能完全解釋對外直接投資現象，但我們可以從另外角度去理解和運用這一理論。處於對外直接投資發展初期階段的國家，其對外直接投資大部分是以成熟技術和利用發展中國家低廉生產要素開始國際化經營的，因此該理論也可以用以指導對外直接投資初期的社會實踐。中國的對外直接投資在現階段較大程度符合這一特徵，中國企業的跨國經營大部分集中於發展中國家，使用成熟技術，利用當地低廉生產要素，滿足當地市場需求。

(四) 內部化理論

英國里丁大學教授巴克利、卡森和加拿大學者拉格曼共同提出了「內部化理論」。他們認為，由於市場信息的不完全性和中間產品（尤其是專有技術、專利、管理及銷售技術等信息與知識產品）的價格難以確認，造成市場交易成本過高。跨國公司只有將中間產品市場交易納入到公司內部經營活動中，以內部市場取代低效率的外部市場，才能減少交易成本，最大限度地提高公司的利潤。

內部化理論最早可以追溯到科斯1937年的研究。科斯在《企業的性質》一文中指出，市場配置資源是有成本的。在不完全競爭的市場上，企業的經營目標是追求利潤最大化。當中間產品外部交易市場不完善時，企業就會產生創造內部市場的動力。而當市場內部化的範圍超越國界時就產生了跨國公司。

20世紀90年代以後跨國公司的全球投資、國際兼併都反應出跨國公司建立全球網絡系統的戰略特性，內部化理論是目前國際直接投資方面的主流理論之一，在國際上影響比較大，它強調管理水平對企業國際化的意義，但內部化理論在解釋國際生產的必然性和國際生產的地理分佈等方面有一定的困難。

(五) 國際生產折中理論

英國著名的跨國公司問題專家、里丁大學國際投資和國際企業教授約翰·鄧寧綜合了壟斷優勢理論、內部化理論，並結合國際貿易理論中的資源稟賦學說提出了「國際生產折中理論」，試圖全面探討對外直接投資的動因、投資決策、投資方向三個主要問題。其理論主要回答了企業利用國外資源和國外市場的方式，為什麼在不同的國家會有所不同。他認為，跨國公司對外直接投資應具備所有權優勢（即壟斷優勢）、內部化優勢、區位優勢，這三個方面的優勢決定了對外直接投資的動因、投資決策和投資方向。如果說所有權優勢和內部化優勢是國際直接投資的必要條件，則區位優勢是國

際直接投資的充分條件，只有三種優勢同時存在，國際直接投資才會成功。該理論認為，所有權優勢、區位優勢、市場內部化優勢的組合不僅說明國際企業或跨國公司是否具有直接投資的優勢，而且還可以幫助企業選擇國際營銷的途徑和建立優勢的方式，主要有以下兩層含義：

第一，從選擇營銷方式的條件來看，國際企業要對外直接投資必須同時具備所有權，市場內部化和區位三種優勢，而出口則只需要擁有所有權和市場內部化優勢，如果企業只擁有所有權優勢那就只能選擇技術轉讓方式；

第二，從建立某種優勢的途徑來看國際企業要同時擁有三種優勢所帶來的收益，那就必須選擇國際直接投資方式。如果公司僅採取出口方式，就會喪失區位優勢的收益，如果只採用技術轉讓的方式，那麼企業就會喪失內部化和區位優勢帶來的收益。

鄧寧的國際生產折中理論最為完整地解決了對外直接投資研究的三個問題，對直接投資有著較為完整的解釋力；國際直接投資的實踐也證實了鄧寧理論的正確性。國際生產折中理論一直被認為是較為完善的對外直接投資理論。

(六) 小規模技術理論

小規模技術理論是由美國學者威爾斯針對發展中國家的對外直接投資提出的。該理論注意到發展中投資母國對發展中國家跨國公司的「特定優勢」的影響，認為發展中國家跨國公司的技術優勢具有十分特殊的性質，是投資母國市場環境的反應。在現代社會，不僅大規模生產中的現代化技術是企業的競爭優勢，而且適合小規模生產的技術也同樣可能在競爭中佔有優勢。原因在於：發展中國家的製成品市場規模小，需求量有限，小規模市場中的發展中國家的企業技術具有勞動密集、成本較低、靈活性高等特點，與大企業相比反而具有相對優勢。發展中國家的企業通常採取低價策略，不需要高昂的廣告費用，以物美價廉為特色，是大型跨國公司無法比擬的。發展中國家企業對外投資有很多是滿足海外同一種族團體的需要，形成民族紐帶性的投資，獨特的文化特色也是競爭優勢所在。根據這一理論，中國在服裝、小商品以及民族手工業等方面都具有相對比較優勢，可以跨國經營，尤其是中國的民營中小企業，不僅生產成本低、運作靈活，而且也形成了相對的優勢，正是跨國經營的優勢企業群體。

具體來說，發展中國家跨國公司具有如下三點優勢：

第一，小規模技術優勢。由於發展中投資母國大多市場規模不大、需求多樣化，從而迫使發展中國家的企業不得不將引進的技術加以改造，使其生產技術更具有靈活性，提供品種繁多的產品，以適應本國小規模、多樣化的市場需求，從而具有小規模技術的特徵。這些經過改造的小規模技術成為發展中國家跨國公司到類似市場開展對外直接投資的特殊優勢之一。

第二，當地採購和特殊產品優勢。威爾斯發現，當發達國家的技術轉移到發展中國家後，往往需要對其加以改造，以便適應發展中國家當地的原料供應和零部件配套生產的能力，而這一優勢同樣成為發展中國家企業對外直接投資的特殊優勢之一。另外發展中國家的對外直接投資往往還帶有鮮明的民族特色，能夠提供具有民族文化特點的特殊產品，在某些時候它甚至可以成為壓倒性的經營優勢。

第三，物美價廉優勢。小規模技術理論沒有一概而論地認為發達國家企業就具有競爭優勢，而是區別了不同產品和不同市場。它認為在民族產品與小規模技術相聯繫的非名牌產品上，以及發展中國家市場上，發展中國家的企業與發達國家的企業相比是可能具有競爭優勢的。威爾斯的理論摒棄了那種只能依賴壟斷的技術優勢打入國際市場的傳統觀點，將發展中國家對外直接投資的競爭優勢與這些國家自身的市場特徵有機結合起來，從而為經濟落後國家發展對外直接投資提供了理論依據。

但從本質上看，小規模技術理論是技術被動論。威爾斯顯然繼承了弗農的產品生命週期理論，認為發展中國家所生產的產品主要是使用「降級技術」生產在西方國家早已成熟的產品。再有它將發展中國家跨國公司的競爭優勢僅僅局限於小規模生產技術的使用，可能會導致這些國家在國際生產體系中的位置永遠處於邊緣地帶和產品生命週期的最後階段。同時該理論很難解釋一些發展中國家的高新技術企業的對外投資行為，也無法解釋當今發展中國家對發達國家的直接投資日趨增長的現象。

第二節　國際直接投資的動機

跨國公司對外直接投資的動機源於企業為了自身的利益和發展而進行的對外擴張。企業對外直接投資的原因很多。一般來說，企業對外直接投資的原因主要包括以下類型。

一、追求高額利潤型投資動機

追求高額利潤，或以追求利潤最大化為目標，這是對外直接投資最根本的決定性動機。追求高額利潤是資本的天然屬性，當在國外投資比在國內投資更有利可圖時，資本必然流向國外。美國跨國公司對外直接投資，特別是在發展中國家的直接投資所獲利潤要遠遠高於在國內投資的利潤。例如，在20世紀70年代末，美國國內製造業平均利潤率為13%左右，而1979年美國在發達國家直接投資的利潤率為19.2%，在發展中國家直接投資的利潤率高達32%。美國在發達國家和發展中國家直接投資利潤率，20世紀80年代中期分別為16.2%和17.2%，1987年分別為21.3%和13.8%，1989年分別為14.6%和17.2%。如此豐厚的利潤，是企業進行對外直接投資最大的驅動力。

二、資源導向型投資動機

資源導向型投資是指企業為尋求穩定的資源供應和利用廉價資源而進行的對外直接投資。這類投資又可分為兩種情況：一是尋求自然資源，即自然資源導向型投資，企業對外直接投資是以取得自然資源為目的，如開發和利用國外石油、礦產品以及林業、水產等資源；二是尋求人力資源，利用國外廉價勞動力。

三、市場導向型投資動機

市場導向型投資可分為以下四種情況：開闢新市場，企業通過對外直接投資在過

去沒有出口市場的東道國佔有一定的市場；保護和擴大原有市場，企業在對出口市場的開闢進行到某種程度之後，通過對外直接投資在當地進行生產和銷售更為有利；克服貿易限制和障礙，企業可通過向進口國或第三國直接投資，在進口國當地生產或在第三國生產再出口到進口國，以避開進口國的貿易限制和其他進口障礙；跟隨競爭者，在寡頭壟斷市場結構，即少數大企業占統治地位的市場結構中，當一家企業率先到國外直接投資，其他企業就會跟隨而至，有時甚至不惜虧損，以維護自己的相對市場份額，保持競爭關係的平衡。

四、效率導向型投資動機

效率導向型投資動機是指企業進行對外直接投資的目的在於降低成本，提高生產效率。通常有兩種情況，第一是降低生產成本。如果企業在國內生產出口產品，其生產成本高於在國外生產時，可通過對外直接投資方式在國外設廠生產，以降低生產成本以及運輸成本等，提高生產效率。第二是獲得規模經濟效益。當企業的發展受到國內市場容量的限制而難以達到規模經濟效益時，企業可通過對外直接投資，將其相對閒置的生產力轉移到國外，以提高生產效率，實現規模經濟效益。

五、分散風險型投資動機

企業在進行對外直接投資過程中面臨著種種風險，主要有經濟風險（如匯率風險、利率風險、通貨膨脹等）和政治風險（如政治動盪風險、國有化風險、政策變動風險等）。對於政治風險，企業通常採用謹慎的方式對待，盡可能避免在政治風險大的國家投資；對於經濟風險，企業主要採用多樣化投資方式來分散或減少風險，通過對外直接投資在世界各地建立子公司，將投資分散於不同的國家和產業，以便安全穩妥地獲得較高的利潤。

六、技術導向型投資動機

企業可通過對外直接投資來獲取東道國的先進技術和管理經驗，這種動機的投資通常集中在發達國家和地區的資本技術密集型產業。第二次世界大戰後，發達資本主義國家之間的對外直接投資不斷增加。進入21世紀以來，這種趨勢更加突出，國際直接投資的80%左右集中在發達國家之間，歐盟和日本不斷擴大對美國的直接投資，而美國也在不斷增加在歐盟和日本的直接投資，出現這種情況的一個重要原因就是各國為了獲得對方的先進技術。

七、追求優惠政策型投資動機

企業被東道國政府的優惠政策所吸引而進行直接投資，可減少投資風險，降低投資成本，獲得高額利潤。這類投資一般集中在發展中國家和地區。東道國特別是發展中國家東道國的優惠政策，對外國直接投資產生了強烈的吸引力，促進了企業對外直接投資的發展。

八、環境污染轉移型投資動機

轉移環境污染是一些國家的跨國公司進行對外直接投資的重要動機之一。環境污染是威脅人類生存和經濟發展的世界性問題，一些發達資本主義國家迫於日益嚴重的環境污染問題，嚴格限制企業在國內從事易造成污染的產品生產，從而促使企業通過對外直接投資，將污染產業向國外轉移。在發達國家對外直接投資中，尤其是在製造業對外直接投資中，化工產品、石油和煤炭產品、冶金、紙漿造紙這四大高污染行業所占比重是相當高的。

九、全球戰略性投資動機

跨國公司的全球戰略是跨國公司在全世界範圍內安排投資，從事生產經營活動的戰略。全球戰略是跨國公司的對外直接投資發展到全球化階段的一種投資動機。跨國公司在進行對外直接投資決策時，所考慮的並不是某一子公司在某一時期或某一地區的盈虧得失，它所關心的是跨國公司長期的、全局的最大利益，將其所屬各機構、各部門看作是一個整體，有時不惜犧牲某地區某部門的局部利益，以保證全球戰略目標和整體利益的實現。

對外直接投資的各種投資動機可以單獨存在，也可以同時並存，其中追求高額利潤型投資動機是最基本的投資動機，而其他各種類型的投資動機都是它的派生形式。

第三節　國際直接投資的主要方式

一、投資方式選擇的影響因素

企業對外直接投資方式選擇就是圍繞如何將企業國內優勢高效地轉移到國外，實現其戰略目標，讓這些優勢充分發揮其價值的過程。從企業優勢跨國轉移和利用這一視角，我們對上述從理論推演中得出的影響因素進行分析，大致可以分為三類：一是來自優勢轉移起點的因素，如企業優勢資源的性質和價值，企業的國際經驗等；二是來自優勢轉移終點的因素，如東道國的政治、經濟環境、社會文化差異和配套資源等；三是企業海外戰略，如企業海外投資戰略、投資動機等。企業直接投資方式的選擇就是這三類因素共同作用的結果。

（一）從企業優勢資源轉移起點因素看

中國機械、紡織、輕工和家電等行業的企業在發展中國家直接投資，應採用獨資新建或合資新建方式。中國的機械、紡織、輕工、家電等在國內已經處於市場飽和，處在產業的成熟階段，而且有比較成熟的技術，企業所具有的技術、知識和管理優勢相對比較容易轉移。如果當地政府對直接投資股權有所限制，則可採用合資新建模式投資。

對於以高技術和創新為特徵的行業，在發達國家直接投資，應該採用合資併購方

式。對以高技術和創新為主要特徵的行業，發達國家資金、人才等配套實施方面比較齊全，具有技術上的優勢，而且考慮到這些行業技術更新快，投資金額大，合資可以降低投資風險，併購可以節省進入時間，能比較迅速地獲得新技術，促進企業技術進步和產業升級。因此，中國企業以直接投資進入發達國家這些行業時應採用合資併購方式。

對擁有較多國際經驗和較強實力的大企業，宜採用獨資新建；而對缺乏國際經驗的小企業，宜採用合資併購。當前，中國對外直接投資中，以國有大型企業為主，但中小民營企業表現日漸突出。中國對外投資的大企業往往擁有較先進的技術、管理和營銷技能，具有較多國際投資經驗，對國際市場比較瞭解，熟悉東道國投資環境，為了防止這些優勢的擴散，需要較強的控制力度，應該採用獨資新建為宜。而實力比較弱小的企業，缺乏國際投資經驗，對國外經營環境比較陌生，宜採用合資併購的方式，以充分利用合作者在技術、管理等方面的優勢。

(二) 從優勢資源轉移終點因素看

東南亞國家和中國社會文化差異比較小，經濟發展水平差異不很大，直接投資中，應採用獨資新建方式。東南亞各國與中國有著相似的地理、人文環境，社會文化產差異比較小，這些國家經濟發展比較快，市場潛力比較大，對中國企業具有的技術、知識和管理能力有良好的吸收能力，具備相應的配套資源和環境支撐，投資風險相對較小，因此在這些國家的直接投資，中國企業可採用獨資新建的方式。

歐美各國和中國社會文化及經濟發展水平差異都比較大，則在直接投資中，宜採用合資併購方式。對於歐美等西方國家，中國的直接投資總量比較少，一般是為了獲得其先進的技術和管理經驗，應採取合資併購的方式進入。通過併購，企業可以直接獲得所需的技術和知識資源，帶動國內技術的快速發展和升級。採用合資的形式，企業可以減少資源的投入，而且在企業營運中得到合作夥伴的幫助，以充分利用和轉移這些技術和管理知識。

(三) 從企業海外投資戰略看

為了獲得全球資源，實行全球一體化戰略，則直接投資應該採用獨資新建方式；如果是為了實現當地化戰略，則應該採用合資併購方式。如果企業投資的戰略是為了獲得全球的資源，則傾向於採用獨資新建方式，加大母公司的控制力度，以獲得全球的協調和資源最優配置，實現企業的全球規模經濟和範圍經濟。而對於海外投資戰略是為了尋求當地化戰略，以快速有效地對當地需求變化等市場環境做出反應，則企業應該給當地企業充分的經營自主權，發展他們和當地供應商、顧客、政府等的關係網絡，採用合資併購方式。

以獲得海外資源為動機，應選用合資併購方式；以獲得海外市場為動機，在趨於飽和的市場，應該選用合資併購，在成長潛力大的市場，應選用獨資新建。如果是為了獲得海外資源，則可採用合資併購。資源類型企業往往投資巨大，投資開發週期長，投資風險比較大，而中國企業規模普遍偏小，實力有限，所以不宜採用獨資模式，合資可以使得企業和合資夥伴共擔風險，從長期的互利關係中得到穩定的資源供給。如

果企業投資的動機是為了獲得海外市場，在那些潛力比較大的市場，採用新建模式；在需求趨於飽和的市場，則應採取併購的方式。

二、國際直接投資的主要方式

國際直接投資方式包括創建境外企業和跨國併購。

(一) 創建境外企業

創建境外企業是指外國投資者在東道國境內設立的部分或全部股份歸外國投資者所有的企業。如果創辦的是新企業，也稱綠地投資，其主要形式有國際獨資企業和國際合營企業兩種。

1. 國際獨資企業

國際獨資企業即國際獨資經營企業，是指外國投資者按照東道國的法律，經東道國批准，在東道國境內設立的全部資本為外國投資者所有的企業。這是國際直接投資最典型、最傳統的形式。國際獨資企業最大的特點是所有權與經營權都由外國投資者獨資享有，同時也由該投資者獨享投資利潤並承擔責任和風險。

創辦國際獨資企業的主要目的是：第一，投資者可以根據母公司的總體戰略來佈局子公司的設立地區，協調整個公司的經營活動，並使企業內部的財務管理更具彈性；第二，獨享企業機密和壟斷優勢，減少擴散的不利影響；第三，獨享經營成果和稅收方面的優惠政策；第四，經營決策和經營活動具有自主性，避免合資人之間因民族文化、價值觀念、管理方式等不一致而造成的摩擦。

國際獨資企業的主要形式有國外分公司和國外子公司。

(1) 國外分公司

①含義

國外分公司是指在東道國依法設立的，在組織和資產上構成母公司一個不可分割部分的國外企業。國外分公司不是一個獨立的法人企業，不能單獨承擔法律義務和責任，經營管理上完全受母公司的控制。同時，母公司對其經營活動的後果承擔連帶責任。

②特徵

分公司一般沒有自己的名稱，使用的是母公司的名稱或在母公司名稱後加上所在地國家的名稱。股權完全為母公司掌握，其他投資者不能參與。一切業務活動聽從母公司的安排，沒有自己獨立的經營決策權。不進行獨立的經濟核算，分公司營運過程中編製資產負債表，有關業務收支列入母公司的總帳中。在日常業務經營活動中，分公司必須以母公司的名義並委託開展業務。分公司由於無法律、經濟上的獨立性，所以其償債責任是連帶的，即清償時，不僅僅限於公司內部資產，而且連帶整個公司所有的資產。

③設立分公司的有利之處

第一，設立分公司時只需繳納少量登記費，手續比較簡單。第二，母公司只要控制了分公司的管理人員，就可以全面的控制分公司的經營活動。第三，東道國對分公

司在該國以外的財產沒有法律上的管轄權。因此，分公司在東道國以外轉移財產比較方便。第四，由於分公司與母公司同屬一個法律實體，不是獨立核算的法人，所以分公司在國外的納稅一般少於子公司，許多國家的稅法都規定國外分公司的虧損額可在母公司稅前利潤中扣除。

④設立分公司的不利之處

第一，分公司在註冊時須披露母公司的全部業務和財務收支狀況，給母公司的業務保密帶來損害；第二，母公司對分公司的債務承擔無限責任，分公司在終止或撤離時只能出售其資產，而不能出售其股份，也不能與其他公司合併；第三，分公司的業務收母公司支配，在東道國又被當做外國公司來看待，因而難以開展業務。

(2) 國外子公司

①含義

國外子公司是指由母公司投入全部股份資本，依法在東道國設立的具有法人資格的獨資企業。國外子公司具有獨立的法人資格，有自己獨立的公司名稱和公司章程，有自己完整的組織結構、公司章程和獨立的財務報表制度。在服從母公司總體戰略和總體利益的前提下自助經營企業的各種商務活動，並對自己的經營後果承擔法律責任。

②特徵

第一，有單獨的公司名稱；第二，有獨立的公司章程來規範日常營運；第三，能獨立支配企業資產與流動資金；第四，有自己的資產負債表；第五，可以自主召開股東大會及董事會；第六，有獨立的訴訟權。

③設立子公司的有利之處

子公司可以獨立的得到東道國的銀行貸款，或是在當地的證券市場上融資，且其償債責任只限於子公司的資產；子公司在東道國終止營業時，可靈活選擇採用出售其股份、與其他公司合併或變賣其資產的方式回收投資；在國際避稅地設立避稅地子公司，有利於母公司開展避稅活動；由於子公司在東道國是以一個本國公司的身分開展業務，所以受到的限制比較少，比分公司更能開拓當地市場；由於子公司有較大的自主權，在經營管理上可以充分發揮其創造性。

④設立子公司的不利之處

因為子公司在東道國是一個獨立法人，設立程序較複雜，費用較高；在國外設立子公司必須建立起東道國公司法所規定的行政管理機構，還必須對東道國大量的法律法規進行研究，這就增加了子公司的行政管理費用；子公司需要公開自己的財務狀況，這必然會增加子公司的競爭壓力。

⑤國際避稅地公司

其為一種特殊的子公司，企業設立這類公司的主要陸地不是從事生產經營活動，而是轉帳、避稅。國際避稅是指跨國納稅人利用各國稅法內容上的差異，採取變更經營地點或經營方式等各項方法和手段，以最大限度地減輕國際稅負的行為。

國際避稅地主要分為三類。第一類是指沒有個人或企業所得稅及一般財產稅的國家或地區，一般稱為「國際避稅地」。這類國家和地區有巴哈馬、開曼群島、百慕大、安道爾等。投資者到這些國家或地區設立企業，只需要向當地有關部門註冊登記，繳

納一定的註冊費就可以完全免除其個人所得稅、企業所得稅和一般財產稅。第二類是指完全放棄居民稅收管轄權，而只實行地域稅收管轄權的國家和地區。這類國家和地區來源於巴拿馬、阿根廷、哥斯達黎加、利比里亞等。第三類是指按照國際慣例指定稅法並實行徵稅，但提供某些稅收優惠的國家或地區。這類國家和地區包括加拿大、希臘、愛爾蘭、盧森堡、荷蘭、英國、菲律賓等。例如，在盧森堡，國家為控股公司提供了一種免稅待遇，控股公司可免繳公司稅、利潤稅、資本利潤稅、財務稅以及發行債券的印花稅等。

2. 國際合營企業

國際合營企業是指由兩個或兩個以上國家或地區的投資者，在選定的國家或地區投資，並按照該國或該地區的有關法律簡歷起來的共同經營、共同管理、共擔風險、共負盈虧的企業。其一個突出特點是所有權分享，任何一個合資企業都至少涉及兩個投資者，各個投資者在所有權分享的基礎上共同承擔企業的管理責任。其為當前國際直接投資中最普遍的投資方式。

國際合營企業設立的主要形式有股權式與契約式兩種。

(1) 國際股權合營企業

①含義

國際股權合營企業是由兩個或兩個以上不同國籍的投資者以股權結合方式共同投資設立的企業，投資各方無論以何種形式出資，都需折成一定數量的股份。投資者按股權比例參與經營，分享經營成果、分擔經營風險。

②投資方式

股權合營企業的投資方式與投資比例。合營企業的資本可以用現金、外匯，也可以用土地、廠房、機器設備，或者以專利、商標等工業產權以及技術資料、技術協作和專有技術等折價出資。在中國立法中，允許外國資本用以投資方式的規定是比較寬鬆、優惠的。中國的《合資法》規定：「合營企業各方以現金、實物、工業產權等進行投資。」有的國家是不允許以技術投資的，如印度，其《外國投資法》明確規定不允許技術資本化。哥倫比亞法律也規定，不允許外國資本以技術形式投資。一些允許以技術形式投資的國家，在技術投資所占的比重上也是有限制的，如有的國家規定不許超過外國投資總額的20%。中國沒有明文規定，但並不是毫無限制，而是根據具體情況區別對待。

③投資比例

投資比例為所有合資企業創立之前談判的核心問題。一般來說，一方在企業中投資比例越大，起對企業的控制權也就越大。因此，各國在《投資法》中對外國投資者在合資經營企業中的投資比例限額都有明文規定。對外國投資者在企業中的投資比例定得過高，東道國較容易失去對合資企業的控制權，而且還會讓收益外流；若是定得過低，又不利於吸收和利用外資。大多數國家引進外資發展經濟的實踐表明，對外國合營者的投資比例在50%較為適宜，既體現平等互利原則，又利於調動外國合營者的投資積極性。

④股權合營企業的組織機構

目前，國際上股權合營企業以股份有限公司和有限責任公司的形式為最多。其最高權力機構是股東大會，但執行股東大會權力的是董事會。董事會由一定數目的董事組成，其人數多少須由合資雙方根據企業規模大小共同商定。

⑤董事會的主要職責範圍

董事會的主要職責範圍主要是對企業的重大問題進行決策，如任免高級管理人員；對企業的發展規劃、生產經營活動方案、收支預算決算等作出最高決策。合資企業章程修改及企業終止、解散、轉讓等都由董事會決定。

(2) 國際契約合營企業

①含義

國際契約合營企業是指由兩個或兩個以上不同國家的投資者根據東道國的政策法令組建起來的、以合同為基礎的經濟聯合體，在生產、銷售、服務、自願開發、工程建設或科學研究等方面進行廣泛合作。契約合資企業與股份合營企業的區別在於：前者並不是嚴格用各自投入的資本多寡來決定合作各方的權利和義務，而後者是以貨幣計算各方投資的股權和比例，並按股份比例分擔盈虧；前者不一定要建立具有法人地位的合營實體，可以以各自的法人身分合作，後者則一定要建立具有法人地位的合營實體。

②投資方式

國際上設立契約合營企業的投資方式比較靈活。外方投資者必須以現金作為主要投資資本，此外，還可以設備、工業產權、專有技術和技術「訣竅」甚至生產原材料等折價作為投資資本。而東道國的投資者原則上不投或少投外匯現金，主要提供場地使用權、廠房、資源、公用設施以及部分設備和勞務等，一次折價作為投資。

③利潤分配比例

對此可由合作各方商定並在合同中規定，無須按股權比例來確定。利潤分配可以採取利潤分成、產品分成或其他分配方式，由參與合作經營各方商定。合作期滿後，外方合作者徹底退出企業，使企業的全部資產及其所有權轉歸為東道國合作者一方所持有，則利潤分配實際上是規定在這個企業合作經營期間如何清償外方合作者的全部投入項目價值以及可能獲得的利潤，它具有償付投資項目價值的性質。而債務與虧損的分擔，實行有限責任制。契約合營企業對債權人的責任以企業本身的資本為限，合作各方對企業的責任以自己的出資為限，對外不負連帶責任。

④組織形式

國際契約合營企業的組織形式一般可分為「法式」的和「非法人式」的合營企業兩種。「法人式」合營企業是指投資各方在東道國境內設立具有獨立的財產權、法律上有起訴權和被起訴權的合作經營實體，訂立企業章程，建立獨立的公司組織，並成立作為企業最高權力機構的董事會。投資各方對企業承擔的債務責任以它的全部財產為限。而「非法人式」合營企業的投資各方在東道國境內不設立具有法人資格的合作經營實體，沒有獨立的財產所有權。投資各方仍以各自的身分在法律上承擔責任，企業的債權債務由投資各方派代表組成聯合管理委員會，作為最高決策機構。投資各方都

把其參加合作項目的財產交給聯合管理機構管理使用，且他們仍分別對這些財產具有所有權。委員會及其職能機構的人員名額分配是對等的，不按股權比例分配，投資各方對企業管理具有相等的決定權。除成立聯合管理機構外，企業也可委託合作方中的一方或聘請無關的第三方負責管理。企業對外承擔的責任一般以其全部出資為限，實行有限責任制。

在中國，契約合營企業被稱為合作經營企業或合作經營項目。契約合營企業中投資各方是根據經營的需要在契約中規定投資各方投入資本的具體形式和數量，根據合營的目的和條件，在契約中規定投資各方產品分成、收入分成或利潤分成的比例，同時，在契約中具體規定投資各方應承擔的風險和責任。合資各方的共同經營活動都以共同簽訂的契約為唯一依據。契約合營企業是更為靈活的投資方式，適用於某些規模較小、週期較短的生產項目和開發項目。

(二) 跨國併購

自 20 世紀 80 年代以來，跨國併購交易在國際直接投資流量中所占的比重越來越大，全球跨國公司的成長發展史也可以說是跨國併購的歷史，19 世紀 70 年代出現了第一次併購浪潮，1916 年起出現了第二次併購浪潮，20 世紀 60 年代末出現了第三次併購浪潮，20 世紀 70 年代末出現了第四次併購浪潮，直至 20 世紀 90 年代出現了第五次併購浪潮，其影響力一直延續至今。目前，跨國併購在國際直接投資中起著非常重要的作用，而且已成為國際直接投資的主要形式。

1. 跨國併購的含義

跨國併購是兼併和收購的簡稱，是指一國企業為了達到某種目標，通過一定的渠道和支付手段，將另一國企業的所有資產或足以行使經營管理控制權的股份收買下來。聯合國貿發會議關於跨國併購是這樣定義的：跨國併購包括外國企業與境內企業合併；收購境內企業的股權達 10% 以上，使境內企業的資產和控制權轉移到外國企業。跨國併購是跨國公司全球化發展的最高層次活動，是跨國公司實現企業外部經營內部化的基本方式，是企業國際化經營的一種有效手段。

(1) 跨國兼併

跨國兼併是指已經存在的當地和外國附屬企業獲得佔有控制權的份額。跨國兼併的結果是兩個或兩個以上的法人合併為一個法人，具體地說，跨國兼併又分為跨國合併和跨國吸收兼併兩種類型。

①跨國合併又稱為跨國平等合併，是指兩個公司並為一體，併購後雙方的法律實體地位都不存在，而是以新的名稱取而代之。該種方式的併購一般採用換股收購的方式進行。如 1998 年，德國的戴姆勒－奔馳汽車公司和美國的克萊斯勒汽車公司實現平等併購後，雙方的法律實體地位都不存在了，合併後的公司名稱為戴姆勒－克萊斯勒公司。該種形式的合併多出現在雙方規模大且實力相當的兩家公司中。

②跨國吸收兼併則是兼併公司兼併了被並方公司，從而使被並方實質上喪失了法律上的實體地位，成為兼併方的一個分公司。這種兼併方式多出現在實力相差懸殊的公司之間的併購交易中，如 1999 年，日本菸草公司兼併雷諾國際等。

(2) 跨國收購

跨國收購是指在已經存在的當地和外國附屬企業中獲得佔有控制權的份額。其最終結果不是改變法人的數量，而是改變被收購企業產權的歸屬或經營管理權的歸屬。其包括收購東道國的外國附屬企業和收購東道國的本地企業。

①收購東道國的外國附屬企業是指在已經存在的外國合資企業中，外方的母公司通過增加資本來縮減另一方的股權比例，從而獲得更大的控制權。

②收購東道國的本地企業則是通過購買股權的方式收購當地的私人企業，有時是一些私有化項目或已經國有化的項目。對於跨國收購而言，獲得部分的控制權也可以說是獲得了控制權，因此有時獲得了10%以上的股權就被認為是跨國收購，這正符合聯合國關於跨國併購的解釋。

2. 跨國併購的類型

根據不同的劃分方式，跨國併購有以下幾種類型：

(1) 按照併購雙方從事業務的關聯程度劃分

①橫向併購，又稱水平式併購，是指屬於同一行業的企業之間的併購行為，其目的一般是消除競爭、擴大市場份額、增加壟斷實力。通常，橫向併購較多發生於剛剛經過高速成長期，開始進入平穩發展期的行業領域中，這時市場已不能容納過多的競爭者，一些實力較強的企業便會希望通過橫向併購以鞏固其市場地位。事實上，對於一些實力較弱的企業來說，被併購可能是一個不錯的出路，即使對於一些大企業來說，併購可能對大家都有好處。當然，當被併購方不願放棄控制權，或者有一家以上的公司同時試圖收購同一家公司時，才會發生惡意併購的情形。

②縱向併購時指產業鏈中下游企業間的併購行為。縱向併購的目的是加強對產品生產與流通的各個環節的控制，從而更好地控制成本與質量。與橫向併購不同，縱向併購的重點不在於追求規模效應，而在於提高效率。由於縱向併購使得併購後公司的業務擴展到原來並不是很熟悉的領域，從而增加了管理上的難度。因此，縱向併購對於已有一定規模的公司會更有成功的機會。同時，縱向併購較多發生在處於增長階段的行業中，因此企業併購後，必須有足夠大的市場空間供其發展。

③混合併購是指生產和經營沒有直接聯繫的產品或服務的企業之間的併購行為。混合併購時為了分散風險，實施多元化經營，提高企業對經濟環境化的適應能力。近年來，跨國公司併購多採取這種方式。

(2) 按照併購時的支付方式劃分

①現金購買是指用現金購買目標公司部分或全部的資產或股份以達到控制目的的併購行為。股權購買是指以併購方股票收購全部或部分目標公司，或以併購方股票按一定比例而交換目標方股票，以達到控制目的的併購行為。

②混合購買是指以現金、股票、債券等多種手段購買或交換目標方的資產或股份，以達到控制目的的併購行為。這種方式比較靈活，所以在實際併購中採用的比較多。

(3) 按照併購方進行併購的態度劃分

①善意併購是指併購企業以較好的條件與目標企業協商併購事宜，取得其理解和支持。目標企業的經營者提供必要的資料給併購企業，雙方在平等、友好的基礎上達

成為雙方所滿意和共同接受的併購協議。

②惡意併購是指併購公司實現未與目標公司經營者協商就在二級市場收收購目標公司股票，迫使目標企業接受條件，出售企業，從而獲得目標公司控制權的併購行為。惡意併購過程中一般雙方關係緊張，信息也不對稱，且目標公司往往會盡力反併購，採取各種反併購策略。

③「熊抱」是介於善意併購和惡意併購之間的併購方式，是指併購方先向目標公司提出併購協議，如果目標公司接受，併購方將以優惠的條件併購之；否則，併購公司將在二級市場上大舉購入目標方股票，以惡劣的、敵意的條件完成併購。

思考題

1. 簡要分析建立國外子公司有哪些利弊。
2. 簡述國際直接投資的動機。
3. 簡述國際直接投資的相關理論。
4. 試分析中國利用外商投資方式的變化。
5. 請說明中國企業對外直接投資面臨的挑戰。

第三章　中國利用外商直接投資

利用外資是中國對外開放基本國策的重要內容，自改革開放以來，中國政治社會環境穩定，國民經濟持續高速增長，逐漸變成外商投資的熱點區域，外商投資無論在數量上還是規模上都獲得了空前的發展。中國利用外商直接投資對中國的經濟發展也產生了積極作用。本章主要介紹外商直接投資對中國經濟發展的作用；中國利用外資的新增問題及對策；中國利用外商投資的法律法規。通過本章的學習，可使學生對中國利用外商直接投資有一個整體的瞭解，重點是掌握外資在華直接投資的形式。

第一節　中國利用外商直接投資概述

一、中國利用外商直接投資的基本情況

（一）外商直接投資項目數和投資額

改革開放的幾十年間，中國一直是外商直接投資的熱點目的地。即便近年來，中國經濟增長有所放緩，但中國市場對全球的吸引力並未減退。2016年，中國政府繼續進一步擴大開放、創新外資管理體制、完善和優化投資環境，中國利用外資規模再創歷史新高，質量進一步提升。2016年全年，全國新設立外商投資企業27,900家，同比增長5%，吸收外資（不含金融領域）約7,850億元人民幣，是全球第三大外資流入國，並連續25年居發展中國家首位。全國實際使用外資金額8,132.2億元人民幣，同比增長4.1%。其中，服務業實際吸收外資增長8%，占比70.1%，提高2.6個百分點。

（二）外商直接投資的來源

中國利用外商直接投資的來源地結構一直很穩定，以亞洲為主，其中來自中國港、澳、臺的資金一直占較大比重，其中中國香港的直接投資額度尤為重要。2016年對中國內陸地區投資前十位國家/地區依次為：中國香港（871.8億美元）、新加坡（61.8億美元）、韓國（47.5億美元）、美國（38.3億美元）、臺灣省（36.2億美元）、中國澳門（34.8億美元）、日本（31.1億美元）、德國（27.1億美元）、英國（22.1億美元）和盧森堡（13.9億美元）。中國港、澳、臺地區投資者與中國大陸在血緣關係、語言、文化等方面，有著天然的親近性，特別是中國香港地區，與大陸的經濟關係一直十分密切，1988年大陸頒布了鼓勵臺灣同胞來大陸投資的規定後，臺灣地區投資也增加較快。20世紀90年代初期以後中國港、澳、臺地區投資比例逐漸下降，一方面是由

於日本、美國和歐盟大跨國公司在華投資增長較快，另一方面是受亞洲金融危機和其他多方面因素的影響，中國港、澳、臺地區投資能力在不同程度上有所下降。

(三) 外商直接投資的組織形式變化

1. 中國外商直接投資企業組織形式變化表現出階段性

改革開放以來，中國外商直接投資取得了迅速發展，1979 年到 2008 年中國外商直接投資總額累計達 14,794 億美元。外商直接投資的企業組織形式發生了顯著變化。大致以 1987 年為界，分成兩個階段。第一個階段以中外合資經營企業、中外合作經營企業和合作開發為主要的外商直接投資企業組織形式；第二個階段以外商獨資企業和中外合資企業為主要組織形式，其中中外合資企業和中外合作企業的比例持續下降，而外商獨資企業的比例持續上升，並成為中國外商直接投資企業的最主要組織形式。

2. 中國外商直接投資企業獨資化趨勢不斷增強

進入 20 世紀 90 年代以後，外商獨資企業迅速發展成為中國最主要的外商投資企業組織形式，而且還在繼續發展。隨著中國市場經濟體制的建設逐步推進，市場體系不斷完善，市場的不確定性逐漸降低，交易成本減小，為外商獨資企業的發展提供了市場條件。從外商來看，外商投資在中國經過一段時間的機遇試驗階段以後，進入戰略投資階段，即為了進一步增強自己的競爭實力，外商開始進一步增加生產和經營規模，搜索潛在的市場機遇，提高在當地市場的份額。因此，許多外商建立獨資企業的慾望增加。從技術上來看，外商投資企業同國內企業比較起來，技術較先進。為了減少技術溢出，防止中方模仿技術，外商也願意獨資。

3. 一些外商直接投資組織形式沒有得到合理的利用

由於中國資本市場尚未開放，外商投資利用中國資本市場發展股份制企業受到嚴格的限制。因此，外商投資股份制企業的發展數量比較少。由於缺乏資本市場對外商投資企業的制約，外商投資轉移價格、侵犯中國企業無形資產的行為比較嚴重，同時外商也不能夠利用中國資本市場進行融資。中外合作企業這種企業組織形式在中國改革開放初期曾盛行一時，後迅速減少。究其原因，這種組織形式可以允許外資通過加速折舊收回投資，迎合了改革開放初期「三來一補」的外商直接投資需求。隨著中國經濟體制改革逐步深入，市場體系逐漸完善，特別是對私有財產權保護的法律體系逐漸建立起來，中外合作企業存在和發展的背景已經不復存在，因此中外合作企業的優勢喪失。另一方面，由於中國中外合作企業法將合夥僅限為普通合夥，非法人型中外合作企業只能是普通合夥，使得有限合夥人受到了抑制，限制合作制企業組織形式作用的發揮。

(四) 外商直接投資的產業結構分佈

20 世紀 70 年代末期到 80 年代初期，外商在華投資主要在旅遊賓館和中低檔加工貿易型製造業。此後，工業領域的投資項目不斷增加，在外商實際投資額中占主要份額。20 世紀 90 年代初期，投資於房地產業的外資增加較快，個別年份占到外商實際投資額的 1/3 以上，最近幾年這一比例有所下降。

目前來看，農業領域吸收外商投資規模較小，在該領域的投資主要來源於中國香

港、臺灣和新加坡。外商投資經營企業是外商投資農業領域的主要企業類型。而投資於製造業的累計外資雖然仍占比重較高，但其每年的投資規模穩中有降。截至2015年年底，製造業領域累計設立外商投資企業510,904個，占全國累計企業數的61.08%；實際使用外資金額6,466.04億美元，占全國累計吸收外資金額的49.97%。而2015年當年的製造業外資投資約占全國外資總額的31.3%。製造業利用外資主要集中在六個行業，分別是通信設備製造、計算機及其他電子設備製造業、交通運輸業、電氣機械器材製造業、化學原料及化學製品製造業、專用和通用設備製造業。高技術製造業繼續增長，而鋼鐵、水泥、電解鋁、造船、平板玻璃等國內市場產能嚴重過剩的行業基本上未批准新設外資企業，有利於加快中國產業結構調整和優化進程。從該領域的外資來源上來看，2015年中國香港投資製造業的企業數和實際投資額度都位列第一，其次是是韓國、英屬維爾京群島、日本和新加坡。製造業的外商投資經營企業居多，選擇中外合資企業這種形式的僅占20%多一點。服務業利用外資的比例越來越大。近年來，中國服務業對外開放政策、對外資金准入放寬，吸引力增強，計算機應用服務、綜合技術服務、建築、金融、衛生、文化藝術等成為外資流入的熱點領域，跨國公司地區總部、研發中心、物流中心、結算中心等高附加值投資呈上升的態勢。從2011年起該領域吸引的外資已經連續幾年超過製造業。

其投資資金主要來自中國香港和新加坡。可見，外資投資產業結構已由製造業為主轉向以服務業為主。這反應了中國利用低要素成本與優惠政策吸引外資的階段基本結束，將進入一個質量不斷提升的新階段。中國吸收外資逐步從以引進資金為主，向引進資金、技術、人才、管理、服務並重轉變。

外商投資形成此種產業分佈態勢的主要原因有三。

第一，作為人均收入水平較低的發展中國家，中國製造業產品在國際市場上有較強競爭力，製造業形成傳統意義上外國投資者青睞的領域。但金融危機後，隨著發達國家擴大就業、吸引製造業回流等措施的實施，製造業吸引外資的能力有所下降；此外，中國國內要素成本上升，勞動密集型製造業吸引外資比較優勢下降，也引起傳統製造業對外資吸引力銳減。但另一方面近年來，隨著中國高技術人才豐裕、產業配套體系完備、基礎設施逐步完善等綜合競爭優勢的培育形成，以及戰略性新興產業政策措施的實施推進，外商對戰略性新興製造業、高新技術製造業的投資快速增長。

第二，20世紀90年代中期之前，中國服務業領域的對外開放一直在很小範圍內試點，對外資的限制較多，影響了服務業領域的對外開放，因而該領域的累計外商投資總額和企業數目都還不及製造業。但隨著中國服務業不斷擴大開放，通過放寬外資服務業准入門檻，大力發展服務貿易等一系列政策措施，積極引進全球高端要素，承接國際服務業轉移加速，服務業在中國利用外資總額中所占比重持續上升。

第三，農業經營承包責任制的實行，使農業領域吸收外商直接投資受到限制。

二、中國利用外商直接投資對中國經濟產生的作用

(一) 外商直接投資對中國經濟產生的正面效應

　　1. 增加了資本供給，彌補了建設資金

　　中國是一個經濟不發達的發展中國家，資金短缺是中國經濟高速發展的主要障礙之一。首先，外資的投入直接增加了中國建設資金的有效供給。長期以來缺少資金是制約中國許多行業、項目和地區發展的瓶頸，尤其像交通、能源、通信等一些基礎設施部門，這些部門投入資金大，回報週期長，單靠自我累積進行基礎設施建設比較困難。這些部門的發展滯後又成為整個經濟發展的障礙，盡快解決建設資金不足的問題成為中國經濟迅速發展的關鍵。其次，外國投資者來華投資的同時帶來了大量中國經濟建設適用的技術、設備和產品，節約了中國必須進口的物資，可以集中外匯資源進口其他物資和技術。最後，外資與中資合營，增加了中國企業的擔保和信用能力，有利於中國企業主要是中外合資企業獲得國際上的信用資金。

　　2. 增加了財政稅收，提高了外匯儲備

　　吸收和利用外資，尤其是隨著中國利用外資規模的不斷擴大，外商投資企業的稅收增長超過其他經濟類型逐漸成為中國財政稅收的重要來源之一。目前中國涉外稅收中有90%以上來自外商投資經濟。另外，作為主要投資集中在製造業領域的外商投資企業，從2001年開始增值稅額占全國工業增值稅額的比重已經高於其在全部工業增加值中的比重。目前外商投資企業已經成為中國出口創匯的主力軍。

　　3. 促進了經濟增長，增強了經濟活力

　　實踐和經驗分析表明，改革開放和利用外資較早的地區經濟騰飛也較早，利用外資較多的東部沿海經濟發展較快，經濟實力較強。統計表明，中國利用外資的數量變化方向與GDP增長情況的變化方向高度一致，在利用外資速度增長迅速的年份經濟增長的速度也加快了。相關研究成果進一步證明，中國利用外資和經濟增長之間具有顯著正相關關係，按照綜合效應計算，20年來中國GDP年均9.7%的增長速度中大約有2.7個百分點來自利用外資的貢獻。國際貨幣基金會的研究成果證明，中國在20世紀90年代10.1%的平均經濟增長率中，直接由外資產生的貢獻約3%。中國吸引外資的歷程充分說明，外資對於加速經濟增長、增加經濟活力起了重要的促進作用。

　　4. 促進了經濟結構調整的升級和優化

　　第一，利用外資調整和優化了中國的所有制結構，對形成多種所有制共同存在和發展的經濟格局起到了積極的推動作用。

　　第二，利用外資調整了產業結構，推動了中國工業化的進程。從中國利用國外直接投資的實踐和統計數據來看，外商直接投資主要集中在第二產業，在第二產業中又主要集中在製造業，投資於製造業的外資又主要集中在電子、通信、機械、化工和紡織等行業，彩電、計算機、傳真機、空調、冰箱、音響、照相機、手錶等產品。在上述領域通過外商投資企業引進先進技術和設備，填補了國內的一些技術空白，發展了一些國內沒有的產業部門，改造了傳統部門，促使大批產品升級換代，縮小了中國工業

與世界先進水平的差距，迅速實現了中國以輕紡工業和家電工業為代表的產業升級和進口替代，甚至實現大量出口，加快了國內的產業結構調整和升級的步伐，有力地推動了中國工業現代化進程。

第三，外資帶動了出口，優化了外貿出口的結構。改革開放之初，中國製造業不發達，高技術產業在世界市場上沒有地位，只能出口煤炭、石油以及農產品等原料和初級產品。20世紀80年代中期以後隨著外資的進入，工業製成品在出口產品中的比重不斷提高，這與外商投資企業的出口產品絕大部分是工業製成品有關。外商投資企業出口產品中機電產品一直是占據第一位並且保持了高速增長的態勢。外商投資企業出口工業產品的迅速增長是從根本上改變中國主要出口農礦產品落後狀態的重要因素。

第四，外資促進了產品和消費結構的調整升級。

5. 引進了技術，提升了研發水平

外資進入中國建立外商投資企業進行生產經營，為中國帶來的不僅僅是資金，同時還必須附帶不同水平的實用技術。同時，在中國吸引外資之初，要求外國投資者採用先進技術是審批的重要條件之一，中國對外資附帶引進的技術有一定的水平和適用要求。這些技術直接或間接地提高了中國相關行業的技術水平，節約了中國自主研發的時間和費用，提高了資助研發的水平和能力。其實現途徑如下：一是通過外商投資企業直接引進高新技術，包括外商投資者新建的企業和改造境內現有的企業。二是通過設備投資引進國外的先進技術。三是通過外國投資者、外商投資企業的當地化促進中國技術的進步。四是外國投資者直接在境內設立研發公司。

6. 促進觀念轉變，引發體制創新

儘管中國利用外資的直接目的在於解決資金技術和管理問題，但對於資金已經相對充裕的正處於轉型期的中國而言，體制改革的攻堅階段對外資的關注不僅僅局限於此，而是把目光更多地投向了外資對中國觀念轉變和體制創新帶來的推動。實際上中國從利用外資伊始，就同時包含了中國改革開放迫切需要的觀念和體制改革創新的外部因素。經驗證明，在轉變觀念和體制創新方面，外部力量的作用常常會起到巨大的推動作用。中國改革開放和利用外資的歷程不僅僅是解決資金技術的歷程，更重要的是觀念轉變、體制創新的歷程，在這個歷程中外資發揮了重要的作用。一般來說，外資進入越早、越深的行業和地區，觀念越新，制度越完善，行業管理越規範，經濟發展形勢越好，創新能力和競爭力越強；反之，對外資限制越多、審批越複雜、進入門檻越高的行業和地區，問題越多，發展越落後。

三、中國利用外商直接投資中存在的主要問題及政策建議

（一）中國利用外商直接投資中存在的主要問題

1. 服務業仍然開放不足，利用外資質量有待繼續提高

中國外資主要集中在製造業和房地產業，而農業、基礎設施、高新技術產業、高端服務業等領域的投資比重仍然很低。2013年中國實際利用外資額中房地產業占23.24%，信息傳輸、計算機服務和軟件業占2.32%，交通運輸、現代物流和郵政業占

3.4%，農、林、牧、漁業僅占 1.45%。在信息服務、教育培訓、醫療衛生、文化創意、養老服務、金融保險、諮詢等服務業領域，還有很大吸收外資的空間。中國外資雖然規模大，但長期集中在產業鏈低端的加工製造業，在解決大量就業的同時也產生了「分工鎖定效應」，不利於勞動者素質提升，難以產生技術外溢效應；房地產業則具有投機性高、回報大的特點，推動了境外熱錢湧入，對國內房價炒作、資產泡沫等產生不利影響。究其原因，主要是中國服務業開放政策仍然滯後，上述服務業領域大多在獨資、股比等方面進行限制，導致外資准入存在障礙。引進外資注重資金規模，而忽視外資的科技創新價值，忽視中小型高技術外資企業等，也是造成外資質量差、綜合效益低的重要原因。

2. 外資區域發展不平衡，產業趨同現象突出

中國區域外資經濟發展仍極不均衡，不能按照區域比較優勢進行分工佈局。中西部地區勞動力成本低、土地資源豐富，具有承接加工貿易轉移的比較優勢，近年來中西部地區城市基礎設施逐步完善，與東部城市的差距縮小，極大地增強了外商投資的吸引力，但在市場體制環境、產業配套能力、高端技術人才、交通便利等方面仍存在較大差距，導致承接加工貿易轉移速度較慢，承接跨國公司高端服務業轉移存在較多困難。而東部發達地區尤其是區域中心城市，土地、資源、勞動力等要素成本上升，產業結構已經進入服務經濟發展階段，具備了轉移加工貿易的條件，但基於地方政府追求財政稅收、GDP 考核等因素影響，很難主動將產業轉移到中西部地區。目前東部地區產業佈局存在嚴重的同構現象，長三角地區上海與江蘇的同構率達 90%，與浙江的同構率也達 70%。

3. 招商引資存在過度競爭，忽視環境成本現象突出

中國長期以來以 GDP、利用外資等作為地方政府政績考核的重要指標。在這一導向的驅動下，許多地方政府在吸收外資中注重數量擴張，而忽視質量的提升，注重通過土地、稅收、財政補貼等優惠政策相互競爭，而忽視區域比較優勢和產業分工，造成一些地區高污染、高耗能、資源消耗大的外資比重上升。一些煤焦化工、製鞋業、造紙業等外資企業的生產活動嚴重破壞和污染了當地環境和生態。

4. 相關法律、服務體系仍不完善

目前，中國利用外資的相關法律法規存在開放性、創新性不足，沒有與國際接軌等問題，在執行過程中存在有法不依、執法不嚴等問題。如對於知識產權保護措施不力，山寨、盜版等現象比較普遍，嚴重影響了軟件信息技術、文化創意等高端服務業和高技術產業的外商投資。部分外商通過轉移定價等手段來獲得利潤，損害了中方股東利益，逃避稅收監管。此外，一些基層政府部門的服務意識差、辦事效率低、尋租行為嚴重以及海關監管方式、服務手段滯後等服務質量問題也抑制了外資進入。

(二) 政策建議

1. 以提高外資質量為著力點，優化外商投資環境，實現利用外資高質量增長

一是把以招商引資規模作為政績考核指標的導向，轉變到著力提高引資質量和綜合效益上，由招商引資向招商選資轉變。二是把單純吸引境外資金與引進先進技術、

現代化管理經驗、國際標準規範、國際化人才結合起來，擴大外資的技術溢出和管理溢出效應。三是注重引進高科技外資項目。尤其要發揮跨國公司技術創新優勢，鼓勵跨國公司開發新技術、轉移關鍵技術，擴大技術溢出效應。在重大科技項目招標上，要做到內外資一視同仁。鼓勵內外資企業共同研發，提高國內企業研發的國際化水平，提高中國企業自主創新能力。四是營造良好投資環境，提高政府服務效率。著力提高中國知識產權保護水平，通過加強廉政建設，健全相關法律法規，形成良好的政治生態，建設自由公平的市場競爭環境；加快基礎設施建設，加強生態環境保護，為吸引外資提供良好的服務和便利。

2. 發揮自由貿易試驗區的先行先試作用，推動利用外資政策創新、模式創新和管理創新

推廣複製上海自貿區准入前國民待遇、負面清單管理等先行先試的做法，以開放促改革，切實改革與貿易投資自由化、便利化不相適應的體制機制，實現利用外資政策的創新發展，由過去靠土地、稅收等優惠政策轉變為靠市場機制、開放環境吸引外資。與此同時，通過在中國沿海、沿邊、內陸等不同區域設立若干自由貿易園區，進一步創新利用外資模式，放寬外資准入，探索推廣外資負面清單管理制度、人民幣國際化，以及在銀行、保險、醫療、教育等領域設立外商獨資企業等方面的經驗。同時，推動國家級經濟技術開發區、邊境經濟合作區、跨境經濟合作區轉型升級，加強分類指導，更好地發揮區域引資平臺作用，加快沿邊地區開發開放。

3. 把利用外資與國內產業轉型升級緊密結合，推動外資產業結構優化和價值鏈攀升

一是鼓勵吸引外資進入戰略性新興產業、生產性服務業、先進製造業、現代農業等領域。應結合國內產業結構調整方向以及全球跨國直接投資發展趨勢，加快對上述領域外資的政策傾斜，尤其要大力吸引信息技術、節能環保、生物醫藥、電子通信、金融保險、醫療教育、文化創意等領域外資，在中國區域中心城市吸引更多的跨國公司投資研發中心、設計創新中心、財務結算中心、教育培訓中心、總部基地等高端服務業。二是促進加工貿易轉型升級。目前，加工貿易仍然是跨國公司投資的主要領域，在為中國解決大量農村勞動人口就業的同時，也造成了中國產業國際分工低端、全球價值鏈低端、產品低附加值的格局。應充分利用跨國公司加工製造業佈局的優勢延長產業鏈，促進加工貿易落地生根，形成區域產業配套能力，加強國內企業、中小企業的產業鏈配套和產業集群發展。

4. 把利用外資與促進區域協調發展緊密結合，促進外資區域合理佈局、均衡發展

一是繼續對外商投資中西部欠發達地區給予優惠政策，進一步提高中西部地區的開放水平和吸引力。中西部地區人力、土地等資源要素豐富，資源禀賦優勢明顯，但對外開放水平低一直是制約產業升級、經濟發展的重要因素，應加強政策層面的支持，重點吸引跨國公司大項目落戶，帶動當地經濟發展。二是加快東部地區外資結構向高級化發展。利用產業集聚、人才聚集、創新要素集聚等優勢，加快吸引高新技術產業、現代服務業、先進製造業等領域外資，鼓勵加工貿易向中西部地區轉移。三是加速東中西部外資產業鏈融合，促進外資區域均衡佈局。目前，跨國公司在中國的產業鏈佈

局已經形成了在東部地區、區域中心城市佈局研發、設計、物流、諮詢、總部等高端服務業，在中西部欠發達地區佈局加工製造業的格局。應充分發揮東中西部互補優勢，打破地方保護主義和市場分割，加速東部地區與中西部地區產業鏈融合互動發展，形成跨國公司在中國的全產業鏈佈局，推動中西部地區產業集聚、要素集聚能力提升，帶動區域擴大就業、經濟增長和轉型升級。

四、中國利用外資趨勢展望

隨著全球經濟復甦的動力增強，全球直接投資將繼續活躍，發展中國家將繼續成為跨國直接投資增長的引擎，扮演越來越重要的角色。中國將繼續成為全球最具吸引力、增長最快的跨國投資市場，未來仍然是中國利用外資的戰略機遇期。

（一）利用外資新的競爭優勢已經形成

在低成本勞動力、土地等傳統比較優勢下降的同時，中國利用外資新的競爭優勢已經形成。主要表現為以下方面：一是中國產業配套優勢明顯，多數城市基礎設施完善，人才素質較高，逐步形成了全產業鏈發展的格局；二是中國東中西部地區吸引外資具有梯度優勢；三是在中國創新驅動戰略下，勞動生產率提升有較大空間，要素成本仍具有一定的競爭力，在一定程度上抵消了成本上升壓力；四是外資政策創新、體制機制改革紅利繼續釋放，在積極探索外資准入前國民待遇、負面清單管理模式等改革措施下，中國吸引外資環境將繼續改善；五是中國已經培育出一批有國際競爭力的行業和企業，比如通信、電力、高鐵等，在價格、技術等方面具有明顯的國際競爭優勢；六是中國民營企業競爭力不斷增強，加入世貿組織以來年均增速高於外貿出口18.4 個百分點，已經成為中國外貿最具活力和出口潛力的市場主體；七是上海自貿區設立之後，新一輪自貿園區戰略將帶動中國利用外資的繼續增長；八是「一帶一路」戰略的推進，將大力促進中國利用外資與對外投資的雙向互動發展。

（二）利用外資規模將呈現趨穩、趨緩的新常態

從吸收外資規模上看，中國將持續保持世界第二、發展中國家第一的地位。從不同發展階段來看，自 2001 年中國加入世貿組織之後，吸收外資進入高速增長期，2002—2008 年實際利用外資年均增幅高達 9.8%；全球金融危機後跨國資本流動總量萎縮，2009 年全球 FDI 急遽下跌 33%，而中國僅下降 13%；2009—2013 年，中國實際利用外資年均增幅 6.9%，中國吸收外資已經開始進入一個增速趨緩、穩健發展的新時期。

（三）外資結構將呈現以服務業為主持續優化的新階段

中國服務業市場潛力巨大，隨著服務業開放政策的不斷完善，體制改革紅利逐步釋放，人才規模、產業配套能力、基礎設施等方面的優勢不斷增強，服務業將成為中國利用外資的主要增長點。隨著金融、電信、能源等壟斷行業進一步開放，服務業市場准入進一步拓寬，金融、教育、文化、醫療、育幼養老、建築設計、會計審計、商貿物流、電子商務等領域吸收外商投資的潛力會得到釋放，服務業吸收外商投資將繼

續拉開與其他產業的差距。

(四)「一帶一路」戰略的推進將繼續推動中西部地區外資增長

積極推進「絲綢之路經濟帶」「21世紀海上絲綢之路」「孟中印緬經濟走廊」建設，加快同周邊國家和區域基礎設施互聯互通建設，形成全方位開放新格局，使中國在全球經濟中的重要地位更加凸顯。

第二節　外商在中國直接投資的區位選擇分析

外商直接投資的區位決策是一個複雜的多階段的過程。在大多數情況下，外商首先選擇要投資的國家，然後再具體確定國內建廠地區和廠址。因此，外商直接投資區位研究實際上包括兩個方面的內容：一是外商直接投資的國別選擇；二是外商直接投資的國內區位選擇。本節的主要目的是為了說明後者，即外商在華直接投資時的區位選擇。

一、外商在華直接投資的區位選擇與產業鏈佈局

(一) 外商在華直接投資的區位轉移歷程

外商在華直接投資的區位選擇大致經歷了三個發展階段：1979—1991年、1992—2000年、2001年至今。

1979—1991年為起步階段，這時候的投資區域大都集中於廣東、福建兩省及沿海城市。外商直接投資高度集中在沿海地區的主要原因是：第一，在整個20世紀80年代，中國對外開放的區域主要在沿海，這些開放地區政策優惠，投資環境較好，是外國投資者的首選區域。第二，這段時間，來中國的投資者中，從事加工貿易出口的比例較高，因此傾向於選擇在出口方便的沿海地區。第三，來自中國香港、澳門、臺灣地區的投資者及其他國家和地區的華人投資者，絕大多數祖籍是廣東、福建等沿海地區，有在其祖籍優先投資的願望。第四，在計劃經濟時期，政府在沿海地區建設的國有大企業較少，計劃經濟的遺產較少，容易形成利於外商投資企業經營的環境。

1992—2000年進入成長階段，投資區域分佈開始由沿海向廣大的中部地區輻射。

自2001年中國加入WTO以後，外商在華投資出現了由東部沿海向中部某些地區轉移的趨勢，但外商在華直接投資仍高度集中在東部沿海地區。雖然近年來國家採取多方面措施鼓勵外商投向西部地區，西部地區吸收的外商直接投資不但總量規模小，而且增長速度比較緩慢。

此外近年來，外商在華直接投資出現新一輪的「北上」或「北擴」趨勢，即由以珠江三角洲為核心的南部沿海地區逐步向以長江三角洲、環渤海灣地區為核心的中部和北部沿海地區轉移擴散，由此帶來了沿海地區外商投資的較快增長。在環渤海灣地區，除北京和天津外，其他省市實際利用外商直接投資也呈現較快的增長勢頭。即便如此，在沿海地區內部，長江三角洲的地位日益重要，而且東部地區依然是外商投資

的「熱點」地區。截至 2015 年年底，中國東部地區累計實際使用外資金額 13,991 億美元，占全國實際使用外資總額的 85.19%；中部地區累計實際使用外資金額 1,339 億美元，占比 8.15%；西部地區累計實際使用外資金額 1,093 億美元，占比 6.66%。

(二) 外商在華直接投資區域產業鏈佈局

外商在華直接投資區域結構優化加速，不同區域產業鏈的佈局更趨合理。東部地區外資產業結構逐步升級，該地區外資結構已經逐步向戰略型新興產業、高新技術產業和現代服務業升級。隨著西部大開發、中部崛起等區域發展戰略的實施，中西部地區在吸引外商投資的增速、規模、結構等方面都有顯著提升。與此同時，中國東部地區吸引外資比重則有所下降，外資呈現由東部向中西部區域轉移的態勢。這主要是由於外資逐步將製造加工環節、生產基地轉移到中西部地區；把地區總部及研發、設計、營運、財務、物流、營銷等生產性服務業佈局在北京、上海、深圳等一線城市或區域中心城市，形成了東、中、西部地區製造業與服務產業鏈融合發展的態勢。

外商投資全產業鏈發展的趨勢，對發揮中國區域比較優勢、深化區域產業分工、推動區域產業轉型升級具有極大的促進作用。

二、影響外商對華直接投資區位選擇的因素分析

外商直接投資在中國地域上的差異是各種經濟與非經濟因素共同作用的結果。可把影響外商在華直接投資的地區選擇因素分為成本因素、政策法規因素、市場因素和集聚經濟因素。

(一) 成本因素

1. 勞動力成本

勞動力工資成本是影響外商直接投資區位決策的成本因素中最為主要的成本。作為人口大國，中國具有豐富而廉價的勞動力資源，這種成本競爭優勢對跨國公司具有強大的吸引力。勞動力導向戰略是跨國公司對華直接投資重要的區位選擇戰略。除了成本因素，勞動力素質也直接影響到勞動生產率的高低。特別是在一個東道國內部，低勞動力成本經常意味著低的勞動生產率，只有那些低成本並且具有較高勞動生產率的區位，才能比低成本、低勞動生產率的區位更具有吸引力。

2. 交易成本

由於外商對東道國的政策法規及市場等因素不熟悉，外商直接投資會誘發許多交易成本，而這種交易成本在東道國內部空間差異明顯。一般來說，經濟發展核心區、外資集中區、邊界地區以及開放地區的交易成本相對較低。中國作為發展中國家，由於市場開放有限，經濟發展水平空間不平衡，信息傳輸渠道少，因此，交易成本是重要的外商投資區位決定因素。在中國，市場化程度越高的地區越能吸引到外商直接投資。

3. 信息成本

相對於當地投資者，外國投資者由於缺乏對當地經濟和商業環境的瞭解，從而涉及較高的信息成本。因此，外商的區位選擇應該是信息成本的理性反應。在中國，信

息成本較低的幾類地區主要是：地區經濟中心、沿海地區、已經建立大量「三資」企業的區域以及外商可以享受優惠政策的區域。

(二) 政策法規因素

從全國各個區域來看，中國利用外商直接投資具有明顯的地域分佈差異。在中國，外商直接投資的政策允許程度和開放時序是不同的。中央政府的漸進性開放政策深刻地影響外商直接投資及與其相關的外向型經濟的地區差異格局。最早得到這種政策的地區一旦獲得政策上的優勢，對其發揮潛在的區位優勢將是有很大推動作用的，並且還會形成一種非均衡發展模式下的自我強化力量，這些都使外資傾斜政策的影響更加重要而且持久。

中國政府在制定「七五」規劃時，已經明確了對東、中、西三大經濟地帶的劃分，並針對處於不同地帶的地區實行不同的經濟發展戰略，使沿海地區率先走向國際市場。截至目前，外商直接投資經濟在地區間的差異格局仍然與東、中、西三大地帶的劃分基本上一致，各地帶間吸收外商直接投資所表現的時間序列上均體現了一種發展政策的差別。

(三) 市場因素

市場因素是東道國吸收外商直接投資的最為重要的區位因素之一，市場導向型投資的主要目標是開發利用當地市場。這種類型的外商直接投資通常需要考慮盡量接近市場，因為接近市場一方面可以減少交通運輸成本，減少尋找產品市場、要素市場的成本；另一方面也可以及時得到市場反饋信息，從而及時改變經營策略，生產更適合當地市場需要的產品。

1. 市場規模與市場增長潛力

投資於一個大的市場將有機會獲得範圍經濟，從而降低邊際生產成本。中國市場具有開發程度低和潛力大的特點，在未來能夠產生巨大的需求。據統計，中國市場上的消費品種類僅僅是美國市場的 1/3 左右，而且競爭有限，外商可以比較容易地進入市場。並且這種市場進入成本低，投資回收期短。

2. 對外開放水平

與市場有關的另一個指標是對外開放水平，開放水平的提高會增強該地區對外資的吸引力。中國兩年來的開放力度不斷加大，對外貿易取得了巨大發展，但由於市場結構和政策傾斜，中國的不同地區在開放程度上有明顯的差異，東部地區與中西部地區之間形成了鮮明的對比。

3. 市場發育水平

中國東部地區的市場發育程度遠遠高於中西部地區，與梯度推進的對外開放政策相對應，中國也經歷了一個由計劃經濟逐步向市場經濟轉型的時期。從經濟體制改革開始，中國經濟的市場化進程在空間上就出現了不平衡發展。在轉型經濟中，外商偏向於經濟自由化和市場發育程度高的地區，以便他們能夠減少外部不確定性以及交易成本和信息成本。

（四）集聚經濟因素

集聚經濟效應通常是指由於一些特定的經濟活動在空間上集中而產生的正面外部經濟效益。集聚經濟的存在也意味著成本節約，既包括傳統成本的節約，也意味著交易和信息成本的節約。集聚經濟的存在可以增強區域的外資吸引力，它與基礎設施質量、專業化供應商、勞動力市場以及知識外溢等有關。

1. 基礎設施質量

基礎設施和基礎工業的發展狀況決定著社會生產的規模和效益，特別是具備一定投資規模的大型企業，如果生存在一個基礎設施薄弱的經濟環境中，將會導致投資收益遞減。在中國，各地區的投資硬環境差異非常大，例如東部沿海的廣東省和江蘇省經過十幾年的努力，目前的基礎設施建設已經相當完善。根據國家統計局的統計數據顯示，截至 2015 年年底，東部地區的交通線路綜合密度為 1,597 千米/平方千米，同期中部地區為 68 千米/平方千米，而西部僅為 29 千米/平方千米，與東中部地區相差甚遠，成為外資進入的「瓶頸」。

2. 專業化供應商

行業的地區集中可以提供一個足夠大的市場使得各種各樣的專業化供應商得以生存。在中國，具有說服力的是廣東東莞，這裡集中了大量的來自海外特別是臺灣地區的計算機和電子設備製造商，是公認的全國電子產品配套能力最強的地區，在此設廠，有助於廠商增強其競爭力和建立競爭優勢。有了特定產業的集聚，就能吸引相關的 FDI 進入，而中國西部就非常缺乏這種集聚，是吸引 FDI 的薄弱環節。

3. 勞動力市場

廠商的集中能為擁有高度專業化技術的工人創造出一個完善的勞動力市場。在其他條件相同的條件下，擁有高度熟練的勞動力的地區比其他地區在吸引外商直接投資上更有優勢。在中國，自 20 世紀 80 年代以來，大量的專業技術人員紛紛「孔雀東南飛」，造成了中國東部沿海地區的勞動力市場不論是數量還是質量都優於中西部地區。

4. 知識外溢

在現代經濟生活中，知識至少和其他生產要素如勞動力、資本和原材料一樣重要，尤其是在高度創新的行業中，知識的作用更加明顯。當一種行業集中分佈在一個較小的區域時，知識的非正式擴散經常非常有效。

第三節　中國利用外商直接投資的主要形式

外商直接投資在中國主要表現為三種形式：中外合資經營企業、中外合作經營企業、外商獨資企業，簡稱為「三資企業」。此外還有較少數量的其他類型直接投資，如合作開發、BOT 投資、補償貿易、加工裝配和國際租賃等形式。

一、中外合資經營企業

中外合資經營企業（Chinese Foreign Equity Joint Venture）亦稱股權式合營企業，

簡稱合資企業，是指依照中國有關法律在中國境內設立的外國公司、企業和其他經濟組織或個人與中國公司、企業或其他經濟組織共同舉辦的合營企業，即兩個以上不同國籍的投資者，根據《中華人民共和國公司法》和《中華人民共和國企業法人登記管理條例》的規定共同投資設立、共同經營、共負盈虧、共擔風險的有限責任公司。

中外合資經營企業是中國利用外商直接投資各種方式最早興辦和數量最多的一種。目前在吸收外資中還佔有相當大的比重。

(一) 合資企業的特點

中外合資經濟企業是按股份公司形式設立的「股權式」合營企業。體現出合營各方共同投資、共同經營、共擔風險、共負盈虧的「四共原則」。

(1) 共同投資：中方和外方共同投資，投入的股本可以是現金、實物、工業產權、場地使用權等。按《中華人民共和國中外合資經營企業法》的規定，外方投資的比例一般不低於註冊資本的25%，但對上限未作規定，比多數發展中國家不允許超過40%的規定更為開放，更利於吸收外資。

(2) 共同經營：投資各方共同組成董事會（Board of director），聘任總經理和副總經理，組成經營管理機構，共同負責企業的生產經營活動。但是經營權與控制權在中、外雙方分配中有矛盾。股份制合營必須有通用語的經營權，但同時又必須實現合營各方的分權，而事實上經營權更多的是掌握在外方手中，因此掌握資金、技術、銷售渠道、管理技術四個基本因素。由於具有此種特點，在晚上投資企業中，合資企業成為國際上較為廣泛使用的合作方式。

(3) 共擔風險：合資各方對企業的虧損和債務根據出資比例共同承擔。《中華人民共和國中外合資經營企業法》明文規定，合資企業的形式為有限責任公司，即合資企業僅以自己公司的財產承擔責任，債權人不能追索股東投資以外的財產。

(4) 共負盈虧：合作企業獲得利潤，根據合作各方所佔註冊資本的比例進行分配。合資雙方在追求最大限度利潤方面目標是一致的，但雙方都有各自不同的具體目標。外方的目標：一是利用東道國的經營條件、自然條件等降低生產成本，擴大生產銷售；二是利用東道國和其他地區的公司提供強有力的服務和支持，以便實現全球戰略；三是利用當地科技資源，發展跨國科技，保持科技領先地位。中方的目標：一是利用外商的財力、信貸渠道、管理技術、銷售渠道發展自己；二是利用外商的銷售網絡，擴大出口，增強商品競爭力；三是把國外市場要素盡量內部化，增加生產要素的穩定性。二者相互利用，矛盾焦點集中在利用對方優勢方面。

(二) 合資企業的法律特徵

中外合資企業具有以下法律特點：

(1) 合資經營企業是中國合營者與外國合營者共同設立的企業。外方合營者包括外國的公司、企業、其他經濟組織或者個人，中方合營者則為中國的公司、企業或者其他經濟組織，不包括中國公民個人。

(2) 中外合資經營企業的組織形式為有限責任公司，具有法人資格。「有限責任」實際上有兩層含義：一是企業以其全部資產為限對外承擔債務責任；二是企業合營各

方以其出資額為限對企業承擔責任。

（3）合資各方出資：

①出資方式：合資各方可以以現金、實物、工業產權、場地使用權等進行出資，構成企業註冊資本。無論以何種方式出資，均要以同一種貨幣計算各自的股權，即合資各方的出資，無論以何種方式進行出資，都必須用統一的一種貨幣方式來表示，如美元或人民幣。

②註冊資本：合資企業的外方合營者出資比例一般不得低於 25%。並且在合營期限內註冊資本不得減少，只能增加。《中華人民共和國公司法》中對註冊資本最低限額的規定也適用於中外合資企業：以生產經營、商品批發為主的公司人民幣 50 萬元，以商業零售為主的公司人民幣 30 萬元，科技開發諮詢、服務性公司人民幣 10 萬元。

（4）合資企業不設股東會，實行董事會領導下的總經理負責制。其最高權力機構為董事會，董事會成員由合營各方按投資比例協商分配，並載明於合營企業合同和章程。董事會成員一般至少有三名（每期任期 4 年，可連任）。如果一方的人員擔任董事長，則一般由對方的人員擔任副董事長。合營企業一方對他方委派的董事不具有否決權，但董事的資格應當不違反公司法關於董事任職條件的規定。董事會的職責是討論並決定企業的一切重大問題（如企業發展規劃、生產經營方案、收支預算和分配、勞動工資計劃、停業、以及最高經營管理層的任命、聘用及其職權和待遇等）。董事會的議事規則應在企業章程中明確規定，但董事會必須有 2/3 以上董事出席才有效，而且對於合營企業的章程修改、經營終止和解散、註冊資本的增加或轉讓、企業合併等事項的決議，則需有出席董事會議的全體董事一致通過。

（5）合資企業必須經中國政府批准，領取批准證書。在工商行政管理部門註冊登記，領取營業執照，取得中國法人地位，並作為納稅義務人按照中國稅法的規定按期納稅。

（6）合資企業享有自主經營的權利：《中華人民共和國中外合資經營企業法實施條例》第七條規定：在中國法律、法規和合營企業協議、合同、章程規定的範圍內，合營企業有權自主地進行經營管理，有關部門應給予支持和幫助。外國投資者分得的利潤和其他合法權益，可以匯出境外，也可以在境內再投資。

（7）合資經營企業合資各方的收益分配，都是在企業稅後利潤中根據各方的出資比例進行分配。

（8）合資企業的經營期限有的行業要求約定，有的行業不要求約定。合資企業中屬於國家鼓勵和允許投資的項目，可以約定也可以不約定經營期限；屬於國家限制發展的項目，一般要求在合營合同中約定經營期限。約定經營期限合資企業，合資各方同意延長經營期限的，應在距經營期滿 6 個月前向審批機關提出申請，取得批准。未申請延長經營期限和未取得批准的，經營期滿時，企業終止。

（三）合資企業的負面效應

合資企業在技術、資金、管理等方面為中國帶來了有益的一面，但不容忽視的還有其負面效應，尤其是在經濟轉軌時期，表現在以下方面：

(1) 由於未規定外商投資的上限，使合資企業由一般性合資經營變成控股經營。20世紀90年代，國外一些大型跨國公司以其雄厚的資金和技術優勢，在中國某些行業和經濟領域形成控股優勢，控制合資企業的經營決策權，使其更容易通過各種途徑，將合資企業的利潤轉移出去，實現賦稅最小化。

(2) 無形資產流失，品牌消失。外方控股後，往往期待用國外品牌攻克或占領國內市場，限制國內已有一定聲譽品牌的發展，甚至導致其逐漸沒落。同時，外商運用控股權限制企業的技術開發、企業只能應用引進的技術，甚至對中方實行技術保密，中方人員鮮有機會參與產品的研發，導致企業的發展在極大程度上依賴於外方，跨國公司併購控股國內一些行業中的龍頭企業，並使同行業的其他大多數企業無法與其競爭，於是轉化為壟斷優勢。

(3) 外商稀釋中方股權進行對企業的隱形收購。在合作經營的過程中，中方往往因缺乏追加資本，在增資擴股的時候只能放棄增股機會，使外方股份比例不斷增加，股權不斷擴大，由參股變成控股。外商通過增資控股，進一步擴大對合作企業的經營決策權，進而壟斷國內市場，再通過各種方式壟斷產品價格，轉移利潤和偷稅、漏稅。

(4) 跨國公司人才技能的優勢。外商與中方合資，可以擇優選員。這就讓外商在人才技能的優勢上找到的最佳區位。雖然外商投資的支撐點易轉移，但傳統因素，如自然資源的可獲取性、勞動力成本的低廉性，仍然是決定其投資行為的重要因素。在經濟轉軌時期，外商併購國有企業主要是選擇部分有盈利的企業或企業中的精華業務，把企業原有的債務、離退休人員、多餘人員的安置等負擔留給原企業。這樣，國有企業的包袱更重，全面技改和轉制的目標根本無法達到，而這些惡果最終還得由國家來承擔。

《中國外商投資報告（2016）》顯示，截至2015年年底，中外合資企業累計設立31.68萬家，占比37.88%；累計實際投資金額為4,383.28億美元，占中國吸收外資總額的26.69%。

二、中外合作經營企業

中外合作經營企業（Foreign Cooperative Joint Venture）亦稱契約式合營企業，簡稱合營企業。它是指外國公司、企業和其他經濟組織或個人與中國的公司、企業或其他經濟組織依據《中華人民共和國中外合作經營企業法》，以雙方投資或提供合作條件的方式，在中國境內設立的、依照共同簽訂的合作經營合同所規定各方的權利和義務的合作經濟組織。

(一) 合作經營企業的特點

(1) 合作方式較為靈活，雙方容易達成協議。中外各方的投資一般不折算成出資比例，利潤也不按出資比例分配。各方的權利和義務，包括投資或提供合作的條件、利潤或產品的分配、風險和虧損的分擔、經營管理的方式和合同終止時財產的歸屬等項目，都在合作各方簽訂的合同中確定。它適用於投資見效快、利潤較高，採用的技術不複雜的項目。

（2）從性質上講，它是一種非股權契約形式進行生產的企業。這種合作企業對中外雙方都有好處。對外商而言，可避免股權合營產生的摩擦，在短期內以靈活機動的方式實現自己的盈利目標。對東道國企業來說，可籌措資金，引進設備，擴大生產。

（3）在產業導向上，合作開發項目一般集中在基礎性設施和礦產資源的開發上。這種特點有利於跨國公司得到急需的資源，有利於解決東道國資金技術不足的問題。

(二) 合作經營企業的法律特徵

1. 合作企業各方提供的合作條件

中外合作者的投資或者提供的合作條件可以是現金、實物、土地使用權、工業產權、非專利技術和其他財產權利。中外合作企業一般由外國合作者提供全部或大部分資金、技術、關鍵設備等，中方提供土地所有權、廠房、可利用的設備設施，有的也提供一定量的資金。

合作各方向合作企業提供的合作條件屬於合作企業的財產，不以貨幣的形式表示，但應做輔助登記，對企業的債務承擔責任。中國合作者所提供的投資和合作條件，依照有關法律、行政法規的規定須進行評估的，應進行評估。評估結果應作為合作談判依據，防止國有資產流失。

2. 對外國合作者出資比例的規定

不具有法人資格的合作企業中，外國合作者的投資不得低於中國和外國合作者投資額之和的25%。在依法取得中國法人資格的合作企業中，外國合作者的投資一般不低於合作企業註冊資本的25%。

3. 組織方式和合作條件

中外合作者可以共同舉辦具有法人資格的合作企業，即有限責任公司，也可以共同興辦不具有法人資格的經濟實體，即合作方共同出資或提供合作條件，按照合作企業合同的約定經營管理企業，合作各方對企業的債務承擔無限連帶責任，企業不具有法人資格。非法人合作企業合作各方提供的合作條件或投資可由合作各方分別所有，也可以共同所有，由合作企業統一管理和使用，任何一方不得擅自處理。

具有法人資格的合作企業設立董事會及經營管理機構，董事會是最高權力機構，決定企業的一切重大問題。不具有法人資格的合作企業設立聯合管理委員會，由合作各方派代表組成，代表合作各方共同管理企業。另外，合作企業成立後，經董事會或聯合委員會一致同意，報原審批機關批准，還可以委託合作一方或第三方經營管理企業。

4. 收益分配和風險承擔

合作企業屬於於契約式的合營企業，因而合作各方以各種方式的投資，不一定要求作價，也不一定要按照各種的出資比例分配收益和承擔風險。合作各方可以協商確定各方的出資方式、責任、權利和收益分配等，並將其具體寫在合同中。在企業成立後的經營過程中，合作企業有盈餘或發生虧損，各方應得的權利和應付的義務均按合同約定執行。換言之，合作企業合同是企業成立的基本依據，合營各方的權利義務不是取決於投資比例與股份，而是取決於合作企業合同的約定。

5. 投資回收與合作（營）期限

《中外合作經營企業法》規定，如果中外合作者在合作合同中約定，合作期滿時合作企業的全部固定資產歸中國合作者所有的，可以在合作企業合同中約定外國合作者在合作期限內先行收回投資，但仍應依照有關法律的規定及合同對合作企業的債務承擔責任。這一做法，一方面可以解決國內企業缺乏投資來源的問題，另一方面對許多急於回收投資的外國投資者也具有極大吸引力。

外國合作者在合作期限內可按下列方式提前回收投資：

（1）中外合作者在合作企業合同中約定分配比例時，擴大外國合作者的初期分配比例。

（2）經財政稅務機關審查批准，外國合作者可以在合作企業繳納所得稅前回收投資。

（3）經財政稅務機關審查批准的其他回收投資方式。

合作企業的經營期限由中外合作者協商確定，並在合同中寫明，報審批機關批准。如果合作各方要求延長合作期限，須在合作期滿前180天向原審批機關提出申請，說明合作合同執行情況、延長期限的原因及目的。

(三) 中外合資與中外合作經營企業的區別

1. 投資、收益和風險債務的分擔方式不同

合資企業稱為股權式合營，合資各方的投資物都要折價計算投資比例；其收益和風險債務的分擔都是在企業稅後利潤中根據各方的出資比例進行分配。合作企業稱為契約式合營，其投資、收益分配、風險債務的分擔，以及企業終止時剩餘財產的分配等問題，均由合作各方在合作合同中約定，一般不與各方的出資比例直接聯繫，不採取股權的方式計算合作企業各方合作者的投資、收益分配及風險債務的分擔。合作者享受的權利和承擔的義務均與出資無關。

因此，利潤高、週期長的行業，如種植業、養殖業、服務業、旅遊業、能源開發業和採礦業等，較多採用合作經營方式。由於合作經營方式避免了對有形資產評估和無形資產作價入股問題的商議，因此在這些行業中更多地使用國際許可證貿易進行技術轉移。所以說合作經營中的技術創新效應體現在促使產業結構調整和升級，從而使合作者得到利益機會。

2. 法律依據不同

合資企業的法律依據是《中華人民共和國中外合資經營企業法》及其實施條例，該組織形式在中國具有獨立的法人地位；合作企業的法律依據是《中華人民共和國中外合作經營企業法》及其實施細則，合作企業既可以是法人企業，也可以是非法人企業。

3. 組織方式與管理方式不同

合資企業是有限責任公司，其組織方式是成立董事會，作為企業的最高權力機構，董事會任命總經理等高級管理人員，中外雙方共同管理。合作企業的管理不盡相同，具有法人地位的合作企業一般成立董事會，非法人式的一般是成立聯合管理委員會，

由聯合管理委員會的組成人員決定企業的重大事宜。聯合管理委員會可以決定任命或聘請總經理負責合作企業的日常經營管理工作。總經理對聯合管理委員會負責。另外，中外合作經營企業依法律的規定，經聯合管理委員會一致同意；可以聘請中外合作者以外的他人經營管理，表現特別突出的有飯店餐飲業、房地產業和公共交通服務業等。

4. 合營期滿資產處理方式不同

合資企業在合營期間不得擅自減少註冊資本，合資各方可以從企業清償債務後剩餘的財產中收回投資本金。合作企業則不同，根據法律規定，如果各方合作者在合作合同中約定，合作期滿時合作企業的全部固定資產歸中國合作者所有的，可以在合作企業合同中約定外國合作者在合作期限內先行收回投資，但仍應依照有關法律的規定及合同對合作企業的債務承擔責任。先行收回投資可以通過分得較多的利潤、產品或者抽取固定資產折舊費等形式完成。

(四) 合作經營企業面臨的問題

合作企業在發展過程中，由於國家鼓勵興辦產品出口的或者技術先進的生產性合作企業，因此在新產品開發、產品升級換代、增加出口創匯等方面取得了長足的發展。但是也產生了一些問題，主要體現在以下方面：

1. 合同法規漏洞大

由於合同制度不嚴密，管理不善，造成國有資產流失嚴重。這種後果的產生，與中方企業法律意識淡薄，短視行為，對無形資產不重視，行政作風不嚴有密切關係。中國缺乏對相關國家涉外法規的系統研究，缺乏對新出現法律關係的探索預測，缺乏關於經貿活動管控的具體規定，缺乏對中國企業跨國投資經營活動的法律保護機制，缺乏國際鐵路貨運聯運的組織協調體系，缺乏仲裁司法協助有效解決爭議問題的權威制度，因而導致經貿活動中法律與合同得不到嚴格執行，違法行為得不到有效遏制。

2. 管理工作遠落後於發達國家

法制化管理尚未健全，政府行為過多，管理機構重疊，司法、海關、商檢、外貿、稅收、金融機構協調配合能力欠缺，權威與效率不足，信息反饋不靈敏，研發等知識性、科技性投入比例偏低，阻礙了技術創新的步伐，對中國跨國經營形成障礙。

根據《中國外商投資報告 (2016)》，截至 2015 年年底，中外合作企業累計設立 6.07 萬家，占比 7.25%；累計實際投資金額為 1,100.07 億美元，占中國吸收外資總額的 6.7%。

三、外 (獨) 資企業

外資企業 (Enterprise Operated Exclusively with Foreign Capital) 即外商獨資企業，是指外國的公司、企業、其他經濟組織或者個人，依照《中華人民共和國外資企業法》(以下簡稱《外資企業法》) 在中國境內設立的全部資本由外國投資者投資的獨立核算企業。根據《外資企業法》的規定，設立外資企業必須有利於中國國民經濟的發展，並應至少符合下列一項條件：

(1) 採用國際先進技術和設備，從事新產品開發，節約能源和原材料，實現產品

升級換代,可以替代進口的。

(2) 產品全部或者大部分出口(即年出口產品淨值達到當年全部產值50%以上),實現外匯收支平衡或盈餘的。

(一) 外資企業的特點

(1) 外資企業是外國投資者根據中國法律在中國境內設立的。儘管外資企業的全部資本均來自於外國投資者,但它是根據中國法律在中國境內設立,受中國法律的管轄和保護,是具有中國國籍的企業。這是外資企業與外國企業的根本不同,因為外國企業是依據外國法律在國外設立並在該國從事經營活動的企業,它具有外國國籍。

(2) 外資企業是獨立的法律主體。一般情況下,外資企業以自己的名義進行經營活動,獨立核算,獨立承擔民事責任,外國投資者對其債務不承擔無限責任。這是外資企業與外國企業在中國境內設立的分支機構的根本不同,外國企業的分支機構是外國企業(如母公司或總公司)在東道國經許可設立的一個附屬機構,不具有獨立的民事主體資格,其經營活動只能以母公司或總公司的名義來進行,並由母公司或總公司承擔民事責任。除非外資企業設立時已登記為無限責任的獨資或合夥企業。

(二) 外資企業的法律特徵

(1) 外國投資者可以用可自由兌換的外幣出資,也可以用機器設備、工業產權、專有技術等作價出資。經審批機關批准,外國投資者也可以用其從中國境內興辦的其他外商投資企業獲得的人民幣利潤出資。以工業產權、專有技術作價出資的,該工業產權、專有技術應當為外國投資者所有,其作價應當與國際上通常的作價原則相一致,作價金額不得超過外資企業註冊資本的20%。

(2) 根據《中華人民共和國外資企業法實施細則》的規定,外資企業的組織形式為有限責任公司。經批准也可為其他責任形式。實踐中外資企業大多數都採用了有限責任公司的形式,這種形式外資企業的全部利潤歸外國投資者所有,風險和虧損也由外國投資者獨立承擔,但其對企業的責任以其認繳的出資額為限。即使投資者只有一人,也可為有限責任公司,所以外資企業中的一人公司是合法的事實存在。外資企業為其他責任形式的,外國投資者對企業的責任適用中國法律、法規的規定。所謂其他責任形式,主要是指夥形式和獨資形式。如果外資企業採用的是這類責任形式,則外國投資者應對企業債務承擔無限責任或連帶責任。

(3) 外資企業的經營期限根據不同行業和企業的具體情況,由外國投資者在設立外資企業的申請書中擬定,經審批機關批准。需要延長經營期限的外資企業,須在經營期滿前180天向原審批機關提出延長申請,審批機關在接到申請之日起30日內決定是否批准。經批准的企業應向工商行政管理機關辦理變更登記手續。

此外,《中華人民共和國外資企業法》及其實施細則對外國投資者的資格、外資企業的設立、出資方式、財務、外匯、稅務、勞動管理、企業終止與清算等都作了明確的規定。

《中國外商投資報告(2016)》顯示,截至2015年年底,外資企業累計設立45.81萬家,占比54.77%;累計實際投資金額為10,669.3億美元,占中國吸收外資總額

的 64.96%。

四、中外合作開發

中外合作開發是海上和陸上石油合作勘探開發的簡稱。它指的是外國公司依據《中華人民共和國對外合作開採海洋石油資源條例》和《中華人民共和國對外合作開採陸上石油資源條例》，同中國的公司合作進行海上或陸上石油以及礦產資源的勘探開發。合作開發目前國際上在自然資源領域廣泛使用的一種經濟合作方式，其最大的特點是高風險、高投入、高收益。

合作開發一般分為勘探、開發和生產三個階段。勘探階段由外方承擔全部費用和風險，在勘探期內，如果在合同確定的區域範圍內沒有發現有開發價值的油氣田，合同即告終止，中方不承擔任何補償責任。如果在合同確定的區域範圍內發現有開發價值的油氣田，則進入開發階段，中方可以通過參股的方式（一般不超過 51%）與外方共同開發，按雙方商定的出資比例共同出資。油田的進入正式生產階段後，應按法律規定繳納有關稅收和礦區使用費，中外雙方可按合同確定的分油比例以實物方式回收投資並分配利潤，虧損風險由各方分別承擔。中國在石油資源開採領域的對外合作中都採用這種方式。

《中國外商投資報告（2016）》顯示，截至 2015 年年底，中國累計批准中外合作開發項目 191 家，占比 0.02%；累計實際使用外資金額 75.07 億美元，占中國吸收外資總額的 0.03%。目前已有一些合作開發的油田投入商業性開發。合作開發比較以上三種方式，所占比重很小。

中國已於 1982 年 1 月與 1993 年 10 月頒布了《中華人民共和國對外合作開採海洋石油資源條例》（以下簡稱《海洋石油資源條例》）和《中華人民共和國對外合作開採陸上石油資源條例》（以下簡稱《陸上石油資源條例》），並於 2001 年 9 月 23 日進行了重新修訂。條例明確規定為促進國民經濟的發展，擴大國際經濟技術合作，在維護國家主權和經濟利益的前提下允許外國企業參與合作開採中華人民共和國石油資源。國家對參加合作開採海洋石油資源的外國企業的投資和收益不實行徵收。在特殊情況下，根據社會公共利益的需要，可以對外國企業在合作開採中應得石油的一部分或全部，依照法律程序實現徵收，並給予相應的補償。中華人民共和國對外合作開採海洋石油資源的業務，由中國海洋石油總公司全面負責。中國海洋石油總公司是具有法人資格的國家公司，享有在對外合作海區內進行石油勘探、開發、生產和銷售的專營權。中國海洋石油總公司就對外合作開採石油的海區、面積、區塊，組織招標，外國公司可以單獨也可以組成集團參與投標。中標者與中方簽訂石油合作勘探開採合同，確定雙方的權利和義務，合同期限一般在 30 年內。石油合同，經中華人民共和國對外貿易經濟合作部批准，即為有效。

國家對參加合作開採陸上石油資源的外國企業的投資和收益不實行徵收。在特殊情況下，根據社會公共利益的需要，可以對外國企業在合作開採中應得石油的一部分或全部，依照法律程序實行徵收，並給予相應的補償。中國石油天然氣集團公司、中國石油化工集團負責對外合作開採陸上石油資源的經營業務，負責與外國企業談判、

簽訂、執行合作開採陸上石油資源的合同，在國務院批准的對外合作開採陸上石油資源的區域內享有與外國企業合作進行石油勘探、開發和生產的專營權。合作開採陸上石油資源的合同經中華人民共和國對外貿易經濟合作部批准，即為有效。

五、外商投資股份有限公司

外商投資股份有限公司又稱外商投資股份制企業，是指外國公司、企業和其他經濟組織和個人依據《關於設立外商投資股份有限公司若干問題的暫行規定》，同中國的公司、企業或其他經濟組織按照平等互利的原則，通過認購一定比例的股份，在中國境內共同舉辦的公司。外商投資股份有限公司全部資本由等額股份構成，股東以其所認購的股份對公司承擔責任，公司以全部財產對公司債務承擔責任，中外股東共同持有公司股份，外國股東購買並持有的股份需占公司註冊資本的25%以上。外國投資者還可依照有關法規對中國的A股上市公司進行中長期戰略性併購投資，取得該公司的A股股份。

外商投資股份有限公司是外商投資企業的一種形式，適用國家法律法規對於外商投資企業的有關規定。國家規範和管理外商投資股份有限公司的政策法規主要有：原對外貿易經濟合作部於1995年頒布實施的《關於設立外商投資股份有限公司若干問題的暫行規定》；商務部、中國證券監督管理委員會、國家稅務局、國家工商行政管理總局和國家外匯管理局於2005年年底發布並於2006年年初施行的《外國投資者對上市公司戰略投資管理辦法》等。設立外商投資股份有限公司應符合國家有關外商投資企業產業政策的規定。國家鼓勵設立技術先進的生產型公司。

外商投資股份有限公司是20世紀90年代中後期出現的一種新的利用外商直接投資的方式，它是在中國證券市場不斷擴大和企業股份制改造日益深入的背景下產生的。外商投資股份有限公司與中外合資經營企業、中外合作經營企業以及外資企業的相同點是，它們都是有限責任性質的企業，並且都是中國利用外商直接投資的有效方式。它們之間的不同點表現在許多方面，如設立方式不同、最低註冊資本額要求不同、股權轉讓不同和公開性要求不同等。

和《中華人民共和國公司法》（後簡稱《公司法》）所規定的股份有限公司設立方式一樣，外商投資股份有限公司可採取發起方式或者募集方式設立。已設立的外商投資企業、國有企業、集體所有制企業、股份有限公司也可申請通過改制設立外商投資股份有限公司。但是必須注意的是，以發起方式設立的公司，除應符合《公司法》規定的發起人的條件外，其中至少有一個發起人應為外國股東；以募集方式設立的公司，除應符合前述條件外，其中至少有一個發起人還應有募集股份前連續盈利的記錄；該發起人為中國股東時，應提供其近3年經過中國註冊會計師審計的財務會計報告，該發起人為外國股東時，應提供該外國股東居住所在地註冊會計師審計的財務會計報告。

外商投資股份有限公司註冊資本的最低限額為人民幣3,000萬元。其中外國股東購買並持有的股份不低於公司註冊資本的25%。外商投資股份有限公司的註冊資本應為在登記註冊機關登記註冊的實收資本總額，其他條件與《公司法》規定的股份有限公司設立的條件相同。

截至 2015 年年底，在華的外商投資股份有限公司有 591 家，占比 0.07%；累計實際使用外資金額為 186.48 億美元，占中國吸收外資總額的 1.14%。

六、投資性公司

為了促進外國投資者來華投資，引進國外先進技術和管理經驗，允許外國投資者根據中國有關外國投資的法律、法規及本規定，在中國設立投資性公司。投資性公司是指外國投資者在中國境內以獨資或與中方投資者合資的形式設立的從事直接投資的公司，也就是通常所說的「控股公司」，其形式一般為有限責任公司。投資性公司與生產性公司的最大區別是投資性公司不直接從事生產活動。外商在中國設立投資性公司的好處在於，投資性公司可作為跨國公司在當地的法人，代表總部直接參股或控股當地企業，用面對面的直接管理代替遠在異國他鄉的總部遙控指揮，充分體現了高效原則。

為了更好地規範和促進投資性公司的發展，商務部於 2004 年 11 月 17 日公布了經過修訂的《關於外商投資舉辦投資性公司的規定》，並於 2006 年 5 月 26 日公布了《關於外商投資舉辦投資性公司的補充規定》。

申請設立投資性公司應符合下列條件：

（1）外國投資者資信良好，擁有舉辦投資性公司所必需的經濟實力，申請前一年該投資者的資產總額不低於四億美元，且該投資者在中國境內已設立了外商投資企業，其實際繳付的註冊資本的出資額超過一千萬美元；外國投資者資信良好，擁有舉辦投資性公司所必需的經濟實力，該投資者在中國境內已設立了十個以上外商投資企業，其實際繳付的註冊資本的出資額超過三千萬美元。

（2）以合資方式設立投資性公司的，中國投資者應為資信良好，擁有舉辦投資性公司所必需的經濟實力，申請前一年該投資者的資產總額不低於一億元人民幣。

（3）投資性公司的註冊資本不低於三千萬美元。

申請設立投資性公司的外國投資者應為一家外國的公司、企業或經濟組織，若外國投資者為兩個以上的，其中應至少有一名占大股權的外國投資者符合第一個條件的規定。

投資性公司投資設立企業，按外商投資企業的審批權限及審批程序另行報批。投資性公司設立分支機構應報商務部審批，且須符合一定條件。另外，投資性公司在符合一定條件的情況下，可申請被認定為跨國公司地區總部（以下簡稱地區總部），並依法辦理變更手續。投資性公司在中國境內的投資活動不受公司註冊地點的限制。經中國政府批准設立的投資性公司被賦予其他外商投資企業更為廣泛的經營範圍，以鼓勵跨國公司在中國開展系列性的投資活動。

七、BOT 投資方式

BOT 投資方式是由土耳其已故總理厄扎爾在 20 世紀 80 年代在土耳其國家私營計劃框架工程中首創的，以後被世界各國認同並被廣泛採用。它是私營企業參與基礎設施建設，向社會提供公共服務的一種方式。儘管 BOT 方式在一些方面表現出其特殊性，

但它亦屬於利用外商投資的範圍，也受中國有關外商投資企業政策法規的管轄。外商可以以合資、合作或獨資的方式建立 BOT 項目公司。下面就介紹一下 BOT 投資方式。

(一) BOT 投資方式的含義

BOT 方式是指 Build-Operate-Transfer 的縮寫意即「建設—經營—移交」。典型的 BOT 是指東道國政府同私營機構（在中國表現為外商投資）的項目公司簽訂合同，由該項目公司承擔一個基礎設施或公共工程項目的籌資、建造、營運、維修及轉讓。在雙方協定的一個固定期限內（一般為 15～20 年），項目公司對其籌資建設的項目行使營運權，以便收回對該項目的投資，償還該項目的債務並賺取利潤。協議期滿後，項目公司將該項目無償轉讓給東道國政府。

在 BOT 方式中，項目公司由一個或多個投資者組成，通常包括承包公司和設備供應商等。項目公司以股本投資的方式建立，有時也可以通過發行股票以及吸收少量政府資金入股的方式籌資。BOT 項目所需的資金大部分通過項目公司從商業金融渠道獲得。BOT 項目的運作過程從政府的角度來說，一般要經過以下幾個階段：確定項目、招標準備及要約、評價、談判；從私營企業的角度來說，一般都要經過下列幾個階段：投資前評估、執行、建設、經營、產權移交。

(二) BOT 方式的特點

BOT 投資方式的特點可概括如下：

1. BOT 方式是在市場經濟的基礎上引入了強有力的國家干預

一方面，BOT 能夠保持市場機制發揮作用。BOT 投資項目的大部分經濟行為都是在市場上進行，政府以招標方式確定項目公司的做法本身也包含了競爭機制。作為可靠的市場主體的私人機構是 BOT 投資模式的行為主體，在特許其內對所建工程項目具有完備的產權。這樣，承擔 BOT 項目的私人機構在 BOT 項目實施過程中的行為完全符合經濟人的假設。另一方面，BOT 投資方式為政府干預提供了有效的途徑，這就是和私人企業達成的有關 BOT 項目的協議。儘管 BOT 協議的執行全部由項目公司負責，但政府自始至終都擁有對該項目的控制權。在立項、招標、談判三個階段，政府的意願起著決定的作用。在履約階段，政府又具有監督檢查的權力，在項目經營中價格的制定也受到政府的約束，政府還可以通過 BOT 法律、法規來約束 BOT 項目公司的行為。

2. 適用範圍即投資對象的特殊性

BOT 投資方式起源於大型基礎設施建設的籌資需要，目前也主要適用於一個國家或地區，在其經濟建設基礎領域裡的一些能通過收費獲得收入的設施或服務項目，例如，電站、高速公路、鐵路、橋樑、隧道、港口、機場、灌渠、水庫與大壩、教育醫療衛生基礎設施、倉庫、環保設施、通信設施、工業園區等，都可以通過 BOT 投資方式來融資建設。這些項目一般工程量大、建設時間長、耗資巨大、關係國計民生，屬於急需項目，而且這些項目的市場需求一般都較好，能夠獲得較穩定的收入。

3. BOT 投資方式以特許權為前提

投資者只有取得特許權後才可以從事項目建設。在政府和私人企業相互需要的基礎上，政府與私人企業簽訂特許協議，通過政府的權利讓渡，使得私人資本有機會參

與對基礎設施的投資、建設。政府的這種權利讓渡只是出讓建設的權利，包括為收回投資而給予投資者一段時期內經營管理的權限。到特許權期限屆滿時，投資者將項目所有權歸還政府。

4. 投資主體多元化和風險的分擔與管理

基礎設施建設的投資數額巨大，投資回報週期長，項目風險大。因此，單個或少數的幾個投資主體難以完成 BOT 項目的投資或單獨承擔建設風險，所以，BOT 投資方式涉及多個項目投資主體，有項目公司、政府、貸款人、建設者、保險公司、經營公司等，在它們之間形成了複雜的法律關係，並且按照特許協議的規定進行投資，分擔風險、共同管理。

5. 財產權利的特殊性

作為獨立法人的項目公司對其項目擁有所有權，但始終是一種不完全的財產所有權。在項目公司設立之初，其尚未形成的財產已經抵押給貸款銀行且這一抵押權需徵得財產本來所有人的同意。在項目建成後，在整個還貸期間，項目公司的財產始終處於抵押權的限制下，並在回報期內，隨著回報額的增加和經營期的減少，政府的實際所有權將逐步擴大，甚至所有權完全轉交給政府。

(三) BOT 投資方式於傳統利用外資方式的差異

BOT 投資方式是一種較新的利用外資的方式，它與傳統的利用外資方式的不同在於：

(1) BOT 方式的主體一方為東道國政府部門，另一方為私營機構的項目公司，而傳統利用外資的方式，其主體一般是企業與企業之間或者政府與政府之間。

(2) BOT 項目的實施是一項複雜的系統工程，需要金融、貿易、保險、技術引進、工程承包、土地使用權、交通能源、通信、廣告等各行業的相互協調與合作，尤其是東道國政府的強有力支持，是一個 BOT 項目成功的關鍵，而傳統利用外資的方式，則沒有這麼複雜。

(3) BOT 方式下對項目建設方式的選擇，一般採用國際招標，而傳統利用外資的方式則一般不通過招標。

(4) BOT 方式的資金來源，主要是國際金融機構提供的無追索權貸款。採用 BOT 方式，可以允許政府參股。而傳統的利用外資方式，其註冊資本以外的貸款，也不是無追索權的貸款，同時也不允許政府投資。

(5) BOT 方式的經營管理，通常是在東道國政府的許可範圍內，由項目公司按自身的管理模式進行操作，而傳統的利用外資方式，則按東道國有關法律及雙方的約定進行操作。

(6) BOT 方式合作期滿後，項目公司將該項目無償移交給東道國政府，而傳統的利用外資方式，在期滿後，外方一般按合同規定將標的轉讓給東道國企業。

(四) BOT 投資方式的優缺點

1. BOT 投資方式的優點

(1) 解決東道國政府資金不足的問題。一方面，大規模的基礎設施建設往往需要大量資金投入，面對巨額的投資支出，政府資金往往一時難以週轉；而另一方面，基

礎設施項目帶來的巨大利潤則可以吸引眾多的外國私人資本,從而解決資金不足的問題,減輕政府的財政負擔,是發展中國家解決資金短缺問題的新途徑。

(2) 在不影響政府對該項目所有權的前提下,分散投資風險在融資方面,採用BOT投資建設的基礎設施項目,其融資的風險和責任均由投資方承擔,大大地減少了東道國政府的風險。在工程的施工、建設、初期營運階段,各種風險發生的可能性也是極大的。若採用BOT投資模式,吸引外國私人資本投資,政府可免於承擔種種風險,相應地由項目的投資方、承包商、經營者來承擔這些風險。通過這種融資方式,不僅可以大大降低政府所承擔的風險範圍,也有利於基礎設施項目的成功。

(3) 有利於引進外國的先進技術及管理方法。通過將項目交給外商投資、經營,東道國可借鑑先進的外來技術和管理經驗,加快工程的建設,提高項目的營運效率。同時,國內其他基礎設施項目的建設者通過學習與借鑑,可以改善國內項目的投資、經營、管理,與國際市場接軌。從項目投資企業的角度來講,可以涉足東道國的市場,獲取豐厚的利潤,還可以帶動投資國成套設備的出口。

(4) 可以更好地滿足社會需求,並促進就業。採取BOT方式,可以是一些本來急需建設但目前政府財政有物理投資建設的基礎設施項目,提前建成並發揮作用。並且,通過BOT投資項目的建設和營運,可以為東道國創造大量的就業機會。

2. BOT投資方式的缺點

對東道國來說,BOT投資方式包括招標問題、政府的風險分擔問題以及融資成本和其他經濟問題等;在特許期內,政府失去了對項目所有權、經營權的控制。

(五) BOT投資方式的演變

BOT投資方式在其發展過程中出現了一系列演變方式,主要有以下幾種:

(1) BOOT (Build-Own-Operate-Transfer):建設—擁有—營運—移交。這種方式明確BOT方式的所有權,項目公司在特許期內既有經營權又有所有權。一般說來,BOT即是指BOOT。

(2) BOO (Build-Own-Operate):建設—擁有—營運。這種方式是開發商按照政府授予的特許權,建設並經營某項基礎設施,但並不將此基礎設施移交給政府或公共部門。

(3) BOOST (Build-Own-Operate-Subsidy-Transfer):建設—擁有—營運—補貼—移交。

(4) BLT (Build-Lease-Transfer):建設—租賃—移交。即政府出讓項目建設權,在項目營運期內,政府有義務成為項目的租賃人,在且賃期結束後,所有資產再轉移給政府公共部門。

(5) BT (Build-Transfer):建設—移交。即項目建成後立即移交,可按項目的收購價格分期付款。

(6) BTO (Build-Transfer-Operate):建設—移交—營運。這種方式是指民營機構為項目融資並負責其建設,完工後即將設施所有權(注意實體資產仍由民營機構佔有)移交給政府方;隨後政府方再授予該民營機構經營該設施的長期合同,使其通過向用

戶收費，收回投資並獲得合理回報。

（7）IOT（Investment-Operate-Transfer）：投資—營運—移交。即收購現有的基礎設施，然後再根據特許權協議營運，最後移交給公共部門。

（8）BMT（Build-Management-transfer）：建設—管理—轉讓。

此外，還有 BRT、DBOT、DBOM、ROMT、SLT、MOT 等，雖然提法不同，具體操作上也存在一些差異，但它們的結構與 BOT 並無實質差別，所以習慣上將上述所有方式統稱為 BOT。

八、外商投資創業投資企業

外商投資創業投資企業（以下簡稱創投企業）是指外國投資者或外國投資者與根據中國法律註冊成立的公司、企業或其他經濟組織（以下簡稱中國投資者），根據規定在中國境內設立的以創業投資為經營活動的外商投資企業。

創業投資是指主要向未上市高新技術企業（以下簡稱所投資企業）進行股權投資，並為之提供創業管理服務，以期獲取資本增值收益的投資方式。創投企業可以採取非法人制組織形式，也可以採取公司制組織形式。採取非法人制組織形式的創投企業的投資者對創投企業的債務承擔連帶責任。非法人制創投企業的投資者也可以在創投企業合同中約定在非法人制創投企業資產不足以清償該債務時由以創業投資為主營業務的必備投資者承擔連帶責任，其他投資者以其認繳的出資額為限承擔責任。採用公司制組織形式的創投企業（以下簡稱公司制創投企業）的投資者以其各自認繳的出資額為限對創投企業承擔責任。

目前國內對外商在中國設立創業投資企業進行規制的政府部門規章為《外商投資創業投資企業管理規定》。它是由商務部和科技部等五個部門於 2003 年 1 月 30 日頒布，並於當年 3 月 1 日開始實施的，旨在鼓勵外國投資者來華從事創業投資，建立和完善中國的創業投資機制。

（一）創投企業設立條件

設立創投企業應具備下列條件。

（1）投資者人數在 2 人以上 50 人以下；且應至少擁有一個符合下列條件的必備投資者：

①以創業投資為主營業務。

②在申請前三年其管理的資本累計不低於 1 億美元，且其中至少 5,000 萬美元已經用於進行創業投資。在必備投資者為中國投資者的情形下，本款業績要求為：在申請前三年其管理的資本累計不低於 1 億元人民幣，且其中至少 5,000 萬元人民幣已經用於進行創業投資。

③擁有 3 名以上具有 3 年以上創業投資從業經驗的專業管理人員。

④如果某一投資者的關聯實體滿足上述條件，則該投資者可以申請成為必備投資者。本款所稱關聯實體是指該投資者控制的某一實體或控制該投資者的某一實體、或與該投資者共同受控於某一實體的另一實體。本款所稱控制是指控制方擁有被控制方

超過50%的表決權。

⑤必備投資者及其上述關聯實體均應未被所在國司法機關和其他相關監管機構禁止從事創業投資或投資諮詢業務或以詐欺等原因進行處罰。

⑥非法人制創投企業的必備投資者，對創投企業的認繳出資及實際出資分別不低於投資者認繳出資總額及實際出資總額的1%，且應對創投企業的債務承擔連帶責任；公司制創投企業的必備投資者，對創投企業的認繳出資及實際出資分別不低於投資者認繳出資總額及實際出資總額的30%。

（2）非法人制創投企業投資者認繳出資總額的最低限額為1,000萬美元；公司制創投企業投資者認繳資本總額的最低限額為500萬美元。除第七條所述必備投資者外，其他每個投資者的最低認繳出資額不得低於100萬美元。外國投資者以可自由兌換的貨幣出資，中國投資者以人民幣出資。

（3）有明確的組織形式。

（4）有明確合法的投資方向。

（5）除了將該企業經營活動授予一家創業投資管理公司進行管理的情形外，創投企業應有三名以上具備創業投資從業經驗的專業人員。

（6）法律、行政法規規定的其他條件。

（二）創投企業可經營業務

外商設立的創業投資企業的業務經營範圍相對比較小，包括以全部自有資金進行股權投資，具體投資方式包括新設企業、向已設立企業投資、接受已設立企業投資者股權轉讓以及國家法律法規允許的其他方式；提供創業投資諮詢；為所投資企業提供管理諮詢；審批機構批准的其他業務。創投企業資金應主要用於向所投資企業進行股權投資。

九、外國公司在華設立分支機構

《公司法》第十一章明確規定了外國公司在華設立分支機構的規則。外國公司（即母公司）在中國境內設立分支機構，必須向中國主管機關提出申請，並提交其公司章程、所屬國的公司登記證書等有關文件，經批准後，向公司登記機關依法辦理登記，領取營業執照。設立分支機構的同時，須在中國境內指定負責該分支機構的代表人或者代理人，並向該分支機構撥付與其所從事的經營活動相適應的營運資金。

外國公司的分支機構應當在其名稱中標明該外國公司的國籍及責任形式。外國公司的分支機構應當在本機構中置備該外國公司章程。需要注意的是，外國公司在中國境內設立的分支機構不具有中國法人資格。外國公司對其分支機構在中國境內進行經營活動承擔民事責任。此外，經批准設立的外國公司分支機構，在中國境內從事業務活動，必須遵守中國的法律，不得損害中國的社會公共利益，其合法權益受中國法律保護。在華分公司的經營範圍不得超出母公司的經營範圍。當外國公司撤銷其在中國境內的分支機構時，必須依法清償債務，依照本法有關公司清算程序的規定進行清算。未清償債務之前，不得將其分支機構的財產移至中國境外。

第四節　中國利用外商直接投資的部分政策法規

外商投資的政策法律規定是調整外商投資企業在設立、變更、終止和經營管理過程中產生的經濟關係的法律規範的綜合。由於涉及利用外資的政策法規數以百計，下文先對中國有關外商投資的專門法做一個結構性的梳理，以便更好地釐清不同法律法規之間的關係，然後選取幾個具體方面的政策法規做一些介紹。

一、外商投資相關專門法規的體系結構

第一層級是三大外商投資基本法，即中外合資經營企業法、中外合作經營企業法和外資企業法。值得注意的是：這三部法律即將合一變成《中華人民共和國外國投資法》。2015年1月，商務部已公布《中華人民共和國外國投資法（草案徵求意見稿）》，向社會公開徵求意見。目前此法正進入修訂階段，待修訂完成後，將報國務院審批通過後執行。一旦此法通過，將實現外資三法合一，外商逐案審批管理模式將結束，進入「有限許可加全面報告」外資准入新時代。

有關外商投資的專門法構成了中國外商投資的基礎性法律制度，但只是一個框架性的立法，大量的外商投資法律制度實際上是由行政法規和中央政府有關主管部門的行政規章和產業政策來完善的。

第二層級是行政法規，這一層級構成了外商投資法律體系的主體內容。諸如，《中華人民共和國中外合資經營企業法實施條例》《中華人民共和國中外合作經營企業法實施條例》《中華人民共和國外資企業法實施細則》《中外合資經營企業合營各方出資的若干規定》等。這一層級與三大基本法一起構成了判別外商投資行為是否具有合法性的主要法律體系。

第三層級是中央政府的有關產業政策。這一層級的最大特點是出抬方式靈活，調整範圍廣泛，緊扣國內外經濟形勢的發展要求，但對現行立法體系的衝擊也最大，可以隨時修訂現有產業政策。

諸如，經國務院批准由國家發改委、商務部於1995年首次聯合發布的《外商投資產業指導目錄》（該目錄迄今為止修訂7次，最近一次修訂於2017年6月，並將於2017年7月28日正式實施）；由國家發展和改革委員會、商務部發布於2017年2月17日，並自2017年3月20日起施行的《中西部地區外商投資優勢產業目錄（2017年修訂）》

第四層級是中央政府有關主管部門的規章，這一層級的立法更多的是從微觀的角度對外商投資法律制度的落實起著規範作用。其制定主體既有單一的主管部門，也有多部門聯合立法的形式。諸如《外商投資舉辦投資性公司的規定》是由商務部單一的立法主體制定的，而《關於外商投資企業合併與分立的規定》則是由原外經貿部和國家工商行政管理總局聯合發布的。

第五層級是地方人大、政府出抬的有關產業政策。包括地方性法規和地方政府規章，這一立法體系的最大特點是「地方性」色彩明顯，但缺陷在於在各類「招商引資」政策的名義下往往易於給外商以「超國民待遇」。

第六層級是其他規範性文件。其實際上是政府廣義立法行為的產物，包括從中央政府有關主管部門到地方政府及其部門出抬的紅頭文件等，或是針對某類或某一事項出抬的批復、規定、答復等規範性文件。這類立法體系最大的特點是存在「因人設事」的可能，且易對上位法作出不符合立法精神的解釋。同時，往往因其不具有公示性而引發外商及國內投資者對其隱密性特質的質疑。

二、關於外商直接投資產業政策方面的規定

外商投資產業政策是國家總體產業政策在外商投資領域的體現。2002年公布實施的《指導外商投資方向規定》、2017年修訂後實施的《中西部地區外商投資優勢產業目錄》和2017年修訂後公布實施的《外商投資產業指導目錄》體現了中國政府對外商投資的產業導向政策。其中《外商投資產業指導目錄》和《中西部地區外商投資優勢產業目錄》對外商投資進行分類指導，根據項目和地區的不同實行不同的產業政策。對於列入《外商投資產業指導目錄》的項目，給予鼓勵政策；而符合《中西部地區外商投資優勢產業目錄》規定的外商投資項目，可享受鼓勵類外商投資項目的優惠；另外，根據《鼓勵外商投資高新技術產品目錄》的規定，對外商投資十一大類高新技術領域給予優惠。

三、《中華人民共和國外國投資法》草案

(一)《外國投資法》出抬的背景

1. 外資三法嚴重滯後

改革開放以來，中國逐步建立了以憲法為核心、《中華人民共和國中外合資經營企業法》《中華人民共和國中外合作經營企業法》和《中華人民共和國外資企業法》等三資企業法及其實施細則為基礎、《指導外商投資方向規定》《國務院關於投資體制改革的決定》等法規和規範性文件為指引的外資准入綜合管理法律體系。其中外資三法，即《中華人民共和國中外合資經營企業法》《中華人民共和國外資企業法》和《中華人民共和國中外合作經營企業法》，始於改革開放早期，它們的頒布與實施符合中國當時的基本國情，奠定了中國利用外資的法律基礎，推動了改革開放的歷史進程。雖然2000年至2001年外資三法進行了整體的修訂，但是隨著市場的快速發展以及《公司法》在2004年和2014年兩次大的修訂，外資三法已經越來越無法匹配外商投資的市場需求和進一步開放的經濟潮流，且與《公司法》等法律法規存在諸多重複甚至衝突之處。除此之外，外資併購和國家安全審查等制度也亟需完善。綜上，一個針對外商投資領域，全新、清晰而又系統的外商投資法規的出抬可說是眾望所歸。目前，商務部對《外國投資法》草案進行了修改完善並上報了國務院。

2. 新時期政策引導

黨的十八大要求加快轉變對外經濟發展方式，創新開放模式，提高利用外資綜合優勢和總體效益，推動引資、引技、引智有機結合等。十八屆三中全會提出要統一內外資法律法規，保持外資政策穩定、透明、可預期，改革涉外投資審批體制，探索對外商投資實行准入前國民待遇加負面清單的管理模式等。十八屆四中全會提出要完善涉外法律法規體系並促進構建開放型經濟新體制。以上政策引導，為商務部發布外資法草案奠定了基礎和導向。

(二)《外國投資法》草案重點內容

《外國投資法》是一部外國投資促進法。全面修改外資三法，制定統一的《外國投資法》，不僅需要對有關行政審批條款進行修改，還要解決外資三法中關於企業組織形式和治理結構的有關規範與《公司法》等法律法規的銜接問題，並將法律規範的對象調整為外國投資者在中國境內的投資行為，實現從外商投資企業法到外國投資管理法的轉變。此次上報國務院待批的《外國投資法》草案涵蓋以下重點內容：

1. 雙重標準界定「外國投資者」

關於「外國投資者」的界定，草案同時依據了兩種標準，即「國別標準」和「實際控制標準」。依據「國別標準」，外資法草案將不具有中國國籍的自然人、依據其他國家或者地區法律設立的企業、其他國家或者地區政府及其所屬部門或機構、國際組織四類主體認定為外國投資者。同時，草案又依據「實際控制標準」，將受前四類主體控制的境內企業認定為外國投資者，將受中國投資者控制的前四類主體在境內的投資明確為可視作中國投資者的投資。不難看出，當某一外國投資企業在中國境內再次投資時，該企業兼具「外國投資企業」與「外國投資者」雙重身分。

2. 外國投資概念立法明晰

關於外國投資的概念，外資法草案整合了外資三法中的綠地投資（即外國投資者在境內設立企業）和相關行政法規、規章中的併購投資，同時還增加了幾種投資類型，具體包括：設立境內企業；取得境內企業的股份、股權、財產份額、表決權或者其他類似權益；向其持有前項所稱權益的境內企業提供一年期以上融資；取得境內或其他屬於中國資源管轄領域自然資源勘探、開發的特許權，或者取得基礎設施建設、營運的特許權；取得境內土地使用權、房屋所有權等不動產權利；通過合同、信託等方式控制境內企業或者持有境內企業權益；境外交易導致境內企業的實際控制權向外國投資者轉移的，視同外國投資者在中國境內投資。

3. 廢除外商投資核准制，採用有限准入許可制

外資法草案取消對外商投資的逐案審批制，規定依據「特別管理措施目錄」（即負面清單）對外商投資企業的設立進行管理。未來的「特別管理措施目錄」將分為禁止實施目錄和限制實施目錄兩部分。禁止實施目錄列明的領域不允許外國投資者進入，同時規定外國投資者直接或者間接持有境內企業的股份、股權、財產份額或者其他權益、表決權時，該企業亦不得投資禁止實施目錄列明的領域。限制實施目錄通過金額

標準和投資領域兩個指標對外國投資者的投資行為進行限制，外國投資涉及限制實施目錄情形的應當向主管部門申請行政許可。未列入以上兩個目錄的，可以享受國民待遇，僅需履行信息報告義務。「特別管理措施目錄」由國務院根據國家締結的條約、公約、協定及有關法律法規、決定統一制定並發布。

4. 明確投資數額計算方式，嚴防行政許可規避

根據外資法草案規定，外國投資者在兩年內針對同一投資事項多次實施投資，投資金額累計計算；外國投資者向其持有權益的境內企業直接或間接提供一年以上融資的，融資數額納入投資數額加以計算。以上條款設置對防範市場上發生的規避核准的現象具有一定的作用。

5. 准入審查因素明確，審查重心轉移

外資法草案規定，審查因素主要包括對國家安全的影響，是否符合特別管理措施目錄規定的條件，對能源資源、基礎創新、就業等生產經營要素的影響，行業發展的實際影響與控制力，國際條約義務，外國投資者及實際控制人，其他情況進行審查。由此可見外商投資企業的治理結構、章程、經營合同等不屬於審查要素之列，以往需經過審批才生效的合同、股權收購協議、資產收購協議等在草案中並未明確要求提交審核，總體表述比較寬泛，因此未來外商投資企業的協議設計以及交易安排將更具靈活性，更有利於激發市場活力。

6. 構建信息報告制度，加強事中事後監管

外資法草案規定：外國投資者或外國投資企業對其投資經營行為，無論是否屬於特別管理措施目錄列明的領域，都要向外國投資主管部門履行信息報告義務。信息報告分為三類：外國投資事項報告、外國投資事項變更報告、定期報告。此處信息報告制度基於對市場主體信用的信賴建立，並對違反信息報告義務的外國投資者或者外國投資企業規定了較為嚴格的行政法律責任；要求違反信息報告義務的單位和直接負責的主管人員、其他責任人員承擔刑事法律責任。值得特別注意是，草案採用了「附屬刑法」的方式徑直將「違反信息報告義務且情節特別嚴重」的行為規定為犯罪，並且明確其法定刑（對單位判處罰金、對相關責任人員處 1 年以下有期徒刑或拘役），本條也是中國新刑法（1999 年）公布後的第一條附屬刑法。

7. 過渡期安排

外資法草案正式生效後，外資三法將被廢除，原依法存續的外國投資企業可以在原批准的經營範圍、期限和其他條件下繼續經營，但是變更經營事項、投資金額達到「限制實施目錄」規定的標準的，應當申請准入許可。按照《徵求意見稿》的規定，生效前存續的外國投資企業在新法生效後三年內，按照《公司法》《中華人民共和國合夥企業法》《中華人民共和國個人獨資企業法》等法律法規變更企業組織形式和組織機構。

從外資法草案的內容來看，已經確立了放寬外資准入、促進市場在資源配置中起決定性作用的根本立法目的。在操作層面，該草案對外資准入許可、行業許可、工商登記的關係等方面進行了明確，與中國的現行法規實現了接軌和統一。

思考題

1. 中國利用外商直接投資的積極作用是什麼？
2. 中外合資企業和中外合作企業有何不同？
3. 中外合作開發有何特點？
4. 指導外商投資產業政策的主要內容是什麼？
5. 中國利用外資的特點主要有哪些？
6. 簡述 BOT 投資方式與傳統利用外資方式的差異。
7. 簡述中國利用外商直接投資的發展趨勢。
8. 中國吸引外商間接投資的方式有哪些？
9. 中國利用外資需要注意哪些問題？

第四章　中國對外直接投資

　　對外直接投資已經成為近年來中國參與經濟全球化的重要形式。中國對外投資在改革開放後的迅速發展引起了國內外的關注，但是，在取得成就的同時還面臨眾多的挑戰。本章從中國對外投資的發展階段回顧的基礎上，結合當前中國對外投資存在的問題，分析對外直接投資的發展方略，重點分析實踐中中國國有企業與民營企業是如何實施「走出去」戰略的。

第一節　實施「走出去」戰略與中國對外直接投資

一、「走出去」戰略的含義與層次

　　「走出去」戰略有廣義與狹義之分。廣義的「走出去」戰略指的是使中國的產品、服務、資本、技術、勞動力、管理以及中國企業本身走向國際市場，到國外去開展競爭與合作，到國外去發展；狹義的「走出去」戰略是指中國企業所從事的各種對外直接投資活動，包括對外投資辦廠、境外加工裝配、境外資源開發、設立境外研發中心、建立國際營銷網絡、開展國際農業合資合作、開展跨國併購等，實質上是將各種生產要素輸出到國外，將生產能力向國外延伸和佈局。

　　目前商務部使用的「走出去」概念是在狹義的基礎上再加上對外工程承包與勞務合作。

　　可以在三個層次上實施「走出去」戰略。第一個層次是商品輸出，是指貨物、服務、技術、管理等商品和要素的輸出，主要涉及貨物貿易、服務貿易、技術貿易以及工程承包等。第二個層次是資本輸出，是指進行各種形式的對外直接投資。如果一家企業的走出去戰略發展到了第二層次，特別是海外投資達到了一定的規模（在兩個或兩個以上的國家擁有企業）後，那麼這家企業也就變成了跨國公司。第三個層次是品牌輸出。當一家企業擁有了著名品牌後，它不僅可以授權國外的企業使用該品牌，還可以利用品牌的影響力與國外開展合資合作，並且可以借助品牌的知名度擴大產品的銷售，可以說品牌是跨國公司參與國際競爭的有力武器。本章所使用的「走出去」戰略主要是指在第二和第三個層次上實施的「走出去」戰略。

二、「走出去」戰略的形成與發展

　　黨的十七大報告明確指出：「堅持對外開放的基本國策，把『引進來』和『走出

去』更好地結合起來，擴大開放領域，優化開放結構，提高開放質量，完善內外聯動、互利共贏、安全高效的開放型經濟體系，形成經濟全球化條件下參與國際經濟合作和競爭的新優勢。」這預示著中國將逐漸建立「走出去」與「引進來」相結合的對外開放體系，通過政策引導經濟實現轉型，全面提高對外開放水平。

(一) 形成過程

「走出去」戰略的形成和發展基本上可以分為四個階段，在這四個階段中，「走出去」戰略經歷了思想基礎、正式提出、加快發展和鞏固增強，為中國企業的發展提供了源源不竭的動力。

第一個階段是鄧小平同志的對外開放思想孕育了「走出去」戰略。在經歷了長時間的經濟低迷和政治波動之後，上個世紀的中國亟須發展經濟和穩定環境。在這樣的背景之下，鄧小平同志深刻總結了中國建設社會主義的歷史經驗與教訓，同時對當時的國內外形勢進行了分析和判斷，提出了建立對外開放的基本國策。黨的十一屆三中全會明確提出：「在自力更生基礎上積極發展同世界各國平等互利的經濟合作。」在這一指導方針的基礎之上，中國企業開始了積極向外探索的步伐。

第二個階段是江澤民同志任總書記時期，「走出去」戰略作為國家戰略被正式確定下來。1997 年亞洲金融危機後，為了擴大出口，國家實行了鼓勵企業開展境外加工裝配業務的戰略，《關於鼓勵企業開展境外帶料加工裝配業務的意見》出抬，提出了支持中國企業以境外加工貿易方式「走出去」的具體措施。1997 年，在黨的十五大上，江澤民同志進一步提出：「更好地利用國內國外兩個市場、兩種資源，積極參加區域經濟合作和全球多邊貿易體系，鼓勵能夠發揮中國比較優勢的對外投資。」同年，在全國外資工作會議上，江澤民同志強調既要鼓勵外國企業來中國投資辦廠，也要積極引導和組織國內有實力的企業走出去，「引進來」和「走出去」兩個方面，缺一不可。2000 年 3 月，九屆人大三次會議期間，「走出去」戰略作為國家戰略被正式提出，並把它作為四大新戰略（西部大開發戰略、城鎮化戰略、人才戰略和「走出去」戰略）之一。2001 年出抬了《國民經濟和社會發展第十個五年計劃綱要》指出：「……健全對境外投資的服務體系，在金融、保險、外匯、財稅、人才、法律、信息服務、出入境管理等方面，為實施『走出去』戰略創造條件。」2002 年，在黨的十六大報告中，江澤民同志提出：「堅持『走出去』與『引進來』相結合的方針，全面提高對外開放水平。」

第三個階段是胡錦濤同志任總書記時期。在這一時期，「走出去」戰略得到了快速的發展。2003 年 10 月，黨的十六屆三中全會通過的《關於完善社會主義市場經濟體制的若干重大問題的決定》指出：「繼續實施『走出去』戰略……『走出去』戰略是建成完善的社會主義市場經濟體制和更具活力、更加開放的經濟體系的戰略部署，是適應統籌國內發展和對外開放的要求的，有助於進一步解放和發展生產力，為經濟發展和社會全面進步注入強大動力」。2005 年，溫家寶總理在政府工作報告中強調：「鼓勵有條件的企業對外投資和跨國經營，加大信貸、保險外匯等支持力度」。「走出去」戰略在「十一五」期間得到全面落實。黨的十七大報告中關於「引進來」和「走出去」

的論述，標誌著中國「走出去」「引進來」的開放向縱深發展。2010年，在十一屆全國人大三次會議上，溫家寶總理在政府工作報告中提出，要進一步簡化各類審批手續，落實企業境外投資自主權，加快實施「走出去」戰略。

第四個階段即以習近平同志為總書記的新時期。在這一時期，「走出去」戰略得到了鞏固和發展，同時出現了新的形勢和新的情況。2015年十二屆全國人大三次會議上，李克強總理作了政府工作報告，在報告中他提出「加快實施走出去戰略。鼓勵企業參與境外基礎設施建設和產能合作，推動鐵路、電力、通信、工程機械以及汽車飛機、電子等中國裝備走向世界，促進冶金、建材等產業對外投資」，標誌著中國的「走出去」戰略開始向更多的領域和更廣闊的範圍內發展，企業的「走出去」水平進入新的發展階段。關於本階段的具體政策，將會在以下部分詳細說明。

總的來說，「走出去」戰略在中國先後經歷了思想奠基、正式確立、加快發展和鞏固增強四個階段。在這四個階段中，由於面對的國際國內環境的不同，每個階段，「走出去」戰略都呈現出不同的特點。

（二）當今形勢下的走出去戰略

新時期「走出去」戰略逐漸呈現出以下三個方面的特點：

第一，程序更加簡捷。2013年11月，黨的十八屆三中全會通過的《中共中央關於全面深化改革若干重大問題的決定》、2014年3月7日，國務院發布《國務院關於進一步優化企業兼併重組市場環境的意見》、2014年5月，國務院辦公廳頒布《關於支持外貿穩定增長的若干意見》（國辦發〔2014〕19號）、2014年12月27日，《國家發展改革委關於修改〈境外投資項目核准和備案管理辦法〉和〈外商投資項目核准和備案管理辦法〉有關條款的決定》公布，該決定修改了2014年4月8日發布的《境外投資項目核准和備案管理辦法》中關於需要核准的境外投資的項目的範圍。以上一系列條文的出抬，顯示出中央實行對外開放，創造更加活躍自由的貿易環境的決心，也確實在政策層面上，為企業的「走出去」創造更大的便利。

第二，企業監管監督逐漸增強。在中國企業走出去的過程中，將會涉及更多的跨境交易和跨境金融框架，其潛在的金融風險不言而喻。與此同時，作為中國對外的代表，「走出去」的企業在生產質量和人員管理層面上也代表著中國形象，將在各個領域產生重要的影響。因此，建立更加開放自由的交易環境的前提下，相關法律法規和政策也對金融監管和國際交易安全建立了更加嚴格的監管和監控網絡。中國人民銀行在其《管理辦法》中分別規定了對結算銀行、企業以及其他涉及銀行的監督和檢察。在證券上市業務方面，根據《對外投資合作發展報告2014》，證監會通過與其他國際性機構的合作建立了跨度更廣、層次更深的監督網絡。2013年3月，中國證監會與財政部共同確立了跨境審計執法合作的工作流程，開始在多邊和雙邊合作框架下與境外監管機構開展審計執法合作，2013年5月，中國證監會和財政部與美國公眾公司會計檢察委員會（PCAOB）簽署《中美審計跨境執法合作備忘錄》。在外匯管理上，根據外匯管理局2013年發布的《國家外匯管理局關於在部分地區試行小額外保內貸業務有關外匯管理問題的通知》（匯發〔2013〕40號），對於中小企業，外匯管理局將採取多種手

段防範風險。通過「採取事前的合規自律（如年度限額和資產負債比例管理等規定）、事後管理（如債權人合規備案和擔保履約核准）以及非現場核查等多種有效手段防範風險」。

第三，政策指導性更強。國家鼓勵並引導更多領域的企業實現「走出去」。十八大以來，深化行政體制改革，加快轉變政府職能，簡政放權越來越成為政府工作的重點和核心。這一理念體現在企業的對外投資和對外合作上，體現為政策的指導性越來越強，各領域的政府服務體系建設日趨完善，政府在提供公共服務方面日益發揮重要的作用。在風險防控方面，2010 年商務部發布《對外投資合作境外安全風險預警和信息通報制度》，要求建立境外安全風險預警。從 2013 年開始，商務部持續編寫發布覆蓋 171 個國家（地區）的《對外投資合作國別（區）投資指南》（商務部網站可查），供廣大企業免費下載閱讀，對不斷增加的境內投資主體發揮了重要的指引作用。此外，商務部還分別於 2013 年 3 月編印《中國對外投資合作企業建設文件匯編》、2014 年 4 月發布《國別貿易投資環境報告 2014》，為企業的跨境貿易和投資提供有針對性的指引和介紹。而在對外行業領域方面，國家發改委也應國務院工作要求，就農業、鐵礦、銅礦、鉀鹽等重點領域境外投資發布了規劃性文件。進出口程序方面，海關根據國家要求，完善「免辦特殊用途進口產品處理關係系統」，完成對新開放口岸小批量系統的端口配置。在對外平臺建設方面，全國工商聯與商務部合作，形成全國、省市、地區三級「走出去」服務工作網絡。這些措施的實施，充分體現了政府職能的逐漸轉變，也為企業在實現「走出去」的過程中提供更多的便利，使企業對外的投資與合作有的放矢。

三、實施「走出去戰略」的必要性和作用

(一) 實施企業「走出去」戰略是中國參與經濟全球化的重要條件

經濟全球化是當代世界經濟的重要特徵之一，也是世界經濟發展的重要趨勢。中國實施企業「走出去」戰略，能夠將中國企業置身於世界市場之中，在激烈的世界競爭潮流中，不斷發現不足、彌補不足，以此來不斷提升企業的競爭力，擴大企業的規模，達到企業發展的興盛。也只有主動實施「走出去」戰略，在更廣闊的空間進行產業結構調整和資源優化配置，中國才有可能在新的世界格局中占據有利地位。

(二) 實施企業「走出去」戰略是合理配置資源和更好利用國外資源的要求

為了滿足中國經濟發展的需要，就需要從國外輸入各種自然資源和生產要素。利用本國和他國的不同資源和要素因素，在國際件實現資源和要素的合理流動與重新組合配置，獲得絕對和相對利益，這也是實施「走出去」戰略的一個重要動因。資源特別是關係到國計民生的戰略資源涉及國際的經濟安全和穩定，僅靠傳統的貿易渠道獲取是不穩定的，並且還要承擔資源價格波動帶來的風險。中國企業「走出去」，有助於穩定戰略資源的供應和價格水平。

(三) 實施企業「走出去」戰略有利於中國加快經濟結構調整和產業結構升級

在中國成為「世界工廠」，對外貿易依存度較高的情況下，國家必須考慮通過提高引進外資質量和擴大對外投資兩個輪子，主動地在更廣闊的空間進行產業結構調整和優化資源配置，拓展新的經濟發展空間和新的經濟增長點。在保持製造業優勢的同時，向產業鏈高增值環節邁進，提升中國在國際分工中扮演的角色。中國企業有必要通過國際化經營向境外轉移過剩生產能力，從而可以使國內產業生產能力向國外延伸，為國內新興產業和高技術產業提供更大的發展空間來實現產業結構的優化和升級。

(四) 實施企業「走出去」戰略能夠減少中國因出口而引起的貿易摩擦

隨著世界經濟的全球化趨勢不斷加強，中國在世界中所處地位越來越高。據數據表明，中國近幾年的出口總額排名很是靠前，這就說明中國在世界中出口趨勢很強，這就會引起其他進口國的高度警惕。為了保護國內經濟，進口國肯定會設立重重貿易壁壘，進而有可能增加與中國的貿易摩擦。但如果我們實施「走出去」戰略，直接設立跨國公司，結果將大大不同。跨國公司在國際貿易平衡表中表現為直接投資。通過對外直接投資的方式在東道國生產並銷售，能夠繞過貿易壁壘，提高了其產品的競爭力，同時也能直接利用東道國的資源，易於獲得商業情報信息。

(五) 實施企業「走出去」戰略是發展中國自己的跨國公司，提高中國國際地位的需要

21世紀以來，隨著經濟全球化進程的加快，一個世界性的社會化大生產網絡已經形成。在此基礎上形成的跨國公司在世界經濟活動中的作用日益增強。國與國之間的經濟競爭越來越表現為各國跨國公司之間的競爭，只有積極地「走出去」，才能由小到大逐步培育我們自己的跨國公司，加速中國跨國公司的成長，促使更多中國企業從事國際化經營，進而有利於中國獲得重要的國際市場份額，在國際上樹立中國的大國形象，提升中國的國際競爭力，提高中國的地位，維護和保障國家的安全與利益，促進祖國的統一，推導建立公正合理的國際經濟新秩序。

(六) 國內經營環境的變化和市場競爭的加劇迫使企業必須「走出去」

隨著關稅的降低和國內市場的進一步開發，大量外資伴隨更多資金和更高的技術進入中國，國內市場的競爭進一步加劇，對國內的一些行業產生衝擊，如石化、鋼鐵、汽車、石油、醫藥、金融等行業面臨更激烈的競爭。面對日趨激烈的市場競爭，國內企業要積極應對：一方面，要發揮本土作戰的優勢，改進管理，用於創新，切實提高自身的競爭力；另一方面，要實施「走出去」戰略，走向更廣闊的國際市場，尋找新的企業生存與發展空間。

第二節　中國企業對外直接投資的發展與現狀

一、中國對外直接投資發展歷程

中國自1978年實施改革開放以來，經濟發展階段大致符合鄧寧的投資發展週期理論所劃分的四個階段。中國對外直接投資大致經過了三個階段：

第一階段（1978—1991年）：這是對外直接投資的起步階段，中國剛開始進行改革開放。本階段企業規模小，資金缺乏，對外投資主要以政府行為為主。

第二階段（1992—2004年）：這是對外直接投資的迅速發展階段。但同時對外直接投資增長發展不穩定，存在大起大落的特徵，主要是因為此階段中國的經濟體制正處於深化改革中，企業的綜合實力較弱。

第三階段（2005年至今）：這是對外直接投資的穩定、持續增長階段。中國經濟實力有較大提高，一大批企業逐漸發展、壯大，開始擁有所有權優勢和內部化優勢，對外直接投資迅速增長。

二、中國企業現階段對外直接投資的特點

（一）中國迎來對外投資「黃金期」，民營企業「走出去」躊躇滿志

自2005年以來，中國對外直接投資流量連續10年持續增長，2015年達到了1,456.7億美元，是2005年的13倍多。2016年是「十三五」規劃開局之年，1~6月中國對外非金融類直接投資達到888.6億美元，同比增長58.7%。中國企業對外投資迎來「黃金期」。

隨著經濟全球化和區域經濟一體化程度加深，企業全球化發展意識加強，主動走出國門配置資源和拓展市場。從海外投資主體來看，2015年中國民營企業「走出去」躊躇滿志，海外併購十分活躍，併購案例達到397宗，占當年總投資案例數的53%；披露的併購總金額達到3,963.19億美元，同比增長280%，占總投資金額的66%。2016年上半年，民營企業海外併購290宗，披露的併購金額1,094.2億美元，分別占比為64%、36%。

2016年6月，工業和信息化部發布《促進中小企業發展規劃（2016—2020）》，鼓勵民營企業積極拓展海外市場。一方面，在「走出去」的中小企業中，具備先進技術、管理經驗、自主品牌和自主知識產權的企業不斷增多。加之民營企業「走出去」有政治因素小的特點，在對外投資過程中容易被目標投資國接受。另一方面相關國家政府放寬了外資投資准入限制，便於中國企業「走出去」。因此中國民營企業海外投資併購，與當地需求形成資源互補，有利於企業自身發展的同時促進當地的經濟發展，形成互利共贏的發展形勢。

（二）中國企業投資亞歐及北美地區較多，對美國投資熱情不減

從投資首選區域看，中國企業在「走出去」時多選擇亞洲作為投資區域，歐洲及

美洲持平，也有一些企業選擇非洲和澳洲。從國別及地區上看，絕大多數中國企業將美國作為首選國家，其次是中國香港、俄羅斯、日本、印度、韓國、臺灣、德國、英國和新加坡等國家和地區，其他投資東道國及地區還有蒙古、越南、泰國、印尼、馬來西亞、孟加拉、斯里蘭卡、巴基斯坦、吉爾吉斯斯坦、哈薩克斯坦、沙特、伊朗、伊拉克、捷克、埃及、法國、義大利、荷蘭、瑞士、西班牙、土耳其、巴西、哥倫比亞、秘魯、南非、剛果（布）、澳大利亞、新西蘭、加拿大。從企業規模及資產總額上看，投資東亞、港澳臺、歐洲、北美的企業多以小型企業為主，東歐、中東、中亞、南美、澳洲區域的中國投資企業則以大型企業為主。

(三) 跨國併購不斷攀升，綠地投資顯著增長

從投資方式來看，根據商務部收錄的 2000—2016 年上半年中國企業對外投資 2,858 起案例，跨國併購案例數為 2,515 起，占總案例數的 88%，可見跨國併購成為中國企業對外投資的主要方式。從 2006 年起，中國企業跨國併購案例數量直線上升，2015 年再創歷史新高，達到 498 起。

中國企業海外併購主要是為了獲得資源、技術、品牌和市場渠道。例如，聯想收購 IBM 的 PC 部門，借力 IBM 品牌力度獲得全球營銷網絡；美的收購東芝的白色家電，彌補了在核心技術上的空白，把東芝在電子控制領域的技術應用到家電智能領域，提高美的國際製造水平。

相對於跨國併購，中國企業在海外的綠地投資數目相對較少，但是投資金額超過海外併購金額，主要是勞動密集型和資源密集型企業選擇在欠發達或是發展中國家進行投資，以獲得原材料和勞動力。在「一帶一路」戰略構想下，中國企業投資非洲多以綠地投資為主。另外，正在尋求轉型升級的「中國製造」把目光投向德國，繼 2014 年之後，再次成為在德綠地投資項目數量第一的國家。根據德國聯邦外貿與投資署的數據，與 2014 年相比，2015 年中國在德投資項目數量增長了 37%。

美國為最大限度地維護本國利益與安全，對來自其他國家的兼併收購審核較為嚴格，但相對歡迎綠地投資申請。因為綠地投資不僅能增加美國經濟總量，帶動相關產業發展，還能加強當地基礎設施建設，提供就業崗位，促進當地社會發展。中國企業在美國的綠地投資項目，如 2014 年福耀玻璃在俄亥俄州的汽車玻璃工廠、2015 年延鋒汽車內飾公司在田納西州的工廠等已取得了較大進展。2015 年中國在美國的綠地投資包括泉林紙業在弗吉尼亞州 20 億美元的造紙廠、玉皇化工在路易斯安那州 18.5 億美元的甲醇工廠項目，以及吉利汽車旗下沃爾沃公司在北卡羅來納州的汽車生產基地等，都進展順利。

(四) 海外製造業投資獨占鰲頭，投資領域呈多元化趨勢

從投資行業分佈來看，2015 年中國企業海外投資製造業占比 48%，接近總投資額的一半。中國企業正通過投資不斷向價值鏈上游延伸並擴大全球版圖，增強國際競爭力。其次，投資海外房地產業占比 12%。2015 年中國企業投資海外房地產業大放異彩，不斷收購海外地標性建築。再次，信息技術、互聯網領域投資占比 8%。中興通訊完成了對阿爾卡特—朗訊網絡服務部門的收購；聯想集團收購摩托羅拉移動（Motorola Mobility）智能手機業務；騰訊出海東南亞市場；獵豹、APUS等中小互聯網公司也紛紛走向海外開展商業活動。能源、金融業海外投資占比相同，緊隨其後；接下來分別是文化、體育、娛樂業、服務業；其後是占比相同的批發零售、交通運輸和倉儲及郵政；科研、農林牧漁業、水利及住宿餐飲業的海外投資排名最後。由上可見，中國企業海外投資領域從過去的能源、資源類投資逐漸轉向包括高新技術、服務貿易在內的多元化領域。

中國企業所投資的行業也因東道國的不同而有所區別。中國企業在東亞區域的投資以製造業為主；在中亞及南美則以能源和礦產為主；東歐、中東、中亞、南亞以能源礦產、製造業為主；東南亞、北美、歐洲、港澳臺、非洲的投資領域則較為全面。這一現象與東道國資源、當地市場成熟度、市場進入時間、行業競爭狀況等因素密切相關。

（五）企業海外併購2016年強勢開局

中國企業已成為全球跨境併購的主要參與者之一。2016年1～6月，由中國企業發起的海外併購交易總金額達1,210億美元，超過2015年全年對外併購交易紀錄（1,115億美元）。

2016年1月，海爾集團宣布54億美元收購通用電氣家電業務；2月，中聯重科報價33億美元收購美國第二大工程機械巨頭特雷克斯公司（Terex Corporation）；2月，中國化工斥資430億美元收購瑞士農藥廠商先正達（Syngenta）100%股權；2月，海航集團60億美元收購美國IT產品服務分銷商英邁（Ingram Micro）；2月，中國重慶財信企業集團購芝加哥股票交易所（Chicago Stock Exchange）等，一系列海外並提案將中國企業「出海」推向高潮。

（六）企業海外併購不斷優化，全產業鏈國際化佈局加速

近年，中國企業收購海外公司頻繁，借此獲得先進技術、品牌、海外資源、市場渠道、先進的企業管理經驗等。現今，中國企業的全球化戰略不僅是產品輸出，更是全產業鏈上的全球化發展佈局，不斷提升產業鏈各個環節的國際化水平。

例如，中糧集團繼2014年收購來寶農業（後更名為中糧來寶）49%的股份後，於2016年4月又收購了來寶農業剩餘51%的股份，至此持有來寶農業100%股權。來寶農業在全球25個國家及地區設廠，此次收購使中糧借助來寶農業的國際供應鏈，打開了難以進入的南美市場，從而逐步完善中糧的海外佈局，在全產業鏈戰略之下打通國際主產區和主銷區，形成一體化營運體系。這種全球佈局使中糧向衝刺世界「四大糧商」邁進一步。

紫光集團繼2015年入股西部數據、臺灣矽品精密和南茂科技後，於2016年5月收購惠普公司旗下新華三公司51%的股權，成為控股股東。通過收購，清華紫光逐步實現從芯片設計與製造，到設備研發、軟件與系統集成的IT全產業鏈發展。紫光集團通過國際併購積極佈局全球半導體產業鏈，提升集團的全球品牌形象，打造第三大儲存芯片製造商。

(七) 盤活資本市場，寬鬆的金融政策助力企業「走出去」

企業海外投資融資渠道不斷從單一化向多元化發展。例如，中國在「一帶一路」沿線國家（地區）的海外投資方面，可以運用中國國家開發銀行、中國進出口銀行、中國農業發展銀行及中國出口信用保險公司這四大政策性銀行的融資渠道。在區域合作方面，可以利用東盟基金、中國—歐亞經濟合作基金、中國—中東歐投資合作基金、中國—東盟投資合作基金、中拉合作基金和中加基金等。

此外，中國還不斷完善金融政策體系，為「走出去」企業提供服務，比如境外投資外匯管理方案從事前登記改為匯兌資金時在銀行直接辦理，取消商業銀行及境內企業在境外發行人民幣債券的地域限制。簡化海外上市、併購等的核准手續。改進人民幣跨境支付和清算體系。創新出口信用保險產品，擴大政策性保險覆蓋面等。

(八) 企業佈局海外知識產權，提高國際競爭力

中國企業在「走出去」中，為規避競爭風險，贏得國際市場的競爭優勢，正在加快全球範圍內的知識產權佈局，推動企業的創新步伐。

湯森路透發布的《2016年全球創新報告》顯示，中國科研正在進入創新時代，不僅是科研機構，企業表現更加突出。以家電行業為例，排名前三甲的創新企業均來自中國，分別是美的、格力和海爾。

從發明專利數量來看，美的以5,427個專利數量遙遙領先。近年，美的集團全球化發展迅速，已擁有四級研發體系，在海外6個國家擁有7個生產基地，產品年銷量近3億臺。在美的出海過程中，知識產權問題無法迴避。為避免侵權帶來不必要的糾紛，美的將海外知識產權佈局看得尤為重要，集團的知識產權戰略從創新競爭力及品牌競爭力的佈局、全價值鏈的風險管控、知識產權資產的管理及運用、信息戰略指引等幾個方面為全球經營發展保駕護航。目前，美的專利申請已累計至近3萬件，其中2015年的發明申請量為4,181件，國內授權專利2萬件，有效發明專利1,948件。美的接下來將重點放在優化專利申請結構、加快海外佈局規模、提高專利質量等方面。

進行知識產權的全球化佈局，將助力中國製造在海外市場上的健康發展，保護企業的創新和國際競爭力。

(九) 企業參與境外經貿區建設，打造海外投資大平臺

中國企業在「走出去」過程中，積極參與境外經貿合作區建設，形成了企業集群式海外投資的重要平臺和中國企業品牌國際化宣傳的重要載體。2015年中國企業在建境外經貿合作區75個，其中53個分佈在「一帶一路」沿線國家。已通過考核的13個合作區中，10個位於「一帶一路」沿線國家。

企業積極參與境外經貿合作區的建設，已成為促進中國與東道國之間經貿合作雙贏的重要舉措。作為中國企業「走出去」的重要平臺，境外經貿合作區為入園投資企業提供了包括信息諮詢服務、營運管理服務、物業管理服務和突發事件應急服務等四項主要服務。一方面，合作區在不斷推動中國企業「抱團出海」、形成海外產業集聚、維護企業合法權益等方面發揮重大作用，另一方面還為東道國增加就業，提高稅收，

擴大出口，從而深化雙邊經貿合作關係。

例如，泰中羅勇工業園的中策橡膠集團項目，總投資 150 億泰銖，是目前中國製造業對泰投資的最大項目。中策（泰國）工廠整個生產線基本完成，2015 年年末達到 420 萬套/年的規模。中策集團入駐泰中羅勇工業園後，在全球大宗商品低迷的背景下，不但促進了泰國天然橡膠銷售，還帶動中國國內橡膠輪胎行業的多家配套企業先後入園，起到集群式「走出去」的效果。從單個企業的競爭轉變為產業鏈的競爭，由此大幅提升了中資企業的國際競爭力。

再如，吉海農業有限公司進入駐中經貿合作區，截至 2015 年年底已投資 2,500 萬美元，在讚比亞建設食用菌工廠、吉林農業產業示範園等項目。吉海農業向讚比亞農戶普及食用菌種植技術，與讚比亞農業部合作，將科學的示範性工廠化培植技術與當地農民傳統式培植相結合，逐步形成讚比亞的木耳、平菇、香菇等食用菌類培植帶，帶動讚比亞農民從事食用菌產業，推動了讚比亞的社會與經濟發展，幫助當地居民走上脫貧道路，並受讚比亞各界的廣泛關注。在穩步拓展讚比亞市場的同時，吉海農業還計劃將產品出口至讚比亞周邊國家，在非洲打造具有國際影響力的中國農產品品牌。

（十）在「一帶一路」沿線國大手筆投資成熱點

2015 年以前，中國企業「一帶一路」沿線的投資主要集中在採礦業、交通運輸業和製造業，2015 年以後雖然對傳統產業的投資仍然占主導地位，但對信息技術、基礎設施建設、金融等行業的投資明顯上升。2015 年以前單筆投資規模以 1 億～10 億美元為主，2015 年以後 100 億美元以上的大規模投資案例數量增多，達到 14 起。這一系列變化表明，隨著「一帶一路」建設的全面推進，投資環境和投資領域都在優化升級。

三、中國企業對外直接投資的可能性與條件

（一）資金優勢

經過改革開放幾十年的累積，中國的綜合實力大為增強，為對外直接投資奠定了物質基礎。通過大力發展出口貿易與引進外資，中國已具備一定的資金能力。對外貿易迅速發展。2015 年外貿出口總額達 24.59 萬億元人民幣，促進了國內資本的累積。外匯儲備水平也處於較高水平，2015 年為 33,304 億美元。這些數據表明，中國已經具備對外直接投資的資金實力。

（二）「走出去」各項業務在國際市場上仍有較大的發展空間

在對外投資方面時機有利。雖然受近幾年世界經濟增長放緩的影響，全球對外直接投資總量下降幅度較大，但發達國家和地區的跨國投資活動仍然十分活躍。由於世界經濟不景氣，跨國公司為保持競爭優勢，不斷增加對外投資，造成全球經濟結構調整加劇，國際產業轉移加快，許多企業在進行內部結構和產品結構調整，為中國企業進入某些產業領域提供了商機。21 世紀前 20 年，是中國企業發揮相對優勢，以較低成本拓展國際市場空間的有利時機。同時，中國國民經濟持續穩定增長，綜合國力不斷增強，國際聲譽和地位日益提高，為中國企業開展對外投資提供了可靠的保障和良好

的外部發展條件。

（三）技術設備比較優勢

近些年，進行海外投資在技術上不一定要具有絕對優勢，只要相較於東道國具有比較優勢就可以進行投資。中國在一些技術領域是擁有國際先進水準的，另外還擁有一些應用技術，特色技術和傳統技術，並且技術商品的價格和一些發展中國家相比更便宜，在這些國家比較受歡迎。同時，中國在成套設備和單項設備方面也具有相對優勢。尤其是近年來中國國內許多企業的產品變成長線產品，使得這些企業出現生產能力閒置，因此急需借助對外直接投資將具有相對競爭力的設備與技術向海外轉移。

（四）中國的一些企業具有「走出去」開展跨國經營的能力和需要

中國企業經過20多年的磨煉，初步累積了開展跨國生產與經營的經驗。相當一部分企業建立起現代企業制度，擁有懂經營、會管理、熟悉國際慣例的人才，有的發展成為擁有著名品牌和自主知識產權、主業突出、核心競爭能力強的大公司或企業集團。為在更大的空間內加快發展，中國企業「走出去」的願望日益強烈。一些具有較強實力的國內企業集團，如海爾、TCL、浙江萬向等，已開始在全球範圍內進行資源的優化配置，開展專業化、集約化、規模化的跨國生產和經營，逐步向跨國公司的方向發展。

（五）舉國上下高度重視實施「走出去」戰略

黨中央、國務院高度重視實施「走出去」戰略，近年來國家陸續出抬了一系列支持鼓勵政策和便利化措施，有效地促進了「走出去」各項業務的發展。同時，全國各地都在積極推動實施「走出去」戰略，不少地方結合當地實際，出抬了促進本地實施「走出去」戰略的政策措施，並取得了一定成果。

綜上所述，中國已基本具備加快實施「走出去」戰略的條件和基礎。無論從中國經濟發展的客觀要求還是從國際市場的潛在需求來看，「走出去」各項業務發展空間和潛力很大，前景廣闊。

第三節　中國企業對外直接投資的實踐

一、中國企業在「走出去」過程中面臨的風險和問題

從投資區域上看，不同區域的投資所面臨的風險類型、風險程度也有所差異。

1. 東亞投資風險：政府監管、工會組織、較高的投資成本

東亞的韓國、日本是中國企業走出去的首選投資東道國，作為中國長期合作的鄰邦，兩國投資環境總體較好，經濟和政治環境較為穩定，法律體系也較為完善，且產業發展水平高、基礎設施便利、科技創新能力強，另有完善的雙邊協定、司法協助條約等，中韓自由貿易區的設立也為中國投資者提供了貿易和稅收的多項便利（中日韓自貿區尚在談判中）。因此，中國投資者在此擁有稅收的多項便利（中日韓自貿區尚在談判中），合作多側重於科技、醫療健康、貨物服務貿易、物流零售等。

從投資風險上看，韓國對外國投資的准入採用負面清單的形式，將涉及公共性的60多個行業設為禁止外商投資行業，如郵政、央行、金融市場管理業等；將農業、畜牧業、漁業、出版發行、運輸、輸電和配電、廣播通信等設置為限制外國投資的領域，並設置股權限制。此外，對在韓發包的工程項目，外國承包商還須在韓國登記註冊並經相關部門確定企業資質後，才可承包對應的工程項目。日本則對可能威脅國家安全及未實行完全自由化的行業予以限制和進行外資管制。在建築工程及企業併購領域，日本也設置了較多限制。建議中國企業在做投資項目分析時予以重視。同時，韓國、日本在環境保護、勞動者權益保護、知識產權保護、反不正當競爭等方面設立了較為完善的規範，且在一定情形下可能引發刑事追責，兩國的工會力量也較為強大，中國企業在投資時應充分瞭解。另外，投資日本還面臨經濟成本問題，日本企業所得稅、勞動力成本高、土地及辦公場所費用都比較高，在一定程度上增加了中國企業投資的經濟風險。

2. 東南亞、南亞投資風險：政治風險、經濟風險、法律風險

東南亞和南亞是傳統的中國企業境外投資區域，雙邊或多邊合作機制十分完善，如中國—東盟 10+1、東盟與中日韓 10+3、東盟與中、日、韓、印度、澳大利亞、新西蘭 10+6 合作機制，中國—東盟自由貿易區及雙邊貿易協定（包括《全面經濟合作框架協議》《貨物貿易協議》《服務貿易協議》《投資協議》《爭端解決機制協議》等），大湄公河次區域經濟合作，與區域內國家簽署的雙邊投資保護協定和貿易保護協定等。從合作領域及戰略地位上看，東南亞、南亞國家的自然資源較為豐富（新加坡除外），包括油氣、農林、礦產、漁業等位於馬來半島和蘇門答臘半島之間的馬六甲海峽則是重要的海上交通咽喉，與此同時，東南亞、南亞的許多國家基礎設施較為薄弱。以上區域特點決定了中國企業在東南亞、南亞的投資主要集中於能源礦產開發、基礎設施建設、加工製造業、電信業、機械設備等，並且隨著區域一體化的推進，對當地銀行業、高科技產業的投資也將不斷增多。

總體而言，中國企業在東南亞、南亞區域的投資面臨以下風險：

（1）政治風險：由於歷史原因，東南亞曾發生過排華事件。同時，東南亞、南亞地區宗教、文化構成較為複雜，因此瞭解和融入當地文化十分重要。

（2）經濟風險：以印度為例，印度對外國投資沒有專門的優惠政策，工業配套不充分，導致商務投資成本較高。

（3）法律風險：以東盟為例，首先，隨著區域一體化的推進東盟十國正在推進統一標準、技術法規和合格評估程序，如電器行業已有至少 58 個統一標準。

因此，中國企業在投資該區域時，第一，是考慮國內標準與東道國國家標準的銜接問題；第二，東盟對外資的進入設有准入限制；第三，在適用自貿區優惠稅率時，東盟還有 40%RVC（區域價值成分）的原廠地規則；第四，這些區域的公司註冊和執照申請程序較為複雜、時間長，法律及稅收體系也較為複雜，需提前做好充分的準備。

3. 中亞、中東投資風險：政治風險、經濟風險、法律風險

中亞、中東區域資源較為豐富，但整體政治局勢動盪，宗教衝突及恐怖主義問題突顯，政府效率低，市場透明度差、地方保護主義較重，法律體系與中國差異較大，

且面臨較嚴重的通貨膨脹問題，基礎配套設施也相對較差。以沙特為例，沙特政府會通過具體規章制度對本國企業和國民給予更多保護，沙特國內仲裁機構偏袒本國企業和國民的情況也時有發生。因此，選擇好的當地代理商和分銷商即成為在當地投資成功的關鍵因素。

4. 歐洲、北美投資風險：政府監管、法律風險

西歐、北美市場高度成熟、法律健全，是中國企業走出去的首選國家或地區。與此同時，西歐、北美市場也面臨著勞動力成本高、競爭激烈等問題。在跨國併購上，美國外國投資委員會（CFIUS）的國家安全審查、相關部門的反壟斷審查以及後續經營中的環保審查、反商業賄賂審查是中國投資者面臨的主要投資風險。此外，資源的整合、知識產權的保護、勞工保護也是眾多投資者在該區域遇到的共性問題。最後，如前述調研數據顯示，北美地區的爭議解決花費較高。

5. 南美投資風險：政治風險、經濟風險、法律風險

南美洲擁有豐富的資源及廣闊的市場，但對外商投資缺乏清晰的法律保護、且法律繁雜多變，稅收種類多、稅率高、基礎設施薄弱、生產成本高，政府效率低、利率高、通貨膨脹壓力大、匯率風險高，同時，以巴西為例，其還規定了較高的勞工保護標準。調研數據顯示該地區的爭議解決花費較高。

6. 澳洲投資風險：政府監管、法律風險

中國企業在澳洲的主要投資對象為澳大利亞，澳大利亞的法律健全成熟，對商業賄賂設置了嚴厲的處罰，勞工政策也十分完備、用工成本很高、勞動力流動率高，同時，澳大利亞對能源和礦產項目開發中的環境保護要求較高。近年來，澳大利亞加強了外資審核，外國政府及其代表（包括國有企業）對澳大利亞投資無論金額大小或擬持有的股份比例為多少，均需接受澳大利亞政府的審核，且部分項目的審核時間較長，有時還會提出附加條件，增加了對外投資的不確定性。此外，前引調研數據還顯示，在澳大利亞，文化衝突在後期資源整合階段的影響十分顯著，爭議解決的花費也較高，需引起投資企業的重視。

7. 非洲投資風險：政治風險、經濟風險、法律風險

非洲的整體經濟偏落後、消費水平低、基礎設施落後、缺乏工業配套設施、社會治安整體較差，行政腐敗嚴重和行政效率低，稅費負擔不透明，勞動力素質低，資金匯轉及金融服務不健全，增加了外國投資者的投資風險。

二、中國企業走出去的實踐指引

1. 採納跨國公司模式

與世界500強企業比，走出去的中國企業從人才儲備、企業制度、管理水平、熟悉國際慣例與規則等細節方面都有待提高，其中一個重要原因是中國企業在走出去過程中並未建立起統一的中央決策體系和完善的全球戰略目標，仍然是以項目營運為主要的思維進行海外投資。為此，我們建議走出去的中國企業按跨國公司模式改制，從組織結構、管理機制、人才儲備和公司文化等方面先把自己變成一個跨國公司，如建立全球統一的人力資源、財務、法務，將海外項目的風險考核統一納入母公司考核機

制中、制定統一的風險防範考核標準、推廣合同及爭議解決示範文本、加強資金管理能力、高度重視財務安全狀況、加強合規培訓、儲備跨國性人才資源、增強管理層的多元化等。

2. 準確定位企業需求

市場、技術、品牌是中國企業選擇走出去的三大主要動因。在選定了企業的需求後，在制定戰略時即應有所側重：從拓展市場的角度而言，東南亞、東歐、非洲等區域的市場進入門檻低，北美、歐洲、港澳臺地區的產業發展較全面且配套設施充分，在以上區域市場中可以根據企業特點和當地法律採取多樣化的投資形式，另一些地區，如中東、中亞、南美等，因政治經濟環境波動較大、市場透明度欠缺、地方政府尋租比例高，可考慮以合資企業的形式引入當地合作夥伴或代理機構，減輕投資風險。對於澳洲，文化差異因素在中國企業對澳投資中佔了重要地位，且因中國企業在澳洲的投資多以涉及基本戰略資源的能源礦產為主，故投資者可以考慮採用合資企業形式。此外，大部分東道國有市場准入制度，包括禁止和限制外資進入領域，建議投資者通過盡職調查提前瞭解信息。

對於技術，建議投資者考慮以下因素：第一，技術的生命週期；第二，技術的敏感性，在涉及關鍵技術或敏感技術時，投資者可能遭遇東道國國家安全審查，為此，提前與東道國政府溝通，主動申報並配合審查即十分關鍵。

3. 認真開展盡職調查

中國企業多關注目標企業（如競爭對手）的資產、負債情況，盡職調查的開展也流於形式，不利於正確戰略的制定及後續風險的防範。為此，向中國企業提出以下指引。

（1）認真分析東道國當地對投資項目的政治影響因素，聘請政府仲介機構或其他相關人員提供諮詢。其中，中國駐東道國使領館是對外投資有效信息的重要獲取渠道。同時，應區別不同投資區域的風險並有所側重地開展專項調查。中國投資者對東道國的政治因素的影響重視度不夠，而根據中國與全球化研究中心的調查結果顯示，25%的投資事件是因為政治原因導致失敗，其中有8%的投資事件在投資審批等環節因東道國政治派系力量的阻撓導致失敗，有17%的投資事件是在營運過程中因東道國的政治動盪、領導人更迭等原因遭遇損失。

（2）對目標企業的調查不應僅限於資產、負債情況，還應對目標企業的潛在交易與歷史發展狀況進行深入瞭解和評估，並進一步瞭解目標企業所在行業的競爭態勢——具體可借鑑波特五力模型，對供應商能力、買方能力、潛在進入者的威脅、替代產品的威脅，以及競爭對手情況調查。

（3）應重視對投資環境，尤其是東道國的政治風險、政府安全審查/反壟斷審查/反商業賄賂審查、行業准入限制、工程承包資質、稅賦、勞工、環保、金融、外匯狀況等做詳細調查。

（4）確立盡職調查結果的審核及反饋機制。首先，應由法務、財務、業務部門等共同確立盡職調查的目標、需求及標準，必要時可由盡職調查負責人對管理層進行訪談以確立需求；其次，盡職調查負責人應按要求進行調查，包括對目標企業高管的背

景調查和面對面訪談；再次，在盡職調查負責人返回調查結果後，應由參與部門審核，如有需要，可安排澄清和提出進一步問題；最後，設置專員對相關資質、證照進行查驗。

4. 制定全面、系統的風險防範長效機制

針對中國企業風險防範機制不全面、不系統、缺乏長效機制的問題，我們有如下建議：

(1) 購買保險

根據商務部《對外投資合作國別（地區）指南（2015年版）》的推薦，中國企業在對外投資過程中，可以考慮使用中國政策性保險機構——中國出口信用保險公司（www.sinosure.com.cn）提供的包括政治風險、商業風險在內的信用風險保障產品；也可使用中國進出口銀行等政策性銀行提供的商業擔保服務。其中，中國出口信用保險公司是由國家設立、支持中國對外經濟貿易發展與合作、具有獨立法人地位的國有政策性保險公司，是中國唯一承辦政策性出口信用保險業務的金融機構。公司支持企業對外投資合作的保險產品包括短期出口信用保險中長期出口信用保險、海外投資保險和融資擔保等，對因投資所在國（地區）發生的國有化徵收、匯兌限制、戰爭及政治暴亂、違約等政治風險造成的經濟損失提供風險保障。

(2) 建立應急預案

鑒於「一帶一路」戰略的確立，更多的中國企業將深入歐亞內陸，面臨更高的投資風險。建議投資者應對境外投資設立風險應急預案，包括自然災害、恐怖襲擊、突發性公共事件應急處理，東道國政府審查應對方案，與當地工會、政府的談判策略等。

(3) 建立法律跟蹤機制

相當比例的投資事件是直接或間接因為法律原因導致投資受損或最終被迫停止投資的。考察這些因法律原因導致投資終止的案例發現，1/3中資企業是因為法律觀念薄弱，不嚴格遵守東道國的法律，通過不正當手段獲取項目所致；1/3的投資事件終止或失利是因為對勞工法不熟悉。故建議中國企業設立合規專員，負責海外項目的法律跟蹤及員工培訓。

(4) 充分利用東道國當地資源、雙邊/多邊協定及合作機制

部分中國企業未能充分利用東道國當地的資源進行有效的稅收籌劃。同時，基於上一部分對中東、南美等地區的政治、法律、稅收環境的分析，建議中國投資者充分利用東道國當地的稅務、法律、諮詢等機構，並與當地政府仲介機構建立合作關係。在對投資者採取國民待遇的東道國，中國投資者還可以嘗試與東道國政府簽訂投資保護協議或合作備忘錄以獲取優惠待遇。此外，投資者還可依託於經貿合作區或自貿區爭取最大的權利，在這些區域中享受稅收優惠政策、降低設施維護和營運成本，同時入駐商戶也可作為一個整體增強與東道國政府的議價能力。

(5) 重視交易後期的資源整合

交易完成後的資源整合是否有效決定了整個交易最終能否成功，這期間會遇到目標企業與投資者文化上的衝突、目標企業管理層和員工對企業自主性的要求、目標企業技術和產品的吸收與落地、目標企業經銷渠道的整合、消費者群體對品牌的認可度

維持、重整及營運成本的控制等多方面問題。為此，資源整合是一個可能長達十幾年的過程，需要投資者有長期的規劃及耐心。一般而言，併購完成後的最初幾年是過渡時期，需要維持目標企業業務、人員、市場、股價的穩定性，因而此階段可以相對保留目標企業的自主性；此外，更重要的是，投資者需對其自身和目標企業做準確定位，包括產品、業務、市場範圍的協調；最後，投資者需重視文化衝突在資源整合中的重要地位，設立開放、包容、交流和分享的公司文化。

（6）重視爭議解決

多數中國企業更傾向於選擇國際仲裁機構和自行和解解決爭議。為此，對仲裁機構的選取、仲裁裁決的執行向中國企業做出如下指引：

第一，關於投資爭端的現有多邊解決機制主要包括：適用於國與國之間貿易爭端的 WTO 爭端解決機制、適用於東道國與投資者之間投資爭端的國際投資爭端解決中心（ICSID）機制。

第二，ICSID 是根據《關於解決國家與他國國民之間投資爭議公約》（華盛頓公約）而建立，解決由投資直接引起的法律爭議。目前有 158 個簽約國（2013 年數據），中國是締約國，但設置了保留條款，僅同意將因徵收或國有化產生的賠償額方面的爭端提交 ICSID 管轄。從實踐中看，被訴人多為東道國政府（發展中國家）裁決的大部分案件中東道國政府敗訴；被申請撤銷的案件較多；案件審理時間一般在 3-4 年，費用也相對較高。

第三，關於投資爭端的現有雙邊機制主要有自由貿易區協定、雙邊投資保護協定。至 2014 年年底，中國正在全球 50 個國家建設 118 個經貿合作區，已簽署的自貿協定達 12 個之多，涉及 20 個國家和地區。以「一帶一路」為例，「一帶一路」沿線的自貿區即有中日韓自由貿易區、中歐自由貿易區（波蘭、匈牙利、捷克、斯洛伐克、斯洛文尼亞、羅馬尼亞、保加利亞）、中國—東盟自由貿易區（印度尼西亞、馬來西亞、菲律賓、新加坡、泰國、文萊、越南、老撾、緬甸和柬埔寨）。上述自由貿易區協定、雙邊投資保護協定多設立**強制性仲裁機制**，即由協定直接設立了仲裁解決機制，無需爭議雙方另行達成仲裁協議。

第四，目前，諮詢工程行業已設立行業指導機制，由諮詢工程師聯合協會 International Federation of Consulting Engineers（FIDIC）發布了合同範本進行指引。

第五，關於仲裁機構的選取。推薦中國企業在走出去時選擇機構仲裁的方式解決爭議。從仲裁規則上看，各主要國際仲裁機構均設置了類似的條款及制度，如緊急仲裁員制度、多方當事人/多方合同合併仲裁制度等。故投資者在選定仲裁機構時可考慮以下因素：①仲裁案件審理程序，以英美法為背景的仲裁機構會有較複雜的取證、質證程序，ICC 還規定了一個較為特殊的案件管理會議；②仲裁地的選取，這與適用的程序法以及此後的仲裁裁決的執行密切相關；③仲裁員的國籍及文化背景；④審理期限及仲裁費用。

第六，關於外國仲裁裁決的執行，中國已於 1986 年加入《承認及執行外國仲裁裁決公約》（《紐約公約》）。依據公約規定締約國當事人可向法院申請承認和執行在另一締約國做出的仲裁裁決。根據中國法律，對以下情形的仲裁裁決不予執行：①仲裁

協議無效；②未給予適當通知或未能提出申辯。根據《紐約公約》第 5 條第 1 款第 2 項的規定，如果對作為裁決執行對象的當事人未曾給予有關指定仲裁員或者進行仲裁程序的適當通知或者作為裁決執行對象的當事人由於其他情況未能提出申辯，則可拒絕承認和執行該項裁決。被申請人拒絕參加仲裁或者在仲裁中消極應訴的，則認為被申請人是有意放棄其陳述案情的機會。在適當通知後，照常進行的缺席仲裁並不妨礙裁決的效力；③仲裁庭超越權限；④仲裁庭的組成和仲裁程序不當；⑤裁決不具有約束力或已被撤銷、停止執行；⑥裁決的事項不屬於仲裁裁決範圍；⑦承認或執行裁決違反該國公共政策。如中級人民法院依照《紐約公約》的規定認為不應承認與執行該仲裁裁決，應逐級報請至最高人民法院答復。

第七，以上是針對仲裁爭議解決方式，在投資者選取法院作為爭議解決方式時，除考慮法院的公正、效率等問題外，還應考察兩國之間是否簽訂有雙邊司法協助條約，以便生效裁決能夠得到執行。

第四節　中國對外直接投資的管理體制

一、對外直接投資負面清單管理模式

中國對外直接投資管理體制大致經歷了審批制、核准制、備案制三次變革，目前中國在對外直接投資領域已經採用國際最先進的負面清單管理模式。

商務部 2014 年 9 月頒布的新修訂的《境外投資管理辦法》標誌著中國對外投資首設負面清單模式。《境外投資管理辦法》主要特點有：一是確立「備案為主，核准為輔」的管理模式，對中國企業在敏感國家和地區、敏感行業的投資實行核准管理，其餘均實行備案；二是縮小核准範圍、縮短核准時限，取消了對特定金額以上境外投資實行核准的規定，並將核准時限縮短了 5 個工作日。其中，對中央企業的核准，將在 20 個工作日內做出決定。對地方企業的核准，將在 30 個工作日內做出決定；三是明確備案要求和程序，其餘只要如實、完整地填報《備案表》，即可在 3 個工作日內獲得備案；四是由省級商務主管部門負責地方企業的備案工作，便利企業就地辦理業務，省級商務主管部門負責地方企業境外投資開辦企業的備案管理，自行印製並頒發《企業境外投資證書》；五是政府提供公共服務，加強對企業的指導和規範，在明確政府將繼續為企業提供服務的同時，加大了對企業境外投資行為進行指導和規範的力度。此次除簡政放權外，《境外投資管理辦法》還首次實施負面清單模式，它指出，危害國家主權、安全和社會公共利益，或違反中國法律法規；損害中國與有關國家（地區）關係；違反中國締結或參加的國際條約、協定；出口中國禁止出口的產品和技術四個方面不允許投資外，其他均可。

國務院 2015 年 5 月出抬的《中共中央國務院關於構建開放型經濟新體制的若干意見》提出，研究制定境外投資法規，加快建立合格境內個人投資者制度，放寬境外投資限制，簡化境外投資管理，除少數有特殊規定外，境外投資項目一律實行備案制，

推進境外投資便利化。2016年3月發布的「十三五」規劃綱要強調，將通過主動實施負面清單制度，逐步放寬境外投資管制，進一步釋放國內企業跨境投資的需求，示範和帶動其他國家降低對外投資管制，為中國對外投資發展開拓市場空間；除此之外，進一步放寬境外投資匯兌限制，放鬆對企業和個人的外匯管理要求，放寬跨國公司資金境外運作限制，改進並逐步取消境內外投資額度限制，為企業對外投資提供便利。

二、對外直接投資鼓勵政策

(一) 以系統性支持為主的政策

以系統性支持為主的鼓勵政策主要包括以下四個方面：

(1) 國家發展改革委員會於2006年7月5日發布的《境外投資產業指導政策》和《境外投資產業指導目錄》，在這一文件中明確規定了鼓勵類和禁止類境外投資項目。對鼓勵類境外投資項目，國家在宏觀調控、雙(多)邊經貿政策、外交、財政、稅收、外匯、海關、資源信息、信貸、保險，以及雙(多)邊合作和外事工作等方面，給予相應政策支持。而對禁止類境外投資項目，國家不予核准並將採取措施予以制止。具體的支持政策，還需要相關職能部門制定和實施。資源、技術和在國外的市場營銷是鼓勵類項目的重點，可見，發改委在政策層面上認識到了要通過對外直接投資來提升中國在國際產業鏈中的地位和促進國內的產業結構升級。此外，商務部於2011年9月會同國家發展和改革委員會、外交部發布《對外投資國別產業指引(2011版)》。該《指引》涉及115個國家，重點介紹這些國家的主要產業發展目標、優先發展產業領域、對外資行業准入規定等內容，並收錄了中國簽訂的對外雙邊投資保護協定及避免雙重徵稅協定的有關信息。

(2) 2006年10月25日國務院常務會討論通過的《關於鼓勵和規範中國企業對外投資合作的意見》。該意見旨在鼓勵有條件的企業抓住經濟全球化和區域合作的機遇，積極穩妥地參與國際經濟技術合作，進一步提高中國對外開放水平。這一文件表達了中國政府對企業境外投資的引導、規範性意見：①堅持相互尊重，平等互利，優勢互補，合作共贏；②加強政策引導，統籌協調，規範秩序，合理佈局，防止無序競爭，維護國家利益；③完善決策機制，落實企業境外投資自主權，科學論證，審慎決策，防範投資和經營風險；④加強境外國有資產監管，健全評價考核監督體系，建立項目安全風險評估和成本核算制度，實現資產保值增值；⑤遵守當地法律法規，堅持工程項目承包公開公正透明，重信守諾，履行必要的社會責任，保障當地員工合法權益，注重環境資源保護，關心和支持當地社會民生事業；⑥提高境外工程承包建設水平，提高產品質量和效益，不斷增強企業的綜合競爭力；⑦加強安全教育，健全安全生產責任制，保障境外中資企業、機構的人員和財產安全；⑧加快人才培養，注重培養適應國際化經營的優秀人才，提高企業跨國經營管理能力；⑨營造友好的輿論環境，宣傳我走和平發展道路的政策主張，維護中國的良好形象和企業的良好聲譽。

(3) 由於個體、私營等非公有制企業對外投資合作已進入快速發展時期，為充分發揮非公有制企業在實施「走出去」戰略的作用，根據黨中央、國務院關於鼓勵支持

和引導非公有制企業發展的精神，商務部、財政部、中國人民銀行和全國工商聯於 2007 年發布了《關於鼓勵支持和引導非公有制企業對外投資合作的若干意見》。該意見的主要內容包括：①鼓勵支持和引導非公有制企業通過對外投資、對外承包工程、對外勞務合作等多種形式，積極參與國際競爭與合作，形成一批有較強國際競爭能力的跨國企業，對於落實科學發展觀、推動經濟增長方式轉變和結構調整、促進中國國民經濟持續健康發展、實現全面建設小康社會和構建社會主義和諧社會的宏偉目標，具有重大意義。②鼓勵和支持輕工、紡織、服裝、家電、機械、建材、通信、醫藥等行業的非公有制企業，通過獨資、合資、聯營、併購等方式，到有條件的國家和地區特別是周邊國家和發展中國家投資建廠，建立海外生產基地和營銷網絡。支持有實力的非公有制企業在境外科技資源密集的地區投資設立研發中心和研發型企業。支持具備條件的非公有制企業單獨或與國內外企業聯合，通過國際通行方式開展對外承包工程，努力承攬附加值高的工程項目。推動具備條件的非公有制企業到境外從事貿易分銷、金融服務、信息諮詢、物流航運、文化旅遊等服務業。③進一步完善各部門現行支持政策，確保非公有制企業在「走出去」的過程中，在財稅、融資、外匯、保險等各項政策方面可以享受到與其他所有制企業同等待遇。④從以下幾個方面加強引導與服務，為非公有制企業對外投資合作創造條件：首先要加強部門間協調配合，完善國別產業導向政策，加強境外投資國別障礙調查，正確引導非公有制企業對外投資合作；其次要強化信息和促進服務；再次是引導非公有制企業加快現代企業制度建設，完善內部機構，增強國際競爭力，在「走出去」中做強做大，著力培育一批具有較強國際競爭能力的民營跨國企業。鼓勵非公有制企業在「走出去」過程中實施品牌戰略，加大科技創新力度，努力提高自主創新能力；此外還有加快人才培養，提高非公有制企業經營管理者素質；最後強調要發揮駐外使（領）館的作用。⑤加強協調監管，保障非公有制企業對外投資合作有序進行。

（4）根據國務院的工作要求，為充分發揮民營企業在境外投資中的重要作用，發改委會同 12 個部門，共同研究制定並於 2012 年 6 月 29 號發布了《關於鼓勵和引導民營企業積極開展境外投資的意見》，鼓勵和引導民營企業順利開展境外投資活動。

(二) 具體鼓勵性政策措施

中國鼓勵和促進企業對外直接投資的具體政策措施大致可以分為以下四類：

1. 信息和技術支持

中國政府機構自身或政府出資創辦的對外投資信息諮詢機構為對外直接投資提供信息和技術支持服務，降低對外投資的前期成本。國家發改委、外交部、商務部、國家稅務總局、各行業協會以及各地方商務部門等提供關於有關東道國的宏觀經濟狀況、投資環境、法律制度、行政管理制度和要素成本等信息。商務部投資促進事務局作為商務部直屬機構和投資政策執行機構，同時作為中國官方投資促進機構（IPA），致力於構建全方位、多層次的投資促進服務體系，為來華投資和對外投資提供系統、高效、快捷的投資促進服務，已經成為國內外政府、機構和企業之間相互溝通的紐帶和橋樑。「中國投資指南網」作為事務局設立的專為外商來華投資和中國企業對外投資服務的網

站,提供大量統計數據、研究報告、政策分析等服務。各駐外使領館經商參讚處作為中國政府駐外的經濟代表機構,負責對所在國家或地區的中國企業進行支持和管理,並以調查問卷等形式瞭解企業經營情況,及時解決發現的問題。該機構網站提供大量東道國第一手信息。各國中國商會也不定期舉辦各類投資洽談會,組織招商團,提供境外項目信息和投資境外培訓課程等服務。

在對外投資的信息統計分析方面,國家建立了對外直接投資統計制度、境外投資聯合年檢制度、境外投資綜合績效評價制度,不僅讓政府全面掌握中國境外投資的發展狀況,及時調整政策、正確引導投資方向,還對中國境外投資的趨勢性和戰略性的問題進行分析研究,為宏觀決策提供科學依據。

在國別和行業信息提供方面,國家發布《中國對外投資促進國別/地區系列報告》《國別貿易投資環境報告》《對外投資國別產業導向目錄》。中國出口信用保險公司也定期發布《國家風險分析報告》,對各國風險進行即時監測和研究分析。

2004年投入運行的「中國對外經濟合作指南網」是商務部設立的服務境外經濟合作的專業網絡,建有包括政策法規、促進服務、國別環境、統計資料、政策解讀、合作信息庫、政務公開、「走出去」戰略、企業名錄在內的信息服務板塊和包括國外經濟合作業務統計系統、對外直接投資統計系統、境外投資批准證書網上發放系統、對外勞務合作企業經營資格管理系統、境外礦產資源項目開發備案系統、國別投資障礙報告系統在內的政務服務板塊,具有強大的服務功能。該網站還將重點建設各類合作信息數據庫,主要包括境外招商項目信息庫、對外承包工程項目信息庫、對外勞務合作項目信息庫、企業對外投資意向信息庫、仲介服務機構信息庫、國別經濟合作環境數據庫。

另外,國家還通過財政扶持、人員安排等手段,在不同層面設立了一些仲介服務機構,為企業境外投資提供便利,這類機構有中國國際投資促進會等。另外一些專業服務機構,包括律師事務所、會計師事務所、投資機構等也為企業境外投資提供大量的信息服務。中國出口信用保險公司針對境外項目的特點,為投資者提供免費或有償的項目級諮詢服務,包括國別風險、投資環境、稅收政策、法律制度、行業與投資項目信息、合作夥伴資信調查等。

2. 資金支持

以資金支持為主的鼓勵政策主要包括五個方面:一是,國家開發銀行自1998年以來,與國內外的金融機構合資設立了中國—東盟中小企業投資基金、中非發展基金、中瑞合作基金、中國比利時直接股權投資基金,為中國企業走出去提供金融支持。二是,中國政府自2000年以來先後推出了市場開拓專項資金、對外經濟技術合作專項資金、礦產資源風險勘查專項資金、走出去專項資金等涉及促進境外投資的政府專項資金。三是,中國2001年以國家出口信用保險基金作為資本來源成立了中國出口信用保險公司,具體負責承辦政策性出口信用保險業務。四是,國家發展改革委和中國進出口銀行等機構於2004年10月頒布的《關於對國家鼓勵的境外投資重點項目給予信貸支持的通知》規定,每年都安排「境外投資專項貸款」,符合條件的企業可享受出口信貸優惠利率。五是,商務部和中國出口信用保險公司2005年8月發布的《關於實行出

口信用保險專項優惠措施支持個體私營等非公有制企業開拓國際市場的通知》提出，推動非公有制企業積極開拓國際市場。總之，在擴大對外投資方面，政策性金融機構發揮了較大的作用。但是這些政策性金融機構傾向於支持大企業，對中小企業的支持明顯不夠。

3. 投資保險與雙邊或多邊投資保護

海外投資保險制度是公認的「促進和保護國際投資普遍行之有效的重要制度」，得到各資本輸出國的普遍採用。目前中國的海外投資保險由中國出口信用保險公司承辦，主要承保對外直接投資中的匯兌限制、徵收、戰爭及政治暴亂、政府違約等政治風險及部分商業風險，屬於政策性保險業務。投資保險期限最長可達20年，賠償比例高達90%～95%。申請投資保險的投資項目必須符合中國的國家利益。為強調對境外投資重點項目給予優惠融資和保險支持，中國出口信用保險公司於2005年會同國家發改委聯合發布《關於建立境外投資重點項目風險保障機制有關問題的通知》，於2006年會同國家開發銀行聯合發布《加大對境外投資重點項目金融保險支持力度有關問題的通知》。

雙邊投資保護協定是以兩國政府為主體做出的關於保護雙邊投資的承諾。中國與別國簽訂的雙邊投資保護協定主要包括以下內容：受保護的投資財產種類；對外國投資者的投資及與投資有關的業務活動給予公平合理的待遇；對外國投資財產的徵收、國有化措施及其補償；投資及其收益的回收；投資爭議的解決等。中國已與一百多個國家簽訂了雙邊投資保護協定。中國企業在對外投資的過程中應認真研究相應協定，學會利用協定保護自身權益。

《多邊投資擔保機構公約》（又稱《漢城公約》）於1988年4月12日正式生效，中國是該公約的締約國和主要出資國之一。根據該公約建立了多邊投資擔保機構（MIGA），屬於世界銀行集團的成員，但它同時又是獨立的國際組織。其目的是鼓勵向發展中國家成員國融通生產性投資，為向發展中國家的海外私人投資提供非商業風險（政治風險）除外，世界銀行還向私營部門和公共部門項目提供部分風險擔保和部分信用擔保，以幫助投資者減小投資風險，這些也都可以支持中國企業進行海外投資。

4. 稅收保護

中國在促進對外直接投資的稅收保護方面，主要措施有：納稅人在與中國締結避免雙重徵稅協定的國家所納稅收給予抵免，對承擔援助項目的企業實行稅收饒讓，對在境外遇到不可抗風險而造成損失的企業給予所得稅優惠。中國已經與近百個國家簽訂了避免雙重徵稅協定。這些協定對國內企業和個人到境外從事跨國生產經營的稅務處理問題做出了規定，涉及內容包括外國稅收抵免、所得稅減免優惠、關稅優惠以及境外投資企業遇有自然災害等問題的處理。

三、對外直接投資日常監督與服務政策以及專業性管理

在對外直接投資日常管理方面，除了2002年10月外經貿部先後頒布的《境外投資聯合年檢暫行辦法》和《境外投資聯合績效評價方法（試行）》，商務部於2004年11月下達了《國別投資經營障礙報告制度》通知。這三個文件共同規範了中國政府在

境外投資方面的監督與服務工作，以期達到實現對外直接投資健康發展的目的。

對境外投資的專業性管理包括外匯管理、國有資產管理和勞動工資管理。國家外匯管理局、中國人民銀行、國有資產監督管理委員會、勞動與社會保障部等是中國境外投資業務的協助管理部門，主要負責與境外投資有關的外匯匯出匯入、資金投放、勞動工資和境外國有資產管理等方面政策的制定、執行和監督。2011年國務院國有資產監督管理委員會頒布了《中央企業境外國有資產管理暫行辦法》，2014年商務部等五部委聯合發布了《關於進一步簡化和改進直接投資外匯管理政策的通知》，這項專項法規使境外投資管理有法可依，發揮了積極的作用。

思考題

1. 「走出去」戰略的含義是什麼？它分幾個層次？中國企業實施「走出去」戰略的必要性和作用是什麼？
2. 中國對外直接投資的意義有哪些？
3. 現階段中國企業對外直接投資的主要特點有哪些？
4. 中國企業對外直接投資的可能性和條件有哪些？
5. 影響外商對華直接投資區位選擇的因素是什麼？
6. 簡述中國對外直接投資遇到的主要問題。
7. 鼓勵中國企業進行對外直接投資的措施有哪些？
8. 分析中國企業如何才能成功地實施對外直接投資。

第五章　國際間接投資

第一節　國際間接投資概述

一、國際間接投資的概念

國際間接投資，又稱對外間接投資，是指一國投資者不直接參與國外所投資的企業的經營管理，而是通過購買外國的公司股票、公司債券、政府債券、衍生證券等金融資產，以取得利息或股息等為形式，從而達到資本增值目的的活動。從投資國角度來講，國際間接投資是本國購買東道國政府和企業發行的證券的經濟活動；從東道國角度來講，國際間接投資是吸引外國投資者在本國一級或二級市場上購買本國政府和企業發行的股票和債券的經濟活動。

國際間接投資有狹義與廣義之分。狹義的國際間接投資主要是指國際證券投資。證券也具有狹義和廣義之分，狹義的證券是一種有面值的、並能給持有者帶來收益的所有權和債券證書，包括股票、債券和投資基金等。廣義的證券內容十分廣泛，它除了包括股票、債券和投資基金以外，還包括貨幣證券、商品證券、不動產證券等。廣義的國際間接投資除了國際證券投資外，還包括國際信貸。

（一）國際間接投資的特徵

1. 對籌資者的經營活動無控制權

國際間接投資的突出特徵是不以取得企業的經營管理控制權為投資的必要條件，而主要是以取得一定收益為目的，即使是在進行股權投資的情況下，一般也不謀求對企業經營管理權的有效控制。目前，在國際上控股率控制在何種程度以內才算間接投資，尚沒有統一的標準。例如，美國的《國際投資鑒定法》規定股權達10%以上即為直接投資；法國則規定間接投資的股權不超過40%；國際貨幣基金組織規定間接投資者的股權擁有率不能超過25%。

2. 投資風險小

國際直接投資的經營風險直接由投資者承擔，所以風險大。間接投資的風險相對較小，具體表現為當投資者是債權人時，經營風險由債務人承擔；當投資者是股東時，如果持有的不是普通股票，承擔的風險要小得多。此外，較國際直接投資而言，國際間接投資流動性大，在出現不利行情時可以較容易地及時抽回資本，從而降低了投資風險。

3. 流動性強

國際直接投資一般都要參與一國企業的生產過程，投資週期長，一般在 10 年以上，逐年通過利潤回收投資，資金一旦投入某一項目，要抽出則比較困難，因而流動性較小。與國際直接投資不同，國際間接投資以獲取最多的投資利益或尋找安全的投資場所為目的，在國際間接投資的各種形式中，除國際開發援助貸款和政府貸款的償還週期較長外，其他間接投資形式的回收週期較短，資本流動性大。特別是大量的短期國際投資，其流動速度更快，一天之內甚至可以流動幾個國家，兌換成幾種貨幣。另外，隨著證券二級市場的日益發達和完善，證券的流通更為方便，進一步增強了國際間接投資的流動性。

4. 自發性和頻繁性

國際間接投資受國際間利率差別的影響而表現為一定的自發性，往往自發地從低利率國家向高利率國家流動。國際間接投資還受到世界經濟政治局勢變化的影響，經常在國際間頻繁移動，以追隨投機性利益或尋求安全場所。而國際直接投資是運用現實資本從事經營活動，盈利或虧損的變化比較緩慢，一旦投資後，具有相對的穩定性。

(二) 影響國際間接投資的因素

1. 利率差異

利率是決定國際間接投資流向的主要因素。正常情況下，資本從利率低的國家流向利率高的國家（大部分是食利資本）；不正常情況下，如政局不穩定時，也可能發生短期資本從利率較高而政局動盪的國家流向利率較低而政局穩定的國家。不少國家政府把利率作為宏觀調控的重要手段之一，使資本向有利於本國經濟發展的方向而流動。對國際間接投資流量和流向影響較大的是長期利率和實際利率的變化。

2. 匯率

匯率是影響國際間接投資流向的主要因素之一。匯率的穩定與否會引起國際間接投資流向的變化。如果某國的貨幣匯率較高而又長期穩定，投資者就會將資金由匯率低、風險性大的國家移入該國。由於匯率對資本流向影響較大，許多國家根據本國的國際收支狀況，通過制定匯率政策來限制或鼓勵資本的流入與流出。當一國國際收支惡化時，國家可以實行外匯管制，「獎入限出」，限制外匯收支，對調往國外的資本不予兌換外匯，以防止資本外逃。同時，國家也可以通過實現外匯管制來維護本國貨幣匯率的穩定，以達到鼓勵外國資本流入的目的。

3. 風險性

一國資本市場上的風險必然會影響流入該國的間接投資。所謂風險不僅包括經濟風險，還包括政治風險、軍事風險以及其他社會非經濟因素風險。國際間接投資需要良好的國際經濟投資環境，政治、軍事等非經濟因素對國際間接投資的外部環境影響大，因而會間影響國際間接投資的流向。總的來說，如果風險小的資產和風險大的資產都能提供同樣的收益率，投資者當然願意持有風險較小的資產。一般來說，對私人投資的風險大，對政府投資的風險小。

4. 償債能力

各國償債能力的差異是影響國際間接投資流向和流量的又一主要因素。一般來說，

償債能力與吸收國際間接投資的數量成正比，發達國家由於經濟實力雄厚，有較多的外匯儲備，償債能力強，因而能吸引大量的國際資本。發展中國家經濟發展水平低，外匯儲備較少，償債能力不足，吸引國際間接投資的能力就較弱。在發展中國家的國際間接投資多集中在那些新興工業國家和地區。這些國家和地區相對來說，經濟發展較快，有較強的出口創匯能力。而非洲等一些經濟落後的國家經濟發展緩慢，外債償還能力低，則很難吸引到較多的國際間接投資。

(三) 國際間接投資發展趨勢

1. 國際間接投資增長速度超過直接投資

從第二次世界大戰結束到20世紀70年代末，國際直接投資一直占據主導地位，20世紀80年代以後，國際間接投資增長速度開始超過國際直接投資。據國際清算銀行（BIS）統計，截至2016年第三季度結束，國際債券市場餘額已高達218,730億美元，其中金融機構發行占比70%，銀行發行占比30%。受美國次貸危機的影響，國際債券市場餘額從2008年第二季度到2009年第一季度呈現負增長，但總體來看，近十年（2006年第一季度至2016年第三季度），國際債券市場餘額季度平均增長1.4%。據國際貨幣基金組織（IMF）不完全統計，截至2016年第三季度結束，國際直接投資資產規模4,500億美元左右，遠不及國際債券市場的規模。

2. 發展中國家越來越多地參與國際間接投資

20世紀80年代以來，國際資本流動的總態勢是流向發展中國家。進入20世紀90年代以後，流向發展中國家的證券資本也在迅速增加。例如，1989年至1997年，流向發展中國家的證券投資每年平均遞增34%左右。1997年至2004年流向發展中國家的股票投資額占全球股票投資總額的1/3以上。近年來，發展中國家間接投資的增速進一步加快，占比逐漸加大。以金磚四國為例，根據國際貨幣基金組織（IMF）國際金融數據庫（IFS）的相關數據顯示，流入金磚四國的證券投資從2004年的110億美元增長到2016年的463億美元，占全世界證券間接投資總量的比例從2004年的千分之五增長到了2016年的百分之一。

3. 國際間接投資證券化趨勢日益明顯

20世紀80年代以來，國際間接投資中證券投資比例日益提高，國際信貸的地位相對下降。證券化（Securitization）包括籌資手段的證券化和貸款債權證券化。隨著全球金融市場自由化程度的不斷提高，新的金融投資產品層出不窮和新興市場開發程度繼續提升，國際間接投資證券化趨勢在21世紀仍將持續下去。當然，隨著證券化趨勢的不斷增加，其所帶來的問題與影響也將同樣增大，證券化趨勢對投資來說，其致富速度和破產速度都將加快。

4. 國際債券在國際金融市場融資中所占的比重日益提高

國際債券投資一直是國際融資的一種方式，而債券融資的地位在不斷提高。1975年，在國際金融市場融資總額585億美元中，債券融資僅為187億美元，占融資總額的32%。而1994年債券融資達到了2,939.4億美元，占當年國際金融市場融資總額4,741億美元的62%。1995—2004年債券融資額一直保持在5,000億美元以上，占國際市場

融資額的比重仍維持在 50% 以上。據國際貨幣基金組織（IMF）國際投資頭寸（IIP）數據庫數據核算，近十年來（2007—2016 年），債券融資占國際金融市場融資總額的平均比例為 54%，期中 2008 年的比例高達 64%。債券融資占國際金融市場融資比重的提高與世界各國對外國投資者限制的放松、國際證券市場的迅速發展、證券市場的統一化和國際化，以及交易的多樣化有關。

5. 國際間接投資的衍生化、虛擬化和機構化趨勢增強

20 世紀 80 年代以來，投資者為了在國際市場上更好地管理風險，或進行無風險套利，使國際間接投資出現了衍生化趨勢。同時，伴隨信息技術的快速發展、計算機的廣泛應用和互聯網的普及，國際間接投資出現虛擬化趨勢。國際間接投資者除自然人外，近年來法人投資的比例越來越大，參與證券投資的法人範圍也不斷擴大。除了金融機構外，現在越來越多的企業（包括一些跨國公司）出於有效利用剩餘資金、分散經營風險、獲取更多收益等目的，也加入了證券投資的行列。隨著國際間接投資，特別是證券投資的風險越來越大，個人投資者轉而委託專業投資機構進行間接投資，因此，國際間接投資的機構化趨勢越來越明顯。

第二節　國際債券投資

國際證券投資是國際間接投資活動的主要形式之一，也是國際經濟合作的一種重要方式。它是指以購買國際有價證券的形成而進行的投資，由國際債券投資、國際股票投資和國際基金投資所構成。

一、國際債券的概念

國際債券（International Bonds）是指某國政府或企業在境外發行的債券。一般是指各類借款在國際證券市場上發行的各種借款憑證，是發行者給投資者的借款憑證，表明在一定時期內獲得一定收益的權利。其投資主體可以是政府、企業、國際金融組織。國際債券是國際債務證券（International Debt Securities）最重要的組成部分。隨著世界各國對外國投資者限制的放松和國際證券市場的迅速發展，國際債券的發行量在 20 世紀 80 年代初超過了銀團貸款的數量，從而出現了國際借貸證券化的趨勢。

二、國際債券的分類

（一）外國債券

外國債券（Foreign Bonds）是指外國借款人（政府、私人公司或國際金融機構）在某個國家的債券市場上發行的以這一國家貨幣為面值貨幣的債券。也可以定義為在發行者所在國家以外的國家發行的，以發行地所在國貨幣為面值的債券。這種債券只在一國市場上發行並受該國證券法規制約。例如，揚基債券（Yankee Bonds）是非美國主體在美國市場上發行的債券，武士債券（Samurai Bonds）是非日本主體在日本市場

上發行的債券。同樣，還有英國的猛犬債券、西班牙的鬥牛士債券、荷蘭的倫勃朗債券，都是非本國主體在該國發行的債券。

在人民幣逐步實現資本項目下的可自由兌換以及人民幣的國際化基礎上，中國逐步放開以人民幣計價的外國債券，以進一步向外國籌資者開放國內債券市場。2005年9月28日，國際多邊金融機構首次獲準在華發行人民幣債券，時任財政部部長金人慶將首發債券命名為「熊貓債券」。從此，外國債券可以選擇在中國證券交易所上市交易，最終使得中國交易所債券市場走向國際化。

（二）歐洲債券

歐洲債券（Euro bond）是指一國政府、金融機構、工商企業或國際組織在國外債券市場上以第三國貨幣為面值發行的債券。歐洲債券的發行人、發行地及面值貨幣分別屬於3個不同的國家。歐洲債券一般根據其發行貨幣命名，例如歐洲日元債券（Euroyen Bond）和歐洲美元債券（Eurodollar Bond）分別以日元和美元計價。目前，歐洲債券在國際債券中占主導地位。

世界上第一張歐洲債券於1963年由義大利高速公路網絡 Autostrade 發行，這次不間斷發行了6萬張債券，單張價值250美元，期限15年，貸款總額1,500萬美元，年利率為5.5%。這次發行由倫敦銀行家 S. G. Warburg 負責安排並在盧森堡證券交易所上市，由倫敦的律師事務所之一艾倫＆奧弗利（Ellen&Overy）的律師們負責發行的法律問題。他們的觀念在很大程度上是反對在美國徵收利息均衡稅的。該稅收的目標是通過減少美國對外國證券的需求來減少美國國際收支赤字。而發行歐洲債券，美國人可以繞過昂貴的稅收，歐洲人則可以獲得美國資本。

歐洲債券發展到今天，既有期限為1～2年的短期債券，也有5～10年的中長期債券，還有無償還期的永久性債券。歐洲債券往往採取無擔保的不記名形式發行，投資歐洲債券的收益是免繳收入所得稅的。歐洲債券具有發行成本低、發行自由、投資安全、市場容量大等特點。

（三）全球債券

全球債券（Global Bonds）是20世紀80年代末產生的新型金融工具，是指在世界各地的金融中心同步發行的具有高度流動性的國際債券。世界銀行於1989年首次發行了這種債券，並一直在該領域佔有主導地位，其發行面值有美元、日元、德國馬克等。有些國家也發行過全國債券。瑞典在1993年2月發行了20億美元的全球債券；義大利在1993年9月發行了55億美元的全球債券；日本在1994年1月發行了3,000億日元的全球債券。雖然全球債券的發行往往需要由所在國進行清算和登記，但各個清算系統之間的聯繫是相當密切和快捷的，因而能夠保證其較高的流動性。所以，全球債券的發行成本較低，市場發展較快。

三、國際債券的發行

（一）國際債券的發行市場

債券發行的市場又稱為初級市場或一級市場，是發行單位初次出售新債券的市場。

在初級市場上，發行人一般不直接同持幣購買者進行交易，需要由中間機構即證券經紀人辦理。證券經紀人是初級市場上協助證券首次售出的重要金融機構，主要包括投資銀行、證券公司、金融機構等，其做法是承銷（Underwriting）證券，具體包括全額包銷、代銷和餘額包銷三種方式。

債券代銷，又稱代理發行，是指證券經紀人代發行人發售債券，在承銷期結束時，將未售出的債券全部退還給發行人的承銷方式。債券包銷與債券代銷的不同點在於在承銷期結束時，包銷方式的證券經紀人要按照協議將售後剩餘的債券全部自行購入。包銷又可分為全額包銷和餘額包銷兩種形式。全額包銷又稱確定包銷，是指由承銷商與發行人簽訂協議，由承銷商按約定價格買下約定的全部證券，然後以稍高的價格向社會公眾出售，即承銷商低價買進高價售出，賺取的中間差額為承銷商的利潤。全額包銷如果證券銷售不出去，風險由承銷商自負，故風險較大，但是其收益要比代銷的佣金高。餘額包銷也稱助銷，是指承銷商與發行人簽訂協議，在約定的期限內發行證券，並收取佣金，到約定的銷售期滿，售後剩餘的證券，由承銷商按協議價格全部認購。餘額包銷實際上是先代理後包銷。

(二) 國際債券的發行條件

債券的發行條件包括發行額、償還期限、票面利率、利息的計算及支付方式、發行價格、發行市場的選擇等。

1. 發行額

發行額是指一次發行債券的金額。對於發行額，各個國家有不同的規定，有規定最低限額和最高限額之分。發行額的大小取決於發行者實際需要的資金數量和償還能力以及債券的信用評級。

信用評級是對潛在債務人（個人，企業，公司或政府）的信用風險進行評估，預測其償還債務的能力，以及對債務人違約的可能性的隱含預測。評級代表信用評級機構對潛在債務人的定性和定量信息的評估，這些信息包括潛在債務人提供的信息和信用評級機構分析師獲得的其他非公開信息。國際公認的專業信用評級機構只有三家，分別是穆迪、標準普爾和惠譽國際。他們都是獨立的私人企業，不受政府控制。由於有詳盡的資料和先進的科學分析技術，又有豐富的實踐經驗和大量專業人才，所以做出的信用評級具有很高的權威性和參考價值。一般信用評級公司對一年期以上（長期）和一年期以下（短期）債券採取分別評級的制度，以標準普爾公司為例，對於長期債券的信用評級等級標準從高到低可劃分為 AAA 級、AA 級、A 級、BBB 級、BB 級、B 級和 CCC 級、CC 級、C 級和 D 級；對於短期債券的信用評級等級標準從高到低可劃分為 A-1 級、A-2 級、A-3 級、B 級、C 級和 D 級。

表 5.1　　　　　　標準普爾公司長期債券的評級符號及其含義

評級符號	含義
AAA	評級為「AAA」的債務具有由標準普爾信用評級公司給予的最高評級。債務人償還債務的能力極強。

表5.1(續)

評級符號	含義
AA	評級為「AA」的債務與最高級別差別很小。債務人償還債務能力很強。
A	評級為「A」的債務償債能力仍然很強，但相對於較高級別的債務/發債人，其償債能力較易受外在環境及經濟狀況變動等不利因素的影響。
BBB	評級為「BBB」的債務具有足夠的保護系數。但在惡劣的經濟條件或外在環境下，其償債能力可能較脆弱。
BB;B;CCC;CC;and C	評級為「BB」「B」「CCC」「CC」和「C」的債務被視作有顯著的投機特徵。「BB」級為最低程度投機而「C」為最高程度投機。雖然這些債務有一些質量和保護性特徵，但是暴露在很大的不確定性因素抑或是在一些不利條件下，這些債務的償債能力變得脆弱。
BB	評級為「BB」的債務相對於其他投機評級，違約的可能性最低。但持續的重大不穩定情況或惡劣的商業、金融、經濟條件可能令發債人沒有足夠能力償還債務。
B	評級為「B」的債務違約可能性較「BB」高，發債人目前仍有能力償還債務，但惡劣的商業、金融或經濟情況可能削弱發債人償還債務的能力和意願。
CCC	評級為「CCC」的債務目前有可能違約，發債人須依賴良好的商業、金融或經濟條件才有能力償還債務。如果商業、金融、經濟條件惡劣，發債人可能會違約。
CC	評級為「CC」的債務目前違約的可能性較高。「CC」評級用於違約還未發生之時，但標準普爾信用評級公司預期違約幾乎必定發生，不管是在將來何時。
C	評級為「C」的債務目前違約的可能性較高。與較高評級級別的債務相比，其擁有相對較低的清償優先性或者較低的最終恢復能力。
D	評級為「D」的債務為目前正在違約的債務。對非混合資本工具而言，債務到期發債人未履行付款義務即被評為「D」級，除非標準普爾評級公司認為在沒有一個既定的寬限期的前提下，發債人能在到期後五個工作日內完成債務償還，或者在所述寬限期之前或30天以內償還。「D」評級也被用於正在提交破產申請抑或正在採取類似行動的公司的債務，這預示著債務違約的幾乎必然性。例如，由於自動停牌條款，如果其收到不良交易警告，債務會被評為「D」級。
NR	這表示沒有要求評級，或者沒有足夠的信息來確定評級，或者標準普爾評級公司因為政策原因不予評級。

註：*「AA」至「CCC」的等級可以通過添加加號（+）或減號（-）來顯示任一評級類別中的相對位置。

表 5.2　　　　　　　　標準普爾公司短期債券的評級符號及其含義

評級符號	含義
A-1	評級為「A-1」的短期債務具有由標準普爾信用評級公司給予的最高評級。發債人還債能力強。在這一級別中，某些債務用加號（+）指定，這表明發債人還債能力極強。
A-2	評級為「A-2」的短期債務比較高評級類別的債務更容易受到情況變化和經濟狀況的不利影響。但是，債務人還債能力仍令人滿意。
A-3	評級為「A-3」的短期債務具有足夠的保護參數。然而，不利的經濟狀況或情況變化更可能導致發債人履行對該債務的財務承諾的能力下降。
B	評級為「B」的短期債務被認為是脆弱的，具有顯著的投機特徵。發債人目前有能力履行其財務承諾；然而，它面臨重大的持續不確定性可能導致發債人履行其財務承諾的能力不足。

表5.2(續)

評級符號	含義
C	評級為「C」的短期債務目前很可能無法完成償還，並且取決於發債人履行對該義務的財務承諾的有利的業務、財務和經濟條件。
D	評級為「D」的短期債務為目前正在違約的債務。對非混合資本工具而言，債務到期發債人未履行付款義務即被評為「D」級，除非標準普爾評級公司認為發債人在指定的寬限期內可以還款。但是，任何超過五個工作日的寬限期都會被視作五個工作日。「D」評級也被用於正在提交破產申請抑或正在採取類似行動的公司的債務，這預示著債務違約的幾乎必然性。例如，由於自動停牌條款，如果其收到不良交易警告，債務會被評為「D」級。

2. 發行價格

任何一種金融工具的理論價值都等於這種金融工具能為投資者提供的未來現金流量的貼現值，國際債券也不例外。給一張國際債券定價，首先要確定它的現金流量。以一般性不可贖回債券為例，其現金流量構成包括兩部分：在到期日之前週期性的息票利息支付、票面到期價值。在以下的債券定價計算中，為了簡化分析，我們先做三個假設：息票支付每年進行一次，下一次息票支付恰好是從現在起12個月之後收到，在債券期限內息票利息固定不變。

在確定了一張債券能給投資者提供的現金流量分佈之後，我們還需要在市場上尋找與目標債券具有相同或相似信貸質量及償還期的債券，以確定預期的到期收益率或貼現率。給定了某種債券的現金流量和貼現率，我們就可以以現金流量貼現的方式給債券估價。其公式為：

$$P = \sum_{i=1}^{n} \frac{Mk}{(1+r)^i} + \frac{M}{(1+i)^n}$$

式中，P 為債券發行價格；M 為面值；k 為票面利率；n 為從發行日至到期日的時期數；r 為該債券的貼現率。進一步推導可求得：

$$\frac{P}{M} - 1 = (\frac{k}{r} - 1)[1 - (1+r)^{-n}]$$

由此可見，票面利率 k 和與債券相關的市場利率 r 的關係影響到債券的發行價格。當債券票面利率等於市場利率時，債券發行價格等於面值；當債券票面利率低於市場利率時，企業仍以面值發行就不能吸引投資者，故一般要折價發行，即以低於面值的價格發行債券；反之，當債券票面利率高於市場利率時，企業仍以面值發行就會增加發行成本，故一般要溢價發行，即以高於面值的價格發行債券。

3. 償還期限和收益

債券償還期限是指債券從發行之日起至償清本息之日止的時間。各種債券有不同的償還期限，短則幾個月，長則幾十年。由於利率和匯率的劇烈變動，債券收益會受到一定的影響，根據利率期限結構原理，一般長期債券的票面利率要高於短期債券的票面利率。

債券的收益主要分為兩部分，當期收益與資本利得。所以債券的回報率等於當期收益率與資本利得率之和。一般情況下，債券的收益率可分為名義收益率，即期收益

率和實際收益率三種形式。

(1) 名義收益率

名義收益率，是規定的利息與債券票面金額的比率。如某國際債券的面值為100美元，10年歸還本金，每年固定利息8美元，則其名義收益率為8%。

(2) 即期收益率

即期收益率，是規定的利息與債券當期市場價格的比率。如上述債券在某日的市場價格變為98美元，則即期收益率為8/98＝8.16%，若市價上升為103美元，那即期收益率則變為8/103＝7.77%。

(3) 實際收益率

實際收益率，是實際收益與購買者的實際支出價格的比率。若張濤在第一年年末以98美元市價買進上述債券，對其而言，償還期只剩下9年，如果他持有該債券至到期，則9年間除每年獲得利息8美元外，還獲得資本利得（即買賣差價）2美元（100－98＝2），平攤至每年獲利2/9＝0.22美元，故張濤的實際年收益率為（8＋0.22）/98＝9.39%。反之，如果張濤在第一年年末是以103美元的價格買進該債券，則他每年平攤的資本利得為（100－103）/9＝－0.33美元，實際收益率變為（8－0.33）/103＝7.44%。

(三) 國際債券的發行程序

國際債券發行分為公募發行和私募發行兩種。公募發行是通過仲介機構包銷，公開向社會募集資金；而私募發行則是在仲介機構協助下，向有限的特定投資者募集資金。各個國家及不同證券交易所對債券發行程序的規定不盡相同，但一般包括以下幾個步驟：

(1) 發行者確定債券的主發行人或發行人集團。

(2) 發行者向當地外匯管理部門提出發行債券申請，經該部門審查並提出意見後，報經該國政府有關管理部門批准。

(3) 發行者向當地有關資信評審機構申請評級。申請評級前須向國內的審查管理機構提出書面申請，並提供評級機構名稱和用於評級的資料等。發行者應在得到評級結果3日內向審批管理部門報告評級結果。

(4) 發行者向擬發行證券的市場所在國政府提出申請，取得市場所在國政府的許可。

(5) 發行者在得到發行許可後，委託所選擇的發行人組織承銷團，由其負責債券的發行與包銷，設受託機構、登記代理機構和支付代理機構。

(6) 發行者與債券發行集團商議債券發行的形式、數量、幣種、利率、價格、期限等基本條件和主要條款。

(7) 發行人按一定格式向發行地國家政府正式遞交「有價證券申報書」。

(8) 發行人分別與承購集團代表、受託機構代表、登記代理機構代表和支付代理代表簽訂各種協議。

(9) 發行人通過承購集團，向廣大投資者提交「債券說明書」，介紹和宣傳債券。

(10) 承購集團代表（一般是主承購人）組織承購集團承銷債券，各承購人將承購

款付給承購集團代表，承購集團代表將籌資的款項交受託機構代表換取債券，隨後將債券交給承購人。

（11）各承購人將債券出售給廣大的投資者，登記代理機構受理廣大投資者的債券登記，受託機構代表將債券款項撥入發行人帳戶。

第三節　國際股票投資

一、股票的定義與特徵

（一）股票的定義

股票是股份證書的簡稱，是股份公司為籌集資金而發行給股東作為持股憑證並借以取得股息和紅利的一種有價證券。每股股票都代表股東對企業擁有一個基本單位的所有權。這種所有權是一種綜合權利，如參加股東大會、投票表決、參與公司的重大決策、收取股息或分享紅利等。同一類別的每一份股票所代表的公司所有權是相等的。每個股東所擁有的公司所有權份額的大小，取決於其持有的股票數量占公司總股本的比重。股票是股份公司資本的構成部分，可以轉讓、買賣或作價抵押，是資本市場的主要長期信用工具，但不能要求公司返還其出資。股東與公司之間的關係不是債權債務關係。股東是公司的所有者，以其出資份額為限對公司負有限責任，承擔風險，分享收益。

（二）股票的特徵

　1. 股票是一種證權證券

股票只是一種表明已發生股權轉移的證券，只起一個權利證書的作用。股票的發行是以股份的存在為前提條件的。股票的作用只是證明股東的權利，而不是創造股東的權利。所以，股票不像一般的票據是設權證券，同時也不是債權證券。

　2. 股票是有價證券

股票與其代表的股東權利有著不可分離的關係。股票代表著對公司資產的權利，這種資產是有一定價值的，否則其權利也就失去了意義。股東權利的轉讓應與股票佔有的轉移同時進行，二者缺一不可。這點與有價證券在法律上的性質是一致的。

　3. 股票不是物權及債權證券

股東雖然是企業部分財產的所有人，享有種種權利，但對公司的財產不能直接支配處理。物權證券才能對財產直接支配處理。另外，股票也不是債權證券，因為當投資者購買股票時，他立即成為公司部分財產的所有人，是公司內部的構成分子，而不是與公司對立的債權人。

需要說明的是，在進行國際股票投資時，投資者雖然購買了別國企業的股票，擁有了一定的股權，從而可以參與所投資企業的管理，但只有當其購買的股票達到足以對企業擁有經營控制權時，才能算作國際直接投資。各國對擁有多大比重的股權才算

作直接投資的規定有所不同。例如，美國規定，凡擁有外國企業股權10%以上者，即屬直接投資，不足10%者，則屬國際證券投資中的股票投資。

　　4. 股票是一種可轉讓的證券

　　股票是一種能帶來收益的轉讓證書，其價格的基礎是資產的價值，作為金融資產的股票和其他有價證券一樣既可以在金融市場上買賣，也可用於贈與、抵押和繼承。

二、股票的種類

　　根據不同的分類口徑，股票可以分為形形色色的很多種。按股東權利分類，股票可分為普通股、優先股和後配股。根據上市地區分類，中國上市公司的股票有A股、B股、H股、N股和S股等的區分。根據業績可分為ST股、垃圾股、績優股、藍籌股等。本小節主要介紹普通股和優先股。

（一）普通股

　　普通股是指在公司的經營管理和盈利及財產的分配上享有普通權利的股份，代表滿足所有債權償付要求及優先股東的收益權與求償權要求後對企業盈利和剩餘財產的索取權，它構成公司資本的基礎，是股票的一種基本形式，也是發行量最大，最為重要的股票。在中國大陸，目前在上海和深圳證券交易所交易的股票，都是普通股。普通股在不同的國家有著不同的稱謂，其中最為普遍的是用於美國的「Common stock」。在英國和其他英聯邦領域，普通股被稱為「Equity shares」或者「Ordinary shares」。一般來說，普通股股票持有者可享受以下權利。

　　1. 公司決策參與權

　　普通股股東有權參與股東大會，並有建議權、表決權和選舉權，也可以委託他人代表其行使其股東權利。普通股股東持有一股便有一股的投票權，持有兩股者便有兩股的投票權。任何普通股東都有資格參加公司最高級會議即每年一次的股東大會，但如果不願參加，也可以委託代理人來行使其投票權。

　　2. 利潤分配權

　　普通股股東有權從公司利潤分配中得到股息。普通股的股息是不固定的，由公司贏利狀況及其分配政策決定。普通股股東必須在優先股股東取得固定股息之後才有權享受股息分配權。當公司經營有方，利潤不斷遞增時普通股能夠比優先股多分得股利，股利率甚至可以超過50%；但趕上公司經營不善的年頭，也可能連一分錢都得不到，甚至可能連本也賠掉。

　　3. 優先認股權

　　如果公司需要擴張而增發普通股股票時，現有普通股股東有權按其持股比例，以低於市價的某一特定價格優先購買一定數量的新發行股票，從而保持其對企業所有權的原有比例。例如，A公司原有1萬股普通股，而你擁有100股，占1%，而公司決定增發10%的普通股，即增發1,000股，那麼你就有權以低於市價的價格購買其中1%即10股，以便保持你持有股票的比例不變。

　　4. 剩餘資產分配權

　　當公司破產或清算時，若公司的資產在償還欠債後還有剩餘，其剩餘部分按先優

先股股東、後普通股股東的順序進行分配。

股份有限公司根據有關法規的規定以及籌資和投資者的需要，可以發行不同種類的普通股。普通股有幾種分類。

1. 按股票有無記名，可分為記名股和不記名股

記名股是在股票票面上記載股東姓名或名稱的股票。這種股票除了股票上所記載的股東外，其他人不得行使其股權，且股份的轉讓有嚴格的法律程序與手續，需辦理過戶。中國《公司法》規定，向發起人、國家授權投資的機構、法人發行的股票，應為記名股。不記名股是票面上不記載股東姓名或名稱的股票。這類票的持有人即股份的所有人，具有股東資格，股票的轉讓也比較自由、方便，無需辦理過戶手續。

2. 按股票是否標明金額，可分為面值股票和無面值股票

面值股票是在票面上標有一定金額的股票。持有這種股票的股東，對公司享有的權利和承擔的義務大小，依其所持有的股票票面金額占公司發行在外股票總面值的比例而定。無面值股票是不在票面上標出金額，只載明所占公司股本總額的比例或股份數的股票。無面值股票的價值隨公司財產的增減而變動，而股東對公司享有的權利和承擔義務的大小，直接依股票標明的比例而定。2012年，中國《公司法》不承認無面值股票，規定股票應記載股票的面額，並且其發行價格不得低於票面金額。

(二) 優先股

優先股是指在企業利潤分配上較普通股有優先權的股票。當企業解散、改組或倒閉時，優先股持有人也能優先得到可分配給股東的部分財產，即有優先獲得清償的權利。在一般情況下，優先股股東沒有表決權，不能參與企業的經營管理。可是，當企業研究與優先股有關的問題時，優先股持有人就有權參加會議。一般來說，優先股具有以下三條特徵。

(1) 優先股通常預先確定股息收益率。由於優先股股息率事先固定，所以優先股的股息一般不會根據公司的經營情況而增減，也不影響公司的利潤分配。

(2) 優先股的權利範圍小。優先股股東一般沒有選舉權和被選舉權，對股份公司的重大經營無投票權，但在某些情況下可以享有投票權，即有限表決權，對於優先股股東的表決權限財務管理中有嚴格限制，優先股東在一般股東大會中無表決權或限製表決權，或者縮減表決權，但當召開會議討論與優先股股東利益有關的事項時，優先股東具有表決權。

(3) 如果公司股東大會需要討論與優先股有關的索償權，即優先股的索償權先於普通股，而次於債權人。

優先股本身的種類很多，常見的有以下幾種：

1. 累積優先股和非累積優先股

累積優先股是指在某個營業年度內，如果公司所獲的盈利不足以分派規定的股利，日後優先股的股東對往年未給付的股息，有權要求如數補給。對於非累積的優先股，雖然對於公司當年所獲得的利潤有優先於普通股獲得分派股息的權利，但若該年公司所獲得的盈利不足以按規定的股利分配時，非累積優先股的股東不能要求公司在以後

年度中予以補發。一般來講，對投資者來說，累積優先股比非累積優先股具有更大的優越性。

2. 參與優先股與非參與優先股

當企業利潤增大，除享受既定比率的利息外，還可以跟普通股共同參與利潤分配的優先股，稱為「參與優先股」。除了既定股息外，不再參與利潤分配的優先股，稱為「非參與優先股」。一般來講，參與優先股較非參與優先股對投資者更為有利。

3. 可轉換優先股與不可轉換優先股

可轉換優先股是指允許優先股持有人在特定條件下把優先股轉換成為一定數額的普通股。否則，就是不可轉換優先股。可轉換優先股是日益流行的一種優先股。

4. 可收回優先股與不可收回優先股

可收回優先股是指允許發行該類股票的公司，按原來的價格再加上若干補償金將已發行的優先股收回。當該公司認為能夠以較低股利的股票來代替已發行的優先股時，就往往行使這種權利。反之，就是不可收回的優先股。

三、股票市場

廣義的股票市場是股票發行和交易的場所，包括發行市場和流通市場兩部分。狹義的股票市場是已經發行的股票轉讓、買賣和流通的場所，包括交易所市場和場外交易市場兩大類別。由於它是建立在發行市場基礎上的，因此又稱作二級市場，其結構和交易活動比發行市場（一級市場）更為複雜，其作用和影響力也更大。

(一) 股票市場的功能

1. 籌資功能

股票市場作為直接融資的重要場所之一，具有為資金需求者籌集資金的功能，股份有限公司通過發行股票，將一部分社會閒散資金集中起來，將其轉化為生產資金，提高了資金的社會效益，最終促進了經濟更快的發展。

2. 資本定價

市場的一個重要功能是給場內的交易標的物定價，股票市場也不例外。股票是資本的主要存在形式。所以，股票的價格實際上是股票所代表的資本的價格，理論上由股票市場中其供求關係決定。

3. 股票市場是實現資源優化配置的重要場所

股票市場為投資者和籌資者提供了靈活方便的投資融資機制，從而實現資源的優化配置並減少了資源流動的成本；效益高、前景好的公司，股價高，能籌集到更多的資金；效益差的公司沒有配股權，市場價格也低，這種機制自然起到了優勝劣汰的作用。

4. 信號功能

健康成熟的股票市場歷來被視為一個國家和地區國民經濟發展狀況的「晴雨表」。由於股票交易的需要，股票市場擁有大量專業人員長期從事市場行情的研究分析和預測，並與各類上市公司直接接觸，能瞭解企業發展的動向；再者，貨幣政策的資產價

格傳導機制也向我們揭示了股票價格的波動是一國貨幣政策鬆緊的及時反應。

(二) 主要的國際股票市場

現在全世界很多國家都設有股票交易所，其中比較著名的有紐約證券交易所、納斯達克證券交易所、倫敦證券交易所、東京證券交易所。在中國大陸地區有兩所證券交易所，分別為上海證券交易所與深圳證券交易所。世界證券交易所聯合會（WFE）數據顯示，截至 2015 年 1 月底，以市值為依據排名的世界前 20 大證券交易所如表 5.3 所示。

表 5.3　　　　　　　　世界主要證券交易所市值排名　　　　　單位：10 億美元

排名	交易所	國別/地區	總部	市值	月交易額
1	紐約證券交易所	美國	紐約	19,223	1,520
2	納斯達克證券交易所	美國	紐約	6,831	1,183
3	倫敦證券交易所	英國	倫敦	6,187	165
4	東京證券交易所	日本	東京	4,485	402
5	上海證券交易所	中國	上海	3,986	1,278
6	香港證券聯合交易所	中國香港	香港	3,325	155
7	泛歐證券交易所	歐盟	阿姆斯特丹 布魯塞爾 里斯本 倫敦 巴黎	3,321	184
8	深圳證券交易所	中國	深圳	2,285	800
9	多倫多證券交易所	加拿大	多倫多	1,939	120
10	德意志證券交易所	德國	法蘭克福	1,762	142
11	孟買證券交易所	印度	孟買	1,682	11.8
12	印度國家證券交易所	印度	孟買	1,642	62.2
13	瑞士證券交易所	瑞士	蘇黎世	1,516	126
14	澳大利亞證券交易所	澳大利亞	悉尼	1,272	55.8
15	韓國證券交易所	韓國	首爾	1,251	136
16	OMX 北歐證券交易所	北歐、亞美尼亞	斯德哥爾摩	1,212	63.2
17	JSE 有限公司	南非	約翰內斯堡	951	27.6
18	BME 西班牙證券交易所	西班牙	馬德里	942	94.0
19	臺灣證券交易所	臺灣	臺北	861	54.3
20	巴西交易所	巴西	聖保羅	824	51.1

在所有的主要交易所中，紐約證券交易所的市值排名幾乎一直是第一，截至 2017 年 5 月底，紐約證券交易所以 21.1 兆億的市值穩坐世界第一的寶座。2013 年其日均交易市值高達 1,690 億美元。紐約證券交易所由美國控股公司洲際交易所集團控股。此前，它是 NYX（紐約證券泛歐）的一部分；現在，紐約證券交易所和泛歐交易所都是

作為洲際交易所集團旗下的分支機構在運行。

(三) 中國證券市場的開放情況

從表 5.3 中我們不難看出，中國的四個證券交易所按照上市公司市值排名都已經處於世界前 20 位，中國大陸證券市場的開放速度不斷變快，開放程度不斷加深。目前中國大陸證券市場對外開放主要是圍繞以下兩個方面來展開的。

一是在國際資本市場募集資金。中國股票市場融資國際化是以 B 股、H 股、N 股等股權融資作為突破口的。1993 年 8 月 18 日，深交所首批特許五家境外券商直接進場做 B 股交易，標誌著中國大陸 B 股市場交易的開始。B 股的正式名稱是人民幣特種股票。它是以人民幣標明面值，以外幣認購和買賣，在中國境內（上海、深圳）證券交易所上市交易的外資股。B 股公司的註冊地和上市地都在境內。深圳 B 股以港幣結算，上海 B 股以美元結算。B 股不允許買空或賣空。B 股 T+3 日交收，但買賣當天可做 T+0 回轉交易，即當天買入的股票當天可以賣出，當天賣出的股票的資金當天可以再買股票。上海 B 股買賣以 1,000 股為一個交易單位，自 2001 年 1 月 1 日起，上證 B 股最小價格變動單位將調整為 0.001 美元（原為 0.002 美元）；深圳 B 股買賣以 100 股為一個交易單位，最小價格變動單位為 0.01 港元。零股只能賣出不能買入。對於買賣的委託方式，深圳 B 股可採用櫃臺委託、電話、遠程終端等方式下單；上海 B 股只能到櫃臺填單委託交易。B 股是特定歷史階段的產物，很多專家認為未來 B 股退出歷史舞臺似乎已是大勢所趨，2001 年以後，B 股市場再沒有進行過融資，也沒有新股發行，從目前看來，B 股市場的籌資能力有所下降，資源配置的功能也已經消失，兩邊市場也形成了很大的價差。

H 股也稱國企股，指註冊地在內地而上市地在香港的外資股，因香港英文——HongKong 首字母為 H 而得名 H 股。H 股為實物股票，實行「T+0」交割制度，無漲跌幅限制。截至 2017 年 6 月底，中國大陸地區只有機構投資者可以投資 H 股，大陸地區個人投資者尚不能直接投資 H 股。在天津，個人投資者可以在各大證券公司網點開辦「港股直通車」業務而直接投資於 H 股。但是，國務院尚未對此項業務最後的開閘放水。個人直接投資於 H 股尚需時日。國際資本投資者可以投資 H 股。目前，港交所一共有 146 只 H 股活躍在交易市場，這些國企在港交所的成功上市交易不僅為其籌集資金打開了一條新的通道，更重要的是，這些國企經歷了國際市場競爭的磨煉，逐漸地走向了國際化。事實上，經過 20 多年的磨煉，國企股企業的管理、會計水平及透明度已有大幅度的改善，離世界級標準已經不遠。國企股具有很大的投資價值。某些國企股會同時在兩地發行 A、H 兩種流通股份，但由於兩地資金的流通量不同，同一只股份，H 股的股價一般均要較 A 股的股價低數倍之多，因此，兩地股市的整體市盈率（PE）是有相當大的差距的。對比內地 A 股市動輒五六十倍的市盈率，香港國企股的市盈率只有 10 倍左右，其投資價值自然不言而喻。

二是開放國內資本市場。在利用股票和債券在國際資本市場籌資的同時，中國也逐步放開了境外券商在華設立並參與中國股票市場業務、境內券商到海外設立分支機構、成立中外合資投資銀行等方面的限制。自 2001 年 12 月 11 日開始，中國正式加入

WTO，標誌著中國的證券業對外開放進入了一個全新的階段。根據中國政府對 WTO 的承諾，中國證券業在五年過渡期採取了很多對外開放的舉措，包括外國證券機構（不通過中方仲介）直接從事 B 股交易；外國證券機構駐華代表處可以成為所有中國證券交易所的特別會員；允許外國機構設立合營公司，從事國內證券投資基金管理業務；允許合資券商開展諮詢服務及其他輔助性金融服務；等等。

證監會、中國人民銀行與外匯管理局於 2006 年 8 月 24 日聯合發布《合格境外機構投資者境內證券投資管理辦法》，規定申請合格投資者資格應當具備下列條件：

（1）申請人的財務穩健，資信良好，達到中國證監會規定的資產規模等條件。

（2）申請人的從業人員符合所在國家或者地區的有關從業資格的要求。

（3）申請人有健全的治理結構和完善的內控制度，經營行為規範，近 3 年未受到監管機構的重大處罰。

（4）申請人所在國家或者地區有完善的法律和監管制度，其證券監管機構已與中國證監會簽訂監管合作諒解備忘錄，並保持著有效的監管合作關係。

（5）中國證監會根據審慎監管原則規定的其他條件。

證監會、中國人民銀行與外匯管理局於 2013 年 3 月 1 日聯合發布了《人民幣合格境外機構投資者境內證券投資試點辦法》，進一步開放和規範了境外機構投資者投資國內資本市場。辦法規定，申請人民幣合格投資者資格應當具備下列條件：

（1）財務穩健，資信良好，註冊地、業務資格等符合中國證監會的規定。

（2）公司治理和內部控制有效，從業人員符合所在國家或地區的有關從業資格要求。

（3）經營行為規範，最近 3 年或者自成立起未受到所在地監管部門的重大處罰。

（4）中國證監會根據審慎監管原則規定的其他條件。

截至 2017 年 5 月份，中國共有合格境外投資者 310 家，人民幣合格境外投資者 220 家。其註冊地和國別地區分佈情況如圖 5.1、圖 5.2 所示。

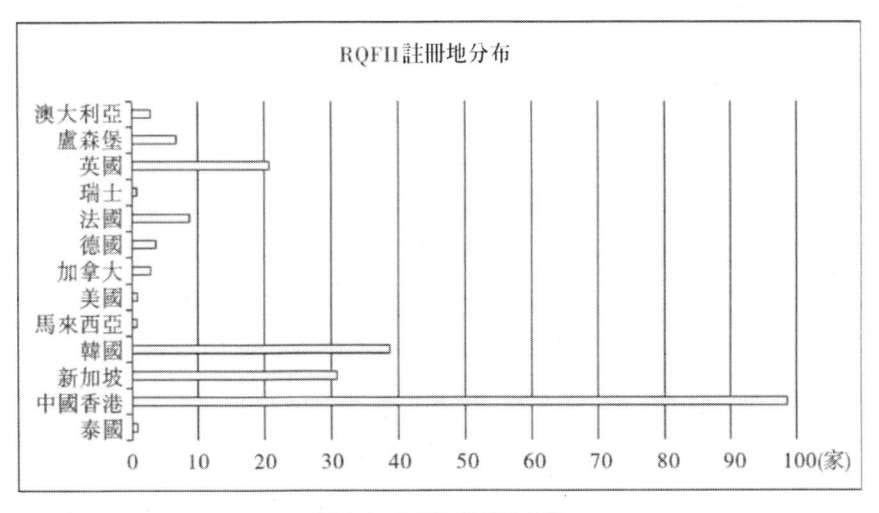

圖 5.1　RQFII 註冊地分佈

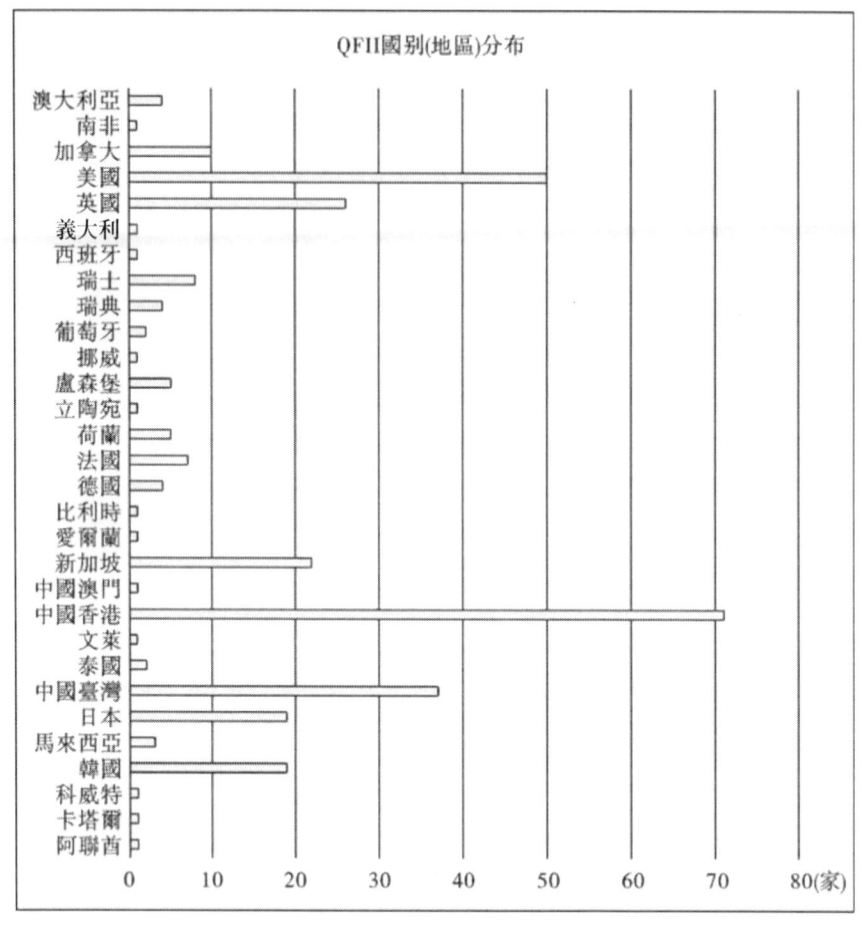

圖 5.2　QFII 國別（地區）分佈

第四節　國際基金投資

一、國際基金投資概述

(一) 基金投資的概念

所謂基金投資是指資金持有人通過投資基金（Investment Fund）組織投資於各種有價證券，並取得收益的一種投資行為。而基金組織是由發起人組織的，集中社會閒散資金，委託專業人士管理，依據分散投資原則，投資於各類有價證券，並將收益按出資比例分配給投資者的機構。基金投資屬於間接投資，而且也是證券投資的一種形式。世界各國對投資基金的稱謂有所不同，美國叫共同基金（Mutual Fund）或互惠基金，英國叫單位信託基金（Unit Trust）。

投資基金是一種大眾化的信託投資工具，而股票、債券、期貨、黃金等金融工具又是投資基金的主要投資對象。從本質上說，投資基金是一種與其他投資者一起投資的模式，其目的是為了享有集體投資比個體投資帶來的優勢，這些優勢包括：能夠雇用專業投資經理，這可能提供更好的回報和更充分的風險管理；受益於規模經濟，可降低交易成本；提高資產多元化程度，從而降低了非系統性風險。

據投資公司機構（Investment Company Institute）統計，截至 2016 年年底，全球共同基金的資產總額高達 40.4 萬億美元，資產排名前十的國家如圖 5.3 所示。在美國，共同基金在家庭理財中佔有重要地位，22%的家庭資產是以共同基金的形式存在的。共同基金在退休儲蓄中的地位更為顯著，個人退休儲蓄帳戶，401（k）s 以及其他相似的退休計劃中有大約一半的資產是以共同基金的形式存在的。盧森堡和愛爾蘭是首批歐洲可轉讓證券集合投資計劃（UCITS）合法註冊管轄區域。這些基金可以在整個歐盟地區以及其他採納了共同認同機制的國家售賣。

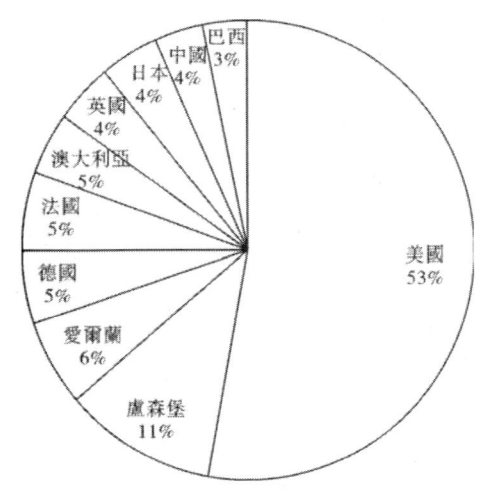

圖 5.3　資產排名前十國家所占比重

(二) 投資基金的特點

1. 專業理財

個人投資者與機構投資者最大的區別往往在於個人投資者缺乏專業知識，投資經驗不足，信息不靈，只能跟風炒作，容易受過度自信，羊群效應等行為金融因素的影響而不能理性投資；而機構投資者，基本上每一支基金都是由專業化的團隊管理運作，投資於投資基金就等於聘請了一個具有專業知識和豐富經驗的團隊為你進行投資決策和運作。專業的團隊理性投資，投資決策是基於基本面和技術面分析共同作用的結果。他們擁有更快更準確的信息，更能準確把握最新經濟形勢與政策，擁有更高超的數據、政策分析能力，投資效果一般更好。

2. 風險較小

投資基金的運作人似乎更加懂得雞蛋不能放在同一個籃子裡的道理，他們更加擅

長於利用組合投資降低投資風險。投資組合一般是指債券與股票等有價證券的組合，它們主要包括上市或未上市公司的股票、股權憑證、新股認購權證、政府債券、地方債券、公司債券、金融債券，在個別國家也允許利用少部分資金用於房地產業的投資。很多國家對投資基金有明文規定，不得將全部基金用於投資某一只股票。理想的投資組合一般是選擇15到25種證券，進行不同權重的配置，從而達到收益與風險的相對動態平衡。

　　3. 管理和運作法制化

　　目前，世界各國都頒布了有關投資基金的管理和運作的法規，對投資基金的設立、管理和運作做了嚴格的限定。按多數國家的規定，投資基金的經營機構由基金公司、基金管理公司和基金託管公司組成；基金必須委託銀行作為託管人託管基金資產，委託基金管理公司作為基金管理人管理基金資產和進行投資運作；基金資產獨立於基金託管人和基金管理人的資產，基金託管人和基金管理人在行政上和財務上相互獨立，其高級管理人員不得在對方兼任任何職務。

　　4. 選擇性強，適合各類投資者

　　在成熟的證券市場上，投資基金的種類眾多並涉及一切投資領域。因此，投資者對投資基金有很大的選擇性，投資基金的品種也適合各類投資者。投資者可以根據自身的風險偏好以及抗風險級別來選擇適合自己的投資基金組合。例如，對於不願冒大風險的穩健型投資者來說，可選擇購買債券基金、貨幣基金、優先股基金或藍籌股基金等。對敢冒風險追求高利的投資者來說，可選擇購買期貨基金、槓桿基金或認股權證基金等。與此同時，為了增加投資組合的可選集，投資者可以選擇海內外組合投資，即國家基金、國際基金和海外基金的組合投資。

　　5. 交易成本低

　　在當前國際基金市場競爭日趨激烈的情況下，基金公司除了不得不加強管理和服務之外，還在不斷降低其所收取的管理費和購買手續費，而且在很多國家投資基金的買賣還免交印花稅。基金的管理費一般一年交納基金淨資產的1%~1.5%，購買手續費一般一次性交納3%~5%，持有基金的第一年如交納了6.5%，從第二年開始每年只需交1%~1.5%。而投資者如果購買股票，一年之內只要交易5~6次的費用就會達到或超過基金投資者第一年所交納的6.5%的費用；如果一年內交易2次就可超過基金投資者第一年之後每年交納的費用。因此，這樣算起來，購買投資基金所需的費用要比購買股票所需的費用低很多。

二、國際投資基金的種類

(一) 按照組織形式不同分為契約型投資基金和公司型投資基金

　　1. 契約型投資基金

　　契約型投資基金也稱信託型投資基金，是根據一定的信託契約原理建立起來的代理投資制度，通過發行收益憑證來籌集資金，它反應的是資金管理人、基金託管人及投資人之間的信託關係，在這種制度下發行的基金單位又稱為契約型基金券。該類基

金中，基金管理人負責資金的管理操作，基金託管人作為基金資產的名義持有者，負責基金資產的保管和處理，對基金管理人的運作實行監督。契約型基金沒有基金章程，沒有公司董事會，而是通過基金契約來規範三方當事人的行為。契約型基金具體又可分為單位型和基金型兩種。

2. 公司型投資基金

公司型投資基金組建及運作不是根據信託契約，而是按照公司法進行的。基金公司本身為一家股份有限公司，公司通過發行股票或受益憑證的方式來籌集資金。投資者購買了該家公司的股票，就成為該公司的股東，憑股票領取股息或紅利、分享投資所獲得的收益。公司型基金在法律上是具有獨立「法人」地位的股份投資公司。公司型基金依據基金公司章程設立，基金投資者是基金公司的股東，享有股東權，按所持有的股份承擔有限責任、分享投資收益。公司型基金與契約型基金相比，在基金性質、基金營運依據和投資者在公司中的地位三方面都存在差異。

(二) 按照投資運作分為開放式基金和封閉式基金

1. 開放式基金

開放式基金又稱追加型基金，指基金設立時，對基金的規模沒有固定限制，可隨時根據市場供求狀況發行新份額，而投資人也可隨時贖回的投資基金。其買入價格和賣出價格按基金的淨資產值計算，在一定程度上也反應市場供求狀況。開放式基金有利於擴大基金的規模，並具有較強的流動性和變現能力。

2. 封閉式基金

封閉式基金又稱單位型基金。是相對於開放式基金而言，即基金設立時，以某一特定貨幣總額為設定限度，待資金籌集已達到事先確定的基金規模後，將其封閉起來，不再增加新的份額。發行完畢在規定的期限內，投資者不能要求贖回，而發行者也不能再發行新的基金單位，只可發行優先股和公司債券。封閉基金具有數量固定、操作方便、管理容易的特點，在基金發展初期屬較常見的組織形式。

(三) 按照投資目標分為成長型基金、收入型基金和平衡型基金

1. 成長型基金

成長型基金以資本長期增值為投資目標，其投資對象主要是市場中有較大升值潛力的小公司股票和一些新興行業的股票。為達成最大限度的增值目標，成長型基金通常很少分紅，而是經常將投資所得的股息、紅利和盈利進行再投資，以實現資本增值。成長型基金主要以股票作為投資主要標的。

2. 收入型基金

收入型基金是主要投資於可帶來現金收入的有價證券，以獲取當期的最大收入為目的，以追求基金當期收入為投資目標的基金，其投資對象主要是那些績優股、債券、可轉讓大額存單等收入比較穩定的有價證券。收入型基金一般把所得的利息、紅利都分配給投資者。這類基金雖然成長性較弱，但風險相應也較低，適合保守的投資者和退休人員。

3. 平衡型基金

平衡型基金將資產分別投資於兩種不同特性的證券上，並在以取得收入為目的的債券及優先股和以資本增值為目的的普通股之間進行平衡。這種基金一般將25%~50%的資產投資於債券及優先股，其餘的投資於普通股。平衡型基金的主要目的是從其投資組合的債券中得到適當的利息收益，與此同時又可以獲得普通股的升值收益。投資者既可獲得當期收入，又可得到資金的長期增值。平衡型基金的特點是風險比較低，缺點是成長的潛力不大。

(四) 按照投資對象分為股票基金、債券基金、貨幣市場基金、期貨基金、期權基金、指數基金和認股權證基金等

1. 股票基金

股票基金，通俗地講，是指投資於股票市場的基金。中國2015年8月8日股票型基金倉位新規規定股票基金的股票倉位不能低於80%。按股票種類分，股票型基金可以按照股票種類的不同分為優先股基金和普通股基金。

2. 債券基金

債券基金，又稱為債券型基金，是指專門投資於債券的基金，它通過集中眾多投資者的資金，對債券進行組合投資，尋求較為穩定的收益。根據中國證監會對基金類別的分類標準，基金資產80%以上投資於債券的為債券基金。債券基金也可以有一小部分資金投資於股票市場，另外，投資於可轉債和打新股也是債券基金獲得收益的重要渠道。

3. 貨幣市場基金

貨幣市場基金是指投資於貨幣市場上短期（一年以內，平均期限120天）有價證券的一種投資基金。該基金資產主要投資於短期貨幣工具，如國庫券、商業票據、銀行定期存單、銀行承兌匯票、政府短期債券、企業債券等短期有價證券。貨幣基金只有一種分紅方式——紅利轉投資。貨幣市場基金每份單位始終保持在1元，超過1元後的收益會按時自動轉化為基金份額，擁有多少基金份額即擁有多少資產。而其他開放式基金是份額固定不變，單位淨值累加的，投資者只能依靠基金每年的分紅來實現收益。

4. 期貨基金

期貨基金是一種以期貨為主要投資對象的投資基金。期貨是一種合約，只需一定的保證金（一般為5%~10%）即可買進合約。期貨可以用來套期保值，也可以以小博大，如果預測準確，短期能夠獲得很高的投資回報；如果預測不準，遭受的損失也很大，具有高風險高收益的特點。因此，期貨基金也是一種高風險的基金。

5. 期權基金

期權基金是以期權為主要投資對象的投資基金。期權也是一種合約，是指在一定時期內按約定的價格買入或賣出一定數量的某種投資標的的權利。期權基金的風險較小，適合於收入穩定的投資者，其投資目的一般是獲取最大的當期收入。

6. 指數基金

指數基金，顧名思義，就是以特定指數（如滬深 300 指數、標普 500 指數、納斯達克 100 指數、日經 225 指數等）為標的指數，並以該指數的成分股為投資對象，通過購買該指數的全部或部分成分股構建投資組合，以追蹤標的指數表現的基金產品。通常而言，指數基金以減小跟蹤誤差為目的，使投資組合的變動趨勢與標的指數相一致，以取得與標的指數大致相同的收益率。

7. 認股權證基金

認股權證基金是指以認股權證為投資對象的投資基金。認股權證是指由股份有限公司發行的、能夠按照特定的價格，在特定的時間內購買一定數量該公司股票的選擇權憑證。由於認股權證的價格是由公司的股份決定的，一般來說，認股權證的投資風險較通常的股票要大得多。因此，認股權證基金也屬於高風險基金。

三、國際投資基金的設立、發行和上市

(一) 基金發起人

基金發起人是投資基金的發起者和設立者。「發起人」是一個法律概念，一般是指具有法人地位的機構。基金發起人須符合所在國規定的條件，如對發起人資本的要求，財務狀況的要求、營業場所的要求等。基金發起人的主要職責有：制定有關設立基金的具體方案；確定設立基金的類型和信託憑證；起草招募說明書、申請設立基金的報告以及相關的文件；募集設立基金所需的費用等。

(二) 審批

基金發起人在完成了設立基金所需的各項準備工作之後，便向國家主管投資的機構提交設立基金的申請，同時一般需提交發起人協議、委託管理協議、委託保管協議、基金公司章程、信託契約、發起人的財務狀況報告等文件。

(三) 發表基金招募說明書

基金招募說明書是向所有的基金投資者說明：基金的性質；基金當事人權利和義務；有關基金發起、運作、終止全部事務的法律性文件。基金招募說明書的具體內容一般包括基金的設立背景、種類、規模、發行價格、發行原則、發行對象、投資者費用、當事人的權利和義務、基金交易方式和條件、基金投資的策略和範圍、派息和納稅的時間與方式、財會報告制度等。基金招募說明書的編寫應體現「公正、公平、公開」的原則，力求簡潔和通俗易懂。基金招募說明書一般發布在規定的報刊上。

(四) 發行基金證券

基金證券（基金券或受益證券）是基金管理公司或信託投資機構簽發給基金投資者的一種確認其投資的證書，投資者憑基金證券參與收益的分配。基金證券的發行是在設立基金的申請獲國家有關主管部門批准後進行的。基金證券的發行方法與債券、股票的發行方法類似，可採用公開發行或定向發行。如果基金發行數額較大，一般採用公開發行；如果數額較小，則可採用定向發行。基金證券既可由基金管理公司或信

託投資機構自行發行，也可通過承銷機構代為發行。基金投資者則按規定的程序，憑規定的證件，購買基金證券以實現其投資。

(五) 基金的上市

基金成功發行之後，由基金管理公司依法向有關證券交易所提出上市申請。經審查符合上市條件的，便可獲準在交易所掛牌交易。上市基金交易的規則一般與債券和股票的交易規則類似。

思考題

1. 國際間接投資與國際直接投資主要有哪些區別？
2. 國際間接投資的特徵主要有哪些？
3. 國際債券主要有哪幾種類型？
4. 優先股與普通股各有哪些特點？
5. 國際股票和國際債券有什麼區別？
6. 公司型投資基金與契約型投資基金的區別是什麼？

第六章　國際風險投資

第一節　國際風險投資概述

一、風險投資的含義

　　風險投資（Venture Capital），也稱創業投資。「Venture」最早起源於15世紀的英國，當時人們用這個詞彙表示「創建遠洋貿易企業」這種特定意義上的冒險創業活動。多年來，國際上對風險投資的理解一直存在多種觀點與見解，因此，對於風險投資的概念目前還沒有一個能被普遍接受的解釋。按美國風險投資協會的解釋，風險投資是指由金融家投入到新興的、迅速發展的、有巨大競爭潛力的企業（特別是中小型企業）中的一種股權資本；經濟合作與發展組織（OECD）把風險投資定義為，凡是以高科技與知識為基礎，生產與經營技術密集的創新產品或服務的投資資本；英國學者認為，從廣義上看，風險投資是指以股權資本方式投入未上市的企業中，以扶持該企業的未來發展並獲得投資收益的資本。

　　在中國，按照人們通常的理解，風險投資是專指投資主體甘冒風險，將風險資本投入創業企業，並通過參與對風險企業的經營管理與諮詢服務，等待風險企業成長為規模企業後，讓出股權，以分享其高成長所帶來的長期資本增值的一種投資方式。在這種理解中可以粗略地看出：①風險投資的對象是創業企業；②投資主體不僅提供資本支持，而且提供經營服務；③在完成創業投資使命後退出投資，以便一方面實現自身的資本增值，另一方面能夠進行新一輪的風險投資。

　　綜上所述，我們認為，風險投資（VC）是私募股權投資（PE）的一種，是一種由公司或其他資金方提供給被認為具有高增長潛力或已經表現出高增長的小型、初期新興企業的融資形式（其中對小型公司的認定以員工人數，年收入或兩者一併考慮計算）。風險投資公司或其他資金方投資於這些初創階段的企業，以換取他們所投資的公司的股權或所有權權益。風險資本承擔為初創企業的融資的較高風險，寄希望於其中的一些企業獲得成功。初創公司通常擁有先進的技術或創新的商業模式，它們通常來自高科技行業，如信息技術（IT）、清潔技術或生物技術行業。

　　長期以來，美國作為風險投資的先驅，以其完善的風險投資機制和法律體系，高效的風險投資運作模式，使風險投資業為促進美國經濟發展模式的轉變和推動經濟的高速發展作出了巨大的貢獻，並為世界各國爭相效仿。在中國，風險投資還是一個新生事物，正處於起步階段，中國的科技發展水平和科技競爭力與發達國家相比還有很

大差距。因此，我們迫切需要一種符合中國國情的有效機制、運作模式和工具，來發展中國的高新技術產業。

二、風險投資的特點

(一) 高風險與高收益相結合

由於風險投資的投資對象主要是成長型的科技型小企業，而科技型企業的成長是一個充滿風險的歷程：從形成一個概念，創造「種子」，到產生樣品、進行實驗室生產，直至形成企業，最終發展成為產業，中間要經過多次「驚險的跳躍」。與這種多次驚險的跳躍相對應，創業企業要面對不同的風險，需要不斷的多種類型的資金的支持。從總體上說，風險投資的成功率比較低。一般來說，發達國家的高技術企業的成功率只有20%~30%。在10個創業投資項目中，通常有2~3個項目獲得高額回報，2~3個項目徹底失敗，其餘項目業績一般。

風險投資以追求高收益為目標，以高風險為代價，風險投資的目標毛利一般在40%~50%，稅後淨利在10%以上，期望在5年後以15倍的市盈率套現。風險投資的項目一旦成功，就能產生出別人沒有的，或者更好、更便宜的，而又為市場廣泛接受的產品或服務，從而可以獲得更大的市場份額或開拓新的市場。投資者通過這種投資活動所獲得收益要超過任何常規投資收益。這種高風險和高收益相伴隨的特徵，正是風險投資的最大魅力所在。

(二) 風險投資是一種主動參與管理型的專業投資

風險投資不僅向創業者提供資金，而且其管理者即風險投資家用他們長期累積的經驗、知識和信息網絡，幫助企業管理人員更好地經營企業。風險投資者一旦將資金投入到高技術風險企業，它與風險企業就形成了一種「風險共擔，利益共享」的共生關係，這種「一榮俱榮、一損俱損」的關係，要求風險投資者必須參與風險企業的全過程管理，從產品的上市到市場的開拓，以及企業形象的策劃、產品的廣告宣傳等都離不開風險投資者的積極參與和管理。風險投資家是高科技企業強有力操縱者，他有權決定對一家新興企業投資與否，他可以在中途罷免企業的經理，親自執掌企業的大權，直到找到新的企業領導人。這一切都要根據技術發展、市場需求、企業經營狀況來決定。因而要求風險投資家具有廣博的高科技專業知識、管理現代企業的技能和豐富的社會經驗，否則難以擔此重任。

(三) 風險投資是一種長期組合型權益投資

風險投資將一項科研成果轉化為新技術產品，要經歷研究開發、產品試製、正式生產、擴大生產、進一步擴大生產和銷售等階段，直到企業股票上市，或通過出售等其他方式變現才能取得收益。這一過程少則3~5年，多則7~10年，而且在此期間通常還要不斷對有成功希望的高新技術項目進行增資。因此，風險投資也被譽為「耐心的投資」。

為了分散風險，風險投資通常投資於一個包含10個項目以上的高新技術項目群，

以成功項目所獲得的高回報來抵償失敗項目的損失並取得收益。風險投資是一種權益資本投資，而不是一種借貸資本投資，因此其著眼點並不在於投資對象當前的盈虧，而在於它們的發展前景和資產的增值，以便能通過上市或出售來獲取高額回報。

(四) 風險資本營運具有再循環性

風險投資家的著眼點和志趣主要集中在風險企業的開拓階段，而不是成熟階段。一旦創業成功，風險投資家便會在市場上拋售所持有的風險企業的股票，收回資本，獲得巨額利潤。這時，由於創業初期的高風險已逐步弱化，普通資本便紛紛進入到這些高風險的科技企業中去尋求一般市場利潤，風險資本已經完成其使命。風險資本退出後，帶著更大的投資能力，去尋求新的風險投資機會，扶持新的高科技企業。正是由於風險資本的不斷循環運作，才使得高科技企業不斷湧現，從而加速了高新技術產業化的進程，帶來經濟的增長和繁榮。

三、風險投資的現狀

美國風險投資協會數據顯示，2017年上半年，美國風險投資項目完成總數達3,917個，投資額達378億美元。如圖6.1所示，2006年至2017年上半年，美國風險投資項目完成總數和投資總額都呈先增後減的趨勢，在2015年達到峰值水平，投資項目完成10,387個，投資總額高達786億美元。

圖6.1 2006—2017年美國投資項目總數和投資額

風險投資行業起源於美國，美國公司傳統上是最大的風險投資對象，大部分風險投資都被部署在美國公司。然而，越來越多的非美國風險投資正在增長，非美國風險投資家的數量和規模一直在擴大。風險投資已經被作為發展中地區經濟發展的工具。在許多發展中地區，金融行業欠發達，風險投資在促進中小企業融資方面發揮了重要作用。在大多數情況下，中小企業都無法獲得銀行貸款。然而，我們也看到平均有5%

的風險資本交易增長在美國之外，主要集中在中國和歐洲。風險投資的地理差異是顯著的。例如，在英國僅有4%的資本流向風險資本，而美國的這一比例約為33%。

歐洲有越來越多的活躍的風險投資公司。2005年，歐洲一共籌集了包括收購基金在內的600億歐元資本，其中風險投資資本高達126億元。2016年，歐洲一共籌集了640億歐元風險資本基金，達到2007年以來的歷史最高點。這一上升的過程主要得益於更大型風險基金的規模增長。45只風險基金中的13只基金最終規模超過10億歐元，它們占了總風險投資額的80%。其中，政府機構貢獻最高，達25%；緊隨其後的有家族辦公室和私人基金，達20%；基金中的基金和其他資產經理，達15%；企業投資者占15%；歐洲區域之外的機構投資者貢獻了12%。2005年年末到2015年年末，196只法國風險投資基金創造了平均每年2.6%的淨利潤。在法國，風險資本在2008年達到頂峰，2012年跌入低谷。2015年，法國風險投資額高達758億歐元，用於投資的公司多達499家。

2013年年初發表的一項研究表明，與普遍的觀點相反，風險投資支持的歐洲初創企業的表現並不遜於美國同行。歐洲風投支持的公司在證券交易所上市的機會均等，而「貿易銷售」（被另一家公司收購）的機會略低。與美國不同的是，歐洲媒體公司和基金一直在尋求將媒體作為風險資本投資的媒介。在歐洲，領先的早期風險資本投資者包括紅樹林資本（Mangrove Capital Partners）的馬克·塔盧茨茨（Mark Tluszcz）和指數風險投資公司（Index Ventures）的丹尼·里默（Danny Rimer），兩人都曾在《福布斯》雜誌上被評為2007年全球最大的科技風險投資交易商。

新加坡被公認為投資的最熱門地區之一，其主要原因是其健康的商業生態系統、戰略位置和與國外市場保持緊密聯繫的優勢。新加坡在2016年見證了PE和VC投資的歷史峰值：總價值35億美元的100筆交易。科技類投資額占最主要比例，高達53%。2011—2016年，PE和VC投資總額大幅增加：2015年，81項投資，22億美元投資總額；而2014年和2013年，PE和VC的投資總額分別為24億美元和9億美元。此外，新加坡有兩個東南亞最大的「獨角獸」。據報導，加雷納（Garena）是該地區價值最高的獨角獸，價值高達35億美元，而格拉布（Grab）則是籌集到最多資金的公司，自2012年成立以來共籌集了14.3億美元。新加坡的初創企業和小企業得到政策制定者的支持，地方政府也鼓勵創業投資者在新加坡創業投資。例如，2016年，新加坡國家研究基金會（NRF）向四家本地大型企業投資了3,000萬美元，用於投資城市創業公司。這是NRF首次實現旨在鼓勵初創企業獲得新技術和創新的商業模式的合作夥伴關係。目前，新加坡金融管理局（MAS）正在對管理風險投資公司的規定進行復核修改，以便風投公司更容易建立資金，為初創公司創造更多的融資機會。這主要包括簡化和縮短新風險投資經理的授權過程，研究吸引傳統資產管理者的現有激勵措施是否適合風險投資部門等。

在風險投資領域，印度正迅速趕上西方，一些風險投資基金在印度已經開展業務。在印度，風險資本包括投資股票、準股權或有條件的貸款，以促進未上市、高風險或高技術的企業發展為目的，由技術或專業合格的企業家推動。它也被定義為「提供種子」「啟動和第一階段融資」。風險投資也被視為投資具有非凡商業潛力公司的融資。

風險投資行業遵循「高風險、高回報」的理念，具有創新精神、知識型和人力資本密集型企業在印度備受風投青睞。

中國和越南也開始發展風險投資行業。越南正迎來其首批風險投資，包括 IDG Venture Vietnam（1億美元）和 DFJ Vinacapital（3,500萬美元）。1985年，李宗南博士協助中國大陸成立第一家「中國新技術風險投資公司」，之後陸續成立中國招商技術有限公司、廣州技術創業公司、江蘇省高新技術風險投資公司、華股權投資協會（CVCA）等。目前在中國大陸地區比較活躍的創業投資機構有 IDG 資本、北極光創投、達晨創投、德同資本、鼎輝創新與成長基金、東方富海、紅杉資本中國基金、湖南高新創投、基石資本、金沙江創投等。

第二節　國際風險投資的運作

一、國際風險投資運行的主體

風險投資運行主體主要包括風險投資家（風險投資機構）、投資者和創業企業（創業者）。這三種主體通過資本的流動緊密地結合在一起。風險資本首先從投資者流向風險投資機構，經過風險投資機構的篩選決策，再流向創業企業，通過創業企業的運作，資本得到增值，再回流至風險投資機構，風險投資機構再將收益回饋給投資者，這就構成了一個資金循環。周而復始的循環，形成了風險投資的週轉。

(一) 投資者

金融的本質可以說是資本從資金盈餘者向資金短缺者流動，從而實現經濟效益最大化的過程。在風險投資的整個週期中，扮演「盈餘者」角色的主要有富裕的家族、高淨值人群、大企業、公共養老基金、企業年金、捐贈基金、各類基金會、基金中的基金、主權財富基金、保險公司等。這些投資者在政府的鼓勵性政策與優惠稅收政策的雙重引導下，出於高回報的動機，極力想將其手中的資金投入到收益高於其他投資方式的風險投資中來，但由於個人投資者的資金有限，其時間和能力也都制約著他們直接投資於風險企業。為規避風險，他們往往把一部分資金交給風險投資機構代為管理和運作。

(二) 風險投資機構

風險投資機構，顧名思義是進行風險投資的直接主體，這些風險投資家有望為其投資的初創公司帶來管理和技術專長以及資本。在美國，風險投資基金是指使用有限合夥制（LP）或有限責任公司制（LLC）的組合投資工具，主要是將第三方投資者的金融資本投資於相對於標準資本市場或銀行貸款風險過高的初創企業。這些資金通常由風險投資機構管理，風險投資機構通常雇用具有技術背景（科學家，研究人員），受過業務培訓和/或擁有深度行業經驗的個人。

風險投資機構的核心技能是識別有潛力在早期階段產生高商業回報的新穎或劃時

代的技術的能力。根據定義，風險投資機構在早期階段對創業企業進行管理，註資同時為企業增加技能，從而區分了風險投資與私募股權收購。風險投資機構通常投資於具有可觀收入的公司，從而潛在地實現更高的收益回報率。實現異常高回報率的固有風險在於血本無歸的高概率。因此，大多數風險資本投資建立資金池，以組合投資方式進行投資，多個投資者將其投資結合投資於許多不同創業公司的大型基金中。以組合方式投資，風險投資者將他們的風險分散到不同的投資項目中去，而不是寄希望於一家初創公司。

風險投資機構擁有眾多的風險投資家，他們通常由三類專家組成，即技術型、金融型和創業型的專家。例如，凱文·馮在加入梅菲爾德基金以前，曾在 Plantronics 和惠普這樣的公司中擔任過多種技術職務；盧瑟斯·昆德俞在加入 Institutional Venture Partner 以前，是 Alex、Brown & Sons 公司非常有名的投資銀行家；蓮花軟件公司著名的極富個性的創始人卡波是 Accel Partner 的合夥人之一。梅菲爾德基金的另一個合夥人，約根·達拉爾，不僅參與過兩個成功的軟件創業企業，而且當他還是斯坦福大學的學生時，就加入了施樂帕拉阿托研究中心的以太網開發小組，同時還參與了 TCP/IP 傳輸協議的開發。

(三) 初創企業

初創企業才是風險資金的最終使用者。風險資金需求量往往隨著風險投資的進程而不斷增強，尤其當初創企業家從事的新技術、新發明等的創新活動進入到最後階段時，由於缺乏後繼資金和管理的經驗和技能，必須尋求風險投資家的幫助。風險投資家有權利對初創企業進行鑒定、評估，確定創業企業的技術與產品是否為市場所需要，以及是否具備足夠大的市場潛力或盈利能力，從而決定是否提供及如何提供資金。與此同時，初創企業家也有權對風險投資機構進行考察，確定風險投資機構的知識水平、資金狀況、經營風格和運作能力。

二、國際風險投資的組織形式

(一) 有限合夥制

有限合夥 (Limited Partnership) 是英美法系國家十分重要的企業形式，它是指一個由兩個或兩個以上的自然人和其他法人所組成的經營商業、分享利潤的營利團體。《中華人民共和國合夥企業法》（以下簡稱《合夥企業法》）第二條第三款規定「有限合夥企業是由普通合夥人和有限合夥人組成，普通合夥人對合夥企業的債券承擔無限連帶責任，有限合夥人以其認繳的出資額為限對合夥企業債務承擔責任」。這種合夥企業不同於普通合夥企業，由普通合夥人與有限合夥人組成，前者負責合夥的經營管理，並對合夥債務承擔無限連帶責任，後者不執行合夥事務，僅以其出資額為限對合夥債務承擔有限責任。

美國在 1906 年就頒布了《統一有限合夥法》，在 1985 年加以修正。根據《統一有限合夥法》的規定，有限合夥是指按照某一州的法律由兩個或者兩個以上的人合夥，其中包括一個或者一個以上的普通合夥人和一個或者一個以上的有限合夥人。到 1997

年，美國幾乎所有的州都頒布了《有限責任合夥法》。法國的 1978 年修改後的《民法典》中專門規定了隱名合夥人以出資為限承擔責任。德國《商法典》則依次規定了普通商業合夥、有限合夥和隱名合夥等概念。隱名合夥是指作為隱名合夥人的出資者與商業企業之間的一種契約。根據該契約，隱名合夥人負責向企業提供一定數額的資金，並相應地參與企業的盈利分配，分擔企業的虧損，並且無須登記。從本質上講這是有限合夥的一種。

有限合夥人一般提供 99% 的資本金，一般分得 75%～85% 的稅後利潤，其責任也僅以其在公司出資額為限。普通合夥人一般提供 1% 的資本金，一般分得 5%～25% 的稅後利潤，其對公司要負擔無限連帶責任。有限合夥制的普遍存在是由風險投資機構的性質決定的，它把風險投資家個人利益與公司利益結合起來，建立了激勵與約束協調一致的運行機制，因而有限合夥成為風險投資機構的最佳組織形式。在一般情況下，有限合夥制風險投資都通過事先規定風險投資家每年從基金中提取一定比例的金額（通常是 2%～3%）作為其管理費用，這筆費用包括風險投資家當年在房屋租金、信息溝通、財會和律師費用等方面的所有開支。如果日常開銷費用超過了這一固定數額，投資者也不負有另行支付義務。這樣，投資者要通過費用「承包」方式將風險投資的日常開銷費用事先固定下來。可見有限合夥制能夠有效地控制日常管理費用的開銷。

(二) 公司制和信託基金制

公司制下的風險投資公司和其他的公司制企業在組織形式上大體相同，股東以其出資額為限對公司承擔責任，公司以其全部資產對公司的債務承擔責任。公司採用法人治理結構，公司的註冊資本、股東大會、董事會及其他有關章程，嚴格按一國的公司法設立。公司的經營者對公司負有重大責任，但他們也只是以其出資額負有限責任。目前中國的風險投資公司大多數是由政府組建或者依附於國有大公司而存在的，這些公司從組織形態角度講，屬於公司型的風險投資組織。

信託基金制風險投資組織是指依據《中華人民共和國信託法》（以下簡稱《信託法》）、《風險投資基金法》等相關法規設立風險投資基金組織。基金制風險投資組織通過信託契約方式將風險投資者（持有人）、風險投資基金管理公司（管理人）和受託金融機構（託管人）三者之間的關係加以書面化、法律化，來約束和規範當事人行為。投資者、經理人和保管人之間的關係以三方的信託合同為基礎，其中投資者為信託人，經營人和保管人為受託人，他們分別根據信託合同對風險資本進行經營和保管，並向投資者收取信託費用，而基金經營的盈利所得則歸投資者支配。

三、國際風險投資的運作流程

(一) 運作背景

通常情況下，風險投資對於初創企業來講是其發展到一定階段的必經之路。初創企業成立初期一般尋求「種子資本」「天使投資者」「金融加速器」以及「FFF」（Families，Friends&Founders）。種子加速器或稱創業加速器是針對初創公司在固定期間內提供早期投資、輔導、訓練課程的公司或機構，並在訓練結束後帶領受培育公司向

眾多創投進行簡報，以爭取投資機會。加速器與孵化器最大的不同在於加速器提供了投資，本身成為股東，某種程度來說可以看成創投與孵化器的結合體。對於初創公司而言加速器最大的價值在於加速器成為公司的生命共同體，會積極地為公司尋找各種資源，讓公司能夠快速地成長。然後，如果公司能夠通過「死亡之谷」生存下去，即公司以極少的預算存活發展的階段，公司就可以尋求風險資本融資。風險資本的融資也分為早期階段的一二輪融資以及晚期階段三輪及以上的融資。多輪融資後，相當部分企業會選擇IPO退出，當然也有收購回購以及較為失敗的破產清算方式。值得關注的是，風險投資也並非是初創企業的必經之路，現在比較流行的股權眾籌和眾貸方式也為很多初創企業提供了機會。

(二) 風險投資的進入

風險投資的進入主要涉及的問題是風險投資的決策問題，即選擇什麼樣的目標企業投資。由於風險投資具有「高風險」這一特性，因而項目質量的高低對風險投資的成敗有直接影響。巴菲特在談投資時曾提到如何選擇優秀的企業，他提出了幾個基本標準：有競爭優勢、盈利高、價格合理、有經濟特許權，有超級明星經理人管理，有超級資本配置能力，消費壟斷。那麼，如何識別哪些企業具有這些特徵呢？巴菲特也提出了一些具體的條件：公司的發展潛力、良好的財務指標、良好的基本面、業務長期保持穩定、治理結構優秀，其中他特別強調管理層的品質。關於行業選擇，巴菲特也提出了幾個原則：投資者最熟悉的行業、有能力評估其價值的產業、長期的穩定的產業、行業的「領頭羊、順風行業、有核心競爭力的產業」。

巴菲特的這些論述可以為風險投資的項目選擇作參考，但不能完全照搬，因為風險投資與一般的股票投資有著很大的差別，那就是，風險投資往往在投資標的還沒有完全展現出盈利前景時就要提前介入，這就決定了投資的風險更大，成功後的收益也更高，因而對投資對象進行超前的預判十分關鍵。一般而言，風險投資機構對申請項目進行評估可以分成三個階段進行：篩選階段、初評階段和終選階段。

1. 投資項目的篩選階段

在篩選階段，風險投資公司是按照自己的公司戰略與投資政策對海量的投資計劃書進行選擇，若這個項目符合要求則通過篩選。不同投資公司有不同的篩選標準，但一般的篩選內容包括以下幾點。

(1) 產業性質。風險投資家一般傾向於選擇他們所熟悉的行業進行投資，因為這樣做不僅可以減少信息不對稱產生的問題，也有利於他們對投資項目的評估和投資後的管理。一般情況下，風險資本是以高新技術產業為投資重點。從總量上看，高新技術所涉及的產業領域一般包括信息技術產業和生物技術產業兩類。

(2) 投資項目發展階段。一個企業的成長通常分為種子期、創業期、擴張期和成熟期四個階段。投資越靠前風險越大，同時得到的收益越高。對企業不同成長時期的投資選擇體現了風險投資家的不同偏好，這種偏好與風險投資公司的資金來源、從業經驗及其所處的地區和行業競爭程度密切相關。風險投資家需依據個人的風險偏好在收益與風險中作出權衡。

（3）被投資企業的區位特點。被投資企業的區位特點有地理位置、人才和信息條件構成。隨著交通和通信技術的發展，目前地理位置對項目影響不大，人才集中與配套設施完備的地區（如北京、上海和重慶等大城市）得到資金支持的可能性更大。

（4）投資額。由於分散風險的考慮，風險投資公司設立了項目可以接受的投資額的上限，超出此範圍的項目將不予考慮。

（5）投資規模。投資規模的大小影響著風險資金的利用效率，投資項目規模過小會因風險資本管理成本上升而出現規模不經濟；但若投資規模過大即投資項目數量少則會使風險資本的風險增大。所以投資規模的選擇是一個規模效益與風險分散的權衡問題，風險投資家應從上述兩個方面的權衡中確定合適的投資規模。

2. 投資項目的初評階段

只有預期風險和預期收益都達到風險投資的接受範圍，風險投資項目才有可能通過初步評估。通過篩選的項目就需要對其經營計劃進行初步評估，大約80%的投資建議書在本階段會被淘汰。在實際操作中，對風險項目的初步評估經常集中在以下幾個主要方面。

（1）經營計劃書的完善程度。主要是對風險企業提出的經營計劃書的完整性（內容有無呈現出競爭優勢、是否交代經營狀況、營運規則、未來發展策略）、合理性（前後假設是否合理，預測是否有實際的依據）、可行性進行評估。

（2）管理團隊的優劣。「投資於二流技術、一流經營人才的公司要勝於投資一流技術、二流經營人才的公司」，這是風險投資業內人士的普遍看法。管理團隊的工作經驗、對行業和市場相關專業知識的掌握以及創業者的誠信和人格特徵對項目的申請有很大影響，另外，風險投資家非常看重與管理團隊的共識程度。

（3）市場規模與潛力的大小。投資項目具有一定規模的市場及需求潛力，才能產生足夠的利潤，保證企業的生存和發展。同時，項目產品或技術的競爭力對風險企業的存亡有很大影響，所以風險投資公司會根據相關資料判斷市場規模、潛力及競爭狀況。另外，若風險企業能夠很快提供一兩個有影響力的客戶則對其通過初步評估非常有利。

（4）產品與技術實力的強弱。產品與技術實力是投資項目競爭力與獲利的基礎，風險投資機構非常看重產品或技術的創新性、產品功能特性、研究風險以及專利與知識產權等問題。另外，產品的發展階段也影響著項目的評價，產品或技術如果只存在理論上的商業化可能性，風險投資家一般不會進行投資。

（5）財務計劃與投資報酬的狀況。風險投資公司為判斷未來可能實現的投資報酬、投資項目的市場價值，以及可能產生的風險概率，會對風險企業過往的財務記錄，目前的股東結構，未來財務計劃和申請投資金額的合理性、回收年限與投資報酬的實現可能性進行評估。

3. 投資項目的終選階段

為了提高投資決策的準確率，風險投資機構會對通過初步評估的項目進行終評。在這一階段，風險投資機構會花至少一至兩個月的時間，並投入較多的人力物力，以集體分工的方式對標的企業的內外情況進行調研，重點考察投資經營環境、經營管理、市場與營銷、技術與製造、財務狀況等各個方面的情況，在本階段只有不到一半的項

目可以通過。

(三) 風險投資的退出

儘管風險投資在投入風險企業後佔有相當一部分股份,但風險投資的目的並不是控股,而是帶著豐厚的利潤和顯赫的功績從風險企業中退出,繼續下一輪的投資。因此,退出對風險投資企業是至關重要的。風險投資的退出主要有以下幾種方式:

1. 公開上市

公開上市被譽為風險投資的黃金通道,對於風險投資公司和風險企業都能較好地實現各自的利益。公開上市可分為首次公開上市和買殼上市。首次公開上市指股份公司首次向社會公眾公開招股的發行方式,通常是在第二板市場發行上市,如美國和歐洲一些發達國家的中小風險企業一般通過在納斯達克市場上市發行;而「買殼上市」,又稱「借殼上市」或「逆向收購」,是指非上市公司購買一家上市公司一定比例的股權來取得上市的地位,然後注入自己有關業務及資產,實現間接上市的目的。

2. 收購

收購方式的主要模式有以下兩種:

一是兼併,也稱一般收購。企業兼併是兩個或兩個以上的企業根據契約關係進行合併,以實現生產要素的優化組合。企業兼併不同於行政性的企業合併,它是具有法人資格的經濟組織,通過以現金方式購買被兼併企業或以承擔被兼併企業的全部債權債務等為前提,取得被兼併企業全部產權,剝奪被兼併企業的法人資格。隨著第五次併購浪潮的興起,兼併越來越受到重視。中小科技企業發展勢頭好,又有新技術作支撐,而價格往往不是很高,這對於一些想介入這一新領域或是想在這一領域保持領先地位的大公司來說是很有吸引力的。同時,對於風險企業家來說,兼併有利於迅速變現或得到短期債券,能夠迅速撤出,也是很好的退出方式。

二是其他風險投資介入,也稱第二期收購。經過幾十年的發展,風險投資已經衍生出眾多新品種,逐漸由傳統風險投資向新興的風險投資過渡,如麥則恩投資 (Mezzanine Financing)、槓桿購並 (LBO) 等。麥則恩投資又叫夾層投資,是一種中期風險投資。投資目標一般已經進入發展擴張階段,它們需要資金來增加人員,擴展生產,此時,可能還沒有盈利。這種風險投資的風險介於傳統銀行貸款與純風險投資之間。槓桿購並指收購者以目標公司的資產(或目標公司未來現金流)作為擔保向金融機構取得大量資金,而據以向目標公司股東收購全部股權後,再將目標公司合併的行為。

3. 回購

回購主要是由風險企業購回風險投資公司所佔的股份。它包括兩種情況:一種是風險企業管理者從風險投資公司手中購回其所持股份,以達到對企業更大程度的控制;另一種則是由風險投資公司與風險企業在初始階段就約定好的行為,主要是為了保證風險投資公司的利益。在該項投資不是很成功的情況下,風險投資公司可以要求風險企業購回股份。

4. 破產清算

風險投資的成功比例一般比較低,一旦確認失敗就該果斷退出,以保證最大限度地減少損失,並及時收回資金。破產清算固然痛苦,卻是風險投資必不可少的一種退

出方式。

第三節　在中國的外資風險投資的運行

中國風險投資業始於 1985 年，而真正發展於 20 世紀 90 年代中後期。在發展的早期階段，由於中國缺乏良好的風險投資環境，研究跨國風險投資的學者主張大力引進外資風險資本，借助外資機構雄厚的資本資源、豐富的管理經驗和增值服務，帶動中國風險投資業的發展。經過 30 多年的實踐，跨國風險機構在華的投資活動對中國風險投資產生了深遠的影響。

一、在中國的外資風險投資的運行特徵

(一) 對中國的投資的能力資源從資本資源轉向社會網絡資源

企業是「資源的獨特集合體」，但並不是企業所擁有的所有資源都自然地可以獲得競爭優勢，只有能夠通過整合上升為具有優勢競爭能力的資源才稱之為能力資源，它主要體現為資本資源、網絡資源等。能力資源應該符合嚴格的條件：第一，行業內密集使用的資源，經過恰當整合後上升為企業能力，這是競爭力的源泉，密集度應該從投入成本角度衡量，稀缺性資源往往占較大比例的投入成本；第二，能夠產生持久競爭優勢的資源，這是保持長期生命力的關鍵，即資源的不可完全模仿性以及不可替代性；第三，具有比較優勢的資源，這是企業內部打造競爭優勢的基礎條件，它為形成企業未來競爭優勢提供了最大可能性。

1. 資本資源

跨國風險投資者的資本優勢體現在兩個方面：一是，風險投資機構需要有一定規模的資金量，擁有雄厚的風險資本是機構進行跨國投資的前提；二是，由於跨國風險投資的特點，風險投資機構在國際化發展的過程中需要強大的融資能力。風險投資資本市場的出現在很大程度上解決了中小高新技術企業的資金問題。

2. 社會網絡資源

社會網絡關係對於企業來說具有重要的意義，它作為企業的外部資源能夠幫助企業獲得其他企業的內部資源，同時能夠補充企業的內部資源，並且為企業帶來競爭優勢。風險投資機構的社會網絡資源，是指其既擁有廣泛的海外市場資源，在所關注的領域累積了豐富的投資經驗和資源，又充分瞭解投資國市場，與當地的企業家、行業領域、政府部門及仲介機構建立了良好的關係網絡，從而能給被投資企業帶來人才引薦、市場拓展、品牌建設、管理提升等多方面的增值服務。

(二) 戰略動機從利用資本資源轉向強化資本資源

企業所擁有的能力資源的強度和種類決定了企業國際發展的戰略動機。風險投資機構可以確定出自身的能力資源形式，明確了能力資源之後，需要確定風險投資機構跨國風險投資的戰略動機，這是戰略安排的第一步也是至關重要的一步。根據能力資

源的水平,風險投資機構跨國風險投資的戰略動機包括以下兩類。

1. 利用能力資源

跨國風險投資機構把已擁有的顯性能力資源與東道國的強大市場需求相結合,迅速獲取利潤。採取這種動機的前提條件是風險投資機構須具備至少一種資源,且這種資源在東道國具有稀缺性,競爭力較強。但是,創業活動卻遇到了難以突破的資金「瓶頸」,中小企業特別是新創立企業融資難的問題非常突出。而國內風險投資業剛剛起步,資金量很小,難以滿足創業企業的需求。而此時一些外資風險投資行業已經相當成熟。例如,美國的風險投資行業,外國充足的資本在中國境內卻相當稀缺,其競爭優勢極強。

2. 強化能力資源

風險投資機構在開展跨國投資初期並無優勢能力資源,但可以確定一種潛在的能力資源到國(境)外進行強化,打造成自己的優勢能力資源,在當地形成競爭優勢。例如,風險投資機構在東道國投資之初都無社會網絡資源優勢,而社會網絡資源優勢對風險投資機構在東道國的後期發展意義重大,因此,大多風險投資機構從一開始進入東道國時就對社會網絡資源進行強化。又如,對於中小型的風險投資機構來說,它的資本有限,與大型風險投資機構比較存在著很大的差距,因此這類機構特別注重在東道國強化其資本資源,利用東道國資本優勢進行大規模的融資以滿足其風險投資的資金需求。

不同的跨國經營動機,在跨國經營活動中,希望從東道國獲取的資源是不同的。這一情況體現在評估區位資源優勢時賦予的指標權重之中。

(三) 投資集中於國內發達地區

外資風險投資企業在華進行區位選擇時,十分注重對投資區位的整體優勢進行評價。從戰略資源整合理論出發,我們知道外資風險投資企業在華進行區位選擇時,主要可從資本優勢、創業企業優勢、人力資源優勢、社會網絡資源優勢和制度資源優勢來進行優勢評價,優勢越大的地區所吸引的外資風險投資資本將越多。據中國風險投資研究院調查顯示,2012年在華的186家外資風投企業中,總部設在北京的有43家,在上海市的有62家,在深圳市的有5家。北京、上海、深圳、江蘇和廣東等地已成為中國創業風險投資最為熱鬧的地區。這種狀況與這些地區經濟發達、高新技術企業密集及整體投資環境優良息息相關。

跨國創業風險投資作為國際直接投資的形式之一,其涉及的因素更為複雜,投資風險也較國內投資更大。為了降低投資風險和盡快實現「本土化」,它們趨向於投資具有較強綜合區位優勢及創業風險投資業發展較為成熟的地區,具有較強的路徑依賴性。外資創投企業在華的投資起步於20世紀80年代,當時的主要投資地區是北京、上海和深圳。這是因為這些地區的創業風險資本業起步較早、經濟發達以及具有眾多成長性較強的高新技術企業。而後其投資範圍逐漸向全國擴展,除了仍大量投資於北京、上海和深圳外,天津、江蘇、山東、廣東及浙江等也成為它們主要的投資區域。據研究表明,某個地區內外資創業風險投資的活躍,可以通過多種途徑極大地帶動當地創業

投資環境的改善，促進當地創投經營效率的提高，即外資創業風險投資的活躍也是當地的綜合區位優勢提升的重要動力。因此，可以說綜合區位優勢與外資創業風險投資之間存在一種「一榮俱榮，一損俱損」的共生互動關係，二者之間可形成良性的互動循環。

二、跨國風險投資在中國的發展戰略

總體上講，初到中國的跨國風險投資機構的戰略動機為利用資本資源，在中國謀求的是技術資源、社會網絡資源、人力資源、制度資源和資本市場資源；來華一段時期後的跨國風險投資機構進行戰略升級，戰略動機轉變為強化資本資源，在中國謀求資本資源、技術資源、社會網絡資源、人力資源、制度資源和資本市場資源。

(一) 區位集中戰略

根據中國科學技術發展戰略研究院科技投資研究所《中國創業投資發展報2016》可知，2015年1,775家創業風險投資機構分佈在全國28個省、直轄市和自治區。整體上，全國創業風險投資機構仍然集中在江蘇、浙江、上海、北京和廣東等經濟發達地區，中西部大部分地區創業風險投資機構數量相對較少，個別地區機構數量是個位數的。其中，創業風險投資管理機構表現更為明面，創投管理機構主要集中在經濟發達地區，西部地區主要是直接投資的企業，管理類機構很少。根據清科研究中心《2012年中國創業投資年度統計報告》可知，跨國風險投資機構已在中國21個省區市有投資分佈，投資的地域逐漸擴大，但仍然集中投資於北京、上海、廣東、浙江、江蘇幾個發達地區，很少投資於中國中西部地區。根據清科研究中心披露的投資案例和IDG官網公布的數據，IDG資本在中國許多城市均有投資，但主要集中在北京、上海、廣州和深圳這四座一線城市，在二三線城市投資較少，體現了區位集中的戰略。

最初來華投資的跨國風險投資機構明確利用資本資源的戰略動機後，努力與東道國的市場需求相結合，這裡的市場需求指的是創新創業活動對於風險資本的融資需要，進而在中國謀求技術資源。北京、上海和廣東地區在經濟環境、科技環境、創業環境和人才環境四個方面領先於中國大陸其他區域，風險投資環境有效性高，即這三個地區的風險投資環境對風險投資活動的支撐作用最好。這四個方面衡量的風險投資環境越好，則該地區的經濟較為發達、科研水平較高、企業數量相對較多、創新人才較多，因此對資本的需求越高，特別是一些創新型中小企業，由於融資困難，對風險資本的需求更為強烈。因此，跨國風險投資機構利用資本資源，在華謀求技術資源，優先會選擇融資需求較高的地區進行投資。

(二) 行業分散戰略

《中國創業投資發展報告2016》調查發現，外資創業風險投資機構投資項目主要集中在13個行業。其中，從投資項目所占比重看，2015年，外資機構投資項目較為分散，網絡行業、IT服務業、生物科技三個領域分別為16%、16%和12%。從投資金額所占比看，傳播與文化娛樂行業吸引了大量外資創業投資機構的資金，占全部金額的74.0%。從投資項目分析，2015年，網絡產業和IT服務業以16%的比重成為外資機

構投資項目最多的兩個行業。

跨國風險投資機構將投資轉向符合中國產業發展方向和政府重點支持的行業，招募行業內的風險投資人才，加大了對服務業和傳統製造業的投資，並在這個過程中擴大和加強外資機構在華的社會網絡關係。這些行業包括科技含量高、標準化加工、品牌化銷售、產業鏈整合度高的現代農業企業、諮詢、教育與培訓、娛樂與休閒、互聯網服務等朝陽行業。因此，跨國風險投資機構在進行行業的多元化投資過程中，主要謀求技術資源、各行業的人力資源和社會網絡資源。

表6.1　　外資創業投資項目行業分佈：投資金額與投資項目（2015）　　單位:%

投資行業	投資項目占比	投資金額占比
網絡產業	16.0	5.2
IT服務業	16.0	2.4
生物科技	12.0	4.6
傳播與文化娛樂	8.0	74
通信設備	8.0	7.2
軟件產業	8.0	1.2
半導體	8.0	0.4
光電子與光機電一體化	4.0	1.8
其他行業	4.0	1.2
科技服務	4.0	0.6
新能源、高效節能技術	4.0	0.5
傳統製造業	4.0	0.4
其他製造業	4.0	0.3

註：按投資項目占比順序。

（三）聯合投資戰略

在中國風險投資業發展的初期，本土風險投資機構運作不規範，來華投資的外資機構較少，但管理的風險資本額遠遠高於本土機構，擁有資本優勢，因此最初來華投資的跨國風險投資機構沒有試圖與本土或其他外資風險投資機構建立社會網絡關係，大多採用單獨投資的方式或者作為主投進行投資，如IDG資本1994—1999年先後對拓普網絡、前導軟件、索易、華生元、苦丁香、攜程、搜房網等的投資。

隨著中國風險投資環境的改善，越來越多的外資機構來華投資，國內也出現了一批優秀的本土風險投資機構，跨國風險投資機構為了保持其在中國的競爭力，將戰略動機轉變為強化資本資源，開始與其他風險投資針對同一項目進行聯合投資，彌補在資本資源上的劣勢。特別是2008年發生金融危機以來，全球經濟不景氣，經濟前景的不確定性增加，投資者相比以前更為謹慎，許多跨國風險投資機構採用聯合投資的方式來抱團取暖。聯合投資方式不僅可以使風險投資機構以較少的資金投資於創新項目，並在項目退出中獲利，還可以在聯合投資過程中建立和強化在中國的社會網絡關係，

最大限度地共享信息和分散投資風險,降低管理成本和投資風險。另外,與其他機構進行聯合投資還可以為創業企業提供更多的管理諮詢資源,提高創業企業的成活率。2012年,跨國風險投資機構在華投資案例252起,其中中外風險投資機構進行聯合投資的案例有29起,跨國風險投資機構之間進行的聯合投資的案例有76起。

三、跨國風險投資在華項目情況

(一) 外資創業風險投資項目投資金額情況

2011年到2015年,外資風險投資單項投資金額的分佈情況整體呈現項目數占比隨單項投資金額的增加而增加的趨勢。其中,投資的單項資金規模在2,000萬元以上的投資項目占大多數。

表6.2　　外資創業風險投資單項投資金額規模分佈（2011年到2015年）　　單位:%

年份\投資額分佈(萬元)	<100	100~300	300~500	500~1,000	1,000~2,000	>2,000
2011	0.0	0.2	0.3	3.3	13.9	82.3
2012	0.4	0.4	1.4	9.7	24.5	63.7
2013	0.0	0.1	1.3	4.2	16.1	78.2
2014	0.1	0.4	0.9	5.3	18.1	75.2
2015	0.0	1.0	0.7	2.4	9.3	86.5

通過對比內資和外資風險投資單項投資金額的規模分佈可以發現,2,000萬元以上的項目仍然是內資和外資創業風險投資機構的主要投資方向。2,000萬元以下的項目內資投資高於外資,2,000萬元以上的項目外資投資高於內資,這體現跨國風險投資更傾向於高額資本投資項目。

表6.3　　內資和外資創業風險投資單項投資金額的規模分佈（2015）　　單位:%

分佈比例	100萬以下	100萬~300萬	300萬~500萬	500萬~1,000萬	1,000萬~2,000萬	2,000萬以上
D外資	0.0	1.0	0.7	2.4	9.3	86.5
內資	0.5	2.9	3.6	8.7	14.2	71.0

(二) 外資創業風險投資項目所處階段

通過對2015年外資創業風險投資項目所處階段的調查發現,無論投資項目還是投資金額,外資對處於「成長（擴張）期」的項目有明顯投資偏好。從投資項目數量占比看,2015年,內資和外資創業風險投資機構開始更多關注早前期投資項目。其中,內資和外資投資機構投資於「種子期」的累計占比為40.1%,比2014年提升了5個百分點。從投資金額占比情況看,「成長（擴張）期」仍然是內資和外資機構共同關注的重點。相較往年,雖然內資和外資紛紛增加對「種子期」和「起步期」項目的關注,但是按投資比重來看,處於「成長（擴張）期」的項目仍然得到較多支持。

表6.4　　　　　內資和外資創業風險投資項目所處階段（2015年）　　　　單位:%

投資階段	投資項目		投資金額	
	內資	外資	內資	外資
種子期	18.2	21.9	8.3	1.8
起步期	35.9	9.4	22.2	3.3
成長（擴張）期	39.8	68.8	53.0	94.9
成熟（過渡）期	5.5	0.0	15.8	0.0
重建期	0.7	0.0	0.8	0.0

(三) 影響外資創業風險投資機構投資決策的因素

2015年，影響外資創業風險投資機構決策的前三個主要原因分別是「管理團隊」「市場前景」以及「財務狀況」。與往年相比，首先，項目「管理團隊」成為外資創業風險投資機構是否進行投資的首要考慮因素，與「市場前景」並列成為首要因素；其次，所投項目的「財務狀況」超越「技術因素」，成為2015年外資作出是否投資決策的第三大因素。

對比2015年內資和外資創業風險投資機構決策要素可以發現，「管理團隊」「市場前景」「財務狀況」「盈利模式」以及「技術因素」是影響內資和外資投資決策的前五個共同要素，所占比重分別為77.1%和72.8%。其中，內資創業風險投資機構對於「市場前景」的重視程度以20.3%的比重遠高於外資創業風險投資機構0.6個百分點；「管理團隊」所占比重較外資創業風險投資機構略低1.6個百分點。此外，除前五個最主要因素外，內資創業風險投資機構還比外資創業風險投資機構更看重所投項目的「資信狀況」「投資地點」以及「仲介服務質量」。

思考題

1. 風險投資的特徵是什麼？
2. 風險投資的運作一般經過哪幾個階段？
3. 風險投資與高科技產業的關係是什麼？
4. 從事風險投資的主要機構有哪些？
5. 風險投資的退出方式有哪幾種？
6. 在中國的外資風險投資的運行特徵主要有哪些？

第七章　國際技術轉讓

隨著新科技革命的蓬勃發展和世界經濟全球化的深入，國際技術轉讓迅速發展，已成為推動技術創新和技術進步的手段之一。按照經濟學新古典增長理論，技術是決定經濟增長的三項主要因素之一。世界各國都在加緊制定適合本國科技和經濟的發展戰略，增強以科技和經濟實力為基礎的綜合國力。

第一節　國際技術轉讓概述

一、國際技術轉讓的內涵

(一) 技術

技術被看作是一種人類經驗的總結和智慧的結晶。迄今為止國際上給技術所下的最為全面和完整的定義是由世界知識產權組織（WIPO）於1977年給出的：「技術是指製造某種產品、採用某種工藝過程或者提供某種服務的系統知識。這種知識或是反應在一項發明、一項外形設計、一項實用型產品或一種植入新品種中，或是反應在技術情報或技能中，或是反應在專家為設計、安裝、開辦、維修、管理一個工廠或一個工商企業而提供的服務或協助等方面。」技術的表現形態有兩種，一種是有形形態，如語言、文字、數據、公式、圖表、配方等；另一種是無形形態，如專門技術、實際經驗、操作手藝和思維觀念等。作為技術轉讓中的技術一般是指專利、商標和專有技術。

(二) 國際技術轉讓

技術轉讓是指技術持有者通過各種方式將其擁有的生產技術、銷售技術和管理技術以及有關的權利轉讓給他人的行為。跨越國境的技術轉讓行為就是國際技術轉讓。因此判斷一項技術轉讓是否具有國際性，不以賣方與買方是否屬於不同國籍的自然人或法人作為標準，而以作為轉讓標的的技術是否跨越國境移動。

國際技術轉讓包括商業性技術轉讓和非商業性技術轉讓。商業性技術轉讓是指有償的技術轉讓，這種轉讓方式將技術作為商品，按商業交易方式和條件進行轉讓，技術所有人從中獲得報酬。有償的國際技術轉讓也稱國際技術貿易。非商業性技術轉讓是一種無償技術轉讓，通常指通過技術援助、技術情報交換、學術交流和技術考察等形式進行的技術讓渡，聯合國系統的國際經濟組織與各國政府實施的技術援助大都屬於無償技術轉讓。

國際經濟合作中研究的國際技術轉讓一般是指商業性技術轉讓。銷售技術的一方稱為技術出讓方，購買技術的一方稱為技術受讓方，或技術引進方。從購買者的角度看，技術轉讓又可稱為技術引進。技術轉讓的主要內容是專利使用權、商標使用權和專有技術使用權。技術轉讓一般是指無形的技術知識。國際技術轉讓既可以是單純的技術貿易，也可以是無形的技術與有形的機器設備等結合進行轉讓。前者通常發生在發達國家之間的技術轉讓中，後者通常發生在發達國家向發展中國家的技術轉讓中。技術知識常被稱為「軟件」，機器設備部分則被稱作「硬件」。需要注意的是，一筆國際交易如果僅涉及機器設備的買賣，不包含無形的技術內容，則屬於傳統的商品貿易，不屬於技術轉讓的範疇。聯合國國際貿易與發展會議制定的《國際技術轉讓行動守則（草案）》中明確指出，國際技術轉讓是指關於製造產品、應用生產方法或提供服務的系統知識的轉讓，並不延伸到貨物的單純買賣或租賃。

二、國際技術轉讓的特徵

（一）國際技術轉讓的標的是無形的知識產品

普通商品貿易的標的一般是有形的，可用一定的標準描述其質量，如零部件、消費品、機器設備等。技術轉讓的標的是某種特定的、無形的技術知識和經驗，如製造工藝、計算機軟件、材料配方、工程或產品設計等。因此技術轉讓常被稱為無形貿易。

（二）國際技術轉讓一般只限於技術使用權的轉讓

技術具有非競爭性的特點。一人在使用該技術的同時不會妨礙其他人的使用，並且技術一經獲得，便可以多次使用。技術的非競爭性特點使技術商品的所有權和使用權可以完全分開。一項技術不需要經過再生產就可以多次轉讓，同一技術可供多個生產者重複使用。一般而言，技術轉讓的標的不是技術的所有權，通常是技術的使用權和相應產品的製造權和銷售權。絕大多數情況下，技術轉讓發生後，技術所有權仍屬於技術所有人。而一般的商品貿易中，商品所有權隨貿易過程發生轉移，原所有者對已賣出的商品不能再使用和再出售。

（三）國際技術轉讓的交易雙方既是合作夥伴又是競爭對手

與商品貿易不同，技術轉讓的交易雙方一般是同行，在傳授和使用技術的過程中形成較長時期的合作關係。但交易雙方又同時存在著很大的矛盾。受讓方希望通過出讓方的先進技術，提高自己的生產能力，生產更多更好的產品，而這些產品可能與出讓方的產品在市場上發生競爭。技術出讓方既想通過技術轉讓來獲取更多利潤，又不願意受讓方成為自己潛在的競爭對手。在轉讓技術的同時，出讓方往往會通過某些限制性條約來約束受讓方。因此，技術轉讓的雙方當事人是基於使用權轉讓基礎上的合作與競爭的關係。在商品貿易中一般不存在這種雙重關係。

（四）國際技術轉讓中作價較難

技術轉讓中技術的價格並不像商品價格那樣主要取決於商品的成本。因為技術具有非競爭性的特點，可以反覆出讓，複製的成本幾乎為零。技術的這一特點決定了技

術的作價較為困難。技術轉讓的價格不能按照其邊際成本來定價。決定價格的主要因素是受讓方在使用該項技術後所產生的經濟效益。而這種經濟效益在雙方談判和簽訂合同時往往難以準確預測，這就構成了技術轉讓價格的複雜性。

(五) 國際技術轉讓所涉及的問題複雜，操作難度大

與一般商品貿易相比，技術轉讓合同往往比較複雜。所涉及的問題，除轉讓雙方的責任、權利和義務以及使用費的確定外，還涉及對工業產權的保護、對技術秘密的保守、限制與反限制以及技術風險等特殊而複雜的問題。有些事項的執行貫穿技術轉讓合同的整個有效期，並不因提供了技術、支付了使用費而終止。與商品貿易不同，技術轉讓合同的有效期可以長達幾年甚至十幾年。此外，技術轉讓所涉及的法律也比一般商品貿易所涉及的複雜，除合同法外，還涉及稅法、投資法、工業產權法和技術轉讓法等。

(六) 國際技術轉讓與雙方國家的利益密切相關，受到較嚴格的國家管制

技術已成為支撐一國經濟的主要動力，並與該國的政治、軍事利益密切相關。因此，各國政府都採取立法和行政手段加強對技術轉讓的管理和干預，以維護本國的政治和經濟利益。技術輸出國主要是發達國家，都對尖端技術和涉及國防安全的先進技術的輸出實行嚴格的審批制度。特別是一些國家出於政治目的，嚴格限制對一些所謂敵對國家技術的輸出。此外，許多發展中國家也會根據產業發展政策對引進技術施加一些限制。

三、國際技術轉讓市場的特點

(一) 發達國家與跨國公司在國際技術轉讓市場上占主導地位

長期以來，國際技術轉讓活動主要集中在發達國家與跨國公司。從總量上看，發達國家的技術貿易額占世界技術貿易總額的80%以上，而跨國公司又控制著發達國家技術貿易額的80%和發展中國家技術貿易的90%。從國家地區看，國際技術轉讓主要集中在美、英、法、日、德等少數幾個國家。它們既是技術出口大國又是技術進口大國。跨國公司由於資金雄厚，技術實力強大，技術專利眾多，在技術貿易的談判中占據有利地位。

(二) 國際技術轉讓競爭日趨激烈

雖然發達國家與跨國公司在國際技術轉讓市場上佔有主導地位，但20世紀中期以後，發展中國家的技術開發速度也越來越快，開始在國際技術轉讓市場上佔有不可忽視的地位。為保持並擴大市場份額，各技術輸出國的企業都在不斷開發新技術，積極參與市場競爭，使國際技術轉讓市場競爭日趨激烈。

(三) 軟件技術在國際技術轉讓中的比重日益提高

20世紀80年代以前，國際技術轉讓主要是通過設備的進出口進行的，技術進口國或企業往往以購買設備的方式來引進技術。80年代後，隨著科技的迅猛發展和發展中

國家生產能力的提高，購買專利和專有技術成為主要方式，附帶進口設備。其中軟件技術，特別是計算機技術的交易使傳統的技術轉讓方式發生了根本性變化。以許可貿易方式進行的軟件交易在國際技術轉讓中逐漸占據主導地位。

第二節　國際技術轉讓的內容

國際技術轉讓的標的是無形的技術知識，一般包括受法律直接保護的專利技術和商標權以及不受法律直接保護的專有技術。

一、專利

（一）專利的定義

專利是專有的利益和權利，是指一國政府機構依照《專利法》的規定，根據發明人的申請，認定該項目發明符合法律規定的條件後，在一定期限內授予發明人或其合法所有者的一種獨占的權利。一項技術成果經向國家有關部門申請審查批准後，成為專利或專利技術，受有關國家《專利法》保護；該項專利技術的所有者獲得一種法律上的地位，即對該專利技術的專有權，通稱為專利權。專利技術所有者本人稱為專利權人。

專利權是知識產權的一種，是對人類智力成果的保護。但究竟哪些智力成果屬於專利保護的對象，各國的法律規定各不相同。根據中國《專利法》規定，能夠被授予專利權的發明必須符合專利性，具體包括新穎性、創新性和實用性。

（二）專利的種類

根據2014版《國際專利分類表》，最新的與發明創造有關的全部知識領域的國際專利共分為8個大類，每類用英文大寫字母A-H表示，即：第一類，人類生活必需（A）；第二類，作業、運輸（B）；第三類，化學、冶金（C）；第四類，紡織、造紙（D）；第五類，固定建築物（ED）；第六類，機械工程、照明、加熱、武器、爆破（F）；第七類，物理（G）；第八類，電學（H）。

在中國，《專利法》規定的專利包括發明、實用新型和外觀設計三種類型。

（三）專利權的法律特點

專利權作為一種無形的財產權，具有與其他財產權不同的特點。

1. 專有性

專利的專有性也稱獨占性，是專利最重要的特徵。是指在一定的地域範圍內，同一發明的專利權只能授予一個發明者，其他做出同樣發明的發明人不能再獲得相應的專利權。發明者在被授予專利權後，在一定時期內享有獨占的製造、使用和銷售權。未經專利權人同意，他人不得擅自使用其專利，否則就構成侵權行為。

2. 地域性

專利權是一種有地域範圍限制的權利。除一些情況下依據保護知識產權的國際公

約，以及個別國家承認另一國批准的專利權有效以外，一國授予的專利權只在專利授予國的範圍內有效，對其他國家不具有法律約束力。但是，同一發明可以同時在兩個或兩個以上的國家申請專利，獲得批准後其發明便可在申請國受到法律保護。

3. 時間性

時間性是指各國專利法所規定的專利保護期限。在法定期限屆滿後，發明人所享有的專利權自動喪失，一般不能續展，發明成為全社會共有的財富，可供任何人自由使用。目前，世界各國專利法對專利的保護期限規定不一，一般為 15~20 年。中國的《專利法》規定發明專利的保護期限為 20 年，實用新型專利及外觀設計專利為 10 年，均自申請日起計算。對專利的保護是以專利權人履行交費義務為前提的，如專利權人未按照規定履行其交費義務，即使處於保護期內，也將喪失其專利權。

4. 實施性

對於發明者所得到的專利權，除美國等少數幾個國家以外，大多數國家都要求專利權人在取得專利權後，必須在給予保護的國家內實施其專利，即利用專利技術製造產品或轉讓其專利。

二、商標

(一) 商標的定義與種類

1. 定義

商標是商品或服務的生產者或經營者，在其生產、銷售或提供的商品或服務上所使用的，用以區別同類商品或服務的不同來源的特定標誌。世界知識產權組織把商標定義為：將某商品或服務標明是某具體個人或企業所生產或提供的商品或服務的顯著標誌。商標是商品經濟的產物，在現代經濟生活中是非常重要的，其主要功能有：標誌商品的來源；代表商品或服務的質量；有助於廣告宣傳。

2. 種類

(1) 商標可以是具有特色的文字或圖形，或是文字與圖形的結合體。

商標按其結構劃分可以分為文字商標、圖形商標和組合商標。

(2) 按其使用者劃分可以分為製造商標、銷售商標和服務商標。

製造商標是商品生產者在其生產的產品上使用的標記，如「聯想」電腦，「東風」汽車等；銷售商標是商品的銷售者在其經銷的商品上所加的標記，一般為百貨公司或連鎖商店，用以樹立企業形象和進行廣告宣傳，如「家樂福」超市；服務商標，也稱服務標記，是服務業者，如旅遊、民航、運輸、保險、金融、維修等相關行業的公司所使用的商標，如中國工商銀行（ICBC）。

(3) 按商標的用途劃分可分為營業商標、等級商標和證明商標。

營業商標是指以生產或經營的企業名稱和標記作為商標，此類商標最多，如飛利浦等；等級商標是指同一企業、同類產品因不同規格或質量而使用的系列商標，目的是使消費者鑑別選購，如日本豐田汽車公司按品牌定位分為豐田和雷克薩斯等系列；證明商標是指由對某種商品或服務具有監督能力的組織所制，由該組織以外的公司或

個人使用於其商品或服務上，用以證明該商品或服務的原產地、原料、製造方法、質量或其他特定品質的標誌，如法國葡萄酒的 AOC 標誌，中國綠色食品標誌等都是證明商標。證明商標不可轉讓。

(二) 商標權的確定

商標要取得法律的保護，必須向有關部門進行註冊登記，並取得商標的專用權。商標權是指一國的商標主管部門根據商標申請人的申請，經核准所授予商標申請人的一種商標專用權。

關於商標的註冊，根據各國商標法的規定，必須由商標使用人提出書面申請，並繳納申請費。商標申請經有關部門批准後，才予以登記註冊，授予商標權。

各國對商標權的確定，大致遵守三種原則。

1. 先使用原則

這是指按使用商標的先後來確定商標權的歸屬問題，即誰先使用該商標，商標權就屬於誰。但即使該商標被其他人搶先註冊，先使用人可以對已註冊人的商標提出異議，要求予以撤銷。美、英等少數國家和地區採用這一原則。

2. 先註冊原則

在採用這一原則的國家裡，商標權屬於首先註冊的申請人。註冊後取得的權利將壓倒其他任何人的權利，包括商標的先使用人，因此首先使用但未申請註冊商標的人，或被他人搶先註冊的人，則無法再取得該商標的所有權。目前，大多數國家採用先註冊原則，中國也採用這一原則。

3. 無異議原則

這是上述兩個原則的折中。按照這一原則，商標權原則上先授予先註冊的人，但先使用人可以在規定的期限內提出異議，請求撤銷。如果超過規定期限無人提出異議，則商標權屬於先註冊人。如在規定期限內，先使用人提出異議，並異議成立，可撤銷先註冊人的商標權，授予先使用人。

(三) 商標權的特徵

商標權是重要的工業產權之一，經註冊核准的商標是商標所有人的財產。因此，商標權是一種財產性質的權利，一般具有以下特徵。

1. 獨占性

商標權的獨占性又稱專用性，一般包括兩方面含義：一是商標權人獨占使用的權利，即商標所有權人享有在特定商品上使用該商標的獨占權，未經其同意，他人不得使用該商標；二是禁止他人使用的權利，即他人不得將與商標所有人的註冊商標相同或近似的商標用於同類或類似的商品上，否則構成侵權行為。商標只能授予一個人，他人在同一種或類似商品上再提出相同或類似商標的使用申請，將不會得到有關主管部門的批准。

2. 地域性

同專利法一樣，各國的商標法都是國內法，只能在授予該商標權的國家境內得到保護，在其他國家境內不具有法律效力。若商標權人需要得到其他國家的法律保護，

必須按該國的法律規定，在該國辦理商標申請註冊。

3. 時間性

商標權存在保護的時間限制，一般為 10~15 年，中國規定為 10 年，自商標核准註冊之日起計算。但與《專利法》規定不同的是，商標權保護期滿後，商標權人可以申請續展，續展的時間與保護期相同，並且續展的次數不受限制。商標權所有人只要按期辦理續展手續，並按規定繳納費用，可以永遠保持商標權的有效性。

4. 可轉讓性

在技術轉讓中，商標作為交易的對象有商標使用權許可和商標權轉讓兩種方法。商標使用權許可是指商標權所有人通過與他人簽訂許可合同，允許對方在指定的商品上及規定的地域內使用其商標；商標權轉讓是指商標所有人放棄對已註冊商標所擁有的一切權利，將商標及商標權轉歸他人。

商標權的轉讓條件為：商標註冊人對其在同一種或類似商品上註冊的相同或相近的商品，必須一併辦理轉讓註冊，以防止商品出處發生混淆；註冊商標的所有人如果已許可他人使用其註冊商品，必須徵得被許可人的同意，才能將註冊商標轉讓給第三者，否則不能申請轉讓註冊；為保護消費者的利益，註冊商標的受讓人必須承擔保證商品質量的責任。

三、專有技術

(一) 專有技術的定義與特點

1. 定義

專有技術源於英文「know-how」。中國原有許多譯名，如「技術訣竅」「技術秘密」等。關於專有技術的具體理解，國際上並沒有形成統一的認識。從國際技術轉讓的角度對世界上絕大多數國家中存在的專有技術的法律地位和特徵加以歸納，對其可定義為：具有動態的實用價值，能夠在經濟活動中獲得經濟利益，未在任何地方公開過全部內容，不受專利法保護的知識、經驗或方法。專有技術以生產技術為主，但也包括與生產相關的管理知識和商業知識。

從表現形式看，專有技術屬於知識形態，本身是無形的，但往往通過一定的有形物體表現出來，如文字圖形形式，其載體可為圖紙、資料、照片、磁帶、軟盤等；實物形式，如尚未公開技術的關鍵設備、產品樣品和模型等；以及無形形式，如存在於少數專家腦中的生產管理和操作經驗、技巧，以及化學物品的配方等。

2. 特點

(1) 經濟性

專有技術是適用技術，具有經濟價值。專有技術必須有利於工業目的（包括商業、管理等），能夠產生經濟效益。一項研究成果不管其研製時投資多少，如果無經濟上的使用價值，就不能稱之為專有技術。

(2) 保密性

專有技術是不公開的，具有保密性。凡是眾所周知的、業已公開的技術，都不屬

於專有技術。專有技術是保密的，被技術所有人所壟斷。在專有技術許可合同中，專有技術的許可方一般都要向被許可方提出嚴格的保密條件，以保證專有技術的擁有權和技術所有者的壟斷地位。

(3) 歷史性

專有技術是動態的技術，具有歷史性。任何專有技術都有一個研究、發展和形成的過程，也就是經驗的累積過程，其內容隨著生產實踐的增多不斷深化和完善，或在出現更先進的研究成果時被淘汰，或由於保密不利提前喪失其商業價值。

(4) 可轉讓性

專有技術的可轉讓性基於其自然屬性，即知識的可傳授性。專有技術可以通過言傳身教或以書面資料的形式傳授給他人，並能夠產生同樣的經濟效益。正是專有技術的這一特徵，才使其成為技術轉讓的標的。

(二) 專有技術使用權的轉讓

同專利、商標一樣，專有技術可以通過簽訂轉讓合同的形式把其使用權轉讓給他人。專有技術使用權的轉讓在當代技術貿易中處於一個十分重要的地位，它往往是技術轉讓合同中不可缺少的部分。從理論上來說，專利、商標和專有技術都可以單獨作為技術轉讓的標的。但在實踐中，大多數技術轉讓合同都是把專利或商標的使用權和專有技術結合在一起進行轉讓。這是因為一般關鍵技術並不在專利說明書中公開，而是以秘密的形式存在。如果只取得專利使用權，而不同時引進這部分保密的專有技術，就不能生產出合格的產品。據不完全統計，在技術轉讓中，附有專有技術的專利轉讓合同或商標轉讓合同約占60%，單純的專有技術合同約占30%，而純粹的專利許可合同或純粹的商標許可合同只占很小的比重。因此，當前專有技術的重要性在某些方面已經超過了專利，而成為技術貿易中獨立的、日益重要的內容。

第三節　國際技術轉讓的方式

由於技術本身的特性，國際技術轉讓的方式遠比國際商品貿易的方式複雜，也更為靈活多樣。目前，國際技術轉讓的主要方式有許可貿易、特許經營、技術服務、合作生產與合資經營、國際工程承包、補償貿易等。

一、許可貿易

(一) 許可貿易的含義

許可貿易又稱為許可證貿易，是指技術的出讓方與受讓方之間簽訂的、允許受讓方對出讓方所擁有的技術享有使用權及產品的製造權和銷售權。許可貿易的核心內容是轉讓技術的使用權以及產品的製造權和銷售權，而不是技術的所有權。許可貿易都是有償的，並且是目前國際技術轉讓的最主要、最常用的方式。隨著科學技術的進步和新技術的不斷湧現，技術在經濟發展中的作用日益明顯，各國都將引進技術作為經

濟增長的主要手段。另一方面，技術所有人為了獲得高額利潤，或繞開貿易壁壘，或開拓新的技術市場，不斷以有償許可的方式來出讓技術的使用權，這就促使許可貿易在全球範圍內得以迅速發展。

(二) 許可貿易的分類

在許可貿易中，技術轉讓的賣方是技術所有權人，在交易中稱為技術出讓方、許可方，買方是技術的使用人，在交易中稱為技術受讓方、被許可方。

1. 按轉讓標的劃分

按照交易的標的，許可貿易可分為專利許可、專有技術許可、商標許可和混合許可。

(1) 專利許可

專利許可是指將在某些國家獲準的專利使用權許可他人在一定的期限內使用。

(2) 商標許可

商標許可是指商標權人授予受讓方在一定的期限內使用其商標的權利。由於商標涉及企業的商譽，因此許可方對受讓方使用該商標的商品質量有嚴格的要求，並對使用該商標的商品質量有核准和監督權。

(3) 專有技術許可

專有技術許可是指專有技術所有者在受讓方承擔技術保密義務的前提下，將專有技術有償轉讓給受讓方使用。保密條款是專有技術許可合同的主要條款，雙方應以該條款就保密的範圍與期限做出規定。在轉讓專有技術時，轉讓方有義務幫助受讓方掌握受讓的技術。

(4) 混合許可

混合許可也稱綜合許可，是指技術所有者將專利、商標和專有技術的使用權結合在一起，共同轉讓給受讓方使用。多數許可貿易都是混合許可，單純地以專利、商標、專有技術為標的的許可貿易較少。

2. 按授權範圍劃分

按照授權範圍，許可貿易可以分為普通許可、排他許可、獨占許可、分許可和交叉許可。

(1) 普通許可

普通許可是指將出讓方將技術和商標的使用權、專利產品的製造權和銷售權，授予受讓方在一定的地域和期限內享用。出讓方仍享有將上述權利轉讓給該地區第三者的權利。

(2) 排他許可

排他許可是指出讓方將技術和商標的使用權、專利產品的製造權和銷售權，授予受讓方在一定的地域和期限內享用。出讓方在該地區內仍享有上述權利，但不得轉讓給該地區的第三方。排他許可又稱為全權許可。

(3) 獨占許可

獨占術許可是指出讓方將技術和商標的使用權、專利產品的製造權和銷售權，授

予受讓方在一定的地域和期限內使用。出讓方在該地區內不享有上述權利。

(4) 分許可

分許可也稱轉售許可，是指技術出讓方將技術和商標的使用權、專利產品的製造權和銷售權，授予受讓方在一定的地域和期限內使用後，受讓方還可以將上述權利轉讓給其他人使用。

(5) 交叉許可

交叉許可也稱互換許可。是指許可貿易的雙方將各自所擁有的技術和商標的使用權、專利產品的製造和銷售權相互交換，互相許可對方享有上述權利。交叉許可既可以是普通許可，也可以是排他許可或獨占許可。

二、特許經營

(一) 特許經營的含義

特許經營是指由一方（特許經營許可方）授權或要求另一方（特許經營被許可方）依照許可方指定的系統以自己的名義銷售商品或提供服務，並獲得直接或間接的財務回報。該系統包括專有技術和支持，基本業務運作模式，也包括許可方對被許可方嚴格和持續的營業控制，並應實質上使用許可方指定的商標、商號和標誌等。如麥當勞快餐店在世界各地幾乎都有被許可方，他們所生產和銷售的漢堡包以及所提供的服務，基本都與母國（美國）一致。

(二) 特許經營的特點

特許經營實際上是以商標權為核心的商務運作，具有以下特點：

(1) 特許經營被許可方可以是經銷帶有許可方商標的商品或者提供帶有許可方商標的服務。

(2) 特許經營許可方必須擁有註冊商標、企業標誌、專利、專有技術等經營資源，並通過合同形式許可被許可方使用上述經營資源。許可方如果不具備上述條件，特許經營也無從談起。

(3) 特許經營許可方對被許可方的經營方法享有一定的控制權或給予重要的協助。被許可方應當按照許可方的要求，在統一的經營模式下開展經營。

(4) 特許經營許可方和被許可方都是獨立的經營主體，雙方通過特許合同來明確各自的權利和義務關係。

(5) 特許經營被許可方通常要向許可方繳納一定的費用，包括初期的加盟費和以後按銷售額或利潤提取的特許經營使用費。

三、技術服務

技術服務是伴隨著技術轉讓而進行的。目前，國際上出現了許多以提供信息、諮詢、技術示範或以指導為主的技術服務性行業，主要是通過諮詢服務和人員培訓的方式來提供技術服務。

技術諮詢的範圍很廣，比如，工廠設計規劃、設備投資的可行性研究等。與技術

轉讓不同的是，技術服務不涉及技術使用權或所有權的轉讓，只是服務提供方用自己的技術來提供服務。

四、合作生產和合資經營

合作生產是指兩個不同國家的企業之間根據協議，在某一項或某幾項產品的生產和銷售上採取聯合行動並進行合作的過程。合資經營是指兩個或兩個以上國家的企業所組成的共同出資、共同管理、共擔風險的企業。合作生產與合資經營的區別在於，前者強調的是合作夥伴在某一領域合作中的相互關係，後者強調企業的所有權及其利益的分享和虧損的分擔問題。不管是合作生產還是合資經營，技術在合作生產或合資經營過程中實現了轉讓。合作生產的內容比合資經營更為廣泛，既可以是項目合作、開發合作，也可以是生產合作或銷售合作。利用合作生產或合資經營來引進國外先進技術，已成為世界各國的普遍做法。

五、國際工程承包

國際工程承包是指一個國家的項目所有人（一般為業主或發包人，可以是政府部門、公司、國際機構等）委託國外的工程承包人負責按規定的條件承擔完成某項工程任務，是綜合性的國際經濟合作方式。國際工程承包的主要當事人是工程項目的所有人和承包商。

國際工程承包適用於大型的建設項目，如機場、電站和各類生產線的新建或擴建等。這類項目不僅規模大，而且伴隨著技術轉讓。因為工程通常都會涉及設備的安裝和調試，為了能使東道國的企業順利使用安裝的設備，通常會進行相應的技術和專有技術的轉讓。在一些項目中，承包商在工程或設備安裝結束後，還要對業主的工作人員包括技術人員進行專門的培訓。在工程完工並開始實際營運後，承包商還必須對營運中出現的問題提供技術支持和技術諮詢等服務。

六、補償貿易

補償貿易是指在信貸的基礎上，一國企業先向國外廠商進口技術和設備，然後以回銷產品或服務所獲得的價款，分期償還外商提供的技術和設備的價款。

補償貿易在實際中有多種形式，包括直接補償（技術和設備所生產的產品返銷給對方，以返銷所得償還）；用其他產品補償；貨幣收入補償（用產品銷售所得的收入來償還）；勞務補償（通過提供勞務來補償）；混合補償（技術和設備的進口方一部分以直接產品，一部分以其他產品或現匯或勞務來抵償進口技術和設備的價款）。無論哪種形式的補償貿易，東道國企業在引進先進技術和設備的同時，往往伴隨著技術轉讓。

第四節　國際技術轉讓合同

國際技術轉讓合同是指不同國家或地區的當事人（自然人、法人或其他經濟組織）將自己所擁有的技術或技術使用權跨越國界轉讓給另一方當事人並收取價款或使用費，另一方當事人取得技術或技術使用權並支付價款或使用費；或一方當事人跨越國界以提供技術或技術勞務的方式為另一方當事人完成一定工作任務並收取報酬，另一方當事人接受技術勞動成果並支付報酬所達成的書面協議。

一、國際技術轉讓合同的特點

（一）法律性

技術轉讓合同除適用於合同法的一般原則外，還必須接受專利法、商標法、技術轉讓法、保密法、反不正當競爭法、反壟斷法等法律、法規的約束。由於這些法律大多由強制性法律規範構成，當事人必須嚴格遵守，不得隨意協商排除。此外，由於國際技術轉讓屬於跨國界技術轉讓，當事人不但要遵守本國法律，還必須遵守相關國家法律與國際法。

（二）長期性

技術轉讓合同大都是長期的，其有效期可長達幾年甚至更長的時間，因為合同有效期要與傳授技術所需時間相協調，而傳授技術是一個較長的過程，因此轉讓合同的長期性可以保證受讓方能夠生產出符合合同規定的產品。

（三）地域性

國際技術轉讓合同的標的是專利、商標和專有技術，有關這幾類交易的法律都有嚴格的地域規定。受讓方在未獲授權的地域不能享有相應的使用權、製造權和銷售權。

（四）綜合性

大多數國際技術轉讓合同是混合協議，不但包括技術內容和範圍，還經常涉及設備轉讓、產品返銷、技術培訓等，不但合同條款多，而且往往附有大量附件，使得國際技術轉讓合同所涉及的內容更加廣泛。

二、國際技術轉讓合同的內容

國際技術轉讓合同通常包括兩部分內容：一般條款和特殊條款。

（一）合同的一般條款

1. 序言

序言主要包括合同名稱、合同號碼、簽約日期、簽約地點、雙方當事人的法定名稱與地址，以及「鑒於條款」。其內容是說明雙方的職業背景，解釋雙方簽訂該合同的

理由，陳述許可方擁有的知識產權狀況、合法擁有及轉讓的權利，以及被許可方希望獲得對方技術的願望，表達雙方為實現合同規定目標的意願和所持態度。序言是許可合同的一個重要內容，不可忽視。

2. 關鍵詞或術語的定義

由於技術轉讓合同所涉及的問題較為複雜，且各國的語言與法律制度不同，各國對同一名詞或術語的解釋也不盡相同。為了避免日後在執行合同的過程中產生分歧或爭議，許可合同中一般均列一條專門條款，對關鍵性的名詞、術語進行專門定義以符合合同標的。合同中對名詞、術語的定義與國際慣例和各國有關法律對這類名詞、術語的定義有著本質的區別，它們僅適用於該合同，不具有普遍的適用性。

3. 轉讓技術的內容與範圍

其主要內容一般包括以下三個方面。

（1）基本技術的確定

主要規定技術轉讓的具體對象和技術要求，一般包括技術的名稱、號碼、所屬國（地域）、期限以及與其相關的技術、產品及其相關的質量標準等內容。比如專利許可，還應列明批准日期、專利號等；如為專有技術許可，可用有關文件如圖紙、設計、圖解、技術操作手冊以及各項明細單加以說明。

（2）使用技術的方式和領域

主要規定技術受讓方能夠把合同規定的技術用於何種目的及其應用的方式和範圍。比如，規定是獨占許可還是排他許可等。

（3）製造和銷售地區的規定

主要是規定技術受讓方進行生產和銷售的地區，例如，規定受讓方只能在指定地區或指定工廠使用許可項下的技術製造產品，並規定此種產品只能在某個國家或某些地區銷售等。這一地區一經確定，在許可合同內就稱之為「商妥地區」。這一地區可以是「獨占地區」（獨占許可），也可以是「非獨占地區」（普通許可）。在確定商妥地區時，應指明是指製造地區還是銷售地區，還是包括製造和銷售的地區。

4. 價格與支付

價格和支付問題是合同雙方必須確定的最重要和最複雜的問題。技術的價格並非商品交易中的一般概念。技術是一種特殊商品，它雖然具有價值和使用價值，但其價格並不直接反應其價值，而且其價格也不是其價值的全部。在實際交易中，成交的價格大大背離其實際價值，甚至成交價格與其實際價值不發生直接聯繫。

技術轉讓中的技術價格指技術受讓方為獲得技術而向技術許可方支付費用的貨幣表現，有時也稱為酬金、使用費、補償費等。

（1）價格的確定

技術所有者在確定技術價格時主要考慮的因素是：第一，技術的開發成本，即開發技術的實驗研製費用等。由於一項技術通常是研製開發者首先使用，並且可以多次轉讓，所以在一項具體的技術轉讓中，受讓方只是按一定的比例承擔研究開發費用。第二，直接費用，即技術許可方在完成技術轉讓交易過程中實際支出的費用，包括合同簽訂前進行準備工作的費用、派遣談判人員的費用、資料費、通信費、接待技術考察

人員的費用等。第三，技術創造利潤的分享。這是確定技術使用費高低的最主要因素，即受讓方使用技術所能獲得的實際經濟效益，影響技術創造利潤的因素很多，主要有技術水平和成熟程度、許可產品的市場（銷售量、銷售價）、技術所處生命週期的階段、專利技術的範圍與期限、專利技術的有效性與專有技術的保密情況、許可使用權的獨占程度、合同條件等。

國際上公認的確定技術價格的原則是利潤分享原則，在國際上被稱為 LSLP 原則（即許可方所得份額占被許可方利潤的百分比）。這個份額也稱利潤分成率。用公式表示：

$$利潤分成率=(技術使用費/被許可方利潤) \times 100\%$$

可見，要計算技術的價格，應確定利潤分成率與被許可方利潤這兩個構成價格的基本因素。但利潤分成率多大才合適，國際上沒有統一的標準。在正常情況下，將利潤分成率控制在15%～30%均屬合理。

（2）價格的支付

在國際許可合同中，技術價格的支付方式通常有以下三種：

一是一次總算。一次總算又稱一次總付或統包計價，即由雙方就轉讓技術的各個項目，包括技術費用、資料、專家費、培訓費等，都在簽訂合同時一次性算清，並在合同中明確地固定下來，作為技術受讓方為引進該項技術所應支付的全部技術使用費。價款可以一次付清，也可以分期支付。對許可方來說，採用一次總付的方式，收入穩定，可以免除大量查帳、計算等繁瑣的事務性工作，也無須提供改進技術、繼續援助的義務，但同時也不能分享受讓方由於產量或銷售量增加帶來的額外收益。對被許可方來說，採用這種支付方式弊多利少。首先，受讓方在取得經濟效益之前就支付大量資金會構成較重的財務和利息負擔，影響其資金週轉。再者，在費用支付完成後，受讓方不能有效地繼續得到出讓方技術上的協助。這是因為出讓方與之後產生的經濟效益已無直接聯繫，使得受讓方失去了與對方分擔風險的機會。一次總算對受讓方有利的方面是可以較快擺脫對技術許可方的依賴，還可避免因通貨膨脹、匯率變動而帶來的支付風險。

二是提成計算。提成計算是指以轉讓技術所生產的單位產品或產品的淨銷售額為基價，在合同中規定一定的百分比作為技術轉讓的費用。採用這種方法，被許可方只有在利用技術並取得實際經濟效果後才根據合同的約定定期向許可方支付技術使用費，這一方法把雙方的利益聯繫在一起。一般有按產品的產量、銷售價格和利潤提成三種方法，並可以在合同中規定提成率，提成年限和許可方的最低提成額及最高提成額。

三是入門費加提成計算。入門費是指在合同生效後由被許可方向許可方先行支付一筆約定的費用，其餘的使用費則在被許可方實施技術並取得經濟效果後，再按約定的提成方法計算並支付。入門費主要是用來解決許可方為技術轉讓交易所支出的直接費用部分。這種方法由於同時兼顧到了交易雙方的利益，因而在國際技術轉讓中使用得最為廣泛。

另外，在合同中應明確規定使用的貨幣，可選擇被許可方國家貨幣、許可方國家貨幣或第三國貨幣。若採用兩種及以上貨幣，則須規定不同貨幣間兌換率的計算方法。

同時，合同應明確價款的支付時間及支付地點等內容。

5. 技術改進

在技術轉讓合同有效期內，一方或雙方均有可能對轉讓的技術成果做出改良或創新。這種技術改進和技術創新，可能並未改變原有技術的基本特徵，而僅是在技術細節上的具有實質意義的革新和改良；也可能是在原有技術基礎上取得的重大突破性進展，從而使原有技術發生質的變化。因而，在合同中雙方一般需要預先以合同條款的形式，規定技術改進的成果應當如何以優惠條件讓對方分享，以及相關的權利、義務和條件等。

如在合同有效期內，許可方有義務向受讓方無償提供改進的新技術，這種做法稱為「繼續援助」；而受讓方在利用引進技術過程中取得的改進或改革，也應無償轉讓給出讓方，稱為「技術反饋」。這對雙方來說是對等的。有的合同還規定相互提供技術的改進或改革是有償的，需支付一定的使用費。但不論哪種情況，改進或改革的技術的所有權屬於改進或改革的一方，只有改進或改革技術的一方有權向有關部門申請專利。

6. 稅費

在許可貿易合同中，為明確所涉及的各種稅費究竟由哪一方負擔，一般都必須規定稅費條款。在技術轉讓中所遇到的稅收問題，主要是預提所得稅的問題。所謂預提所得稅，是指技術受讓方國家對技術轉讓費用徵收一定的所得稅。所徵收的所得稅是從技術轉讓費中先扣下來，再將餘額支付給技術出讓方，因此是預提。世界各國包括中國都採取這一方法。

(二) 合同的特殊條款

1. 專利許可合同的特殊條款

專利條款：合同中應該列明轉讓項目中所包含的專利內容，標明專利號、專利申請國別、申請的時間和有效期限，有利於引進方辨別真偽，從中選擇適用的專利技術。

專利有效保持條款：根據各國專利法的規定，專利申請後還需按期向主管部門交納年金。為保證專利的有效性，合同中應規定技術出讓方應定期向有關當局交納年金。

侵權處理條款：侵權是指未經專利權人許可的第三者實施專利，或專利權人被第三者指控侵犯了第三者的專利時所產生的一種違法行為。合同中應對侵權處理有明確的規定。

2. 商標使用權轉讓合同的特殊條款

商標的內容和特徵：明確註明商標名稱、圖樣、使用該商標的商品。

商標的合法性和有效性：合同中必須註明商標的國別、時間、有效期限和使用的區域範圍。

接受許可方使用商標的方式：一是直接使用，即對商標不加任何改動，直接用在自己的產品上；二是聯結使用，即將自己的商標和出讓方許可的商標，擇其有代表性的部分聯結在一起，組成一個新的商標；三是聯合使用，即將自己的商標與出讓方許可的商標並列使用；四是將出讓方許可的商標與製造地點聯繫起來使用。無論採用哪種方法，都應在合同中明確規定。

商標許可的備案與註冊：商標許可合同和含有商標使用權轉讓的許可合同，都應酌情向出讓方國家商標管理機關辦理備案或註冊手續，以便轉讓的商標在出讓方國家得到法律的保護。

產品的質量監督：出讓方在向受讓方轉讓商標使用權時，一般要求對受讓方的產品質量進行監督，以維護其商標信譽。

3. 專有技術轉讓合同的特殊條款

專有技術的內容：嚴格規定範圍、內容、技術指標及有關技術資料的提供。

技術傳授：因為某些專有技術不經傳授是無法掌握的，合同中應規定詳細的技術培訓和技術指導等內容。

保密條款：專有技術存在的價值在於它的保密性，所以，一般都在協議中規定嚴格的保密條款。

關於改進技術的交換：國際慣例規定雙方都有義務不斷將自己的改進技術提供給對方。

(三) 關於合同中的限制性條款問題

1. 限制性條款的概念

限制性條款也稱限制性商業條款，是指在國際許可合同中，由技術出讓方對技術引進方施加的、法律所禁止的、造成不合理限制的合同條款或做法。限制性商業行為普遍存在於國際貿易活動中，在國際技術轉讓中尤為突出，表現形式也是多種多樣的。

1980年12月，第35屆聯合國貿發會議通過的《管制限制性商業做法的一套公平原則和規則多邊協議》對限制性商業行為做出定義，即凡是通過濫用或者謀取濫用市場力量的支配地位，限制進入市場或以其他方式不適當地限制競爭，對國際貿易，特別是發展中國家的國際貿易及其經濟發展造成或可能造成不利影響，或者是通過企業之間的正式的或非正式的、書面的或非書面的協議以及其他安排造成了同樣影響的一切行動或行為都叫做限制性商業行為。如國際貿易合同出現相應條款，稱其為限制性商業條款。

2. 國際技術轉讓交易中的限制性條款

在聯合國《國際技術轉讓行動守則（草案）》中規定了禁止使用的20種限制性條款：

（1）單方面的回授條款，即要求技術受讓方將其改進技術單方面地或非對等、非互惠地提供給技術出讓方使用。

（2）不爭議條款，即規定技術受讓方對轉讓的專利或其他工業產權的效力不得提出任何爭議。

（3）限制技術受讓方取得類似或競爭技術的自由。

（4）限制技術受讓方進行研究與發展活動。

（5）強制要求技術受讓方使用技術出讓方指定的人員或限制使用技術受讓方所在國的人員。

（6）限制技術受讓方對其用引進技術所生產的產品確定價格的自由。

（7）禁止技術受讓方修改引進技術或在引進技術的基礎上進行創新。

（8）要求技術受讓方將獨家銷售權或獨家代理權授予技術出讓方或它所指定的第三方。

（9）附帶條件的安排，例如規定或限制技術受讓方引進技術或採購商品的來源，要求技術受讓方接受它不願意接受的技術、商品或服務。

（10）對出口的限制，例如，限制用引進技術製造的產品的出口或限制出口的地區、數量或價格。

（11）強制要求技術受讓方與技術出讓方共享專利或進行交叉許可交易，對地區、數量、價格、顧客、市場、技術發展進行限制，以壟斷某一行業或市場，限制新技術的研究與發展。

（12）限制技術受讓方進行廣告宣傳。

（13）強制要求技術受讓方為業已期滿、終止或無效的專利權和其他工業產權支付使用費。

（14）限制技術受讓方在技術轉讓合同期滿或終止後使用技術。

（15）限制技術受讓方的生產範圍、生產數量和生產能力。

（16）強制技術受讓方採用它不需要或不願採用的質量管理方法或質量標準（但如果是在使用出讓方商標的情況下，為了滿足產品質量不在此限）。

（17）強制技術受讓方使用特定的商標、服務標誌或廠商名稱。

（18）強迫技術受讓方提供合股資本或允許出讓方參與企業管理，作為取得技術的條件。

（19）技術轉讓的協議期限過長，或者根本不規定期限。

（20）限制傳播和擴大使用已引進的技術。

3. 中國規定的限制性條款

2001年12月10日，中國國務院公布的《中華人民共和國技術進出口管理條例》第二十九條規定，技術進口合同中不得含有下列限制性條款：

（1）要求受讓方接受並非技術進口必不可少的附帶條件，包括購買非必需的技術、原材料、產品、設備或服務。

（2）要求受讓方為專利權有效期屆滿或者專利權被宣布無效的技術支付使用費或者承擔相關義務。

（3）限制受讓方改進出讓方提供的技術或限制受讓方使用所改進的技術。

（4）限制受讓方從其他來源獲得與出讓方提供的技術類似的技術或與其競爭的技術。

（5）不合理地限制受讓方購買原材料、零部件、產品或者設備的渠道或來源。

（6）不合理地限制受讓方產品的生產數量、品種或銷售價格。

（7）不合理地限制受讓方利用進口的技術生產產品的出口渠道。

第五節　技術轉讓與知識產權

技術轉讓與知識產權保護有著內在的密切關聯，因為技術轉讓的標的主要是知識產權，並且交易方所達成的技術轉讓合同必須符合有關知識產權保護的法律原則，否則就難以獲得法律層面的有效保護。

一、知識產權的概念與特點

知識產權是指法律賦予人們對其智力創造成果享有專門利用的權利。不僅限於智力成果的創造者依法所享有的權利，還包括通過投入資金、設備和勞動參與智力成果創造過程的主體，以及通過協議約定、轉讓、繼承等方式取得該權利的主體所依法享有的權利。並非一切智力成果都可以成為法律的保護對象，各國所保護的對象也不盡相同，同一國家的不同時期，知識產權的保護對象也有所不同。

知識產權與傳統財產權的含義不同，財產權指的是有體物，如動產和不動產。知識產權不是指包含智力成果的複製件或載體，而是指複製件或載體中所包含的信息，這些信息可以無限量、低成本、高質量地被複製，更能為權利人創造經濟利益。它具有以下兩個特點：一是無形性。與有形財產權不同，知識產權是一種無形的財產權。這一無形性具有非競爭性的特點，決定了知識產權難以被其所有人實際控制。另外，即使在其權利全部轉讓後，知識產權所有人仍有利用其無形的智力成果獲取利益的可能性。因此，法律上關於知識產權的保護、知識產權侵權的認定等要比有形商品更為複雜。二是專有性，知識產權所有人就其智力成果依法獲得專有權後，除非經其同意或依據相關法律的規定，否則權利人以外的任何人不得再享有或使用該項權利。這表明，由知識產權權利人獨佔或壟斷的專有權利受到法律的嚴格保護，不受他人侵犯。

按照客體的性質，知識產權可以分為工業產權和著作權（版權）。工業產權是指農業、工業、商業等領域的智力成果所有者對其成果所享有的一種專有權。工業產權中的工業實際包括國民經濟各個產業部門。保護的對象包括專利（發明、實用新型、外觀設計）、商標、服務標誌、廠商名稱、貨源標誌、原產地名稱等。著作權在中國等同於版權，是指作者或得到作者許可的其他人依法所享有的權利，如製作文學藝術作品的複製品。著作權人有權禁止他人未經許可而以複製、表演、錄音、錄像、改編、翻譯等方式表現該作品。這裡所指的是作者思想的表現受到保護，而不是作者的思想受到保護。享有著作權保護的作品必須有獨創性，著作權人不得剽竊、抄襲、模仿他人之作，但可以借鑑他人的思想或研究方法。

二、知識產權保護的作用

（一）對知識創造的激勵作用

知識產權制度依法授予知識產權創造者或擁有者在一定期限內的排他性獨佔權，

並保護這種獨占權不受侵犯，侵權者要受到法律的制裁，使得知識產權創造者或擁有者可以通過轉讓或實施生產取得經濟利益、收回投資，從而調動其從事知識創造的積極性。

(二) 具有調節公共利益的作用

知識產權制度有兩大功能，一是保護功能，這使知識產權創造者的正當權益能夠得到保護；二是公開功能，也就是知識產權創造者在申請知識產權保護的同時，要向社會公開自己的創造內容。通過公開其知識，增加了整個社會的知識財富，又可促進其他人在其基礎之上進行進一步研究開發。而且，保護期過後，該知識就成為全社會的共同財富，任何人都可以從中獲取利益。

(三) 具有促進對知識產業投資的作用

知識產權保護制度通過確認成果屬性，保障做出主要物質技術投入的單位或個人充分享有由此產生的合法權益。通過保護專利、商標、服務標記、廠商名稱、貨源名稱等專屬權利和制止不正當競爭，維護投資企業的競爭優勢，維護市場的公平和有序的競爭，並用正式的制度來規範個人的行為，促使全社會自覺尊重或被迫尊重他人的知識產權，形成尊重知識、尊重人才、尊重他人智力勞動成果的良好社會環境和公平、公正的市場競爭機制，從而使更多的財力、物力和智力資源投向研究開發。

(四) 有利於促進國際經濟、技術交流和合作

當今世界經濟和科技向著全球化發展，既為知識經濟的發展創造了條件，同時又是知識經濟發展的一個突出表現。在技術貿易和技術含量高的產品貿易在世界貿易中所占的比例越來越大的情況下，必須有一個各國共同遵守的規則。而知識產權制度就是這方面的規則。對於發展中國家來說，從國外大量引進先進技術的同時，大力發展擁有自主知識產權的高新技術及其產品，是促進本國經濟發展的一條重要途徑。在知識經濟時代，引進知識成果和資金，實現國際間雙邊、多邊的知識成果的交流與合作，必將更加依賴於知識產權保護制度。

二、與知識產權有關的國際組織和國際公約

(一) 世界知識產權組織

世界知識產權組織（WIPO）設立於1967年，1974年加入聯合國組織系統，現為聯合國18個專門機構之一。截至2016年年底，世界知識產權組織已擁有189個成員國，涵蓋全球90%以上的國家，具有廣泛的代表性。中國於1980年正式成為其成員。

作為一個政府間國際組織，世界知識產權組織是關於知識產權服務、政策、合作與信息的全球論壇，專門負責管理和協調世界各國知識產權工作。該組織主要在以下領域進行活動和提供服務。

1. 全球知識產權相關問題

世界知識產權組織致力於識別和探討正在出現的知識產權問題，並針對新的挑戰及時制定對策。該組織也為締結新的知識產權保護國際公約創建了平臺。

2. 合作促進發展

使所有有關各方參與對話，是世界知識產權組織重要目標之一。多年來，世界知識產權組織已建立起一個為其提供不斷擴大的合作夥伴的網絡。部分成員國政府和其他國際組織為針對發展中國家的特別項目提供財政和實物捐助。

3. 仲裁與調解

世界知識產權組織在 1994 年建立了仲裁與調解中心，為解決私人當事方之間的國際商務爭端提供仲裁和調解。此外，該中心還經常就有關知識產權爭端解決和互聯網的問題接受諮詢。在爭端解決方式上，調解不如仲裁正式，簡易仲裁能節約時間和費用，是解決知識產權爭端的可行方法。

4. 教育、培訓與研究

世界知識產權組織在全球範圍內建立了易於交流的渠道，其出版物、新聞快報及網站是世界各國獲取知識產權信息的重要渠道。另外，該組織於 1998 年 3 月成立的世界學院，是在知識產權領域進行教學、培訓和研究的中心。世界學院根據知識產權領域不斷發生的變化，致力於開發新的培訓項目來擴大知識產權方面的人力資源。

5. 促進知識產權法律的發展

世界知識產權組織的主要任務之一，就是要在成員國中促進知識產權法律、標準和做法的漸進發展及協調統一，尤其是為發展中國家和正在進行知識產權法律完善的國家提供技術支持。

目前，世界知識產權組織是包括《保護工業產權的巴黎公約》《保護文學和藝術作品伯爾尼公約》《商標國際註冊馬德里協定》《商標法條約》《專利法條約》等在內的 26 個涉及知識產權的國際公約的監管機構。自 1996 年 1 月 1 日起，世界知識產權組織與世界貿易組織簽署的協議生效，兩者共同配合以實施和管理《與貿易有關的知識產權協議》，從而將知識產權保護與國際貿易緊密聯繫在一起。

(二) 世界貿易組織與 TRIPS 協議

世界貿易組織是獨立於聯合國的永久性國際組織，與國際貨幣基金組織、世界銀行並稱為當今世界經濟體系中的三大支柱。成員貿易總額達到全球的 98%，有「經濟聯合國」之稱。該組織的管轄範圍不但包括貨物貿易，還延伸到了服務貿易、與貿易有關的投資措施以及知識產權領域，因而可以更好地協調各國間的經濟貿易聯繫，解決可能發生的各類貿易爭端。

《與貿易有關的知識產權協議》(TRIPS) 於 1995 年 1 月 1 日起生效並由世界貿易組織管理。該協議的目標是，通過促使成員方採取有效的、恰當的法律措施和程序來保護各類知識產權，並以此減少貿易壁壘。協議由序言以及七個部分共 73 個條款構成。重申的保護知識產權的基本原則主要有：國民待遇原則，保護公共秩序、社會公德、公眾健康原則，對權利合理限制原則，權利的地域性獨立原則，專利、商標申請的優先權原則，版權自動保護原則。同時，新提出的保護知識產權的基本原則主要有：最惠國待遇原則、透明度原則、爭端解決原則、對行政終局決定的司法審查和復審原則、承認知識產權為私權原則。

該協議的主要內容為：第一，產權保護的範圍包括版權及相關權利、商標權、地理標誌權、工業品外觀設計權、專利權、集成電路布圖設計權、未泄漏信息專有權以及對許可合同中限制商業性條款的控制；第二，該協議首次將最惠國待遇原則引入知識產權國際保護領域。各締約國應給予其他締約國國民與本國國民相同的待遇，應立即無條件給予其他締約國不低於任何第三國的優惠、特權和豁免，有關的法律和政策規定應予以公開和國內的統一；第三，要求成員對知識產權提供更高水平的立法保護和採取更為嚴格的執行措施；第四，在執行知識產權保護的行政和司法程序時，不能以阻礙正常的競爭和貿易為代價，成員必須遵循公平合理的原則，裁決必須建立在有關各方都有機會瞭解證據的基礎之上，司法復審可以推翻行政最終裁決和司法最初裁決。

TRIPS 將已有的有關知識產權國際公約分為三類，並確立了 TRIPS 與這些公約的基本關係。第一類為完全肯定、要求全體成員必須遵守並執行的國際公約，包括《巴黎公約》《伯爾尼公約》《保護表演者、錄音製品製作者與廣播組織公約》《集成電路知識產權條約》；第二類為基本完全肯定、要求全體成員按對等原則執行的國際公約，這類公約共有十餘個，主要是《巴黎公約》的子公約；第三類為不要求全體成員遵守並執行的國際公約，即凡是 TRIPS 沒有提到的、也不屬於上述兩類的國際公約，均不要求全體成員遵守並執行，主要有《世界版權公約》《錄音製品公約》等。

TRIPS 協議為知識產權國際保護確立了新的統一的國際標準與準則，對國際貨物貿易、技術貿易、投資以及各國國內立法產生了重大而深遠的影響，被認為是對傳統多邊貿易體制的重大突破。TRIPS 協議的簽署，為各成員方的知識產權保護提供了共同的法律框架，為發展中國家的知識產權保護指明了方向，也對發達國家發起知識產權調查制定了一定的紀律約束，這也有利於發展中國家建立起合理的知識產權保護制度。

思考題

1. 什麼是國際技術轉讓？國際技術轉讓與國際商品貿易的區別主要體現在哪些方面？
2. 專利、商標與專有技術的聯繫和區別是什麼？
3. 國際技術轉讓的交易方式主要有哪些？
4. 什麼是許可貿易？它有哪些類型？
5. 國際技術轉讓合同的主要條款有哪些？

第八章 國際工程承包與勞務合作

第一節 國際工程承包概述

一、國際工程承包的概念以及業務範圍

（一）國際工程承包的含義

國際工程承包是指一國的承包商，以自己的資金、技術、勞務、設備、原材料和許可權等，承攬外國政府、國際組織或私人企業的工程項目，並按承包商與業主簽訂的承包合同所規定的價格、支付方式收取各項成本費及應得利潤的一種國際經濟合作方式。

國際工程承包涉及的當事人主要有：工程項目的所有人（即業主或發包人）和承包商，工程項目的所有人通常不再是單個的自然人和法人，可能是政府部門或眾多的合營者，也可能有銀行和貸款財團參與，他們主要負責提供工程建造所需的資金和酬金等；而承包商是承包某項工程的團體或者個人，負責工程項目的建造，工程所需設備和原材料的採購以及提供技術等。

（二）國際工程承包的業務範圍

國際工程承包的業務範圍廣泛，幾乎涉及國民經濟的每個部門，加之科學技術的進步和生產的不斷發展，社會分工越來越精細。國際工程承包就其內容而言大致包括以下幾個方面：

（1）工程設計。工程設計包括基本設計和詳細設計。基本設計一般在承包合同簽訂之前進行，其主要內容是對工程項目所要達到的規格、標準、生產能力等的初步設計。詳細設計一般在承包合同簽訂之後進行，主要包括整個工程的機械設計、電器設計、儀表儀器設計、配套工程設計及土木建築物、構件等設計。詳細設計的內容往往根據工程項目的不同而有所區別。

（2）技術轉讓。國際工程承包往往涉及工程所需的專利技術和專有技術的轉讓問題。

（3）機械設備的供應與安裝。工程項目所需的機械設備既可由業主提供，也可由工程承包商提供，還可以是雙方分別提供不同的部分。

（4）原材料和能源的供應。原材料和能源的供應與機械設備的供應一樣，既可由業主提供，也可由承包商提供，還可以是雙方分別提供不同的部分。

（5）施工。施工主要包括工程建造及施工人員的派遣，如派遣工程師、技術員、工人、提供施工機械，進行實際施工和安裝等作業。

（6）資金。資金應由業主提供，但業主通常要求承包商提供信貸。

（7）驗收。驗收主要包括驗收方法、驗收時間和驗收標準等。

（8）人員培訓。人員培訓是指承包商對業主派出的人員進行有關項目操作技能的培訓，以使他們在項目建成並投入營運後，充分掌握該技術。

（9）技術指導。技術指導是指在工程項目建成並投入營運後，承包商為使業主能維持對項目的營運，繼續對業主進行技術指導。

（10）經營管理。有一些承包合同是屬於BOT合同，即要求承包商在項目建成投產並經營一段時間之後，再轉讓給業主。那麼，這就使經營管理也成為承包商的一項重要內容。

上述廣泛而複雜的承包內容說明，作為承包商，不僅要使各類人員和施工設備配套，還必須具有較高的組織管理水平和技術能力。

二、國際工程承包的特點

在第二次世界大戰後，國際工程承包發展迅速，各國承包商數量不斷增加。據美國《工程新聞記錄》雜誌（ENR）統計，2015年全球250家最大國際承包商在海外市場完成營業收入總額5,000.1億美元。與國內工程承包相比較，國際工程承包由於其自身的特殊性，具有以下特點：

(一) 國際工程承包的工作內容複雜且差異性大

國際工程承包不僅涉及項目所在國的社會政治、經濟、文化和參加人員，而且涉及工程、技術、經濟、金融、保險、貿易、投資、管理、法律等領域，內容廣泛而複雜。

(二) 國際政治、經濟影響因素的作用明顯增大

除工程本身的合同義務權利外，國際工程項目會受到國際政治和經濟形勢變化的影響。例如，某國家對於承包商實行地區或別國的限制或歧視性政策；還有些國家的項目受到國際資金來源的制約，可能因為國際政治經濟形勢變動（如制裁、禁運等）影響而終止，或因工程所在國的政治形勢變化（如內亂、戰爭、派別鬥爭等）而使工程中斷。

(三) 承包項目由勞動密集型向技術密集型轉化

隨著科學技術的迅猛發展，出現了許多技術含量較高的新型產業，這就使項目建設從單純的土木工程轉向技術工程為主的成套設施的建設，這類項目對承包商提出了更高的要求。

(四) 貨幣和支付方式的多樣性

國際工程承包要使用多種貨幣，包括承包商使用部分國內貨幣支付國內應繳費用、使用多種外匯支付材料設備等採購費用、使用工程所在國貨幣支付當地費用等。支付

方式除了現金和支票外，還有銀行信用證、國際托收、銀行匯付、實物支付等不同方式。由於要在漫長的工期內根據陸續完成的工程內容逐步支付，國際工程承包時刻處於貨幣匯率波動和利率變化的複雜國際金融環境之中。

(五) 建設週期長，環境錯綜複雜

國際工程從投標、締約、履約到合同終止，再加上維修期，最少也要 2 年以上，大型或特大型工程週期在 10 年以上。國際工程涉及的領域廣泛、關係眾多，加上合同期限長，承包商常常面臨諸多難題，如：資金緊張、材料供應脫節、清關手續繁瑣等。

三、國際工程承包的方式

(一) 總包

總包是指從投標報價、談判、簽訂合同到組織合同實施的全部過程，其中整個工程的對內和對外轉包與分包，均由承包商對業主（發包人）負合同所規定的一切經濟、法律責任。採用這種承包方式簽署的承包合同也叫總包合同。這是目前國際工程承包活動中使用最多的一種承包形式。

(二) 分包

分包是相對於總包而言的，即業主把一個工程項目分成若干個子項目或幾個部分，分別發包給幾個承包商，各分包商都對業主負責。分包方式有兩種具體情況：一種是無總承包商，一個工程項目分為若干個項目，由若干個承包商分別直接承包，成為平分秋色；另一種是承包商對一項工程承包後，經業主或其委託人——工程師的同意，將工程中的一部分項目分包給其他人承包人，也稱為二包。在前一種情況下，各承包商之間是平等關係，各自對業主負責；在後一種情況下，除非是業主指定的分包商，否則分包商不與業主發生直接關係，只接受分包合同的約束和支配。

(三) 聯合承包

聯合承包是指由幾個承包商共同承攬某一個工程項目，各承包商分別負責工程項目的某一部分，並共同對業主負責的一種承包形式。聯合承包一般適用於規模較大和技術性較強的工程項目。

(四) 合作承包

合作承包是指兩個或兩個以上的承包商事先達成合作承包的協議，各自參加某項工程項目的投標，不論哪家公司中標，都按協議共同完成工程項目的建設，對外則由中標的那家承包商與業主進行協調。

(五) 轉讓或轉包

轉讓是指由於承包人破產、死亡或其他原因，經業主或監理工程師同意，在不改變已簽訂合同內容的條件下，把工程項目的全部或部分轉讓給另一承包人的行為。轉讓又分兩種業務類型：①有償轉讓，又稱轉包。接受轉讓的承包人不但要承認合同的全部內容，履行合同的全部條款，還須向轉讓人支付一定數額的轉讓費用。為維護業

主利益,防止「皮包商」的投機行為,許多國家規定,承包人不得將合同或其中一部分轉包他人,更不能把整個工程全部轉包出去。②無償轉讓。即是指接受轉讓方只按照原合同價格和條款執行合同,不向轉讓者支付任何額外費用。無償轉讓項目一般都是有隱患、風險大的工程項目,如存在著不能如期竣工或因工程可能延期造成經濟損失的風險。

第二節　國際招標與投標

一、招標

(一)　招標的概念

國際工程招標是以業主為主從事的活動,是整個國際工程承包能否成功進行的基礎。所謂招標(Invitation for Bid, IFB)是指由發包人(業主)就擬建工程項目的內容、要求和預選投標人的資格等提出條件,通過公開或非公開的方式邀請投標人根據上述條件提出報價、施工方案和施工進度等。然後,由發包人經比較,選擇承包商的過程。擇優一般是指選擇技術最佳、質量最佳、價格最低和工期最短的承包商。發包人應根據自己的資金能力、項目的具體要求、投標人的專長和所報的價格與條件來確定中標者。

(二)　招標的方式

國際工程承包中的招標方式一般分為三類,競爭性招標、非競爭性招標和其他招標方式。

1. 競爭性招標

(1) 國際公開招標

國際公開招標(International Invitation of Competitive Tenders)又稱公開招標,是一種無限競爭性招標。招標人通過國內外主要宣傳媒體發出招標信息,招攬具有合格資格的承包商。公開招標的特點是招標通知必須公開發布,不限投標人的數量。開標也必須有投標人在場時當眾進行,但評標和定標卻是秘密進行。通常來說,除非招標文件另有規定,公開招標的中標者應該是報價最低的投標者。

公開招標是屬於競爭性招標,採用這種招標方式的優點在於,有利於招標人降低成本,引進最先進的技術、設備及原材料,而且可使所有的承包商得到公平的對待。業主也可按時限規定的條件在國際市場找到最有利於自己的承包商來承建工程,提供設備和材料,使工程質量、價格和工期等都能滿足自己的要求並使價格競爭得到充分體現。世界銀行認為,只有採用公開招標才能體現出效率(Efficiency)、經濟(Economy)和公平(Equity)的「三E原則」。

(2) 國際限制性招標

國際限制性招標(International Invitation of Restricted Tenders)是一種有限競爭性招

標。與國際公開招標相比，它有一定的局限性，即對參加投標的人選有一定的限制，不是任何對發包項目感興趣的承包商都有機會投標。採用該招標方式一般不刊登招標信息，而是由招標人將有關招標材料直接寄交給被邀請參加投標的承包商。

招標人採用這種招標方式主要有以下原因：

①為保護本國建築市場，只允許本國承包商參加投標或保留一部分發包工程給本國承包商。

②為發包工程提供貸款的國家要求業主只邀請貸款國的承包商投標。

③為發包工程提供貸款的金融機構或基金組織要求發包人在該金融機構或基金組織成員國的承包商之間招標。

④工程項目特殊，對承包商在技術和經驗有較高的要求，而國際上有能力建造該工程的承包商不多，故只能邀請有能力的承包商參加投標。

在限制性招標的方式下，由於招標通知不使用廣告的形式公之於眾，所以只有被邀請並接受邀請的承包商才是合法的投標人，未接到邀請或通過其他途徑得知招標信息的承包商，未經發包人的許可無權參加投標。這種招標方式的優點在於能夠保證工程質量並能節省招標時間，但有時會漏掉有利的競爭者，從而錯過了選擇報價最低者的機會。

(3) 兩段招標

兩段招標（Two-Phase Invitation of Tenders）是將國際競爭性招標與國際限制性招標相結合的一種招標方式。具體做法是先採用國際競爭性招標，在開標後再邀請其中幾家條件好的（一般也是報價比較低的）承包商進行第二階段的報價，最後確定中標者。業主一般是在以下情況採用兩階段招標。

①招標內容尚處在發展過程中，招標人需經過第一階段招標以博採眾議，評選出最優方案。

②招標人對工程項目的經營缺乏見解，可在第一階段向投標人提出要求，就其最熟悉的經營方案進行投標，經過評價，再進入第二階段的招標。

2. 非競爭性招標

非競爭性招標（Non-competitive Bidding）是相對於競爭性招標而言的，它主要的方式是談判招標。談判招標又稱「議標」，指招標人根據自己的需要和所瞭解到的承包商的資信和技術狀況，將符合要求的承包商排列出順序，然後先與最符合要求的承包商進行談判，若與之達不成協議，則按順序繼續與下一個進行談判，直至達成協議為止。談判招標一般適用於專業技術較強、施工難度較大、多數承包商難以勝任的工程項目。在這種招標方式下，投標者能否中標的主要決定因素不是價格，而是承包商的技術能力、施工質量和工期等條件。

3. 其他招標方式

招標方式除了主要的競爭性招標和非競爭性招標以外，還有一些其他的招標方式。

(1) 平行招標

平行招標又稱分項招標，是指招標人把一個較大的工程項目分解成若干個互相聯繫的子項目，分別而又同時單獨進行招標。這種方式適用於技術層次多、設備供應範

圍廣的項目。

（2）地方公開招標

地方公開招標又稱地方競爭性招標，是按照地方程序進行的招標，一般通過地方性宣傳媒介發布招標信息，並限於當地的承包商參加投標。

（3）多層次招標

多層次招標書指對大型項目的招標在招標結束後，中標人（即總承包商）又以招標人的身分，將所包工程的一部分，發包給其他承包商（即二包商），二包商對總承包商負責，總承包商對業主負責，總承包商尋找的二包商必須徵得業主的同意。

(三) 招標的程序

國際工程招標是以業主為主體而展開的工作，採取這種方式成交時，一般要經過擬定招標文件、投標、開標、評標、授標、簽約等一系列步驟，所需時間也長短不等，少則一年，多則三五年。這些工作從成立招標機構開始到簽訂承包合同需要嚴格按照招標程序和要求進行，並要做大量的工作。具體工作程序如下。

1. 成立招標機構

業主在決定建造某一項目之後，便開始進行國際招標工作。國際招標的整個過程一般由一個專門的機構全權負責。招標機構可自己設立，也可委託國際上常設的招標機構或從事招標的諮詢公司代為招標。

2. 指定招標規則

招標規則主要包括招標方式的確定、廣告刊登的範圍和文字表達方式、確定開標的時間和地點、評標的標準等。

3. 編製招標文件

招標文件是招標的法律依據，也是投標者投標和準備標書的依據。其內容根據項目的規模和負責程度而定，主要是包括招標人須知、擔保書、合同條件和技術範圍等。

4. 發布招標公告

招標公告是招標機構利用廣播、電視以及國內知名度較高的報紙、期刊，向國內外所有合格的承包商發布的招聘啟事，即邀請所有合格的承包商投標。主要內容包括發包人的名稱、項目的名稱與概況、項目的資金來源、招標的方式、投標的開始與截止時間、評標的地點與時間、招標文件的發售時間與辦法等。

5. 進行資格預審

資格預審是招標機構發布招標公告之後、承包商投標之前，對擬投標人是否有能力承攬其所有建設的工程項目進行的資格審核。資格審查的內容包括承包商以往的業績與榮譽、設備與技術狀況、人員的技術能力、管理水平和財務狀況等。

6. 出售招標文件

資格預審之後，招標機構以書信的方式向所有資格預審合格的承包商發出通知，讓他們在規定的時間和指定的地點購買標書，以參加投標，投標通知同時也在報紙上公布，但不公布獲得投標資格的公司名稱。

7. 收標

投標人按招標機構指定的地點投遞標書，招標機構在投標地點設有由專人保管的投標箱，並將蓋有日期的收據交給投標人，以證明其所投標書是在投標截止日期之前收到的。投標截止日期一到，便立即封閉投標箱，此後收到的投標書均屬無效。

8. 開標

開標就是招標人在規定的時間和地點，按一定的方式和程序將所有投標書啟封揭曉。開標一般由開標委員會或諮詢公司主持進行，且有公正機構予以公正。開標方式有兩種：一種是公開開標，即在有招標人員、公正人員、投標人參加的情況下開標；另一種是秘密開標，即開標是在不通知投標人參加的情況下進行。

9. 評標

評標是招標人所指定的評標委員會按照一定的程序和要求，對所收到的合格投標書的技術條件和交易條件進行綜合評價、比較，並選出中標候選人的過程。技術條件主要包括施工方案、施工所採用的技術、施工的組織與管理、工期，以及施工方案的合理性、可靠性和科學性。交易條件包括合同、成本、財務等方面的內容。評標的目的在於選擇最為理想的中標人。評標委員會在評標後寫出評標報告，在報告中提出對標書的評價意見，並推薦中標人選。

10. 定標

定標是指招標機構經過綜合分析，寫出評標報告並選擇報價低、技術實力強、信譽好和工期短的承包商作為中標者。業主在定標前要分別與中標候選人就合同的條款和細節進行談判，以達成共識，確定最後的中標者。確定中標者後，招標單位應立即向中標者發出「中標通知書」（也可用電傳發出該通知），其內容應簡明扼要，只要告知投標工程項目已中標，並確定簽約的時間、地點。通常來說，當出現下列三種情況之一時，招標人有權宣布廢標。

（1）投標人不足三家。

（2）最低標價大大超過標底（達到20%以上）。

（3）所有的投標書均未按招標文件的要求編寫。

廢標後，可進行第二次招標。

11. 簽訂承包合同

中標者接到中標通知以後，應在規定的時間內（一般在接到中標通知書後的15天內）與業主簽訂承包合同，合同一經雙方簽章和有關部門批准，就具有法律效力，對雙方均有約束力。同時，招標工作全部結束，投標人以承包商身分出現，開始轉入施工準備階段。中標並簽約的承包商通常應在簽約的同時或其後約定的若干天內向業主提交履約保函或履約保證金。但是，如果中標者因其他理由不能按期簽約，或有意拖延議標而拒簽合同，並沒有事先提出招標委員會能予接受的申請，那麼將視為投標人違約，招標委員會可以沒收其投標保證金，並給予其他制裁，如永遠或暫時取消該承包商在該國投標或承包工程的權利。如果中標者棄約，未能簽訂合同，招標委員會可根據業主要求，決定重新招標或取消招標，或將標授給其他合適的投標人。

二、投標

（一）投標的概念

投標（Submission for the Tender）是以承包商為主體從事的活動。它是指投標人根據招標文件的要求，在規定的時間並以規定的方式，投報其擬承包工程的實施方案及所需的全部費用，爭取中標的過程。投標書中的標價是承包商能否中標的決定性條件。因此，報價要極為慎重，報價應既要有競爭力，又要有利可圖。需要注意的是，投標屬於一次性標價，但主動權掌握在招標人手中，即業主在選定最後中標者的過程中，投標人一般沒有討價還價的權利。

（二）投標的特點

（1）投標的前提是承認全部招標條件，否則就失去了參加投標的機會。

（2）投標的報價必須是實盤，即一次性報價。標價一旦報出，不能隨意撤回或撤銷，否則投標保證金就被沒收。投標保證金一般為工程價格的 2%～5%。

（3）標書必須在規定的期限內送達指定的地點，否則無效。

（三）投標的程序

投標是以承包商為主體從事的活動。投標本身也是一個過程，它主要經過投標前的準備、詢價、確定標價、指定標書、投遞標書、競標等程序。

1. 投標前的準備

投標前的準備非常重要，它直接影響中標率的大小，準備工作應從以下幾個方面入手。

（1）準備好招標文件要求提交的文件。承包商應準備好公司營業證書、公司章程、公司資信證明書、公司授予簽約證明書及有關的公證證書等。

（2）收集相關信息和資料。需要收集的信息資料主要有以下部分：

①工程所在國政治經濟狀況、有關的政策和法律規定、自然條件及社會文化環境等。

②業主的背景、資信情況及其聘用的監理工程師的資歷、工作作風、能力等。

③工程項目的性質、規模、技術要求、現場條件等。

④競爭對手的有關資料，主要瞭解能參與投標的企業數目，這樣企業的經營狀況、生產能力、知名度以及他們參加投標的次數和中標率等。

在此基礎上結合投標人自己的資金、技術人員等方面的條件，決定是否參與該工程項目投標。決定參加該工程項目投標時，應做好以下準備：

①組成投標小組。投標小組由承包商選擇具有各種專業技術的人員組成，投標小組成員的素質和能力是承包商能否中標和獲利的關鍵。

②參加資格預審。承包商作了參與投標的決策後，就要購買資格預審文件，及時填寫資格預審表，並按招標人要求遞交有關資料的文件。

③購買招標文件，研究分析招標文件。如果通過資格預審，投標人即可購買招標

文件，並認真分析和研究招標文件，重點應分析研究投標須知、合同條件、技術規範、工程量表及圖紙等，徹底弄清標書的內容和條件。

2. 詢價

詢價是投標人在投標前必須做的一項工作，因為承包商在承包活動中往往需要提供設備和原材料，詢價的目的在於準確地核算工程成本，以提出既有競爭力又能獲利的報價。此外，有時生活物資和勞務的價格也是詢價的一個內容。

3. 確定標價

投標價格的制定工作可以分為兩個步驟：成本核算和制定標價。

（1）成本核算。在核定成本時，一是核定直接成本，二是核定間接成本。直接成本主要包括工程成本、產品的生產成本、包裝費、運輸費、運輸保險費、口岸費和工資等；間接成本主要包括投標費、施工保險費、經營管理費和貸款利息等。此外，一些不可預見的費用也應考慮進去，如設備、原材料和勞務價格的上漲費，貨幣貶值費及無法預料或難以避免的經濟損失費等。

（2）制定標價。制定標價考慮的因素主要有以下三個：一是成本，原則上講，承包商在成本的基礎上加一定比例的利潤便可形成最後的標價；二是競爭對手的情況，如果競爭對手較多並具有一定的經濟和技術實力，標價應訂得低一些。如果本公司從事該工程的建造有一定的優勢，競爭對手較少或沒有競爭對手，那麼標價必須高於成本並有一定比例的利潤。在目前承包市場競爭如此激烈的情況下，很多承包商不指望通過工程的建造來取得收益，而是想通過承包工程帶動本國設備和原材料的出口，進而從設備和原材料的出口中獲取利潤，出於這種目的的承包商所制定的標價往往與工程項目的建造成本持平或低於成本。當然，標價定得越低，中標率則越高。

4. 製作標書

標書是投標書的簡稱，亦稱投標文件。它的具體內容依據項目的不同而有所區別，編製標書是指填好投標書及附件、投標保證書、工程量清單和單價表、有關的技術文件等，投標人的報價、技術狀況和施工工程質量全部體現在投標書中。在編製標書前，預審合格的承包商根據業主的通知到指定的機構購買招標文件，並一定要仔細閱讀招標文件，編製的標書一定要符合招標文件的要求，否則投標無效。

5. 投遞標書

投標書編製完成以後，投標人應按招標人的要求裝訂密封，並在規定的時間內送達指定的招標機構。投遞標書不宜過早，一般應在投標截止日期前幾日為宜。

6. 競標

開標後投標人為中標而與其他投標人的競爭叫競標。投標人參加競標的前提條件是成為中標的候選人。通常情況下，招標機構在開標後先將投標人按標價的高低排出名次，經過初步審查選定2~3個候選人。如果參加投標的人數較多並且實力接近，也可選擇5~7名候選人，招標機構通過對候選人的綜合評價，確定最後的中標者。有時候也會出現2~3個候選人條件相當，招標機構難定取捨，招標機構便會向候選人重發通知，再次競標，投標人這時候將會採取各種手段競標，以決雌雄。

投標人在經過招標人的層層篩選中標後，就可與業主簽訂國際工程承包合同了。

國際工程承包的合同一般包括承包合同的定義與解釋、工程期限、業主的責任與違約、承包商的責任與違約、工程師及工程師代表、轉讓和分包、開工與竣工、檢驗與檢查、工程變更、工程暫停、工程移交、價格與支付、不可抗力條款、爭議的解決等內容。

第三節　國際工程承包合同與施工管理

一、國際工程承包合同的種類

國際工程承包合同是業主和承包商為確定各自應享有的權利和應履行的義務而協商簽訂的法律條文。合同一經簽訂對雙方都具有約束力。由於國際承包合同的當事人往往涉及兩個或兩個以上的國家，因而每一方的經濟活動不僅要受本國法律的監督和保護，也要受項目所在國法律的監督和保護。國際工程承包合同從不同的角度可以劃分為不同的類型。

(一) 按合同規定的計價方式分類

按價格的構成和價格的確定來劃分，合同可以分為總價合同、單價合同和成本加酬金合同。

1. 總價合同

總價合同是指在承包合同中規定承包價格，業主按合同規定分期或一次性支付給承包商的一種合同形式。總價合同中所確定的價格是根據工程的圖紙和承包的內容計算出的風險考慮進去，如原材料價格的上漲、工資的上漲、自然原因導致的誤工、政治變動等風險，否則投標人將蒙受難以估量的損失。在有些情況下，總價合同中規定有價格調整條款，即在原材料或工資上漲幅度超過一定比例時，合同的價格也作相應的調整，這就等於將一部分風險轉移給了業主。

2. 單價合同

單價合同是一種按承包商實際完成的工作量和合同的單價來支付價款的一種合同形式。合同中所確定的單價，既可以固定不變，也可隨機調整，其主要取決於合同的規定。固定總價和單價合同的區別在於前者按總價投標承包，而後者則按單價投標承包。在總價合同中，雖然也要求投標人報單價，但不要求詳細；而在單價合同中，所列的單價必須詳細，其所報的總價只是在評標時用於和其他投標人做比較。

3. 成本加酬金合同

成本加酬金合同是以工程實際發生的成本（施工費和材料費等），再加上雙方商定的管理費和利潤向承包商支付工程款的一種合同形式。在這種合同形勢下，由於成本實報實銷，所以承包商的風險很小，但這種合同的管理費和利潤往往與工程的質量、成本、工期三項指標相聯繫。因此，承包商比較注重質量、成本和工期，業主便可從中得益。

(二) 按承包的內容分類

按承包的內容來劃分，可以分為施工合同、設備的供應與安裝合同、工程諮詢合

同、工程服務合同、交鑰匙合同、交產品合同、BOT合同等。

1. 施工合同

施工合同是業主與承包商簽訂的工程項目的建造實施合同。在國際工程承包活動中，大多數合同屬於這類合同。

2. 設備的供應與安裝合同

這種合同的形式根據承包商責任的不同而有所不同。一是單純的設備供應合同，設備供應者只負責提供設備；二是單純的設備安裝合同，承包商只負責設備的安裝；三是設備的供應商既負責提供設備又負責設備安裝的合同；四是設備的供應商負責提供設備，並負責指導業主自行安裝的合同。

3. 工程諮詢合同

工程諮詢合同實際上是一種專業技術服務合同，業主諮詢的主要內容有投資前的可行性研究、圖紙的合理性、實施方案的可行性等。

4. 工程服務合同

工程服務合同是業主與能夠提供某些服務工作的公司簽訂的合同，其主要目的是為工程項目提供服務，這類合同只有在建造規模較大而且較複雜的工程項目中簽署。

5. 交鑰匙合同

交鑰匙（Turnkey）合同又稱「一攬子合同」，是指承包商從工程的方案選擇、建築施工、設備供應與安裝、人員培訓直至試生產承擔全部責任的合同。也就是說，承包商自始至終對業主負責。採用這種方式，對業主來說，省時、省事，但費用太高；對承包商來說，則有較大的主動權，但責任重大，風險也較大。

6. 交產品合同

交產品合同是指承包商不僅負責項目的可行性研究、規劃設計、勘察選點、工程施工、原材料的購買、設備的供應與安裝、技術培訓、試生產等工作，還應負責指導業主生產出一定數量的合格產品，並在原材料及能耗達到設計要求之後才能正式移交給業主的一種承包方式。這種承包方式往往適合技術含量較高的大型項目。

7. EPC合同

EPC合同（Engineering-Procurement-Construct Contract）即「設計—採購—施工」合同。該合同是指工程總承包企業按照合同的約定，承擔工程項目的設計、採購、施工、試運行服務等工作，並對承包工程的質量、安全、工期、造價負全面責任。

EPC合同有兩個特點：一是固定總價。EPC合同條件下一般採用總價合同，由於遇上如不良地質條件之類的情況，承包商是不能向業主索賠的，承包商承擔設計、自然力和不可預見的困難等風險。因此，EPC合同比FIDIC（國際顧問工程師聯合會）條款「紅皮書」中單價合同的風險更大，因為這種風險在「紅皮書」中是列入索賠範圍內的。二是EPC合同中沒有諮詢工程師這個角色。這樣，業主對承包商的監控力度便較弱，只能派業主代表對施工進度進行監控。三是注重竣工試運行。只有試運行成功才能談最終驗收。

8. PPP合同

PPP合同（Public-Private-Partnership）是指公營與私營合作項目合同。該類合同

更強調業主對監控和售後服務的要求，業主在招標時提出參數和規範要求，並進行全程監控，所有的付款都與履約好壞及其連續性等掛鉤，付款要在營運達到業主滿意以後進行。由於 PPP 合同強調了業主的控制和管理作用，克服了 EPC 合同業主監管不力的缺陷，那麼 PPP 目前在日本、韓國和澳大利亞等發達國家採用得更為普遍。PPP 合同方式起源於 20 世紀 80 年代中期，90 年代才被世界各國廣泛運用。

9. BOT 合同

BOT（Build-Operate-Transfer）即建設—經營—轉讓。BOT 合同實際上是承包商將工程項目建成以後，承包商繼續經營該項目一段時間才轉讓給業主的一種承包方式。業主在採用 BOT 方式發包時，往往要求承包商負責項目的籌資或提供貸款，從而使籌資、建造、營運、維修、轉讓於一體，承包商在協議期內擁有並經營該項目，從而達到回收投資並取得合法利潤的目的。這種承包方式多用於政府與私營部門之間，而且適用的範圍較廣，尤其適合於那些資金需求量較大的公路、鐵路、城市地鐵、廢水處理、發電廠等基礎設施和公共設施項目。它的優點在於東道國不僅可以引進較先進的技術和管理經驗，還可融通資金和減少風險；而承包商則可從中獲取更多的利潤。

10. BOO 合同

BOO（Build-Own-Operate）即建設—擁有—營運，是指承包商按照政府的授權負責工程的施工、營運，並享有該工程項目的最終所有權。在這種模式下，政府一般在融資方面給予承包商便利和支持，並在該項目的營運中給予免稅等優惠待遇。

11. BOOT 合同

BOOT（Build-Own-Operate-Transfer）即建設—擁有—營運—轉讓。它與 BOT 的區別主要有兩個方面：一是所有權的區別。BOT 方式，項目建成後，承包商只擁有所建成項目的經營權；而 BOOT 方式，在項目建成後，在規定的期限內，私人既有經營權，也有所有權。二是時間上的差別。採取 BOT 方式，從項目建成到移交給政府這一段時間一般比採取 BOOT 方式短一些。

一國政府願意採用的是 BOT 還是 BOOT 或 BOO 合同形式，體現了該國政府對於基礎設施私有化程度的態度。BOT 意味著一種很低的私有化程度，因為項目設施的所有權並不轉移給私人；BOOT 代表了一種中等的私有化程度，因為設施的所有權在一定有限的時間內轉給私人；而 BOO 代表的是一種最高級別的私有化，因為在該種模式下，項目設施沒有任何時間限制地轉給私人。一般國家政府，對於運輸項目如收費公路、收費路橋、鐵路等都願意採用 BOT 方式，因為政府通常不願意將運輸網的私有權轉給私人；在動力生產項目方面，通常 BOT、BOOT 或 BOO 三種方式都可採用；在發電方面，一些電力供應不足的國家，只會簽署 BOT 或是 BOOT 合同；而在像阿根廷等電力資源充足的國家，其政府一般會有限度地簽署一些 BOO 協議；對於電力的分配和輸送，以及天然氣和石油開採來說，這類行業通常被認為是關係到一個國家的國計民生。所以，在建設這類設施一般僅採用 BOT 或 BOOT 方式，不會採用 BOO 方式。

12. BOOST 合同

BOOST（Build-Own-Operate-Subsidy-Transfer）即建設—擁有—營運—補貼—轉讓，是承包商在工程項目建成後，在授權期內管理和擁有該設施，並享有政府一定的

補貼，待項目授權期滿後再移交給當地政府的一種承包模式。

(三) 按承包的方式分類

按承包方式劃分，可分為總包合同、分包合同和二包合同（這三種合同已在本章第一節承包方式中做了介紹，此處不再贅述）。

二、國際工程承包合同的內容

國際工程承包雖然有多種形式，但其合同條款卻大同小異。大多數國家也都為本國的承包活動指定了標準合同格式。目前，最廣泛使用的合同格式是由國際顧問工程師聯合會（FIDIC）擬定的《土木建築工程（國際）施工合同條款》也稱 FIDIC 條款。該條款既倡導各方合作，又對各方的職責和義務有明確的規定和要求，在業主和承包商之間能夠合理地分配風險。同時，處理問題程序嚴謹，易於操作，是目前國際上使用最廣泛的合同形式。

FIDIC 條款的第二版發行於 1957 年、1963 年、1977 年、1987 年和 1999 年又分別印發了第二版至第五版。1999 年的 FIDIC 條款有《施工合同條件》（簡稱新紅皮書）、《EPC/交鑰匙工程合同條件》（簡稱銀皮書）、《永久設備和設計——建造合同條件》（簡稱新黃皮書）和《合同簡短格式》（簡稱綠皮書）四部分組成，也就是土木工程施工合同的一般條件、專用條款和合同格式三方面內容，其主要包括以下內容。

(一) 承包合同的定義

這一部分主要是闡明合同的當事人、合同中所包含的文件及其規範，以及對合同中所出現的各種術語的解釋。

(二) 業主的責任與違約

業主主要負責清理並提供施工場地，協助承包商辦理施工所需的機械設備、原材料、生活物資的出入境手續，支付工程建設款等。按 FIDIC 條款的規定，對於業主應支付的各類工程款，其在接到承包商要求付款的請求後，應在 28 天內向承包商提供已作了資金安排的證據，否則承包商可以暫停工作或降低工作速度；工程師在收到承包商的其中支付報表和證明文件後的 28 天內應向業主發出期中支付證書，業主在工程師收到承包商支付報表和證明文件後的 56 天內向承包商支付期中工期款。業主收到工程師簽發的收到最終支付證書後 56 天內向承包商支付工程款，如果業主未按合同規定的期限和數額支付，或因業主破產、停業，或由不可預見的原因導致其未履行義務，承包商有權解除合同，撤走設備和材料，業主應向承包商償付由此發生的損失和費用。

(三) 承包商的義務與違約

承包商主要義務是工程施工，接受工程師的指令和監督，提供各種保函，為工程辦理保險。其中，承包商應在接到中標通知書 28 天內按合同規定向業主提交履約保函。當承包商未經許可轉包或分包，拖延工期，放棄合同或破產時，業主可以沒收保證金並在發出通知 14 日占領工地，趕走承包商，自行施工或另找承包商繼續施工，由此而產生的費用由違約的承包商負擔。若承包商的施工不符合設計要求，或使用了不

合格的原材料，應將其拆除並重新施工。承包商應在達成索賠協議後 42 天內向業主支付索賠款，承包商還必須在業主提出修補缺陷要求的 42 天內進行修補。

(四) 工程師和工程師代表

工程師是由業主任命並代表業主在合同履行中的協調管理和監督施工的第三方。除非合同另有規定，工程師行使的任何權利都應被視為已徵得業主的同意。工程師代表應由工程師任命並向工程師負責，其主要職責是代表工程師在現場監督、檢查施工質量，處理實施合同中發生的問題，工程師代表也可任命一定數量的人員協助其工作。承包商必須執行工程師的書面或口頭指令，承包商應要求工程師以書面形式在 7 天之內予以確認，如工程師對承包商發出的要求確認申請函，自發布之日起 7 天內未予答復的，該口頭指令應被視為工程師的一項指令，其工程款的結算也以該指令為依據。

(五) 轉讓與分包

承包商無業主的事先同意，不應將合同或其中的任何部分轉讓出去。在得到業主許可的情況下，可將工程的一部分分包給其他承包商，但不能全部分包出去。

(六) 開工與竣工

承包商應在收到工程師發出的開工通知後的合理時間內從速開工，其工期以投標附錄中規定的開工期限的最後一天算起，並應在標書附件規定的時間內完成。只有在額外增加工程的數量或性質、業主延誤、妨礙或阻礙、不可預見的意外情況等狀況下，承包商才有權延遲全部或部分工程的竣工期限。

(七) 檢驗與檢查

工程師有權進出工地、車間檢驗和檢查施工所使用的原材料、零部件、設備，以及生產過程和已完工的部分工程。承包商應為此提供便利，不得覆蓋或掩飾而不外露。當工程的基礎或工程的任何部分已準備就緒或即將準備好可供檢驗時，承包商應及時通知工程師進行檢查，不得無故拖延。

(八) 工程移交

當整個工程基本完工並通過合同規定的竣工檢驗時，承包商可向工程師發出通知及附帶有在缺陷維修期間內完成任何未完工作的書面保證。此通知和保證應被視為承包商要求工程師發出接收證書的申請，工程師應在接到該通知後的 21 日以內，向承包商發出接收證書並註明承包商尚未完成的所有工作。承包商在完成所有工作和維修好所指出的缺陷，並使工程師滿意後的 21 天之內有權得到工程接收證書。此外，在某些特定的情況下，工程師也可對某一部分已竣工的工程進行接收。

(九) 工程變更

工程師在認為在必要的時候，可對工程或其任何部分的形式、質量或數量作變更。如果變更後的工作量超過一定的幅度，其價格也應作相應的調整；如果工程的變更是由承包商引起的，變更的費用應由承包商負擔。

（十）價格與支付

在價格條款中，不僅應註明總價、單價或成本加酬金價，還應將計價貨幣、支付貨幣以及支付方式列入其中。在國際承包活動中，一般採用銀行保函和信用證來辦理支付，其支付的具體方法大都採用預付款、進度款和最終結算相結合的方法。承包合同簽訂後和開工前，業主先支付一定的預付款，用以購買工程所需的設備和原材料，該金額一般占合同總額的 10%～20%，隨後承包商每月底將實際完成的工作量分析列表報給工程師，並經其確認後支付給承包商一定比例的進度款，業主待工程全部完工並驗收合格後，支付尚未支付的剩餘款項。

（十一）特殊風險

合同履行過程中，如果出現了簽訂合同時無法預見的不可抗拒的特殊風險，承包商不承擔責任。如果世界任何地方爆發了戰爭，無論是否已經宣戰，無論對工程施工在經濟和物質上有無影響，承包商應完成施工，直至合同終止，但業主在戰爭爆發後的任何時候都有權通知承包商終止合同。如果出現的特殊風險造成工程費用的增加，承包商應立即通知工程師，並經雙方協商後，增加相應的承包費用。

（十二）爭議的解決

如果業主與承包商之間發生爭議，其中的一方應書面通知工程師並告知另一方，工程師在收到本通知的 84 天內作決定並通知業主和承包商，如果業主和承包商對工程師的決定不滿意或工程師在 84 天內未能作決定，不滿方應在收到工程師決定的 7 天內或在通知工程師決定而工程師又未能作決定的 84 天之後的 7 天內通知對方和工程師，再交給爭端裁決委員會進行仲裁，仲裁的結果對雙方都有約束力。

三、國際工程承包合同的施工管理

在國際工程承包活動中，工程的施工一般都在承包公司總部以外的國家進行，這涉及承包商在國外施工的管理問題，工程施工的國外管理一般分為總部管理和現場管理兩個層次。

（一）總部管理

總部管理的大致內容是：
(1) 制定或審定項目的實施方案。
(2) 為項目籌資及開立銀行保函。
(3) 制定統一的規章和報表，對現場提交的各種報告進行整理和分析，並對重大問題進行決策。
(4) 監督項目資金的使用情況及審核財務會計報表。
(5) 選派現場各類管理和技術人員。
(6) 指導並幫助採購項目所需的設備和原材料。

（二）現場管理

現場管理一般分為項目總管理和現場施工管理兩個層次：

1. 項目總管理

項目總管理是工程的全面性管理，它主要包括合同管理，計劃管理，資金管理，財務管理，物資管理，組織工程的分包與轉包，人事工資管理，工程的移交與結算，處理與業主的關係，處理與東道國政府及海關、稅務、銀行等部門的關係等工作。

2. 現場施工管理

現場施工管理的主要工作有指定具體的施工計劃，協調各分包的施工，做好設備和原材料的維護和保管，招聘和雇傭普通勞務，勞務人員工資的核定與發放，監督工程質量，做好工作記錄，提交有關工程的報告等。

第四節　國際工程承包的銀行保函

一、銀行保函的含義

保函是承包合同當事的乙方為避免對方違約而遭受損失，要求對方提供的一種能保障自己權益的擔保。銀行保函是指銀行應申請人的請求向受益人開出的，擔保申請人正常履行合同所規定的某項義務的獨立的書面保證文件。它實際上是以銀行承諾文件形式出現的一種抵押金。銀行保函是屬於備用性的銀行信用，它不是一般的履約擔保文件，而是一種違約賠款保證書，即如果保函的申請人沒有履行其擔保文件中所擔保的義務，銀行則承擔向受益人賠償經濟損失的責任。在國際工程承包活動中，銀行保函目前已是最普遍、最常見和最容易被各方接受的信用擔保形式。

二、銀行保函的內容

銀行保函是一種規範化的經濟擔保文件，為了保障受益人的合法權益，其內容十分具體和完整，因而世界各國銀行開具的保函的內容基本一致。其具體內容大致如下：

(1) 申請人。即承包商或被擔保人，應註明申請人的全稱和詳細地址。
(2) 收益人。即業主或總包商，應註明受益人的全稱。
(3) 擔保人。即開具保函的銀行，應寫明擔保行的全稱和詳細地址。
(4) 擔保金額。即擔保所使用的貨幣與最高限額。
(5) 擔保責任。即在承包商如何違約的條件下承擔索賠義務。
(6) 索賠條件。即承包商違約時，業主憑何種證明進行索賠。
(7) 有效期。即保函的起止時間及保函的生效和失效條件。

三、銀行保函的種類

(一) 投標保函

投標保函是銀行根據投標人的請求開給業主的，用於保證投標人在投標有效期內不得撤回其標書，並在中標後與業主簽訂承包合同的保函。投標保函是隨投標書一起遞交給招標機構的，其擔保金額一般為投保報價總額的 0.5%～3%，中小型項目一般為

3%～5%，有效期一般為60天、90天、150天、180天不等，長的還有270天。對未中標者，業主應及時將保函退回。中標者在規定的時間內與業主簽約並遞交履約保函後，業主也應將投標保函退還給投標人。如果業主宣告廢標，投標保函則自然失效。

(二) 履約保函

履約保函是用於保證承包商嚴格按照承包合同要求的工期、質量、數量履約的保函。按FIDIC條款的規定，承包商應在接到中標通知後的28天內遞交履約保函，其擔保金額一般為承包合同總額的10%，其有效期一般不能短於合同規定的工期，如果工期延長，也應通知銀行延長履約保函的有效期，如果承包商中途毀約或破產，業主有權要求銀行支付保函的全部擔保金額。履約保函只有在工程全面竣工並獲得現場監理工程師簽署驗收合格證後才予以退還。按FIDIC條款的規定，業主應在工程師頒發「解決缺陷責任書」之日後的14天之內將履約保函退回給承包商；如果業主和承包商達到索賠協議後42天，承包商扔拒付此款項，或業主提出承包商修補缺陷的要求42天後仍未修補的，業主可以扣留履約保函。

(三) 預付款保函

預付款保函是銀行開立的用於保證承包商按合同的規定償還業主已支付的全部預付金額的擔保文件，即如果由於承包商的責任，業主不能在規定的期限內從工程結算款中按比例扣還預付的款項，業主有權向銀行索賠擔保金額作為補償。預付款保函的擔保金額應與業主預付款的金額相等，一般為合同總金額的10%～15%。其擔保期限一般從承包商收到預付款之日起到扣還完畢止，由於預付款是逐筆扣款，所以預付款保函的擔保額會隨之減少。

(四) 工程維修保函

工程維修保函是銀行應承包商的請求開具的一種用於保證承包商對完工後的工程缺陷進行維修的經濟擔保文件。維修保函的擔保金額一般為合同金額的5%～10%，有效期為1～2年。維修期的開始時間應為工程竣工驗收合格之日，在履約保函到期並退還之前，承包商必須開具維修保函。維修保函既可以重新開立，也可以以續展履約保函的形式來代替維修保函，維修保函一般在規定的期限內未發現需要維修的缺陷後退還。

(五) 臨時進口物資稅收保函

臨時進口物資稅收保函是銀行應承包商的請求開給業主的一種擔保承包商在工程竣工之後，將臨時進口的用於工程施工的機械設備運出工程所在國，或在永久留下這些設備時，照章納稅的一種經濟擔保文件。該保函的擔保金額一般與臨時進口的機械設備價值相等，擔保的有效期一般比施工期限略長。承包商在將機械設備運出工程所在國並取得海關出示的證明之後便可索回保函。

第五節　中國的國際工程承包

中國的國際工程承包是指中國公司按照國際上的通行做法，在國外以及中國香港、澳門等地區承攬和實施各類工程項目，並收取報酬的經濟活動。同單純的商品或勞務輸出相比，對外承包工程是一種包括物資、勞務和技術的綜合性輸出活動。

一、中國國際工程承包合作的概況

中國的國際工程承包合作始於20世紀70年代後期，在黨的十一屆三中全會後，隨著改革開放的不斷深入而日益壯大起來的。

改革開放以後，中國的國際工程承包業務發展歷程大致可以分為以下三個階段：

(一) 新興階段 (1978—1982年)

20世紀70年代後期，中國對外承包工程開始正式起步，先後批准組建了中國建築工程總公司、中國公路橋樑建設總公司和中國土木建築工程公司，加上原有的中國成套設備進出口集團公司共有四家公司從事對外承包工程業務。由此，中國的對外承包工程事業開始正式起步。1979—1982年，全國共組建了27家對外承包工程的公司，它們在亞洲、非洲、拉丁美洲、北美洲和歐洲的45個國家和地區共簽訂了755項承包勞務合同，總金額達11.96億美元。

正當中國對外承包工程事業起步不久並有所發展之際，嚴峻的國際形勢又使其發展受阻。1980年至1982年，西方資本主義國際陷入第二次世界大戰以來最嚴重的經濟危機，廣大發展中國家也受到嚴重的影響。國際石油市場從20世紀70年代的供不應求變為供過於求，石油價格出現連續下降，導致石油輸出國的石油外匯收入大幅度下降。並且，兩伊戰爭持續不斷，使海灣地區的經濟發展受到嚴重影響。非洲國家除了受經濟危機的影響之外，還遭受了嚴重的干旱，一些低收入國家的人均國民生產總值從1981年到1984年連續四年出現了負增長。

(二) 穩步發展階段 (1983—1989年)

世界經濟的這些不景氣因素，使得國際承包市場的成交額從1983年起大幅度下降，中東和北非地區的發包額急遽收縮。這一時期，國際承包公司間的競爭日趨激烈，業主越來越多的以帶資承包、延期付款和實物支付為發包條件。所以這些因素使剛起步不久的中國國際工程承包合作業務面臨嚴峻的考驗。中國政府在給予經營國際承包合作業務的企業正確的宏觀政策指導的同時，也在微觀政策、資金等方面給予有力的支持。這些企業在逆境中奮力開拓，在競爭中求發展，他們在加強自身建設、做好國際工程承包合作業務的同時，注意結合自身特色和優勢，採取積極和靈活多樣的措施，內聯外引，成立國內合資企業，搞活了經濟，成果顯著。1983—1989年，中國簽訂國際工程承包合同額115.6億美元，市場進一步擴大，除中東、北非以外，業務拓展到南亞、東南亞、非洲、美洲、西歐和南太平洋等地的130多個國家和地區，其中亞洲

地區的合同額占總額的60%左右，成為中國最大的區域承包工程市場。國際工程承包也開始承攬一些技術含量較高的項目，如電站、糖廠、化肥廠等。

(三) 迅猛發展階段（1990年至近期）

中國公司為適應國際承包市場的需求，承包的項目以中小型工程為主，以利於資金週轉，提高經濟效益。經過多方的不懈努力，中國對外承包事業在經歷了一些起伏和波動後，開始慢慢有轉機。20世紀90年代初期，在經歷了艱難的經濟調整之後，以1992年鄧小平「南方談話」為契機，中國的對外開放進入了全面、快速發展階段。中國對外承包事業也出現了空前的繁榮。1991年到1995年的「八五」期間，新簽約合同超過了6.6萬份，合同金額達到347億美元，是「七五」時期的3.4倍，實際完成營業額225億美元，同比淨增2.1倍，同期合同金額、實際完成營業額的年均增長速度分別達到30%和28.7%，比「七五」時期高出14.5個百分點和11.2個百分點。1998年的營業額首次突破100億美元大關。據商務部統計，2005年，中國對外承包工程完成營業額217.6億美元，同比增長24.6%。2013年，中國對外承包工程業務完成營業額1,317億美元，比上年增長17.6%，這標誌著中國的國際工程承包業務已經進入規模發展階段。

二、中國國際工程承包合作的現狀和存在的問題

(一) 中國國際工程承包合作的現狀

中國對外承包工程事業從20世紀70年代末正式起步，經歷了改革開放以後三十幾年的曲折歷程，得到了迅速發展，中國的對外工程承包業務遍及世界六大洲的190多個國家和地區，對外承包合同額在20世紀80年代初只有幾千萬美元，而2004年已擴大到238.4億美元。在20世紀90年代，中國對外工程承包合同額的年增長速度為10%左右。截至2012年年底，中國對外承包工程完成營業額1,166億美元，儘管受到金融危機的影響，年度完成營業額同比增長12.7%，目前中國國際工程承包業務進入平穩發展的階段。在美國《工程新聞記錄》（ENR）公布的2012年國際承包商225強中有52家中國公司榜上有名，占據了1/5席位。在國際工程承包領域，中國基本上形成了一支具有多行業組成、能與國外大承包商競爭的隊伍，並得到世界範圍的普遍認可。根據中國對外工程承包地區的分佈情況分析，非洲和亞洲市場是目前中國對外工程承包業務中最為重要的海外市場，占據了近81%的份額；從承包商在海外市場上所涉及的行業來看，目前主要的承包項目集中在房建、交通、電子、石油及電力等行業，占據了大約75%的市場份額。其中，交通領域覆蓋了機場、橋樑、道路、海洋設施、碼頭、鐵路及隧道等。

(二) 中國國際工程承包合作存在的問題

1. 市場准入障礙和技術壁壘

中國在技術和法律方面仍未與國際市場完全接軌。國內的設計標準、設備材料標準自成一體，尚未與國際市場接軌。而歐美等發達國家普遍實施專業執照、企業許可、

人員註冊資格等制度，其他國家的市場准入條件和管理法規往往制約了中國企業進入市場。由此可以預計未來幾年，國際服務貿易的標準化對工程承包商的資質要求和對服務的質量標準要求，將成為市場准入新的技術壁壘。

2. 企業融資能力弱、渠道少

融資條件和中國設備、技術被東道國的認可度，一直是困擾中國企業擴大對外工程承包業務的瓶頸。由於中國對外承包工程企業自身的實力不足和金融支持體系的不完善，與國際大承包商強大的融資及資本營運能力相比，中國承包商融資能力較弱。

3. 惡性競爭嚴重，經營秩序欠規範

目前，中國具有對外承包工程經營資格的企業數量不多，營業額不大，行業集中度和企業國際化程度偏低，工程承包企業之間缺乏合作，互相壓價、惡性競爭現象比較嚴重。國際市場的低價競爭也引起了其他國家承包商的擔心，他們認為投標價過度低於建築業平均水平雖能中標，但結果往往導致不完整的或低質量的產品。此外，低價競標可能導致業主擔心工程質量無法擔保而拒絕授標，使承包商中標困難，並影響到今後的進一步合作。隨著越來越多的工程承包企業走出國門，如果不能正確引導和管理，低價競爭的現象將更加突出，而這也會增加中國被多次貿易機制制裁的記錄。

三、中國國際工程承包合作發展對策

(一) 加強工程承包企業的自身能力建設

在激烈的市場競爭環境中，中國大型工程承包企業必須加強自身能力建設，向設計與施工一體化、投資與建設一體化、國內與國外一體化的跨國公司方向發展，建立技術、管理密集型的工程總承包企業。按照國際化的經營模式，走智力、技術和資金密集的道路，加快進入 BOT 等高端市場的步伐；熟悉國際建築業技術標準、規範和市場運行規則，提升國際工程承包業務本地化營運的能力，通過與歐美企業合作，獲得更多的市場准入機會。借鑒中國製造業企業通過跨國併購和股權置換等方式加快「走出去」步伐的經驗，通過併購當地建築業企業，進入發達國家工程承包市場。另外，要重視屬地化經營，規避一些國外承包商設置的障礙，充分利用當地人力資源和政策法律環境，降低企業成本和經營風險。

(二) 加大金融扶持力度，建立完善融資體系

中國對外承包工程的制約因素突出表現在承包工程企業的自由資金少，不能滿足大型國際項目帶資承包的需要。為了促進企業走出國門，國家雖然出抬了一系列經濟政策，但還需要進一步建立和完善項目融資體系，加大對建築承包商開拓國際市場的金融扶持力度。在政策上應允許政策性銀行和商業銀行提供無抵押貸款；鑒於部分國家對外工程貸款利率只有 1% 左右，中國也要考慮適當下調對外承包工程的貸款利率和保險費率，或提高貸款的政策性貼息率和延長貼息期限，特別是對大項目給予利率和費率優惠；增加對外工程承包保函風險專項資金的數額，簡化使用工程，擴大使用的範圍；對於從事境外工程諮詢、設計、工程承包的企業，特別是從事資源開採或帶動成套設備及機電產品出口達到一定比例的企業，予以所得稅減免和其他稅收優惠。

(三) 大力發展國際工程諮詢服務能力，加大開拓新興市場的力度

中國對外承包工程行業要真正轉變增長方式，實現業務升級，一個重要途徑就是要在中國對承包工程企業中大力培育工程諮詢、工程管理、投資顧問類公司，使這樣的企業有能力根據所在國家經濟發展需要，為業主進行項目的規劃論證和可行性研究、設計技術方案和融資方案，進而進行項目的施工和營運，實現規劃、設計、融資、施工、營運一體化，增強承包工程企業的整體實力和國際競爭水平。近年來，石油價格的上漲使得中東和非洲一些產油國獲得了巨額的財產收入，基礎設施和工業項目的建設呈現出高速增長的態勢；亞洲國家如印度、越南、印度尼西亞等，經濟上已經進入了比較快的發展時期，基礎設施建設投資需求巨大；拉丁美洲地區經濟持續好轉，帶動一些國家的工程市場開始日趨活躍；中東歐地區國家（捷克、匈牙利、斯洛伐克、波蘭、羅馬尼亞）具有良好的市場機遇；為了實現中國對外承包工程的進一步發展，我們必須在鞏固傳統市場的基礎上，加大對新興市場和發達國家市場的開拓力度。

(四) 進一步規範行業規範

推動出抬《對外承包工程管理條例》，並制定實施細則，依法對國際承包工程進行管理、整頓和維護國際市場經營秩序；加大政策協調力度，稅收、金融、保險等相關各部門要協力配合，為企業開拓國際市場提供各方面的支持；對現有支持政策進行專項評估，並根據實際情況和企業需要做出相應的調整；在不可預測的恐怖襲擊事件、政治風險時有發生的情況下，建立政府有關部門能在安全形勢評估、加強安保防範措施上給予指導和支持，盡快建立和完善風險保障機制。

思考題

1. 簡述國際工程承包概念及其類型。
2. 國際工程承包的特點是什麼？
3. 國際招標方式有哪幾種？
4. FIDIC條款的內容是什麼？
5. 中國國際工程承包合作存在哪些問題？

第九章 國際租賃

第一節 國際租賃概述

一、國際租賃的概念

租賃是指出租人在不轉讓所有權的條件下，把物品出租給承租人在一定的期限內使用，承租人按契約的規定，分期付給出租人租金的一種融資與融物相結合的經濟活動。狹義的國際租賃僅指跨國租賃，也叫跨境租賃，是指分別處於不同國家或不同法律體制之下的出租人與承租人之間的一項租賃交易。跨國租賃是一種符合一般關於國際經濟交易定義方法的國際租賃形式。廣義的國際租賃不僅包括跨國租賃，還應包括離岸租賃。離岸租賃，又稱間接對外租賃，是指一家租賃公司的海外法人企業（合資或獨資）在註冊地經營的租賃業務，不管承租人是否為當地用戶，對這家租賃母公司而言是離岸租賃；但對母公司的海外法人企業而言，由於其在絕大多數的情況下是與其所在國的承租人達成交易，因比，僅就它們之間的交易而言，則屬於國內交易。

中國關於國際租賃的定義：中國租賃界根據交易三方當事人的國別屬性及合同所使用的計價貨幣，將租賃交易分為租賃的國內業務與國際業務。當三方當事人均為中資企業並以人民幣作為合同計價貨幣時，即為租賃的國內業務。若三方當事人中任意一方為外國企業，並以外幣作為合同計價貨幣時即為租賃的國際業務，多數情況下，租賃的國際業務以承租人為國內企業、出租人為合資或中資租賃公司、供貨商為外國企業並以外幣計價的形式出現。

出租人和承租人為租賃活動的雙方當事人。但在現代租賃業務中，出租人經常是專業性的組織機構，它們根據承租人的要求從製造廠商處購得租賃物品，然後再將其出租給承租人使用。在這種情況下，租賃業務的當事人還包括供貨人即設備製造商。在較為複雜的租賃業務中，其當事人除涉及出租人、承租人及供貨人外，還有貸款人、受託人等。

租賃的期限稱為租期，由兩種期限構成。第一種是基本租期，即由雙方規定一個固定的不可撤銷的基本期限。基本租期期滿後，承租人可以選擇退租、續租或留購。第二種稱為續租租期，即在承租人選擇續租時，雙方約定的續租期限。現代國際租賃的租期一般都在 1 年以上，表現為中長期租賃。

二、國際租賃的產生與發展

第二次世界大戰後突飛猛進的第三次科技革命使國際分工更加深化，生產的國際化與專業化空前加強，國際經濟合作的形式日益多樣，表現為在發達國家之間的、發達國家與發展中國家之間的，在金融、貿易與生產等諸多方面的相互協作、相互利用，國際租賃正是在這種歷史背景下產生並得以發展的。科學技術迅速發展，這一方面促進了社會生產力的提高，另一方面又造成技術更新週期縮短，機械設備無形損耗加快。企業為避免因自我投資購買具有尖端技術的設備而可能遭受的無形損耗，而更多地採用了租賃形式。這類設備的出租多由生產廠家提供或參與提供，在提供融資便利的同時還提供其他方面的服務，在新設備出現時，允諾承租人可以以舊換新等靈活多樣的租賃殘值的處理方式，既有利於生產企業推銷商品，又能滿足承租用戶的需求，因而大獲發展。國際租賃業發展到現在，已經成為全球僅次於銀行信貸的第二大金融工具，在許多發達國家是具有廣闊市場前景的「朝陽產業」。

三、國際租賃的特徵

經歷了幾十年的高速發展，租賃業的內涵被不斷地豐富，各種創新業務不斷出現，呈現出現代經濟的特點。

現代租賃屬於服務貿易，是集金融、貿易、服務為一體的知識密集型和資金密集型邊緣產業。出租人提供的包括金融在內的服務，而不是單純的出租行為。只是出資人借助租賃這個載體，拓展出既減少風險，又增加收益的交易模式；既是對金融的創新，又是對貿易的創新。

現代租賃是金融和貿易結合的產業，必須具備兩個基本市場才能健康開展業務。一是資金市場，如果沒有資金來源和債權退出，租賃行業不可能保持持久的發展；二是二手拍賣市場，租賃物件必須保證「輕鬆回收，輕鬆處置」才能保障債權，才能和資本市場接軌。如果沒有物權退出通道，既不可能解決物權變現問題，也不能解決債權融資問題。

現代租賃將所有權分為三類：法律所有權、稅務所有權和會計所有權。法律所有權，實際上是指融資租賃中對物權處置的權利；稅務所有權是指享受租賃物件折舊的權利；會計所有權指租賃物件資本化的權利。

現代租賃靠四個支柱（法律、會計準則、稅收、監管）的支撐才能健康發展。沒有法律法規保護交易規則，租賃業務難以正常開展；沒有會計準則對租賃會計進行確認、計量和報告，無法準確進行會計處理；沒有稅收上的好處，降低融資成本，不能使其具有競爭力；沒有適度的監管制度，融資租賃無序發展，市場秩序有可能被擾亂。上面四者相輔相成，缺一不可。

四、國際租賃的作用

國際租賃對租賃市場上的參與者以及租賃物的進出口商來說，與簡單的商品買賣相比有較大的益處，具體體現為對承租者和出租者兩大方面的作用。

(一) 國際租賃對承租者的作用

1. 可以擴大利用外資途徑

當國內生產企業急需引進國外先進設備，又缺乏外匯資金時，國際租賃是利用外資的有效途徑。因為國際信貸購買設備，仍需自籌部分資金，並預付15%的合同價款。而用租賃方式引進，生產企業可先不付現匯資金即可使用設備，留待以後分期支付租金給國外出資者，使企業資金週轉不會遇到困難，從而達到提高產品質量、增加產量和擴大出口的目的。

2. 可以加快設備技術引進時間

國內生產企業如果向銀行申請貸款和外匯，再委託進口公司購買所需設備，一般來說，時間是相當長的。而使用融資租賃的形式，通過信託公司辦理，可使融資與引進同步進行，從而達到加快引進的目的。

3. 可以促進企業技術改造

企業採用租賃方式，能經常替換殘舊和過時的設備，使設備保持高效率及其先進性，使企業產品更具有競爭力。尤其是經濟壽命較短或技術密集型的設備，用經營租賃方式引進最新設備，出資者負責維修，更能使企業的技術改造有所保證。

4. 避免國際通貨膨脹的不利影響

租賃合同，經雙方認可，根據租賃時設備的售價和銀行利息而確定的金額，在正式簽訂書面合同文件後，就固定了下來。因此，避免了通貨膨脹或國際貸款利率上浮等情況帶來的損失。

5. 減少盲目引進的損失

購買引進設備，一旦發現其產品不符合國內外市場的形勢和要求，要想很快脫手是相當困難的。若壓價出售，會使企業蒙受不必要的經濟損失；暫時閒置不用，又會使企業背上沉重的包袱，占用資金；勉強維持生產，產品銷售不好，會造成更大的損失。而採用經營租賃方式，靈活方便，如果發現情況不好，則可立即退租，力求使企業損失降低到最低程度。

6. 可以滿足暫時性和季節性需要

有些設備在生產中的使用次數不多，卻又不可缺少，如探測儀器、儀表等；有些設備生產的季節性影響較大，使用的時間少，閒置的時間多，如農用設備等。如果購置備用，則造成積壓浪費。採用租賃形式，既便宜又節約，還能節省保管和維修費用。

(二) 國際租賃對出租者的作用

1. 可以擴大設備銷售

機器設備只有盡快銷售出去，才能收回資金，促進生產的進一步發展。如果需要設備的用戶，缺乏資金又不易獲得銀行貸款，難以一次性付清貨款時，就難以達成交易。採用租賃貿易的方式，以租金的形式回收資金，是商品擁有者擴大商品銷路的一條新途徑。出租者承接租賃業務，起著促進達成交易的作用，並能從中獲得一定的利益。

2. 可以獲得較高收益

出租者在設備出租期間所獲得租賃費的總和，一般都比出售該設備的價格要高。而設備的所有權仍屬於出租者，使其收益更安全可靠。同時，在租賃期間內，出租者還可向承租者提供技術服務，包括安裝、調試、檢測、維修、保養、培訓等一系列服務，可以擴大相關的收入。

3. 可以得到繳納稅金的優惠待遇，可以享受稅負和加速折舊的優惠

採用融資租賃形式出租的設備，國家一般均不將其作為該企業的資產處理，因此，能在本國獲得減免稅的待遇。

第二節　國際租賃的主要方式

一、按租賃目的劃分

國際租賃按租賃目的可劃分為融資性租賃和經營性租賃。

融資性租賃：當企業需要籌措設備時，採用較長期租賃機械設備的融物方式來代替融資購買設備，從而達到融通資金改善財務狀況的目的，是一種採用融物形式的不可撤銷的、完全付清的中長期融資方式，具有濃厚的金融業務色彩。因此，往往被看作一項與設備有關的貸款業務。是典型的設備租賃所採用的基本形式。融資租賃具有投資促進、設備促銷、融資、資產管理、資本形態的靈活轉化等功能。融資租賃一般有以下幾個特點：至少涉及三方當事人（出租人、承租人和供貨商）和兩個以上合同（買賣合同和租賃合同）。支付的租金包括了設備的價款、租賃費、借款利息等較為完整的費用。租期較長，一般達到租賃資產使用年限的 75% 以上（一般為 3~10 年），實際上租期基本等於設備的使用壽命。設備所有權與使用權分離。法律上的設備所有權屬於出租人，但經濟上的使用權屬於承租人。基本租期結束時，承租人對設備一般有留購、續租和退租三種選擇權。

經營性租賃：泛指融資性租賃以外的其他一切租賃形式。這類租賃的主要目的在於對設備的使用。因此，當企業需要較短期使用設備時，可採用經營性租賃形式，以便按自己的要求使用這些設備。經營性租賃與融資性租賃不同，是一種由出租人提供維修管理等售後服務的、可撤銷、不完全支付的短期融資行為。主要有以下幾個特點：合同可中途撤銷。租期較短（一般 3 年以下，遠遠短於設備有效壽命），屬於不完全支付（所有權一般最後也不轉移）。租賃物件由出租人批量採購，其通用性強並有較好的二手貨市場。出租人負責提供租賃設備的維修與保養等服務、租金較高。

二、按出租人身分以及業務劃分

國際租賃按出租人身分以及業務劃分可分為直接租賃、間接租賃、槓桿租賃。

直接租賃：是購進租出的做法，即由出租人用在資金市場上籌措到的資金，向製造商支付貨款，購進設備後直接出租給用戶（承租人）。

間接租賃：銀行不以出租人身分直接購進租賃標的，而是通過租賃公司或受託機構等參與租賃業務，銀行只負責對租賃公司再融資，對租賃標的沒有所有權，僅僅享有擔保物權。

槓桿租賃：設備購置成本的小部分由出租人投資承擔、大部分由銀行等「金融機構投資人」提供貸款補足的租賃稱為槓桿租賃。槓桿租賃主要適用於價值高、時間長的租賃。具有以下特點：資金門檻低，出租人一般只需投資購置設備所需款項的20%～40%，即可在經濟上（也僅僅在經濟上）擁有設備所有權，享受百分之百擁有設備所有權的同等的稅收待遇。財務槓桿大：設備購置成本的大部分由銀行、保險公司和證券公司等金融機構的貸款提供；銀行金融機構提供貸款時，需要出租人以設備第一抵押權、租賃合同和收取租金的受讓權作為對該項借款的擔保。該租賃具有以下特點：貸款人對出租人無追索權。即在承租人無力償付或拒付租金時，貸款人只能終止租賃，而無權向出租人追索；出租人在購置租賃設備時必須自己支付20%的價款，作為其最低風險投資額；租期結束時，租賃資產的殘值必須相當於原設備有效壽命的20%，或至少尚能使用1年；租期結束後，承租人行使合同規定的購買選擇權時，價格不得低於這些資產當時的市場公平價格。

三、從法律角度劃分

國際租賃從法律角度劃分可劃分為節稅租賃、非節稅租賃。

節稅租賃：在美國被稱為真實租賃，亦即在稅收方面能真正享受租賃待遇的租賃。在節稅租賃中，出租人有資格獲得加速折舊、投資減免等稅收優惠，並以降低租金的形式向承租人轉讓部分稅收優惠，承租人支付的租金可當作費用從應納稅利潤中扣除。這種節稅好處是能使企業籌措設備的租賃成本比貸款購買更低。

非節稅租賃：在英國被稱為租購，而在美國則被稱為有條件銷售式租賃。這類銷售式租賃，在考慮租賃以稅收為基礎的國家的稅法上，通常被當作分期付款交易來對待。非節稅租賃需要以下條件：租金中有部分金額是承租人為獲得資產所有權而專門支出的；在支付一定數額的租金後，資產所有權即自動轉移給承租人；承租人在短期內交付的租金，相當於購買這項設備所需要的大部分金額；一部分租金支出實際上是利息或被認為相當於利息；按名義價格留購一項資產；租金和留購價的總和按購買設備的買價加運費；承租人承擔出租人投資損失的風險；租期實質上等於租賃資產的全部有效壽命。

四、按具體做法劃分

國際租賃可按具體做法分為轉租賃、回租、綜合租賃、維修租賃。

轉租賃：就是租進租出。出租人從租賃公司或製造廠商租進設備轉租給用戶使用。租賃公司在其自身能力較弱、融資技術不太發達、資金來源有限的情況下，往往會採用轉租賃，以期利用別家租賃公司條件優惠的融資便利。

回租：指設備物主將自己擁有的部分資產賣給租賃公司，然後再從該租賃公司租回使用的做法。回租是企業缺乏現金時，為改善其財務狀況而採用的一種對企業非常

有利的做法。

綜合租賃：是一種租賃與貿易相結合的租賃方式，租賃與補償貿易相結合，即以所租設備產出的產品償付租金；租賃與加工裝配業務相結合，承租人以加工應得的工繳費來作為對租金的支付；租賃與包銷相結合，承租人將所租設備產出的產品交給出租人包銷，出租人應得的租金從包銷產品的價款中扣除；租賃與出口信貸相結合，出租人把利用所得出口信貸購買的設備出租給承租人，從而達到降低承租人租金的一種方式。

維修租賃：是介於融資租賃和經營租賃之間的一種租賃形式。主要指運輸工具的租賃，出租人在把運輸工具出租給承租人使用後，還提供諸如運輸工具的登記、上稅、保險、維修、清洗和事故處理等一系列的服務，因此租金要高於融資租賃，但低於經營租賃。維修租賃的出租人一般是製造廠家。

第三節　國際租賃的程序與合同

一、國際租賃的基本程序

在多數國家中，國際融資租賃的工作主要包括設備與供貨商選定、融資租賃結構與有關文件協商、供貨協議與租賃協議簽署、交貨與租賃協議履行等幾部分內容。但是在實行貿易管制和外匯管制的國家中，國際融資租賃工作程序往往還要複雜，中國目前關於國際融資租賃的管制性制度主要包括計劃管理制度、中國租賃公司經營鼓勵政策、進出口管制制度和外匯管制制度等。在通常情況下，中國的承租人在開始國際融資租賃過程之前已經進行了大量的前期準備工作，開始了國內申請程序，並已初步形成了國際融資租賃意向，其後的工作主要包括以下幾個部分：

（一）選定租賃設備和供貨商

在國際融資租賃工作開始後，承租人首先須在初步協商的基礎上選定供貨商，並與供貨商洽談擬定設備的品種、規格、交貨期和價格等事項，以使待購設備和供貨商確定化。儘管在這一過程中，承租人通常也委託租賃公司協助選定設備和供貨商，但在法律上，承租人可獨立作出決定和選擇。

（二）申請立項批准並委託租賃

根據中國的計劃管理制度，承租人在與供貨商與租賃公司初步協商的基礎上，應向計劃管理部門申報租賃設備項目建議書，取得立項批准，以保障其後融資租賃工作的順利進行。根據中國目前的融資租賃政策，中國的承租人通常須通過中國的租賃公司（如中國銀行下屬的融資租賃機構或合資性的租賃公司）進行涉外融資租賃，而此類租賃公司依融資租賃項目的進行，最終往往成為租賃介紹人、出租權的轉讓人或者出租人。依此政策，承租人在取得立項批准後，通常須向中國的租賃公司提出申請，填寫「租賃委託書」或「租賃申請書」，明確擬租賃設備的品種、規格、型號、製造

商、供貨商等內容。租賃公司與在對擬進行的國際融資租賃進行了經濟技術可行性分析後，將以書面簽章方式接受委託。

(三) 融資租賃結構的磋商與協議談判

在國際融資租賃的出租人確定後，該出租人在對融資租賃項目進行了現金流量分析和相關國家稅收會計制度分析的基礎上，通常須與承租人就計劃中的國際融資租賃進行結構磋商，以確定該融資租賃所採取的法律結構和資金結構。這一工作實際上是相關協議談判的基礎。

在國際融資租賃結構確定的基礎上，相關當事人將就租賃設備購買協議和租賃協議的內容進行協商談判。其中，租賃設備購買協議的當事人不僅包括出租人和供貨商，而且包括承租人（收貨人），承租人有權參與該談判並商定該協議的主要內容。如在中國目前的實踐中，承租人至少在商定擬租賃設備的技術性條款和價格條款方面具有重要的作用。融資租賃協議的當事人雖為出租人與承租人，但同時也為供貨商規定了義務，例如，交貨義務、技術服務義務及主合同關係條款下規定的義務等。根據當事人商定的國際融資租賃結構，出租人和承租人還可能須參與其他相關協議的談判。從國際融資的慣例來看，國際經濟協議（特別是一攬子協議）的協商通常需先就協議的實質性條款或商業條件達成意向，然後再就共同性條款達成一致。

(四) 租賃協議與供應協議之簽署

根據當事人確定的國際融資租賃之結構，出租人和承租人可能需簽署一系列協議和法律文件，但其中最重要和最通常的是供貨協議和融資租賃協議。根據《國際融資租賃公約》和國際慣例，供貨協議和融資租賃協議無論簽署順序如何，兩者均具有相關性和制約性，其中該供貨協議為融資租賃協議的從合同，在融資租賃協議生效後，該供貨協議原則上將不可變更。但在中國的「對外融資租賃協議」中，出租人往往排斥這一條款，甚至要求供貨商與承租人就租賃設備的維修和技術服務另簽署獨立的協議。在融資租賃的這一準備工作階段，出租人和承租人還需完成中國法律要求的進口手續申報、用匯手續申請和外債登記程序等。

(五) 供貨協議的履行

在國際融資租賃中，供貨協議的履行是租賃協議履行的前提。依據協議，出租人有義務開立信用證、組織運輸、購買運輸保險、付款贖單等；而供貨商有義務向承租人交貨並提供安裝與技術服務；承租人則負責辦理報關手續、支付進口關稅及其他稅費，並在規定期限內對承租設備進行驗收，向出租人出具驗收證書等。原則上，自承租人完成驗收之日起，供貨協議的履行即基本完畢，租賃協議則開始履行。

(六) 租賃協議的履行

依據國際融資租賃協議，出租人在承租人驗收設備後，應當向承租人發送租賃期起始的通知書，承租人則應支付首期租金，實踐中稱之為「起租」。在其後的租賃有效期內，出租人有權對承租人租賃使用設備的情況進行監督；而承租人則有義務在出租人通知其繳納租金後按約支付租金，並有義務按約使用該設備。在融資租賃協議期滿

後，承租人可按約將設備退還出租人，或者協議續展租期，或者按約留購。

二、國際租賃合同的主要內容

國際租賃合同屬於經濟合同的範疇，是出租人為某一物品的租賃而訂立的協議，是明確雙方權利與義務的法律文件。由於現代國際租賃業務的特點，一項租賃交易往往涉及多種合同，如進出口銷售合同、租賃合同、貸款合同、技術合同、維修服務合同等，在這些合同中，最基本的當屬租賃合同，主要內容包括以下方面：

(1) 合同說明條款；
(2) 合同租賃物；
(3) 租賃物的交貨與驗收；
(4) 租期和起租日期；
(5) 租金支付條款；
(6) 納稅條款；
(7) 租賃保證金；
(8) 擔保人；
(9) 保險條款；
(10) 期滿後租賃物的處理；
(11) 爭議的解決。

第四節　中國的融資租賃業現狀與發展策略

一、中國融資租賃業的發展過程

中國融資租賃業是在20世紀80年代初產生的，至今已有30多年的歷史。自誕生以來，融資租賃對於國內企業利用外資、引進國外先進設備和技術以及對企業實施技術改造，發揮了富有成效的促進作用。回顧中國融資租賃業的發展過程，大致可將其分為以下幾個階段。

第一階段為1981—1987年，是行業起步時期。1981年4月，中外合資性質的中國東方租賃有限公司成立，這是中國第一家租賃公司。同年7月，中國租賃有限公司成立，這是中國第一家國有性質的租賃公司。這兩家專業性租賃公司的問世，標誌著現代租賃業在中國的誕生。在這一時期，融資租賃模式被引入中國，從事租賃業務的機構紛紛湧現。政府部門出於對新生金融模式的探索和支持，對融資租賃公司設立較低的進入門檻，並提供大部分擔保，使得風險較低，收益也更為穩妥，對融資租賃業的發展起到了較大的推動作用。但在創造表面繁榮的同時，也為日後的欠租問題埋下了隱患。

第二階段為1988—1998年，是行業調整時期。這一時期，隨著中國改革開放的推進，企業逐步成為自負盈虧的經營主體。但由於在上一時期的門檻設置過低，不少融

資租賃企業的註冊資本金不足，在面臨債務時難以償付。同時，租賃業還出現了運作不規範、資本成本偏高、資產總量急遽擴張等問題，致使欠租問題嚴重。1988 年 6 月，國家發布相關規定，明確「國家機關不能擔任保證人」，使得企業不能再以國家信用作為後盾，解決了資金拖欠現象。受宏觀大環境影響，中國的融資租賃業在 1992—1996 年期間出現負增長，1997 年以後才有所恢復。

第三階段為 1999—2003 年，是行業建設時間。1999 年以後，中國關於融資租賃業的法律法規、監管政策、會計準則以及稅收政策不斷完善，初步形成了融資租賃行業的法律框架，進一步規範了融資租賃業的發展。1999 年實施的《中華人民共和國合同法》，單獨列出了有關融資租賃合同的章節。2000 年 6 月，中國發布關於融資租賃的第一個監管文件《金融租賃公司管理辦法》，對規範和促進融資租賃業的發展起到了重要作用。同年，融資租賃業經國務院批准被列入「國家重點鼓勵發展的產業」。在此期間，伴隨著中國加入世界貿易組織，融資租賃業迎來了新的發展契機，但在中國金融服務業逐步開放的背景下，也面臨著新的挑戰。

第四階段為 2004 年至今，是行業全面發展時期。2004 年，第十屆全國人民代表大會常務委員會將《中華人民共和國融資租賃法》列入立法規劃並啓動該法的立法工作，引發越來越多的中外投資者關注並介入融資租賃行業。同時，國家為內外資融資租賃設立了專門的試點企業。2007 年，修訂後的《金融租賃公司管理辦法》允許商業銀行和金融機構投資設立租賃公司，標誌著政府開始積極鼓勵與支持融資租賃業的發展。2011 年 12 月，商務部發布《商務部關於「十二五」期間促進融資租賃業發展的指導意見》，提出將創新融資租賃企業經營模式，優化融資租賃業發展佈局，拓展企業融資渠道，進一步促進融資租賃業的發展。同時，為提升融資租賃業監管水平、規範企業經營行為、防範行業風險、促進行業健康發展，商務部指定了《融資租賃企業監督管理辦法》，並於 2013 年 10 月 1 日起正式實施。法律的規範、政策的支持、監管的完善以及中外各類企業的積極參與，使得中國的融資租賃業迎來了全面發展的時期。

二、中國融資租賃業的發展現狀

根據中國租賃聯盟發布的中國租賃藍皮書——《中國融資租賃業發展報告 2013》，2013 年是中國融資租賃業復興後波動較大的一年，也是在多個方面取得重大突破的一年。特別是受益於各地政府陸續出抬的融資租賃支持政策，融資租賃業的整體規模有了可觀的增長，表現為以下幾個方面。

1. 融資租賃業領域的企業數目明顯增加

截至 2013 年年底，中國融資租賃公司突破 1,000 家，達到 1,026 家，比 2013 年初的 560 家增加了 466 家，增長 83.2%。其中，金融租賃公司有 23 家，增加了 3 家；內資租賃公司有 123 家，增加了 43 家；外貿租賃公司有 880 家，增加了 420 家。

2. 融資租賃業企業的資本實力顯著增強

據統計，截至 2013 年年底，中國融資租賃行業註冊資金已突破 3,000 億元大關，達到 3,060 億元，比 2012 年的 1,890 億元增加了 1,170 億元，增長了 61.9%。

3. 融資租賃的業務規模急遽擴張

據統計，2006—2010 年的「十一五」期間，中國融資租賃業規模一直呈幾何級數式增長，業務總量由 2006 年的約 80 億元擴展至 2010 年的約 7,000 億元，增長了 86 倍。截至 2013 年年底，全國融資租賃合同餘額突破 2 萬億元大關，達到 21,000 億元，較 2012 年年底的 15,500 億元增加了 5,500 億元，增長幅度為 35.5%。其中，金融租賃合同金額約為 8,600 億元，增長了 30.3%；內資租賃合同餘額約為 6,900 億元，增長了 27.8%；外商租賃合同餘額約為 5,500 億元，增長了 57.1%。

三、中國國際租賃業務發展存在的問題

租賃業務在中國國內起步較晚，發展也非常緩慢。中國開展國際租賃業務起步更晚，發展更加緩慢，且在發展過程中還存在諸多問題。

（一）國際租賃業務進出口結構失衡

20 世紀 80 年代中期以來，發達國家新增的設備租賃交易額主要是國際租賃業務，其金額已達 2,000 多億美元，至少占全球資本性物品交易額的 10% 以上。飛機、通信信息設備、工程機械、大型醫療設備的租賃交易額所占比例更大，有的高達 60% 以上。中國通過國際租賃方式引進飛機達 400 多架，累計金額 300 多億美元。通過中外合資和內資租賃公司利用外資引進電信、菸草、石化、輕紡、交通工具等設備近 100 億美元，兩項合計用匯達 400 多億美元，而中國開展租賃業務的收入很小，影響力也不大。

（二）國際租賃業務在中國未被廣泛接受和認可

現階段，中國的國際租賃業務主要以經營性租賃形式為主，租賃形式相對單一。以金融租賃為主的現代租賃業務在中國的發展比發達國家晚了近 30 年時間。金融租賃是發達國家金融業發展到一定階段金融創新的產物，其運作機制比較複雜。中國金融租賃行業業務總量只有約 160 億元人民幣，與全球排名第二的國民經濟總量相比不成比例，租賃業務未被廣泛瞭解和接受，租賃業務的社會認知度低。中國缺乏金融租賃理論和實踐根基，支持金融租賃發展的政策環境一直沒有建立起來。中國現有的金融租賃公司數量太少，遠沒有形成競爭的局面。儘管國內有不少外貿公司和國有大型企業參與了國內合資租賃公司、金融租賃公司的投資，有的外方合作夥伴就是國際著名的金融機構或租賃公司，有現成的操作平臺，但沒有人研究如何利用這個平臺來服務於自己的出口或海外投資業務。

（三）缺乏扶持租賃業發展的信貸、財稅政策

中國國內租賃企業的強大對手是外資租賃公司，仲利國際、西門子、卡特彼勒、GE 等幾大國際巨頭已獨資進入了中國租賃行業。相比內資租賃企業，外資公司在租賃行業擁有豐富的經驗，同時資金也很雄厚。融資租賃企業的成敗關鍵，就是融資能力，資金流轉是融資租賃最重要的一環。由於國家對於銀行信貸方面控制得比較嚴格，融資租賃公司與一般類型的公司，在借貸方面並沒有享受特權。國家規定融資租賃公司的營業額，不能超過其註冊資本的 10 倍。如公司的註冊資金是 1,000 萬元，租賃公司

的業務金額不能超過1億元，其他9,000萬元資金，都需要租賃公司自己融資。很多租賃項目，開始進行時比較順利，但因後來貸款收緊和資金不到位而中途告急，最後暫停。同時，中國還缺乏扶持租賃業發展的財稅政策。

(四) 租賃業法律、法規、信用機制等不完善

與內資租賃企業相關的法規共有三部：《合同法》《租賃會計準則》和《金融租賃公司管理辦法》，但這三部法規都沒有具體的操作細節可循，僅僅是指導性的意見和建議。此外，中國的信用體系還不健全，融資租賃的出租人常常處於不利的地位，拖欠的租金難以收回、租賃價格不穩定、合同標的不確定，極大地限制了中國國際租賃業務的發展。以工程機械租賃為例，發達國家具有相當規模的工程機械租賃企業有數千家，而中國資產超過3,000萬元以上的專業工程機械租賃公司只有80家左右（其中1億萬元以上的約20家），其餘均為中小企業和個體戶。某些公司提供的設備銹跡斑斑、性能很差，不少產品是淘汰之後自行翻新改裝的，在一定程度上影響了租賃公司的信譽。企業規模小而多帶來許多不良後果，如管理措施跟不上、保障能力差、配套能力弱、低價無序競爭等；現有的機械租賃僅停留在設備使用及人員操作方面，以二手設備、低成本運作為主要方式。

四、促進中國融資租賃業進一步發展的策略

雖然中國已是目前僅次於美國的全球第二租賃大國，但與美國相比差距仍很明顯。中國的租賃業市場滲透率僅為2%左右，遠低於美國的近30%，但這也預示著中國租賃業未來的提升空間異常巨大。國內外實踐表明，融資租賃不僅是滿足大型基礎設施對設備需求的可行選擇，更是解決中小型企業融資難問題的有效途徑。在中國當前的供給側改革背景下，國內對各類資本、技術密集型設備的需求量還將持續擴大。作為目前僅次於銀行業的全球第二大資金供應渠道，融資租賃在中國有著廣闊的發展前景。

(一) 完善相關法律法規，創建寬鬆的政策環境

國家應適時出抬《中華人民共和國融資租賃法》，改變迄今為止中國仍沒有一部專門針對融資租賃的法律的局面，並做到各項法律法規的規定相一致，為融資租賃業的發展提供高效力的法律保障，使得融資租賃業的發展有法可依。同時，現行稅制對於融資租賃的經營環境影響巨大，「營改增」對融資租賃業利弊兼具。應明確融資租賃業的行業屬性，並借鑑其他國家的有益經驗，完善相關稅收支持政策，給予融資租賃業以更多的稅收優惠，鼓勵其發展。

(二) 做好融資租賃業的風險防控

能否有效防控風險，是中國融資租賃業實現健康發展的關鍵所在。由於融資租賃業務有著融資與融物的雙重屬性且持續時間較長，其風險將貫穿業務始終且具備自身的特殊性。對此，融資租賃企業要完善內部風險控制體系，建立起風險準備金制度，做好風險的事前防範、事中跟蹤及事後應對；融資租賃行業組織應加強本行業自律建設，督促其成員企業規範與管理好資金來源，不得在沒有實際租賃標的物的情況下空

轉,相關政府部門也要加強行業監管,保證租賃企業的資本充足率、不良資產比率及資產負債率等各項指標符合規定要求。

(三) 努力拓展國際租賃市場

據中國租賃聯盟預測,在2017年以後的幾年中,中國融資租賃業每年的業務量將以較快的速度增長,並將超越美國而成為世界第一大租賃大國。這給中國融資租賃業企業的國際化發展提供了良好機遇。以生產和銷售在全國占先的中國工程機械行業為例,其中40%的銷售是通過租賃實現的,但通過對外租賃實現出口的比例還較低。在當前中國企業「走出去」的背景下,租賃企業特別是規模較大的租賃企業,應該在開發國內租賃市場的同時,積極進軍國際租賃市場去拓展發展空間。

(四) 積極培養融資租賃業專業人才

中國融資租賃行業規模的擴張、租賃企業經營範圍的拓展、國內外租賃市場競爭的激烈,使得行業人才緊缺的問題日顯突出。對此,一方面要在租賃行業內部組織專業培訓,保證從業人員的業務水平達到行業統一標準;另一方面,在高等院校中也應開展相關學科建設及專業人才培養,並加強校企聯繫,定向培養企業所需的高素質業務人才,為融資租賃業的發展提供不竭的人才保證。

思考題

1. 什麼是國際租賃?現代國際租賃存在哪些主要特徵?
2. 國際租賃對出租人和承租人各有哪些好處及局限性?
3. 國際租賃主要有哪些方式?其業務特徵各是什麼?
4. 國際租賃合同通常包括哪些內容?
5. 談談你對中國發展融資租賃業的成效、問題及應對策略的認識。

第十章　國際發展援助

第一節　國際發展援助概述

一、國際發展援助的定義

國際發展援助（International Development Assistance）是指國際經濟組織、發達國家和一些經濟發展程度比較高的發展中國家政府及其所屬機構、民間團體、以提供資金、物資、設備、技術等方式，幫助發展中國家發展經濟和提高社會福利的活動。

國際發展援助分為有償和無償兩種，其形式有贈與、中長期無息或低息貸款，以及促進受援國經濟和技術發展的具體措施。它的目標是促進發展中國家的經濟發展和社會福利的提高，縮小發達國家與發展中國家之間的貧富差距。國際發展援助屬於資本運動的範疇，它是以資本運動為主導，並伴隨資源、技術和生產力等生產要素在國際間移動，它所採取的各種方式和方法均為資本運動的派生形式。

二、國際發展援助的方式

國際發展援助的方式，按其援款的流通渠道可分為雙邊援助和多邊援助；按其援助的方式可分為財政援助和技術援助；按其援款的使用方向可分為項目援助和方案援助。

（一）雙邊援助

雙邊援助（Bilateral Aid）是指兩個國家或地區之間通過簽訂發展援助協議或經濟技術合作協定，由一國（援助國）以直接提供無償或有償款項、技術、設備、物資等方式，幫助另一國（受援國）發展經濟或渡過暫時的困難而進行的援助活動。雙邊援助與多邊援助並行，是國際發展援助的主要渠道。近些年，雖然世界各國通過多邊渠道提供的援助數額有所增加，但通過雙邊渠道提供的援助活動仍占他們對外援助的主導地位。

（二）多邊援助

多邊援助（Multiple Aid）是指多邊機構利用成員國的捐款、認繳的股本、優惠貸款及在國際資金市場借款或業務收益等，按照它們制定的援助計劃向發展中國家或地區提供的援助。在多邊援助中，聯合國發展系統主要以贈款的方式向發展中國家提供無償的技術援助，而國際金融機構及其他多邊機構多以優惠貸款的方式提供財政援助。

在特殊情況下，多邊機構還提供緊急援助和救災援助等。多邊援助是第二次世界大戰以後才出現的一種援助方式，西方發達國家一直是多邊機構援助資金的主要提供者。由於多邊機構援助資金由多邊機構統一管理和分配，不受資金提供國的任何限制和約束，所以多邊援助的附加條件較少。

(三) 財政援助

財政援助（Financial Assistance）是指援助國或多邊機構為滿足受援國經濟和社會發展的需要，以及為解決其財政困難，而向受援國提供的資金或物質援助。財政援助分為贈款和貸款兩種。貸款又分為無息貸款和有息貸款，有息貸款的利率一般低於國際金融市場利率，貸款的期限也較長，一般在10年以上，而且還有較長的寬限期。

財政援助在資金方式上分為官方發展援助（Official Development Assistance）、其他官方資金（Other Official Flow）和民間資金（Private Flow）三種。官方發展援助是發達國家或高收入的發展中國家的官方機構為促進發展中國家的經濟和社會發展，向發展中國家或多邊機構提供的贈款或贈與成分不低於25%的優惠貸款。贈與成分是根據貸款利率、償還期、寬限期、收益率等計算出來的一種衡量貸款優惠程度的綜合性指標。衡量援助是否屬於官方發展援助一般有三個標準：一是援助是由援助國政府機構實施的；二是援助是以促進發展中國家的經濟發展為宗旨，不得含有任何形式的軍事援助及各種間接形式的援助；三是援助的條件必須是寬鬆的，即每筆貸款的條件必須是減讓性的，其中的贈與成分必須在25%以上。其他官方資金指的是由援助國政府指導的專門銀行或基金會向受援國銀行、進口商或本國的出口商提供的，以促進援助國的商品和勞務出口為目的的資金援助。其援助主要是通過出口信貸來實施的。其他官方資金也屬於政府性質的資金，也以促進發展中國家的經濟發展和改善其福利為援助的宗旨，貸款的贈與成分也必須在25%以上，它與官方資金的區別在於不是以政府的名義實施的援助。民間資金是非政府組織提供的援助，也稱民間發展援助，它是指由非營利的團體、教會組織、學術機構等提供的援助，它主要是以出口信貸和直接投資的形式來實施的。

(四) 技術援助

技術援助（Technical Assistance）是技術先進的國家和多邊機構向技術落後的國家在智力、技能、諮詢、資料、工藝和培訓等方面提供資助的各項活動。技術援助分為有償和無償兩種。有償的技術援助是指技術的提供方以優惠貸款的形式向技術的引進方提供各種技術服務；而無償的技術援助則是指技術的提供方免費向受援國提供各種技術服務。

技術援助採用的主要形式有：援助國際派遣專家或技術人員到受援國進行技術服務；培訓受援國的技術人員，接收留學生和研究生，並為他們提供獎學金；承擔考察、勘探、可行性研究、設計等投資前服務活動；提供技術資料和文獻；提供物資和設備；幫助受援國建立科研機構、學校、醫院、職業培訓中心和技術推廣站；興建廠礦企業、水利工程、港口、碼頭等各種示範性項目等。20世紀60年代以來，隨著科學技術的迅速發展，技術援助的規模和形式都有了較大的發展。在60~70年代，發達國家每年向

發展中國家提供的技術援助資金數量只占其對外援助總額的 10% 左右。進入 20 世紀 80 年代以後，這一比例已提高到 30% 左右，有些發達國家甚至達到了 60%。技術援助已成為加強發達國家與發展中國家進行經濟合作的重要手段。

(五) 項目援助

項目援助（Project Assistance）是指援助國政府或多邊機構將援助資金直接用於受援國某一具體建設目標的援助。由於每一個具體的援助目標都是一個具體的建設項目，故稱為項目援助。項目援助的資金主要用於資助受援國開放動力資源和礦藏，建設工業、農業、水利、道路、港口、電信工程以及文化、教育、衛生設施等。

項目援助既可以通過雙邊渠道，也可以通過多邊渠道進行。其資金主要來源於各發達國家或高收入發展中國家的官方援助及世界銀行等多邊機構在國際資金市場上的借款。由於項目援助均以某一具體的工程項目為目標，並往往與技術援助相結合，所以援款不易被挪用，從而有助於提高受援國的技術水平。目前，由於許多發達國家將擴大本國商品的出口和保證短缺物資的進口來源作為提供項目援助的先決條件。因此，項目援助對援助國也甚為有力。

(六) 方案援助

方案援助（Programme Assistance）又稱非項目援助，是指援助國政府或多邊機構根據一定的計劃，而不是按照某個具體的工程項目向受援國提供的援助。項目援助一般用於進口撥款、預算補貼、國際收支津貼、償還債務、區域發展和規劃等方面。

一個援助方案含有數個或更多的項目，並且往往要經歷數年或數十年的建設週期。一個援助方案雖然含有若干個項目，但援助方案本身一般不與具體項目相聯繫。在多數情況下，方案援助的資金往往附帶有嚴格的使用規定，特別是近些年來，援助國或多邊機構往往要求對方按援助的執行情況進行嚴格的監督與檢查。方案援助也是發達國家目前經常採用的一種援助方式。進入 20 世紀 80 年代後，經濟合作與發展組織的發展援助委員會的 17 個成員國以方案援助方式提供的援助額已占到雙邊援助協議額的 1/3 以上。在美國國際開發計劃署目前提供的援助額中，方案援助一般占 50% 以上。

三、國際發展援助的現狀與特徵

(一) 國際發展援助的現狀

當前國際發展援助主要由四個部分組成。

第一部分是經濟合作與發展組織（簡稱「經合組織」）下屬的發展援助委員會（DAC）29 個成員國向發展中國家和國際多邊機構提供的官方發展援助；第二部分是非 DAC 成員國所提供的符合官方發展援助標準的援助，主要包括尚未加入 DAC 的經合組織成員國，如捷克、冰島、波蘭、土耳其等，以及有較強經濟實力的發展中國家，如中東產油國、以色列等；第三部分是非政府組織（NGOs）向發展中國家提供的贈予；第四部分是所謂「新興援助國」，如中國、俄羅斯以及其他一些實力較強的大國提供的對外援助。目前，發達國家提供的援助仍然是國際援助中最重要的來源。

在發達國家中,美國依然是最大的援助國,但歐盟總體援助力量越來越強。自21世紀初以來,美國一直保持著世界最大援助國地位,英國為僅次於美國的第二大援助國,其後依次為法國、德國和日本。

非DAC成員國援助額也增長迅速,但是在國際上的影響力有限。根據統計,向DAC提交官方發展援助數據的非成員國和地區共有18個,沙特阿拉伯是其中援助額最大的國家。但是非DAC成員國官方發展援助額較小,且援助對象相對集中在周邊國家和利益相關的國家。例如,沙特阿拉伯、科威特和阿聯酋的官方發展援助主要對象都是伊斯蘭國家。

新興援助國多為發展中國家,具有一定的經濟實力作後盾。在國際上或所在區域具有較大影響力,近年對外援助增長迅速。非政府組織在國際援助中日益活躍,通過多種渠道籌集了大量資金用於援助。隨著國際援助力量和渠道的多元化發展,發達國家在國際援助格局中的主導地位受到威脅,為了鞏固其國際援助中的實力,發達國家開始關注援助的有效性,分別提出《關於援助有效性的巴黎宣言》和《阿克拉行動計劃》,要求各援助方之間加強協調與合作,尤其是加強與新興援助國的合作。一方面調整自身發展援助的方式和管理,另一方面與新興援助者開展建設性對話。將新興援助國納入傳統國際發展援助體系,遵循它們制定的援助規則。發達國家與新興經濟體在發展援助中既有競爭,也有合作。

(二)國際發展援助的特徵

1. 政治色彩日益濃厚

在20世紀80年代之前的國際發展援助中,援助國只注重受援國的政治傾向,即援助國只給予本政治集團內的國家或在政治上與援助國立場一致的國家經濟援助。20世紀80年代後,隨著一些社會主義國家改革大潮的湧現和東歐國家的巨變,西方發達國家開始將「民主、多黨制、私有制」等作為向發展中國家提供發展援助的先決條件,它們往往以經濟援助為條件,要求受援國必須按西方國家的意圖進行政治和經濟改革。如一些西方發達國家將受援國國內的政治、經濟和社會狀況以及受援國的人權記錄和民主進程作為援助的重要指標和根據。援助國的政治條件使一些發展中國家得到發展援助的數額日益減少。總之,發達國家正在把援助作為影響發展中國家政治的一種工具。

2. 援助規模停滯不前

以經濟合作與發展組織成員國為例,該組織成員國的官方發展援助額雖然從1970年的69.86億美元增加到2010年的1,287億美元,但增長幅度卻不斷下降。在1970年至1980年的10年間,該組織成員國的援助額從69.86億美元增加到272.96億美元,增加幅度為290.72%;而1980年至1990年的援助額雖然從272.96億美元上升到533.56億美元,但增長幅度卻下降到95.47%;20世紀90年代以後,援助規模進入停滯狀態。援助規模的增長幅度雖停滯不前,但要求緊急援助的最不發達國家卻從20世紀70年代的25個增加到2011年48個,符合國際開發協會援助條件的年人均國民生產總值在865美元(以1994年美元計算)以下的非常貧困的國家,也從1990年的42個

增加到 2011 年的 80 多個。目前，國際發展援助規模的停滯不前與要求援助的貧困國際不斷增加的矛盾日益突出。

3. 附加條件日益增多

近年來，越來越多的援助國將援助與採購援助國商品和使用援助國的勞務連在一起，而且限制性採購的比例占援款的比例不斷提高。目前，發展援助委員會成員國提供的雙邊援助，有一半以上要求受援國購買援助國的商品和使用援助國的勞務。這種帶有限制性採購的援助往往迫使受援國進口一些質量差、價格高的商品和勞務，以及一些不適用的、過時的技術，這不僅減弱了發展援助的作業，同時還加大了受援國的債務負擔。這便是許多發展中國家經濟發展速度減慢、債務增加速度加快的重要因素之一。

4. 援助格局發生了變化

國際發展援助格局的變化主要表現在三個方面：一是日本、加拿大、挪威、瑞典、芬蘭、法國、義大利和丹麥地位的上升，美國、英國、德國、荷蘭、澳大利亞、新西蘭、比利時、愛爾蘭地位的下降。二是石油輸出國組織成員國的援助數量普遍減少。三是進入 20 世紀 90 年代以後，援助國繼續減少，蘇聯已經解體，解體後的蘇聯各共和國由援助國變成了受援國。以此看出，雙邊發展援助已從原先的以美國、日本、西歐、中東地區產油國和蘇聯為主的世界雙邊發展援助體系，轉變為以日本、西歐和美國為主要援助國的世紀雙邊發展援助的新體系。

5. 雙邊發展援助的地理分佈相對穩定

美國發展援助的重點在拉美和中東地區，法國集中在非洲講法語的國家，英國將南亞和非洲的英聯邦國家視為援助的主要對象，日本則將大部分援助給予了東南亞各國，而石油輸出國組織的成員國則減少了對東南亞國家的援助。

6. 援助的贈與成分不斷提高

從 1989 年以後，發展援助委員會成員國向發展中國家提供發展援助的贈與成分評價超過了 90%，超過了發展援助委員會規定的 86% 的標準。1995—2008 年，發達國家向 48 個最不發達國家或地區提供發展援助的贈與成分平均高達 98% 以上。其中，對 15 個國家援助的贈與比重達到 100%。

7. 援助國加強了對援助項目的管理和評估

20 世紀 80 年代以前，雙邊援助的管理與評估工作遠遠不如多邊援助。80 年代後期尤其是進入 21 世紀以來，援助國加強了同受援國就有關項目某些具體問題的聯繫和合作，並注重項目評估，有時甚至參與項目管理，以此來提高援助的效益。如聯合國發展系統推行在駐地一級實行制定「聯合國發展援助框架」的做法，使受援國的發展計劃與聯合國的援助計劃相一致，以提高援助資金的使用效益。

8. 發展援助政策不斷的調整和變化

20 世紀 80 年代以後尤其是進入 21 世紀代以來，各國的對外發展援助政策直接影響到多邊機構的援助政策和援助資金的流向，各發達國家的發展援助政策也因而不斷調整。以歐盟為例，從 80 年代的第四個《洛美協定》到 2000 年的《科特努協定》，歐

盟的援助政策從以貿易特惠為特色的援助轉為強調自由貿易。從注重援助的經濟方面轉為注重發展援助的政治和社會內涵，從不干預和保持中立特色的援助政策轉為注重對受援國的經濟政治政策的監督和干預。

第二節　國際發展系統的援助

一、聯合國發展系統

聯合國發展系統是聯合國向發展中國家提供發展援助的機構體系，亦稱「聯合國援助系統」。該系統是一個非常龐大而又複雜的體系，它擁有30多個組織和機構。這些組織和機構在世界各國或地區設有眾多的辦事機構或代表處。目前，直屬聯合國發展系統的主要組織和機構有經濟及社會理事會（含5個區域委員會）、開發計劃署、人口活動基金會、兒童基金會、技術合作促進發展部、貿易與發展會議、環境規劃署、糧食計劃署等。其中，開發計劃署、人口活動基金會、兒童基金會也被稱為聯合國的三大籌資機構。聯合國發展系統的主要任務是向發展中國家提供無償技術援助。

聯合國發展系統還包括許多專門機構，他們是由各國政府通過協議成立的各國國際專業性組織，這些專業性組織是一種具有自己的預算和各種機構的獨立的國際組織。但由於它們通過聯合國經濟及社會理事會的協調同聯合國發展系統進行合作，並以執行機構的身分參加聯合國的發展援助活動，故稱聯合國發展系統的專門機構。目前，聯合國有近20個專門機構，它們是：國際勞工組織、聯合國糧農組織、聯合國教科文組織、聯合國愛滋病規劃署、世界衛生組織、聯合國婦女發展基金、國際貨幣基金組織、國際復興開發銀行、國際開發協會、國際金融公司、國際民用航空組織、萬國郵政聯盟、國際電信聯盟、世界氣象組織、國際海事組織、世界知識產權組織、國際農發基金、聯合國工發組織等。各專門機構根據自己的專業範圍，承擔執行聯合國發展系統相應部門的發展援助項目。

二、國際發展系統的主要機構

聯合國發展系統內的三大籌資機構是指聯合國開發計劃署、聯合國人口基金會和聯合國兒童基金會。聯合國發展系統的援款大部分是通過這三個機構發放的。

（一）聯合國開發計劃署

聯合國發展計劃署（UNDP）是聯合國發展系統從事多邊經濟技術合作的主要協調機構和最大的籌資機構，總部設在美國的紐約。其宗旨和任務是：向發展中國家提供經濟和社會方面的發展援助；幫助發展中國家建立應用現代技術方法的機構；協助發展中國家制定國民經濟發展計劃及提高他們戰勝自然災害的能力。開發計劃署的領導機構由執行局和秘書處組成，執行局由各大洲的36個成員國代表組成，任期三年，執行局每年舉行三次常會和一次年會。秘書處主要是按照執行局的政策並在署長的領導下處理具體事務，署長的任期為四年。開發計劃署的援助資金主要來源於會員國的自

願捐款，發達國家是主要的捐款國，其資金擁有量占聯合國發展系統資金總量的一半以上。其援款主要是根據由會員國的捐款總額、受援國的人口總數和受援國人均國民生產總值所確定的指規數（Indicative Planning Figure）進行分配。1972 年以後，開發計劃署已進行了 6 個週期，前 2 個週期將援款的 2/3 分配給了人均國民生產總值不足 300 美元的國家，從第 3 個週期開始將援款的 80% 在人均國民生產總值低於 500 美元的國家之間進行分配，其中人均國民生產總值低於 250 美元的國家還得到了特別照顧。聯合國開發計劃署提供援助的方式主要是無償的技術援助。其無償技術援助活動的範圍主要包括發展戰略，政策和計劃的研究與開發，自然資源、農業、林業、漁業、工業、運輸、通信、貿易和金融等方面的考察與開發。人口、住房、衛生、就業、文化和科技等方面的培訓與現代技術的應用等。開發計劃署已向世界上 140 多個發展中國家或地區提供過發展援助，並在 100 多個國家或地區設立了代表處。目前約有 4 萬多人服務於聯合國開發計劃署的各類機構及其資助的各類方案和項目。

(二) 聯合國人口基金會

聯合國人口基金會（UNFPA）也是聯合國發展系統主要的籌資機構。它成立於 1967 年，總部在美國的紐約。人口基金會的主要機構也是由 36 個成員國組成的執行局。其宗旨和任務是：提高世界各國人口活動的能力和知識水平；促進國際社會瞭解人口問題對經濟、社會和環境各方面的影響，促使各國根據各自的情況尋求解決這些問題的有效途徑；對有關人口計劃諸如計劃生育、人口統計資料的收集和整理，人口動態研究，人口培訓及機構的設立，人口政策及規則的制定、評估、實施等方面的問題給予協調和援助。人口基金會的資金主要來自於各國政府和各民間機構的捐贈。該基金的援款主要用於人口較為稠密的亞洲和太平洋地區國家，他們得到的援款大約占該基金會援款總額的 35% 以上。根據聯合國對各國人均國民收入和人口的統計，目前最需要得到人口基金會提款的國家已達 35 個。人口基金會以無償技術援助的形式提供的項目援助的內容主要有：學校內外的人口教育，計劃生育的宣傳教育及規劃管理和節育手術、進行人口普查，統計手冊的編製，人口方面基本數據的收集，關於人口學數據、人口變動、人口發展和社會經濟因素對人口影響等方面的分析，制定人口政策和方案並對這些政策和方案進行評價，實施人口政策和方案，為婦女、兒童、青年、老年、赤貧者、殘疾者提供特別的援助方案，為人口會議、培訓機構、情報交換所和文件中心的建立提供援助。

(三) 聯合國兒童基金會

聯合國兒童基金會是聯合國國際兒童應急基金會的簡稱。1946 年 12 月設立，總部設在紐約。兒童基金會的領導機構也是由來自各洲的 36 個成員國代表組織的執行局，並在全世界設有 37 個國家（地區）委員會。目前，它在全球的 125 個國家設有辦事處，並設有 8 個地區辦事處，在義大利還設有一個研究中心，它已發展成為聯合國發展系統的主要籌資機構之一。兒童基金會的宗旨和任務是：根據 1959 年 11 月聯合國《兒童權利宣言》的要求，幫助各國政府實現保護兒童利益和改善兒童境遇的計劃，使全世界的兒童不受任何歧視地得到應享的權益。兒童基金會的援助資金主要來自各成

員國政府、國際組織和私人的自願捐贈，有時也通過出售賀年卡等方式進行籌資活動。該基金會將資金的三分之二用於對兒童的營養、衛生和教育提供援助；三分之一用於對受援國或地區從事有關兒童工作的人員進行職業培訓。兒童基金會在與發展中國家的合作中，主要採用三種形式：一是對規劃和設計兒童服務項目方面提供技術援助；二是為上述服務項目提供用品和設備；三是為援助項目中培訓從事兒童工作的有關人員提供資金。兒童基金會始終奉行「普遍性、中立性和無償性」的原則，即在發放援款是，不論兒童的種族、信仰、性別或其父母政見如何，一律公平對待。接受兒童基金會援助的國家大致分為三類：第一類是需要特別援助的國家，這類國家主要包括人均國民生產總值在 410 美元以下的最不發達國家、兒童不足 50 萬人而又確實需要特別照顧的小國和暫時需要額外援助的國家等；第二類是人均收入在 410 美元以上的發展中國家。目前，已有近 120 個發展中國家和約 14 億兒童接受兒童基金會的援助。兒童基金會一直致力於兒童和婦女方面的保護工作，並經常以項目的名義進行。

三、國際發展援助的實施方式

聯合國發展系統所採用的主要援助方式是提供無償的技術援助。聯合國發展系統提出無償技術援助的整個程序主要包括國別方案和國家間方案的制定、項目文件的編製、項目的實施、項目的評價及項目的後續活動等，這一程序又稱「項目的援助週期」。到目前為止，某些程序在聯合國發展系統內的各個組織和機構中尚未完全得到統一，現行的有關程序均以 1970 年聯合國大會通過的第 2688 號決議為主要依據，並在此基礎上根據項目實施的需要加以引申和發展而成。

（一）制定國別方案和國家間方案

國別方案（Country Programme）是受援國政府在聯合國發展系統的有關組織或機構的協助下，編製的有關受援國政府與聯合國發展系統的有關出資機構在一定時期和一定範圍內開展經濟技術合作的具體方案。

國別方案的主要內容有：
（1）受援國的國民經濟發展規劃。
（2）需要聯合國提供援助的具體部門和具體項目。
（3）援助所要實現的經濟和社會發展目標。
（4）需要聯合國對項目所做的投入。

每一個接受聯合國發展系統機構援助的國家都必須編製國別方案，但國別方案必須經聯合國有關出資機構理事會的批准，經批准的國別方案成為受援國與聯合國發展系統有關機構進行經濟技術合作的依據。在聯合國發展系統的多邊援助中，國別方案所佔有的援助資金的比重最大。

國家間方案（Inter-Country Programme）亦稱「區域方案」（Regional Programme）或「全球方案」（Global Programme）。它是聯合國在分區域、區域間或全球的基礎上對各國家集團提供技術援助的具體方案。國家間方案的內容與國別方案的內容基本相同，但必須同各參加國優先發展的次序相吻合，並根據各國的實際需要來制定。國家間方

案也需由聯合國有關出資機構理事會的批准方能生效。根據規定，國家間方案至少應由兩個以上的國家提出申請，聯合國才考慮予以資助。國別方案和國家間方案均是一種含有許多項目的一攬子方案。其中的每一個具體方案都必須逐個履行審批手續。根據聯合國的現行規定，40萬美元以上的項目需由出資機構的負責人批准；40萬美元以下的項目只需由出資機構負責人授權其派駐受援國的代表批准即可。

(二) 編製項目文件

項目文件（Project Document）是受援國和聯合國發展系統的有關機構為實施援助項目而編製的文件。項目文件的主要內容應該包括封面及項目文件的法律依據，項目及以此有關的具體情況，項目的監督、審評和報告，項目的預算四部分。項目文件封面主要包括項目的名稱、編號、期限、主要作用和次要作用、部門和分部門、實施機構、政府執行機構、預計開始時間、政府的投入、項目的簡要說明等。項目文件內容的第一部分是項目文件的法律依據，即編製項目文件所依據的有關法律條文或條款。該法律條文或條款通常包括受援國與聯合國發展系統的有關機構之間簽署的各種協議。第二部分主要是說明項目及與此有關的具體情況，這一部分是項目文件的核心內容。它主要包括：項目的發展目標、項目的近期目標、其他目標、項目的活動、項目的產出、項目的風險、事前義務、後續援助等內容。項目文件是受援國政府、聯合國發展系統的出資機構和執行機構執行或監督項目的依據。

(三) 項目的實施

項目的實施指的是執行項目文件各項內容的全部過程。這一過程主要包括以下幾項工作。

1. 任命項目主任

項目主任是直接負責實施援助項目的組織者和責任者，項目主任一般由受援國政府主營業務的部門任命，並經政府協調部門和聯合國發展系統有關機構的協商和認可。通常情況下，國別方案下的項目主任由受援國當地人擔任，國家間方案下的項目主任由國際人員擔任。

2. 徵聘專家和顧問

項目專家和顧問的徵聘一般由受援國政府決定，但受援國政府必須在項目實施開始前的4個月提出徵聘請求，並與聯合國發展系統的有關機構協商和編寫擬聘專家和顧問的報告。

3. 選派出國培訓人員

為實施援助項目而需要出國培訓的有關技術人員，主要以進修和考察兩種形式進行選派，出國進修和考察的具體人選均由受援國家政府推薦，經聯合國發展系統的有關執行機構對其業務和外語水平審查批准後方可成行。

4. 購置實施項目所需要的設備

根據聯合國的規定，聯合國發展系統出資機構提供的援助資金只能用於購買在受援國採購不到的設備或需要國際可兌換貨幣付款的設備，價格在2萬美元以上的設備應通過國際競爭性招標採購，價格在2萬美元以下或某些特殊的設備可以直接採購，

購置實施項目所需要設備的種類和規格需經聯合國發展系統出資機構的審核批准。

(四) 項目的評價

項目的評價是指對正在進行中的或已完成的項目的實施、結果、實際的或可能的功效等，做出客觀和實事求是的評價。項目評價的目的在於盡可能客觀地對項目的實施和功效做出論證。項目的評價工作主要包括對項目準備的審查、對項目申請的評估，對各項業務活動的監督和對項目各項成果的評價。其中對各項業務活動的監督和對項目各項成果的評價最為重要。對各項業務活動的監督又稱「進行中的評價」，它主要是通過兩種方式進行：一種是三方審評，即由受援國政府、聯合國發展系統的出資機構和執行機構三方，每隔半年或一年舉行一次審評會議，審評項目的執行情況、財務情況、項目的近期目標和活動計劃。三方審評的目的是找出項目實施中的問題，研究解決方法，調整和制訂下一階段的工作計劃。三方審評會議一般在項目的施工現場舉行。另一種是年度審評。它是在三方審評的基礎上，由受援國政府同聯合國發展系統的出資機構對項目中的執行情況所進行的一年一度的審評。

(五) 項目的後續活動

項目的後續活動（Follow-up Action of Project）亦稱項目的後續援助（Follow-up Assistance of Project）。它是指聯合國發展系統的技術援助項目按照原定的實施計劃完成了各項近期目標之後，由聯合國發展系統的有關機構、受援國政府、其他國家政府或其他多邊機構繼續對項目採取的援助活動。項目的後續活動一般分為三種類型：

（1）在聯合國發展系統的有關機構提供的技術援助項目實現了近期目標之後，為了達到遠期發展目標，由聯合國發展系統的有關機構對該項目繼續提供的技術援助，這種形式的後續活動被聯合國稱為第二期或第三期援助。

（2）在聯合國發展系統對某一項目提供的技術援助結束之後，由其他國家政府或其他多邊機構對該項目或與項目有直接關係的項目，以投資、信貸或合資等形式提供的援助。這種形式的後續援助大多屬於資本援助。

（3）在聯合國發展系統對某一項目提供的技術援助結束之後，由受援國政府根據項目的實際需要，繼續對該項目或與項目有直接關係的項目進行投資，以擴充項目的規模，增加項目的效用。項目的後續活動實際上是鞏固援助項目成果的一種手段。

第三節　世界銀行貸款

一、世界銀行概述

「世界銀行」是世界銀行集團的簡稱，共包括5個機構，即1945年設立的國際復興開發銀行、1956年設立的國際金融公司、1960年設立的國際開發協會、1965年設立的解決投資爭端國際中心和1988年設立的多邊投資擔保機構。其中，國際復興開發銀行、國際開發協會和國際金融公司屬於援助性的國際金融機構。

世界銀行的宗旨是通過成員國中的發展中國家提供資金和技術援助，來幫助發展中國家提高生產力，以此促進發展中國家的經濟發展和社會進步。國際復興開發銀行的主要任務是以低於國際金融市場的利率向發展中國家提供中長期貸款；國際金融公司則負責向發展中國家的私營部門提供貸款或直接參股投資；國家開發協會專門從事向低收入的發展中國家提供長期的無息貸款；解決投資爭端國際中心則是通過調停和仲裁國外投資者與東道國之間的爭端，幫助促進國際投資，以鼓勵更多的國際投資流向發展中國家；多邊投資擔保機構主要是通過向外國投資者提供非商業風險擔保，幫助發展中國家吸引外國投資，也為政府吸引私人投資提供諮詢服務，傳播有關發展中國家投資機會的信息。2012年國際復興開發銀行和國際開發協會貸款總額共達35,335萬美元。世界銀行目前已發展成為世界上最大的開發性和援助性國際金融機構。

二、世界銀行貸款的特點

(一) 貸款期限較長

國際復興開發銀行的貸款期限一般為20年，其中含5年的寬限期；國際開發協會的貸款期限長達30年，其中含10年的寬限期。

(二) 貸款實行浮動利率

貸款利率每半年調整一次，利息按已支付來償還的貸款餘額計收。對貸款協議簽訂60天後還未收支的已承諾的貸款餘額收取年率0.75%的承諾費。國際開發協會貸款雖免收利息，但需徵收年率為0.75%的手續費，手續費按已撥付尚未償還的貸款餘額計收。

(三) 貸款的還本付息實行「貨幣總庫制」

從1980年開始，世界銀行對國際復興開發銀行的貸款還本付息實行「貨幣總庫制」。「貨幣總庫」由各國已支付償還貸款餘額組成，並用幾十種貨幣折算成美元進行混合計算。其中，日元、德國馬克、法國法郎、英鎊、瑞士法郎等占比70%以上，美元只占10%。如果其指數受美元大幅度貶值的影響而急遽上升，借款國還本付息的數額也隨之大幅度上升。也就是說，匯兌風險要在所有借款國之間分攤。

(四) 申請世行貸款需要的時間較長

從貸款項目的選定、準備、評估到貸款協議的正式簽訂，一般需要一年半或更長的時間。這也說明使用世界銀行貸款的手續十分繁瑣。

三、世界銀行的貸款條件

世界銀行的貸款條件一般有以下內容：

(1) 貸款只貸放給會員國政府或由會員國政府、會員國中央銀行擔保的公私機構。

(2) 貸款一般用於世界銀行批准的特定項目。這些經批准的特定項目，都是由世界銀行確認的。

(3) 技術上和經濟上是可行的，並在借款國的經濟發展中應優先考慮。但世界

銀行一般只提供該貸款項目所需資金總額的 30%~50%，其餘部分由借款國自己準備。

(4) 貸款項目建設單位的確定，必須按照世界銀行的採購指南，實行公開競爭性招標、公正評標並報世界銀行審查。

(5) 貸款項目的執行必須接受世界銀行的監督和檢查。

(6) 只貸給那些確實不能以合理的條件從其他途徑得到資金的會員國。

(7) 只貸給有償還能力的會員國。因為世界銀行不是一個救濟機構，它的貸款資金主要來自會員國認繳的股份和市場融資，為了銀行業務的正常運轉，它必須要求借款國有足夠的償還能力。貸款到期後必須足額償還，不得延期。

四、世界銀行貸款的種類

(一) 具體投資貸款

具體投資貸款又稱項目貸款。這類貸款的發放必須與具體的建設項目相聯繫，如世界銀行向農業和農村發展、教育、能源、工業、交通、城市發展及給水和排水等項目發放的貸款均屬於一類。發放這種貸款的目的是提高發展中國家的生產能力和增加現有投資的產出。這類貸款在世界銀行成立之初曾佔有絕對大的比例，隨著世界經濟空前的發展及世界銀行政策的調整，這類貸款在世界銀行貸款業務中的比重已有所下降，但目前仍占 40%左右。在世界銀行向中國提供的貸款中，具體投資貸款占了 80%以上。

(二) 部門貸款

1. 部門投資貸款

部門投資貸款的重點在於改善部門政策和投資計劃，幫助發展中國家有關機構制定和執行部門投資計劃。這類貸款對貸款國的組織機構要求較高，借款國要按與世界銀行商定的標準對每個具體項目進行評估和監督。到目前為止，中等發展中國家使用這種貸款較為普遍，並且這類貸款多用於運輸部門的項目。

2. 中間金融機構貸款

中間金融機構貸款主要是指世界銀行通過受援國的中間金融機構再轉貸給具體的項目。承攬這項貸款業務的中間金融機構一般是開發金融公司和農業信貸機構。這類貸款項目的選擇、評估和監督由借款機構負責，但項目選擇和評估的標準及貸款利率由承辦機構和世界銀行商定。目前，中國承辦這類貸款的銀行是中國投資銀行和中國農業銀行等。

3. 部門調整貸款

當借款國的執行能力有限，總的經濟管理和政策改革水平或國民經濟的規模不允許進行結構調整時，世界銀行將考慮提供部門調整貸款。這種貸款的目的在於幫助借款國某一具體部門進行全國的政策調整和體制改革。中國曾向世界銀行借過一筆 3 億美元的該種貸款，用於農村開發方面的改革。

(三) 結構調整貸款

使用結構調整貸款的條件較為嚴格，借款國必須按規定的程序和條件使用這類貸

款。其中任何一筆貸款未按條件執行，下一筆貸款便停止支付。該類貸款旨在幫助借款國在宏觀經濟、部門經濟和機構體制方面進行全面的調整和改革，以克服其經濟困難，特別是國際收支不平衡。結構調整貸款比部門調整貸款涉及的範圍要廣。隨著蘇聯的解體和東歐國家體制的變化，這類貸款占世界銀行貸款的比重有所增加，以幫助這些國家進行經濟轉軌。

(四) 技術援助貸款

世界銀行在向發展中國家提供技術援助貸款時，不僅要求貸款的一部分用於項目的硬件建設，還要求將其中的一部分資金用於人員培訓和組織機構的改革等軟件建設。該種貸款的目的不僅是為某一具體項目的建設，同時也是為發展中國家指定國民經濟規劃、改革國有企業和改善機構的經營管理提供幫助。

(五) 緊急復興貸款

緊急復興貸款是世界銀行向由於自然或社會原因所造成損失的發展中國家提供的貸款。世界銀行曾因大興安嶺火災為中國提供過該類貸款。

(六) 小額扶貧信貸

小額扶貧信貸是世界銀行20世紀90年代中後期推出的，為發展中國家的窮人提供的無抵押擔保的小額信貸。它的特點是資金入戶，資金的使用者自我管理，這樣不僅解決了窮人貸款難的問題，也提高了窮人的個人能力，小額扶貧貸款的效用已超越了貸款本身。

五、世界銀行貸款的發放程序

(一) 項目的選定

項目的選定是指由借款國選定一些符合本國經濟和社會發展需要並符合世界銀行貸款政策的項目，提供給世界銀行進行篩選。借款國選定項目以後，編製「項目的選定簡報」，然後將「項目的選定簡報」送交世界銀行進行篩選。經世界銀行篩選後的項目，將被列入世界銀行的貸款計劃，成為擬議中的項目。

(二) 項目的準備

項目準備工作的主要內容是借款國對經世界銀行篩選過的項目進行可行性研究。項目的可行性研究一般由借款國獨立完成，但世界銀行對借款國所進行的項目可行性研究等項目準備工作提供資金和技術援助。項目準備工作時間的長短取決於項目的性質和借款國有關人員的工作經驗和能力，一般需要1～2年。

(三) 項目的評估

項目評估就是由世界銀行對篩選過的項目進行詳細審查、分析、論證和決策的整個過程。它實際上是對項目可行性研究報告的各種論據進行再分析、再評價、再論證，並做出最後決策。如果世界銀行認為申請貸款的項目符合世界銀行的貸款條件，就提出兩份報告書。其中，先提出一份項目可行性研究的「綠皮報告書」，隨後再提出一份

同意為該項目提供貸款的通知書,即「灰皮報告書」。

(四) 項目的談判

世界銀行在經過項目評估並提出上述兩份報告之後,便邀請借款國代表團到其總部就簽署貸款協議問題進行談判。項目談判的內容主要包括項目的貸款金額、期限、償還方式以及為保證項目的順利執行所應採取的具體措施。項目的談判大約需要 10 至 14 天,在雙方共同簽署了貸款協議之後,再由借款國的財政部代表借款國政府與世行簽署擔保協議。在貸款協議和擔保協議報經世界銀行執行董事會批准,並報送聯合國登記註冊後,項目便可進入執行階段。

(五) 項目的執行

項目的執行一般由借款國負責,但世界銀行要對項目的執行情況進行監督,項目執行必須是在貸款項目完成了法定的批准手續之後進行。項目執行主要包括兩方面內容:一方面是配備技術和管理等方面的專家,並制定項目的實施技術和時間表;另一方面是組織項目建設的招標工作,按世界銀行的規定,投標者除瑞士之外,必須是國際復興開發銀行和國際開發協會的會員國,如果投標者是來自借款國的企業,還可以給予 10%～15% 的優惠。

(六) 項目的總結評價

項目的總結評價是世界銀行對其提供貸款項目所要達到的目標、效益和存在的問題所進行的全面總結。對項目的總結評價一般在世界銀行對項目貸款全部發放完畢後一年左右進行。在對項目進行總結評價前,一般先由項目的銀行主管人員準備一份項目的完成報告,然後再由世界銀行的業務評議局根據項目的完成報告對項目的成果進行全面的總結評價。

第四節 中國與國際發展援助

一、中國對外援助

中國是世界上最大的發展中國家。在發展進程中,中國堅持把中國人民的利益同各國人民的共同利益結合起來,在南南合作框架下向其他發展中國家提供力所能及的援助,支持和幫助發展中國家特別是最不發達國家減少貧困、改善民生。中國以積極的姿態參與到國際發展合作中,發揮建設性作用。

(一) 中國對外援助基本情況

中國對外援助始於 1950 年,援助方式分為無償援助、無息貸款和少量低息貸款、自 1995 年下半年增加了優惠貸款。

截至 2011 年年底,中國政府幫助受援國建成了 2,200 多個與當地生產、生活息息相關的各類項目,改善了受援國基礎設施狀況,增加了稅收和就業,繁榮了城鄉經濟,

促進了當地經濟社會的發展。根據受援國要求，中國還派遣技術人員赴當地提供技術服務和指導，實施項目建成後的技術援助和單項技術援助。中國還向受援國提供了大批物資和少量現匯援助。

中國政府為幫助受援國增強自主發展能力，長期以來一直重視援外培訓工作。近年來更加大了工作力度。截至 2014 年 9 月底，受援國已有近 14 萬名官員、管理和技術人員來華參加了培訓和研修。培訓內容涵蓋經濟、外交、農業、醫療衛生、環保等 20 多個領域。

為減輕受援國負擔，推動國際社會履行減免發展中國家債務的承諾，中國政府在提供對外援助的同時，還減免了重債窮國和最不發達國家的對華到期政府債務。截至 2011 年年底，已累計免除 50 個重債窮國和最不發達國家到期債務 391 筆。

2010—2012 年，中國對外援助方式主要包括援建成套項目、提供一般物資、開展技術合作和人力資源開發合作、派遣援外醫療隊和志願者、提供緊急人道主義援助以及減免受援國債務等。

1. 援建成套項目

中國共在 80 個國家建設成套項目 580 個，重點集中於基礎設施和農業等領域。

2. 提供一般物資

中國共向 96 個國家和地區提供物資援助 424 批，主要包括辦公用品、機械設備、檢查設備、交通運輸工具、生活用品、藥品以及醫療設備等。

3. 開展技術合作

中國共在 61 個國家和地區完成技術合作項目 170 個，主要涉及工業生產和管理、農業種植養殖、文化教育、體育訓練、醫療衛生、清潔能源開發、規劃諮詢等領域。

4. 開展人力資源開發合作

中國在國內舉行 1,951 期培訓班，其中包括官員研修班、技術人員培訓班、在職學歷教育項目等，為其他發展中國家培訓人員 49,148 名。

5. 派遣援外醫療隊

中國向 54 個國家派遣 55 支援外醫療隊，共計 3,600 名醫護人員，開展定點或巡迴醫療服務，診治患者近 700 萬人次。

6. 派遣志願者

中國向 60 多個國家派遣青年志願者和漢語教師志願者近 7,000 名。

7. 提供緊急人道主義援助

中國向 30 餘個國家提供緊急人道主義援助，包括物資和現匯援助，價值約 15 億元人民幣。

8. 減免受援國債務

中國免除坦桑尼亞、讚比亞、喀麥隆、赤道幾內亞、馬里、多哥、貝寧、科特迪瓦、蘇丹 9 個最不發達國家和重債窮國共計 16 筆到期無息貸款債務。截至 2014 年年底，中國免除受援國債務累計逾 14.2 億元人民幣。

(二) 中國對外援助的主要方式

1. 政府優惠貸款

這是一種國際上通用的援助方式。由中國金融機構提供具有援助性質的優惠貸款，其優惠利率與銀行基準利率之間的利息差額由國家援外費補貼。政府貼息優惠貸款方式的優點是：政府援外資金和銀行資金相結合，能擴大對外援助的規模；銀行作為實施優惠貸款方式的執行機構，能提高援外資金的使用效益。

實施優惠貸款方式的主要程序如下：

（1）根據受援國需要和中國的財力，中國政府與受援國政府就貸款額度、期限、利率等主要貸款條件簽訂框架協議。

（2）根據受援國或中國企業提出使用貸款的項目，經外經貿部初審後，推薦給中國進出口銀行。

（3）中國進出口銀行經評估確認項目有效以後，與受援國政府指定銀行在框架協議範圍內，簽訂貸款協議並組織實施。

（4）外經貿部與進出口銀行就政府補貼利息事宜簽訂協議。

2. 援外項目合資合作

將援外與投資、貿易和其他互利合作結合起來，既有利於受援國發展經濟，又有利於中國企業開拓國際市場。今後中國對外援助的重點是幫助受援國發展當地有需要又有資源的中小型生產項目，並推動中國企業與受邀國企業在實施這些項目時走合資合作的路子。

這樣實施的好處有以下幾點：

（1）可以將政府援外資金、金融機構的資金和企業的資金結合起來，進一步擴大援外資金來源和項目規模。

（2）雙方企業在管理、技術上長期合作，項目效益與企業利益掛勾，雙方企業從中受益，能鞏固項目成果，提高援助效益。

（3）這些項目能使受援國增加受益和就業，體現了中國企業與受援國間的直接合作。

中國未來的對外援助將在結構上進行適當調整，擴大政府貼息優惠貸款的規模，一般不再提供無息貸款。同時，根據中國的財力，對經濟困難的發展中國家適當提供無償援助。還可將一部分資金與聯合國發展機構的資金相結合，開展發展中國家間的經濟技術合作。

3. 無償援助

無償援助主要用於幫助受援國建設中小型社會福利性項目，如醫藥、學校、低造價住房、開井供水等。此外，無償援助還用於提供物資援助、人道主義緊急救災及人才培訓等，受援國人民可以因此而受益。

(三) 中國對外援助的管理

1. 管理機構

中國對外援助工作的管理機構包括國家歸口管理機構、部門管理機構、地方管理

機構和駐外管理機構四個層次。

(1) 國家歸口管理機構

商務部是歸口管理中國對外援助的主管部門，其管理對外援助的職能包括以下幾個方面：

①擬定並執行對外援助政策和方案，簽署並執行有關協議。

②編製並執行對外援助計劃，監督檢查援外項目執行情況，管理援外資金、援外優惠貸款、援外專項基金等中國政府援外資金。

③推進援外方式改革。

(2) 部門管理機構

商務部下設援外司，負責對外援助工作中政府層面的事務管理和對外援助政策的制定。援外司的主要職能包括以下幾個方面：

①擬定並執行對外援外政策，起草對外援助法律、法規，擬定部門規章；研究和推進對外援助方式改革。

②編製對外援助計劃並組織實施，擬定國別援助方案，確定援助項目。

③負責政府援助談判，商簽援助協議，處理政府間援助事務，辦理援外項目對外移交；負責援外貸款償還和債務重組工作。

④核准各類援外項目實施企業的投資資格，組織援外項目決標，下達援外項目任務，監督檢查各類援外項目的實施。

⑤負責編報對外援助資金預決算以及援外統計工作。

⑥負責使用援外經費，監督和管理援外優惠貸款和援外合資合作基金項目，並解決政府間的重大問題。

⑦指導國際經濟合作事務局的相關援外工作。

⑧承辦部領導交辦的其他事項。

(3) 地方管理機構

在1982年機構調整以後，對外援助工作均由省、直轄市、自治區對外經濟貿易委員會（廳、局）歸口管理。實行對外經援項目企業總承包責任制後，地方援外管理機構的職責包括以下幾個方面：

①歸口管理對外援助。

②執行對外援助的政策、規章、制定和援助方案。

③監督檢查對外援助項目的實施情況。

④管理多邊、雙邊無償援助及贈款。

(4) 駐外管理機構

中國對外援助工作的駐外管理機構是駐外使館經商處。駐外使館經商處是中國與受援國發展經貿合作的橋樑和紐帶，在管理中國對外援助工作方面的職責主要包括以下幾個方面：

①執行國家援外方針政策和國務院關於援外工作的指示。重視國別研究，加強與駐外國政府和有關部門的溝通，疏通和拓展經濟技術合作的渠道，促進雙方經濟技術合作關係的發展。

②根據國內主管部門的授權，及時辦理政府間協議（包括協定、換文、會談紀要、交接證書、財務處理細則等）的有關事宜。

③加強對各類援外項目的管理和協調。要將項目中中方人員納入援外人員管理，關心他們的思想、工作、學習和生活。

④做好對受援國的人才培訓工作。及時瞭解對方的培訓需求信息和對中國培訓項目的反饋意見，審核受訓人員，研討新的培訓方式。

⑤及時反饋受援國要求，如認為可行，應報國內主管部門研究。

⑥做好中國援外工作的對外宣傳工作，以增進瞭解，擴大影響，促進雙邊關係和經貿合作。

經過半個多世紀的建設、調整和改革，中國建立了從中央到地方、從國內到國外、從政府到企業和仲介機構的援外管理網絡，形成了由商務部牽頭，有關部門、金融機構和企業參與，國內外相互配合的援外工作格局。但是由於管理比較分散，各部門職能交叉，工作效率較低。

2. 管理原則

當前中國援外工作按照宏觀和微觀，決策和執行的科學、合理劃分的原則，由商務部援外司執行宏觀政策、宏觀決策和監督援外項目管理工作的宏觀職能，以及涉及援外成套項目管理的少數微觀職能。援外司運用行政法規、制度對援外工作進行規範化的宏觀調控；運用經濟手段保證援外工程的質量和進度；實施援外任務的企業總承包責任制；運用競爭機制，通過招標擇優選定承擔各類援外任務的總承包企業，視項目規模、性質和內容，分別採取相應的方式招標；擇優選定技術、諮詢、審計單位對援外項目進行設計審查、質量監督、財務審計和工程驗收，實現對外援助工作的宏觀管理。而援外項目的具體實施和管理的微觀職能主要由國際經濟合作事務局執行，包括援外項目招標、援外項目管理和援外財務管理。

3. 管理的主要環節和程序

（1）資格認定

援外項目由具有獨立民事主體資格的中國法人具體實施，對援外項目實施主體，中國實行資格認定制定。商務部對取得援外物資企業資格的企業實行動態資格管理，每兩年進行一次資格核驗。

（2）立項

商務部根據對外援助協議與國務院批准的年度資金計劃，負責受理援外項目的立項申請、組織立項評估、確定援外項目並與受援方簽訂立項協議、辦理相關手續。

（3）招標

援外項目執行機構在經資格認定的援外項目實施主體範圍內通過招標方式確定援外項目的實施主體。援外項目招標可採取公開招標、有限邀請招標、議標三種形式。

（4）合同的訂立

商務部或援外項目執行機構根據招標結果與援外項目實施主體簽訂承包合同，必要時授權援外項目實施主體與受援方訂立實施合同，在前款合同訂立後10日內，執行機構應將合同報國務院商務主管部門備案。

（5）項目實施的監督

商務部或其授權的執行機構對援外項目實施主體的質量、進度、投資等進行監督管理。

（6）援外項目的驗收與移交

商務部或其授權的執行機構應組織援外項目的驗收並與受邀方辦理移交手續。

（7）項目實施結果評估

在援外項目移交後，商務部對援外項目實施效果組織（追溯性）評估。

二、中國接受國際經濟組織援助

（一）中國接受國際組織援助的基本情況

中國自1979年開始接受國際多邊、雙邊無償援助，這些無償援助資金主要來源於聯合國開發計劃署、聯合國人口基金會、聯合國兒童基金會、世界銀行、亞洲銀行等國際組織，以及歐盟、英國、德國、法國、加拿大、比利時、日本、澳大利亞等20多個國家。截至2011年年底，中國共接受多邊、雙邊無償援助70億美元，實施了2,000多個項目。近幾年，中國接受的國際多邊、雙邊援助金額每年穩定在近2億美元。這些無償援助項目涉及扶貧救災、工業技術改造、農業、林業、畜牧業、教育、醫療衛生、愛滋病防治、環境保護、交通、能源、通信、體制改革、司法合作、人力資源開發和提高政府管理能力等眾多領域。其中，70%的援助資金用於中國中西部地區的發展。多年來，中國利用國際經濟組織的援助和外國政府貸款成效顯著，對促進中國國民經濟發展，提高人民生活水平起到了很好的促進作用。利用外國政府貸款和國際發展援助已經成為中國利用外資的重要組成部分。

（二）中國接受的主要國際組織援助

中國接受的國際多邊援助主要來自聯合國發展系統和世界銀行。自1971年中國恢復了在聯合國的合法席位之後。中國與聯合國發展系統的合作經歷了從逐步擴大到深入發展的過程。中國於1972—1978年曾派代表參與了聯合國有關發展問題的決策並向其捐款。從1979年起，中國改變了只捐款不受援助的政策，開始接受聯合國發展系統的無償援助。截至2010年年底，聯合國發展系統的各機構總共向中國提供了超過40億美元的援助。這些援助主要是聯合國開發計劃署、糧食計劃署、農發基金、人口基金會、兒童基金會、糧農組織、世界衛生組織、教科文組織、全球環保基金等機構提供的，涉及農牧漁業、林業、機械、電子、能源、基礎設施及「老少邊窮」的開發項目達2,000多個。

中國與世界銀行的合作始於1981年，中國是世界銀行執行貸款項目最好的成員國之一。截至2012年年底，世界銀行共向中國提供貸款約544.1億美元，用於約349個項目。中國是迄今為止世界銀行貸款項目最多的國家之一。世界銀行貸款項目涉及國民經濟的各個部門，遍及中國大多數省、市、自治區，主要集中在交通（31%）、城市與農村的發展（22%）、能源（15%）和人力開發（6%）等領域。交通項目著眼於將貧困內陸省區與經濟蓬勃發展的沿海地區連接起來；城市項目著眼於城市交通、可持

續供水和環境衛生；能源項目著眼於滿足國家日益增長的電力需求。今後，世界銀行將把對話工作重點集中在以下三個主要領域：

（1）支持更加綠色的增長。主要是幫助中國走上可持續能源道路，改善城市環境服務，促進低碳城市交通，推廣可持續農業實踐，開展可持續自然資源管理試點，示範污染管理方法，加強應對氣候變化的管理機制。

（2）推動更具包容性的發展。提高優質醫療服務和社會保護的可及性，加強農民工培訓及其他職業技能培訓項目，擴大農村和小城鎮的機會，改善交通連通性促進更均衡的區域發展。

（3）與世界建立互利共贏的關係，支持中國開展商—商合作，在全球發揮利益攸關的作用。

(三) 中國接受的主要國際雙邊援助

中國接受的國際雙邊援助主要來自日本、歐盟等國家和地區。其中，日本是較早向中國提供援助的國家。日本政府對華官方發展援助（ODA）分為無償援助、日元貸款和技術合作三大部分。其中，無償援助包括一般無償援助、小規模無償援助、文化無償援助、緊急無償援助等。日本對華援助涉及領域非常廣闊，從中國改革開放初期的能源、運輸等基礎建設到農業項目，直到近期來的環境、人才培養。日本還通過派遣海外協力隊、年長志願者等方式，為中國提供大批志願者、專家，涉及中國的文化、教育、衛生、環保等領域。

歐盟於1984年開始向中國提供財政技術援助。1995年之前，歐盟對華提供的發展援助以扶貧為主，主要集中在農業領域。1995年之後，歐盟調整了對華政策及對華發展援助政策，擴大了歐盟對華援助的領域。截至2012年年底，中歐發展合作項目共支持了90多個項目，累計援助金額7.7億歐元。發展合作項目涉及農業、環保、能源、教育、衛生、貿易、司法和政府治理等眾多領域。但歐盟委員會從2014年起削減了對中國、印度、巴西等19個新興經濟體的援助，將援助重點放在最貧困國家。

三、中國對外援助的發展趨勢

中國對外援助的形式，隨著發展以及以往對外援助的經驗的累積，也在不斷變化著。最初，中國採取的是直接的資金援助，即中國政府直接贈予受援國政府資金，讓其發展經濟，加快社會建設。但是政局不穩定、政權交替頻繁等因素使得許多資金不能使用到合理的地方，造成了浪費，援助的效果不明顯。

經過對外援助的實踐總結，中國隨後採取了物資援助的形式，避免了援助資金不到位或監督困難的問題，使被需要的物資能在實際生產和生活中發揮作用，但是這種形式也存在弊端。中國援助的一些高端物資，如計算機、醫療設備、電子產品等，雖然是受援國需要的物資，但由於受援國當地使用者的能力有限，許多尚無法高效率地使用，在一定程度上造成了很大的浪費。所以，中國經過逐步摸索，提出了新的援助形式——人力資料培訓援助。人力諮詢培訓援助屬於項目援助的一種，是指邀請受援國的高級官員以及技術人員到援助國，由援助國政府承擔一切費用，並安排一系列相

關的高級課程。由援助國委派具有權威性的專業技術人員及官員進行講解，以使受培訓的外國人員在經濟、管理、技術水平上有所提高，並使他們回國後能在各自的崗位上發揮才干。這從根本上解決了人才匱乏的問題，也可以大大加深兩國之間的友好關係，使受援國對中國有更為直接和深入的瞭解，為中國營造一個更優越的國際環境。

思考題

1. 國際發展援助有哪些具體方式？
2. 國際發展援助的主要機構有哪些？
3. 簡述國際發展援助的實施程序。
4. 簡述國際發展援助的方式及其含義。
5. 中國有哪些對外援助方式？

國際經濟合作

第十一章　國際稅收

在任何一項國際經濟合作活動中，有關國家政府通常都會依法強制地對從事該項活動的經濟實體或個人課稅。這種稅收不僅涉及合作當事人的收入分配，還關係到合作當事人所屬國家的利益劃分。因此，研究國家經濟合作中的稅收問題是更好地利用外資、引進技術、搞好合作的重要條件，也是調整合作環境的重要因素。

第一節　國際稅收概述

一、國際稅收的概念

(一) 稅收與稅收制度

稅收是一個經濟範疇，也是一個歷史範疇，它的發展受社會生產力發展水平制約。稅收是國家為了實現其職能，以公共權力為後盾，按照法律，通過稅收工具強制地、無償地參與國民收入和社會產品的分配和再分配，取得財政收入的一種形式。稅收體現了國家與它政治權利管轄範圍內的納稅人（包括自然人與法人）之間發生的徵納關係。稅收與其他分配方式相比，具有強制性、無償性和固定性的特徵，習慣上稱為稅收的「三性」。

稅收制度簡稱「稅制」，它是國家以法律或法令形式確定的各種課稅辦法的總和，反應國家與納稅人之間的經濟關係，是國家財政制度的主要內容。是國家以法律形式規定的各種稅收法令和徵收管理辦法的總稱。稅收制度的基本要素主要有：徵稅對象、納稅人、稅目、稅率、納稅環節、納稅期限、減免稅和違章處理等。廣義的稅收制度還包括稅收管理制度和稅收徵收管理制度。一個國家制定什麼樣的稅收制度，是生產力發展水平、生產關係性質、經濟管理體制以及稅收應發揮的作用決定的。

(二) 國際稅收的概念

國際稅收是指兩個或兩個以上的主權國家或地區由於對參與國際經濟活動的納稅人行使管轄權而引起的一系列國家之間稅收活動。它體現了主權國家或地區之間的稅收分配關係。對這一概念的理解可從下述幾方面來把握：①國際稅收是一種稅收活動不能脫離國家而獨立存在，它是以國家為一方，以跨國公司為另一方的稅收徵納行為。②跨國納稅人是國際稅收中的一個關鍵性因素。這是因為，一個國家對納稅人徵稅，行使其徵稅權力，本屬國家稅收範圍，只是由於納稅人的活動超出了國界，成為跨國

納稅人，才引起國家之間的稅收分配關係，才產生了國際稅收。③國際稅收的本質是國家與國家之間的稅收分配關係，它同國家稅收實質上有著嚴格區別，家稅收所反應的是一國政府與國內納稅人之間的分配關係，而國際稅收所反應的，除了這方面的分配關係以外，更多的是不同國家之間的稅收分配關係，或者說是不同國家之間的財權利益分配問題。

(三) 國際稅收與外國稅收和涉外稅收的區別

國際稅收不僅同家稅收有著明顯的區別，而且，它同外國稅收以及涉外稅收等概念也是不同的。外國稅收是相對於本國稅收的一個概念，他是外國人眼裡的本國稅收。同本國稅收一樣，它也隸屬於本國稅收的範疇，因而不能將其視為國際稅收。涉外稅收是一國稅收制度中涉及外國納稅人的部分。各國的涉外稅收同國際稅收有著一定的聯繫，各國的涉外稅收制度是國際稅收關係形成的基礎，國際稅收是各國涉外稅收的延伸和擴展。但是，兩者的立足點不一樣：一國的涉外稅收立足於國內，主要是處理本國政府的對外徵稅的問題，所體現的是該國的對外經濟關係，它對別國的稅收制度不起約束作用；而國際稅收主要立足於國際，所要處理和解決的問題主要是國與國之間的稅收分配關係，它把各國的涉外稅收制度放在國際關係的整個體系中加以分析和考察，從而揭示出帶有規律性的本質聯繫，調整和規範國際的稅收分配關係。所以，也不能把涉外稅收同國際稅收等同看待。

(四) 國際稅收中的納稅人和徵稅對象

國際稅收所涉及的納稅人和徵稅對象就是各個國家稅法所規定的納稅人和徵稅對象。事實上，國際稅收本身沒有自己單獨的納稅人和徵稅對象，只有當有關國家各自對其稅法所規定的納稅人徵稅，引起了這些國家相互之間的稅收分配關係時，才使得這些國家的納稅人和徵稅對象同時變成了國際稅收所涉及的納稅人和徵稅對象。因而，國際稅收所涉及的納稅人是指負有跨國納稅義務的自然人和法人。國際稅收的研究範圍主要是所得稅，所以國際稅收中所涉及的徵稅對象主要是指跨國收入或所得，它包括跨國經常性收入或所得、跨國超額收入或所得、跨國資本利得或跨國其他收入或所得等。

二、稅收管轄權和國際雙重徵稅

(一) 稅收管轄權的概念

稅收管轄權是國家主權在稅收領域中的表現，是國家依法確定納稅人和徵稅對象及其納稅義務的權利。稅收管轄權的主體，是擁有徵稅權的國家，其客體是負有跨國納稅義務的跨國納稅人及其跨國所得。

(二) 稅收管轄權的分類

1. 按屬地原則確立的稅收管轄權

在國際稅收中，屬地原則指的是一個國家只能在其所屬領土疆域的全部空間（包括領陸、領海和領空）內行使徵稅權力的指導原則。按這一原則確立的稅收管轄權，

稱為地域稅收管轄權。在實行地域稅收管轄權的國家裡，它只對納稅人來源於或存在於本國領土內的所得或財產課稅，即使這個納稅人是一個外國居（公）民，亦不例外；相反，他對於來源於或存在於本國領土以外的所得或財產就不徵稅，即使這些所得或財產為本國居（公）民所取得或擁有，亦不例外。

2. 按屬人原則確立的稅收管轄權

在國際稅收中，屬人原則指的是一個國家對該國的全部公民或居民行使徵稅權力的指導原則。依照屬人原則確立的稅收管轄權有兩種：一種稱為居民稅收管轄權，又稱居住地稅收管轄權。它指的是國家對其居民的全部所得有依法課稅的權利；另一種稱為公民稅收管轄權，意即國家對具有本國國籍的公民之全部所得有依法課稅的權利。這兩種稅收管轄權是根據納稅人同本國的居住聯繫或政治法律方面的聯繫（即是否擁有國籍）來確定其納稅義務，而不管這些居民或公民的所得來源於本國領土範圍之內或範圍之外。

(三) 稅收管轄權的選擇

各國有權選擇行使上述稅收管轄權其中的一種或幾種，他國不得干預。選擇的原則自然是根據本國經濟條件及維護民族權益的需要。受對外投資、引進外資、收入來源、居民與公民分佈等因素的影響，發達國家與發展中國家的選擇取向是不同的。

一般而言，世界上大多數國家會同時行使地域稅收管轄權和居民稅收管轄權，中國也在其列。個別國家甚至「三權並用」，即同時行使地域、居民、公民三種稅收管轄權，如美國。當然，也有少數地區和國家只行使地域稅收管轄權，如中國香港以及巴拿馬、巴西、阿根廷、委內瑞拉、巴拉圭等拉美國家。雖說極少國家會放棄任何一種稅收管轄權，但仍有巴哈馬、開曼群島、瑙魯和安道爾這樣的國家和地區完全放棄了對所得稅的稅收管轄權。

(四) 國際雙重徵稅的含義和產生的原因

國際雙重徵稅有時也稱為國際重複徵稅，是指兩個或兩個以上的國家各自依據自己的稅收管轄權就同一稅種對同一跨國納稅人或不同跨國納稅人的同一徵稅對象在同一納稅期限內同時徵稅。在跨國公司大量發展以後，母公司、子公司以及多層子公司獨立經濟實體之間的重疊徵稅，在一定條件下也視為國際雙重徵稅。

國際雙重徵稅可分為兩種基本類型：第一種，法律性雙重徵稅是因不同徵稅主體對同一納稅人的同一納稅客體徵稅而引起的；第二種，經濟性雙重徵稅是因對不同的納稅人的統一徵稅對象或統一稅源徵稅所引起的，通常是指對兩個不同的納稅人就同一項所得或財產徵收兩次或者兩次以上的稅收的現象。經濟性重複徵稅不強調納稅主體的同一性。國際雙重徵稅產生的基本原因在於國家間稅收管轄權的衝突。這種衝突通常有三種情況。

1. 地域稅收管轄權與居民稅收管轄權衝突

不同國家同時行使居民稅收管轄權和收入來源地稅收管轄權，使得具有跨國收入的納稅人，一方面作為居民納稅人向其居住國就世界範圍內的收入承擔納稅義務；另一方面作為非居民納稅人向收入來源地就其在該國境內取得的收入承擔納稅義務，這

就產生國際雙重徵稅。

2. 居民稅收管轄權與居民稅收管轄權衝突

居民身分確認標準的不同，使得同一跨國納稅人在不同國家都被認定為居民，都要承擔無限的納稅義務，這也產生了國際雙重徵稅。

3. 地域稅收管轄權與地域稅收管轄權衝突

收入來源地確認標準的不同，使得同一跨國所得同時歸屬於兩個不同的國家，向兩個國家承擔納稅義務，這又產生了雙重徵稅。

此外，各國所得稅制的普遍化是產生國際雙重徵稅的另一原因。當今世界，除了實行「避稅港」稅收模式的少數國家外，各國幾乎都開徵了所得稅。由於所得稅制在世界各國的普遍推行，使國際重複徵稅的機會大大增加了；更由於所得稅徵收範圍的擴大，使國際重複徵稅的嚴重性大大增強了。

(五) 避免、消除或減緩國際雙重徵稅的方式與方法

由於國際雙重稅收對國際經濟的發展產生不良影響，因此為了順應國際經濟發展的潮流，出於各國對自己的財政經濟利益和稅務管理的需要，各國政府和經濟組織採取各種方式、方法來避免和消除國際雙重徵稅。目前各國採取的避免國際雙重稅收的方式有三種，即多邊方式、雙邊方式和單邊方式。雙邊或多邊方式，是指通過雙邊或多邊的談判，簽訂雙邊或多邊的避免國際重複徵稅的稅收協定，來免除國際重複徵稅。單邊方式，是指一個國家在本國稅法中單方面作出一些規定，來避免、消除或緩和本國納稅人來源於國外的所得的重複徵稅。

避免、消除或減緩國際雙重徵稅的基本辦法有免稅法、扣除法和抵免法和減免法。

1. 免稅法

免稅法亦稱「豁免制」，全稱「外國稅收豁免制」，指規定對本國居民來源於本國境外的所得或財產免予徵稅，而只對其來源於本國境內的所得徵稅。採用免稅法是以承認地域稅收管轄權為前提的。

2. 扣除法

扣除法是居住國政府允許納稅人就境外所得向來源國繳納的稅款從國內外應稅所得中扣除的一種方法。扣除法的指導原則是把居住在本國的跨國納稅人在收入來源國交納的所得稅視為一般的費用支出在計稅所得中減除。與免稅法對比，在扣除法下，納稅人的稅收負擔水平高，國外所得並沒有完全消除重複徵稅，只是有所減輕。

3. 抵免法

抵免法的全稱為「外國稅收抵免」，是目前國際上比較通行的消除雙重徵稅的方法。抵免法的指導原則是既承認居民稅收管轄權，也承認地域稅收管轄權，並承認收入來源地稅收管轄權的優先地位。根據這一方法，居住國政府按照居民納稅人來源於國內外的全部所得計算應納稅額，但允許納稅人從應納稅額中抵免已在收入來源國繳納的全部或部分稅款。

4. 減免法

減免法就是指對居住國居民來源於國外的所得或對來源於本國所得的非居民納稅

人，採用較低的稅率或減免等優惠政策，如比利時政府規定對來源於國外的所得按正常稅率減徵80%。減免法可以減輕或緩和國際重複徵稅，但不能消除國際重複徵稅。

以上四種方法中前三種在避免、消除或減緩國際雙重徵方面都可以起到積極的作用，但相對而言，免稅法與抵免法比較徹底，扣除法和減免法的作用要小一些。

三、國際稅收協定

(一) 國際稅收協定的概念與分類

國際稅收協定是指兩個或兩個以上的主權國家為了協調相互間在處理跨國納稅人徵納事務方面的稅收關係，本著對等原則，通過政府間談判所簽訂的確定其在國際稅收分配關係的具有法律效力的書面協議或條約，也稱為國際稅收條約。它是國際稅收重要的基本內容，是各國解決國與國之間稅收權益分配矛盾和衝突的有效工具。國際稅收協定的意義和必要性主要表現在：一是，彌補國內稅法單邊解決國際重複徵稅問題存在的缺陷；二是，兼顧居住國和來源國的稅收利益；三是，在防止國際避稅和國際偷稅問題上加強國際合作。

國際稅收協定按照參加國家的多少，可以分為雙邊和多邊兩類；按照涉及內容範圍的大小，可以分為一般與特定兩種形式。凡由兩個國家參加簽訂的協定，稱為雙邊國際稅收協定。凡由兩個以上國家參加簽訂的協定，稱為多邊國際稅收協定。凡協定內容一般地適用於締約國之間各種國際稅收問題的，稱為一般國際稅收協定。凡協定內容僅僅適用於某項業務的特定稅收問題的，則稱為特定國際稅收協定。

(二) 國際稅收協定及其範本的產生

世界上最早的國際雙邊稅收協定是1843年比利時與法國簽訂的。該協定主要為瞭解決兩國間在稅務問題上的相互合作和情報交換。目前，該協定已不再執行。義大利和奧地利於1925年10月31日簽訂的雙邊稅收協定是目前仍在執行中的最早締結的稅收協定。從第一個國際稅收協定出現到現在的一個半世紀中，國際上簽訂了各種類型的協定1,000多個，國際稅收協定已成為當今國際經濟關係中的一項重要內容。

國際稅收協定產生初期，簽訂稅收協定國家比較少。進入本世紀以後，世界經濟一體化的進程不斷加快，越來越多的國家加入到簽訂國際稅收協定的行列。因此，迫切需要制定出國與國之間簽訂稅收協定時可供參照和遵循的國際標準。國際稅收協定範本就是在這種國際環境下產生的。國際稅收協定範本的主要作用在於為各國簽訂稅收協定提供一個規範性樣本，為解決協定談判過程中遇到的技術性難題提供有效的幫助。稅收協定範本具有兩個特徵：一是規範化，可供簽訂國際稅收協定時參照；二是內容彈性化，能適應各國的實際情況，可由談判國家協商調整。

1977年，經合組織正式通過了《關於對所得和財產避免雙重徵稅協定範本》（以下簡稱「經合組織範本」）。聯合國於1979年通過了《關於發達國家與發展中國家間避免雙重徵稅協定範本》（以下簡稱「聯合國範本」）。聯合國稅收協定範本的主要意義在於探索一條關於發達國家與發展中國家締結稅收協定的便利途徑，並且制定適用於這些協定的指導原則。這些指導原則，要既符合發達國家，也符合發展中國家的利

益。聯合國範本與經合組織範本在結構上和內容上大體一致，但由於站的角度不同，反應國家的利益不同，在一些問題的看法和處理上有些不同和分歧。經合組織範本雖然在某些特殊方面承認收入來源國的優先徵稅權，但主導思想所強調的是居民管轄權原則，主要是為促進經合組織成員國之間簽訂雙邊稅收協定的工作，因而比較符合發達國家利益。聯合國範本較為注重擴大收入來源國的稅收管轄權，即強調收入來源管轄權原則，主要目的在於促進發達國家和發展中國家之間簽訂雙邊稅收協定，同時也促進發展中國家相互間簽訂雙邊稅收協定。對於發展中國家而言，聯合國範本是他們進行雙邊稅收協定談判是一個較好的參考樣本。此外，聯合國範本強調，收入來源國對國際資本收入的徵稅應當考慮以下三點：①考慮為取得這些收入所應分擔的費用，以保證對這種收入按其淨值徵稅；②稅率不宜過高，以免挫傷投資積極性；③考慮同提供資金的國家適當地分享稅收收入，尤其是對在來源國產生的即將匯出境的股息、利息、特許權使用費所徵收的預提所得稅，以及對從事國際運輸的船運利潤徵稅，應體現稅收分享原則。

(三) 國際稅收協定的主要內容

國際稅收協定，在很大程度上受《經濟合作與發展組織稅收協定範本》和《聯合國協定範本》的影響及制約。從各國所簽訂的一系列雙邊稅收協定來看，其結構及內容基本上與兩個範本一致，都包括如下七個主要內容：

1. 協定適用的範圍

(1) 人的適用。一切雙邊稅收協定只適用於締約國雙方的居民，外交代表或領事官員的外交豁免權除外。

(2) 稅種的適用。各類稅收協定一般將所得稅和一般財產稅列為稅種適用的範圍。

(3) 領域的適用。一般的稅收協定規定各締約國各自的全部領土和水域。

(4) 時間的適用。一般國際稅收協定在締約國互換批准文件後立即生效，通常沒有時間限制。

2. 協定基本用語的定義

協定基本用語的定義涉及：首先是一般用語的定義解釋，主要包括「人」「締約國」「締約國另一方」「締約國一方企業」等；其次是特定用語的定義解釋，因為特定用語對協定的簽訂和執行具有直接的制約作用，必須對特定用語的內涵和外延做出解釋和限定。如「居民」「常設機構」等；最後還有專項用語的定義解釋。國際稅收協定中有一些只涉及專門條文的用語解釋，一般放在相關的條款中附帶給定義或說明。

3. 稅收管轄權的劃分

對各種所得徵稅權的劃分，是雙邊稅收協定中包括的一項主要內容。各國對所得的徵稅有不同的內容，涉及的所得範圍各不一樣，但總的來看，可分為四大項：一是對營業所得的徵稅。**對締約國一方企業**的營業所得，雙邊稅收協定奉行居住國獨佔徵稅的原則；**對常設機構**的營業利潤，一般規定適用來源地國優先徵稅的原則。二是對投資所得的徵稅。國際稅收協定一般適用來源地國與居住國分享收入的原則。三是對勞務所得的徵稅。區分不同情況，對居住國、來源地國的徵稅權實施不同的規範和限

制。四是對財產所得的徵稅。在各國所締結的雙邊稅收協定中，對上述各項所得如何徵稅，應有一個明確的權限劃分，並對有關問題加以規定。如對各項所得由哪方先行使稅收管轄權，先行使稅收管轄權的一方應由什麼樣的條件限制，徵稅國應對某些收入採取什麼樣的稅率徵稅等。

4. 避免雙重徵稅的方法

在簽訂稅收協定時，還應考慮採用什麼樣的方法來避免對優先行使徵稅權而已徵稅的那部分所得的重複徵稅。如何在免稅法、抵免法和扣除法中選擇採用方法以避免國際間重複徵稅，如果締約國雙方確定給予對方跨國納稅人的全部或部分優惠以饒讓，也必須在協定中列出有關條款加以明確。

5. 稅收無差別待遇原則

稅收無差別原則在國際稅收協定條款規定中具體有以下表現。

（1）國籍無差別條款。即締約國一方國民在締約國另一方負擔的稅收或者有關條件，不應與締約國另一方國民在相同情況下負擔或可能負擔的稅收或有關條件不同或者比其更重，禁止締約國基於國籍原因實行稅收歧視。

（2）常設機構無差別條款。即締約國一方企業設在締約國另一方的常設機構的稅收負擔，不應高於締約國另一方進行同樣業務活動的企業。

（3）扣除無差別條款。締約國一方企業支付給締約國另一方居民的利息、特許權使用費和其他款項，應與在同樣情況下支付給本國居民一樣，准予列為支出。所有權無差別條款。即資本無差別條款，是指締約國一方企業的資本不論是全部還是部分、直接或間接為締約國另一方一個或一個以上的居民所擁有或控制，該企業稅負或有關條件，不應與該締約國其他同類企業不同或比其更重要。

6. 稅務情報交換

稅務情報交換兩個範本都規定，締約國雙方主管當局應交換為實施本協定的規定所需要的情報，或締約國雙方關於本協定所涉及的稅種的國內法，按此徵稅與本協定不相抵觸的情報。

7. 相互協商程序

締約國財政部門或稅務主管當局之間通過締結互助協議完善相互協商程序用以解決有關協定使用方面的爭議和問題。該程序是各稅務主管當局之間的一個討論程序，旨在盡可能找到並為各方所能接受。

（三）國際稅收協定的法律地位

從目前大多數國家的規定來看，當國際稅收協定與國內稅法不一致時，國際稅收協定處於優先執行的地位。中國是主張稅收協定應優先於國內稅法的國家。但也有一些國家主張國際稅收協定不能干預締約國制定、補充和修改國內稅法，更不能限制國內稅法作出比稅收協定更加優惠的規定；如果國內稅法的規定比稅收協定更為優惠，則一般應遵照執行國內稅法。國際稅收協定在少數國家並不具有優先於國內稅法的地位，例如美國。

第二節　國際避稅方法與國際反避稅措施

一、國際避稅與國際逃稅

　　國際避稅是指跨國納稅人利用各國稅法規定所存在的差別或稅法允許的辦法，採用各種公開與合法的手段（如變更納稅人身分、改變經營地點或經營方式等），做出適當的財務安排和稅務籌劃，以達到減少或消除稅收負擔的目的。

　　國際避稅與國際逃稅往往不易區分。國際逃稅是指跨國納稅人利用國際稅收管理合作的困難和漏洞，採取不向稅務機關報送納稅材料、謊報所得、虛構扣除、偽造帳冊和收付憑證等種種非法的隱蔽手段，蓄意瞞稅，以謀求逃避應承擔的納稅義務的行為。兩者有聯繫也有區別。它們的聯繫在於，國際避稅與國際逃稅都會對所在國的財政收入造成減少的後果，因而成為各國稅收徵管工作中稽查和防範的重點，也是國際稅收合作的重要內容。而兩者的區別則體現在以下幾點：①性質不同。國際避稅具有公開性與合法性，納稅人的行為不具有詐欺性，而國際逃稅具有隱蔽性和非法性，是徵稅國和國際稅收協定明確禁止的違法行為。②承擔的責任不同。對國際逃稅，可由有關國家根據其國內稅法或稅收協定的規定，依法進行補稅和加處罰款，以示懲罰；對國際避稅行為，由於是各國稅法上的漏洞和各國稅法之間的差別引起的，對避稅人無法也不可能進行處理。有關國家在發現這些問題之後，只能通過完善稅法，如相應做出一些補充規定，或加強與他國稅法的銜接，來進行防範。

二、國際避稅的成因

（一）國際避稅的客觀基礎

　　納稅人主觀上選擇避稅，當然是為了減輕稅負，獲得更多利潤。但如果沒有產生避稅的客觀基礎，這一動機就不可能實現。國際避稅的客觀基礎，或者說各國稅收規定間的差別，主要有以下八種情況：

　　1. 各國在稅收管轄權上的差別

　　目前世界各國對稅收管轄權的選擇和行使有很大不同，各國在稅收管轄權上的差別，可能會造成雙重徵稅，也有可能導致不納稅。

　　2. 課稅程度和方式上的差別

　　絕大多數國家基本都實行了以所得課稅為主體稅的稅制格局。但細加比較，各國的所得課稅程度和方式又有很大不同。如有的國家公司所得稅、個人所得稅、財產稅、資本利得並舉，且徵管規範、手續嚴格；而有的國家則基本不開徵財產稅和資本利得稅，即使開徵，稅負也很輕。對個人所得稅，有的國家採用綜合徵收制，而有的國家則採用分類徵收制。即使是相同名稱的稅種，如個人所得稅和公司所得稅，其具體包括的內涵和外延也都存在不同之處。

3. 運用稅率上的差別

有些國家使用比例稅率，有些國家使用超額累進稅率；有些國家最高稅率可能達70%，而有些國家稅率最高可能不超過35%。

4. 稅基上的差別

所得稅稅基為應稅所得，但在計算應稅所得時，各國對各種扣除項目的規定可能差異很大。如給予各種稅收優惠，會縮小稅基；如取消各種稅收優惠，則會擴大稅基。在稅率一定的情況下，稅基的大小決定著稅負的高低。

5. 避免國際雙重徵稅方法上的差別

為避免國際雙重徵稅，各國採用了不同的方法，如免稅法、扣除法、抵免法等。這些不同的方法會使納稅人承擔不同的稅負。其中扣除法稅負最重，其次是抵免法，稅負最輕的是免稅法。

6. 國與國之間有無稅收協定上的差別

國與國之間有無稅收協定，直接影響到避免雙重徵稅及子公司向母公司匯出股利及貸款利息等預提稅的多寡。如美國規定，對於向沒有同美國政府簽訂稅收協定的國家和地區匯出股息、利息或特許使用費，預提費為30%；對於有稅收協定的國家，則為10%。

7. 使用反避稅措施上的差別

例如擴大納稅義務，在稅法中採用國籍原則，以及各種國內和國際反避稅措施方面的差別。

8. 稅法實施有效性的差別

有的國家雖然在稅法上規定的納稅義務很重，但由於稅法實施的有效程度差，徵管效率很低，從而使稅收的徵納過程漏洞百出，名不符實，使跨國納稅人的稅收負擔名高實低，這也為國際避稅創造了條件。

(二) 國際避稅的刺激因素

一般而言，稅負越高，納稅人想方設法進行避稅的意願就越強。而導致稅負增加從而刺激國際避稅的因素主要有以下三個方面：

1. 稅率

稅率高意味著納稅人的稅負重，納稅人逃稅的動機就強。稅率有平均稅率和邊際稅率兩種形式。平均稅率是在稅收總額除以稅基的比率，即應納稅額占應稅所得的百分比。邊際稅率是指每額外新增的一單位應稅所得額適用的稅率。在實行累計稅率的情況下，邊際稅率隨著稅基的增加而增加。納稅人關心的主要是邊際稅率的大小，即政府要從納稅人新增的每一單位收入中獲取多少稅收。高邊際稅率是導致納稅人避稅的加速器。經驗表明，當邊際稅率低於50%時，納稅人一般還能接受稅收給他帶來的負擔，但當邊際稅率超過50%時，納稅人會對納稅產生抗拒心理，選擇避稅行為的機率大大增加。

2. 稅基

稅基是徵稅的客觀基礎。在稅率一定的前提下，如果納稅人所繳納的稅種，其稅

基很大，則其計稅依據就會擴大，其繳納的稅款也就會增加。納稅人不甘心既得利益被徵收走，就會利用風險較小的避稅手段來減輕稅負。近年來，各國所得稅稅基都有擴大的趨勢。

3. 通貨膨脹

企業納稅人的納稅活動，同其他經營活動一樣，都是在一定的社會經濟環境下進行的，必然要受到經濟環境的影響。其中，通貨膨脹就是對企業納稅活動產生重要影響的因素之一。通貨膨脹對企業納稅人的影響有兩個方面：一是「檔次爬升」，二是納稅扣除不足。所謂「檔次爬升」是指在通脹情況下，納稅人應納稅的名義收入增加，從而造成納稅人的適用稅率被推向更高的檔次，政府借此從納稅人實際所得中徵得更大的份額。從某種意義上說，「檔次爬升」是政府增加財政收入的一條微妙途徑，因為重負不必通過立法機構頒布新的增稅法律，通貨膨脹通過累計稅率的特點，就可使政府從國民收入真實所得中獲取較大的份額。所謂納稅扣除不足，是指在通貨膨脹情況下，物價水平會發生總體上的持續性上漲，而免徵額依然不變，從而發生扣除額實際減少的現象，即扣除不足，這樣就造成過分徵稅。由通貨膨脹引起的「檔次爬升」和扣除不足，蠶食了納稅人的實際所得和資本，爬升納稅人選擇避稅這條路。

三、國際避稅的主要方法

國際避稅的方法分自然人避稅方法和法人避稅方法。下面重點介紹法人避稅方法。

(一) 利用國際避稅地避稅

國際避稅地也稱國際避稅港，是指對所得與資產免稅或按較低的稅率徵稅或實行大量稅收優惠的國家和地區。它主要分為以下三類：

第一類是沒有直接稅的「純國際避稅地」。在這種避稅地沒有個人和企業所得稅，也沒有淨財富稅、遺產稅、贈與稅。如巴哈馬、開曼群島、英屬維爾京群島、海峽群島、百慕大、格陵蘭、新喀里多尼亞、開曼群島、瑙魯、巴巴多斯等。如海外投資者到這些國家或地區設立企業，只需向當地有關部門註冊登記，繳納一定的註冊費，而不必繳納個人所得稅、企業所得稅和一般財產稅。

第二類是指完全放棄居民（自然居民和法人居民）稅收管轄權而只實行地域稅收管轄權的國家或地區。在這類國家和地區，只對來源或存在於當地的所得與財產徵稅而不對來源或存在於國外（地區外）的所得與財產徵稅，如中國香港地區、馬來西亞、巴拿馬、阿根廷、哥斯達黎加、利比亞等。

第三類是指按照國際慣例制定稅法並實行徵稅，但對外來投資者提供某些稅收優惠的國家或地區。此類國家和地區包括加拿大、希臘、愛爾蘭、盧森堡、荷蘭、英國、菲律賓等。

利用國際避稅地進行避稅的方法主要有以下三種：

(1) 虛設機構。跨國公司在避稅地設立一個子公司，然後製造出母公司銷售給另一公司的貨物經避稅地子公司中轉銷售的假象，從而將母公司所得轉移到避稅地子公司帳上，達到避稅目的。設立於避稅地的這家子公司，實際上並不從事生產經營活動，

而只從事專門的避稅活動，因此又被稱為掛牌公司、紙面公司、文件公司或基地公司。例如美國某一國際投資公司——福特汽車公司向巴哈馬出售一萬輛汽車，雖然這筆交易沒有經過巴哈馬子公司中轉，但福特汽車公司的銷售收入轉到巴哈馬子公司的帳上，利用巴哈馬的免稅優惠達到避稅目的。只要子公司不把母公司應得股息匯往美國，福特汽車公司便可長期占用這筆交易所得應繳納的稅款。

（2）虛設信託財產。虛設信託財產是指投資者在避稅地設立一個個人持股信託公司，然後把它的財產虛設為避稅地的信託財產，從而達到避稅目的。例如，加拿大摩爾公司在百慕大設立一個信託公司，並把遠離百慕大的財產虛設給「避稅地」的信託公司，隨後不僅可能避掉這部分財產所得應納的稅額，而且還可以用這筆資金在百慕大從事消極投資牟利，獲取不納消極投資所得稅的好處。

（3）在第一類和第三類國際避稅地開辦企業或銀行，從事正常的生產和經營活動，享受其所在地資產以及其他方面的減免稅優惠，從而達到避稅目的。

(二) 利用轉移價格避稅

所謂轉移價格或轉讓價格，是指一個跨國法人內部具有獨立法人身分的母公司與子公司，子公司與子公司之間銷售商品、提供勞務、轉讓無形資產時，人為確定的劃撥價格。它不同於獨立法人在國際交易中通常使用的市場價格。轉移價格包括兩個方面：一是有形產品的轉移價格，如公司內部相互提供的設備、零部件和原材料的價格；二是無形產品的轉移價格，如子公司付給母公司（或其他子公司）的技術使用費、貸款付息、商標使用費、佣金費、管理費和諮詢服務費等的價格。

轉移價格首先被用來逃避所得稅。跨國公司的子公司分佈在不同國家，這些國家的所得稅稅率高低不同。因此，跨國公司就可以利用這一點，將盈利從高稅率國家轉移到低稅率國家，從而減少公司的納稅額。

利用轉移價格還可以逃避關稅。具體做法有兩種：一種是在跨國公司內部企業之間進行商品交易時，以調低的價格發貨，減少繳納關稅的基數；另一種做法是利用區域性關稅同盟或有關協定對不同的商品進口關稅率所做的不同規定逃避關稅。

(三) 利用變更企業總機構登記註冊地或變更企業實際控制與管理機構所在地的方法避稅

國際上認定居民身分（公司居住地）的標準主要有兩個，一個是以公司總機構登記註冊地為標準（指負責管理和控制法人的日常經營業務活動中心管理機構所在地），另一個是以公司的實際控制和管理機構所在地為標準（指做出和形成法人經營管理決定和決策的地點）。如果一家海外企業的所在國是以登記註冊地為標準認定法人居民身分，且這個國家是高稅國，那麼這家企業就可以採取到低稅國登記註冊的辦法避稅。同樣，如果一家處於高稅國的海外企業的所在國是根據實際控制和管理機構所在地來認定法人居民身分，那麼這家企業就可以採用將實際控制和管理機構轉移到低稅國的辦法來避稅。

(四) 利用雙邊稅收協定進行國際避稅

利用雙邊稅收協定進行國際避稅是指本無資格享受某一特定的稅收協定優惠的第

三國居民，為獲取該稅收協定的優惠待遇，通過在協定的締約國一方境內設立一個具有該國居民身分的公司，從而間接享受該稅收協定提供的優惠待遇，減輕或避免了其跨國所得本應承擔的納稅義務。

不同國家間簽訂的雙邊稅收協定通常為締約國各方的居民提供了某些優惠待遇，特別是對股息、利息、特許權使用費等消極所得的稅收優惠。

協定中的優惠待遇原本只有締約國雙方的居民才有資格享受，但由於世界上多數國家特別是發達國家，都採取允許資本自由進出國境的政策，這就為跨國投資提供了方便。因此，出於全球經營戰略的考慮，跨國納稅人可以相對自由地到自認為合適的國家建立具有法人資格的經濟實體，這就為跨國納稅人打開了一條新的避稅之門。濫用稅收協定避稅的方式一般是通過設置直接或間接的導管公司、直接利用雙邊關係設置低股權控股公司，將從一國向另一國的投資通過第三國迂迴進行，以便從適用不同國家間的稅收協定或從不同國家的國內稅法中受益。

(五) 選擇有利的企業組織方式進行國際避稅籌劃

跨國投資者在國外新辦企業、擴充投資組建子公司或設立分支機構都會涉及企業組織方式的選擇問題，不同的企業組織方式在稅收待遇上有很大的差別。就分公司和子公司而言，子公司由於在國外是以獨立的法人身分出現，因而可享受所在國提供的包括免稅期在內的稅收優惠待遇，而分公司由於是作為企業的組成部分之一派往國外，不能享受稅收優惠。另外，子公司的虧損不能匯入國內總公司，而分公司與總公司由於是同一法人企業，經營過程中發生的虧損便可匯入總公司帳上，減少了公司所得額。因此，跨國經營時，可根據所在國企業自身情況採取不同的組織形式達到減輕稅負的目的。例如，海外公司在初創期，由於虧損的可能性較大，可以採用分公司組織形式。當海外公司盈利後，若能及時地將其轉變為子公司形式，便能獲得分公司無法獲得的許多稅收好處；就股份有限公司制和合夥制的選擇而言，許多國家對公司和合夥企業實行不同的稅收政策。

設立國際控股公司、國際信託公司、國際金融公司、受控保險公司、國際投資公司等也是當今跨國公司進行稅收籌劃的重要途徑之一。跨國公司往往通過在締約國、低稅國或避稅地設立此類公司，獲得少繳預提稅方面的利益，或者能較容易地把利潤轉移到免稅或低稅地。同時還由於子公司稅後所得不匯回，母公司可獲得延期納稅的好處，此外還可以較容易地籌集資本，調整子公司的財務狀況，如用一國子公司的利潤沖抵另一國子公司的虧損。中國首鋼集團通過在香港設立控股子公司就發揮了其卓著的籌資功能，同時也達到了減輕稅負的目的。

(六) 避免成為常設機構進行國際避稅籌劃

常設機構是指企業進行全部或部分營業的固定場所，包括管理場所、分支機構、辦事處、工廠、作業場所等。目前，它已成為許多締約國判定對非居民營業利潤徵稅與否的標準。對於跨國經營而言，避免了常設機構，也就隨之有可能避免在該非居住國的有限納稅義務，特別是當非居住國稅率高於居住國稅率時，這一點顯得更為重要。因而跨國公司可通過貨物倉儲、存貨管理、貨物購買、廣告宣傳、信息提供或其他輔

助性營業活動而並非設立一常設機構,來達到在非居住國免予納稅的優惠。例如,韓國不少海外建築公司在中東和拉美國家承包工程,而這些國家規定非居民公司在半年內獲得的收入可以免稅,所以,這些韓國公司常常設法在半年以內完成其承包工程,以免交收入所得稅。

(七) 利用資本弱化方式進行國際避稅

在一般情況下,跨國公司經營所需資金主要來自股東的股份投資和各自貸款。當跨國企業融資時,是選擇股份形式還是貸款形式,通常主要考慮的因素有企業經營控制權、企業的性質和企業的自有資金情況等,而較少考慮稅收方面的因素。但在現實的國際經濟活動中,跨國股息和利息所得的實際國際稅負是不一樣的,兩者之間存在著差別,這就使得跨國企業可以利用跨國股息和利息所得的實際國際稅負差異,來有意弱化股份投資而增加貸款融資比例,將本應以股份形式投入的資金轉變為採用貸款方式提供,減輕或逃避國際稅負。

(八) 利用電子商務進行國際避稅

電子商務指進出口交易雙方利用國際互聯網、局域網、企業內部網進行商品和勞務的交易。目前全球已有52%的企業先後進行電子商務活動。電子商務活動具有交易無國籍無地域性、交易人員隱蔽性、交易電子貨幣化、交易場所虛擬化、交易信息載體數字化、交易商品來源模糊性等特徵。電子商務給跨國企業的國際避稅提供了更安全隱蔽的環境。跨國企業利用電子商務的隱蔽性,避免成為常設機構和居民法人,逃避所得稅,利用電子商務快速的流動性,虛擬避稅地營業,逃避所得稅、增值稅和消費稅;利用電子商務對稅基的侵蝕性,隱蔽進出口貨物交易和勞務數量,逃避關稅。因而電子商務的迅速發展既推動世界經濟和貿易的發展,同時也給包括中國在內的各國稅收制度提出了國際反避稅的新課題。

四、國際反避稅措施

反避稅是指國家採取積極的措施,對國際避稅加以防範和制止。反避稅是對避稅行為的一種管理活動。其主要內容從廣義上包括財務管理、納稅檢查、審計以及發票管理,從狹義上理解就是通過加強稅收調查,修補稅法漏洞。國際反避稅的措施主要包括以下幾個方面。

(一) 國際稅務合作

各國稅務機關更需加強國家間稅務合作,通過交換稅收情報,盡可能多地採取防範逃稅、避稅的聯合行動。稅收情報交換的範圍,一般不在稅收協定中列出具體項目,只作出原則性的規定,內容大體有以下三個方面:一是交換為實施稅收協定所需要的稅收情報。如納稅人在居住國或所得來源地的收入情況、關聯企業之間的作價等。二是交換與稅收協定涉及稅種有關的國內法律情報,其中包括為防範偷逃稅所單方面採取的法律措施。但是,這些法律應當與稅收協定不相抵觸。三是交換防範稅收詐欺、偷逃稅的情報。前兩項情報交換雖然也能夠起到防範偷逃稅的作用,但其重點是為了

實施稅收協定。而交換防範稅收詐欺、偷逃稅的情報，重點就是解決核實徵稅和依法處理偷逃稅案件的問題，以防範和處理國際偷逃稅和避稅。如對境外所得隱匿不報或者申報不實、虛列成本費用、轉移利潤以及瞞報境外雇主支付的報酬等。

(二) 防止通過徵稅對象國際轉移進行國際避稅的一般措施

國際關聯企業之間的財務收支活動、利潤分配形式體現著「集團利益」的特徵，對這種避稅活動給予限制，關鍵是應堅持「獨立競爭」標準，即按照有關聯的公司任何一方與無關聯的第三方公司，各自以獨立經濟利益和相互競爭的身分出現，在相同或類似的情況下，從事相同或類似的活動所應承擔或歸屬的成本、費用或利潤來考查、衡量某個公司的利潤是否正常，是否在公司之間發生了不合理的安排。凡是符合「獨立競爭」標準的，在徵稅時就可以承認。否則，要按照這一標準進行調整，這樣就可以達到防止避稅的目的。

(三) 轉移價格調整

對關聯企業之間銷售貨物或財產的定價問題，一直是防止國際避稅的一個焦點。其中關鍵環節是確定公平的價格，以此作為衡量納稅人是否通過轉讓定價方式，壓低或抬高價格，規避稅收。美國在《國內收入法典》中規定，關聯企業或公司彼此出售貨物或財產時，財政法規規定的公平價格，就是比照彼此無關聯各方，在同等情況下，出售同類貨物或財產付出的價格。調整轉讓定價的方法主要有以下四種：①可比非受控價格法，即比照沒有任何人為控制因素的賣給無關聯買主的價格來確定；②再售價格法，如無可比照價格，就以關聯企業交易的買方將購進的貨物再銷售給無關聯企業關係的第三方時的銷售價格扣除合理的購銷差價來確定；③成本加利法，對於無可比照的價格，而且購進貨物經過加工有了一定的附加值，則採用以製造成本加上合理的毛利，按正規的會計核算辦法組成價格的方法；④可比利潤法，即把關聯企業帳面利潤與經營活動相類似的非關聯企業實際利潤相比較，或者將關聯企業帳面利潤與其歷史同期利潤進行比較，得出合理的利潤區間，並據以對價格作出調整。

(四) 防止利用避稅地避稅的措施

針對國際避稅地的特殊稅收優惠辦法，一些國家從維護自身的稅收權益出發，分別在本國的稅法中相應作出規定，以防止國際避稅發生。其中美國的防範措施規定最複雜，也最典型。美國《國內收入法典》規定，只要在國外某一公司的「綜合選舉權」股份總額中，有50%以上分屬於一些美國股東，而這些股東每人所持有的綜合選舉權股份又在10%以上時，這個公司就被視為被美國納稅人控制的外國公司，即外國基地公司。而且這個股權標準只要外國一家公司在一個納稅年度中的任何一天發生過，該公司當年就被視為外國基地公司。在上述條件下，凡按股息比例應歸到各美國股東名下的所得，即使當年外國基地公司未分配，也均應計入各美國股東本人當年所得額中合併計稅，這部分所得稱為外國基地公司所得，共應繳外國稅款可以獲得抵免，以後這部分所得實際作為股息分配給美國股東時，則不再徵稅。

(五) 加強徵收管理

近幾十年，許多國家從以下幾個方面加強了徵收管理，制定了比較嚴密的稅收管理制度。

(1) 納稅申報制度。嚴格要求一切從事跨國經濟活動的納稅人及時、準確、真實地向國家稅務機關申報自己的所有經營收入、利潤、成本或費用列支等情況。

(2) 會計審計制度。與納稅申報制度密切相關的是如何對跨國納稅人的會計核算過程及結果進行必要的審核，以檢查其業務或帳目有無不實、不妥以及多攤成本費用和虛列支出等問題。

(3) 所得核定制度。許多國家採用假設或估計的方法確定國際稅納人的應稅所得。徵稅可以基於一種假設或估計之上，這不是對稅法的背棄，而是在一些特殊的情況下採取的有效辦法。如在納稅人不能提供準確的成本或費用憑證，不能正確計算應稅所得額時，可以由稅務機關參照一定標準，估計或核定一個相應的所得額，然後據以徵稅。

第三節　中國的涉外稅收制度

一、中國涉外稅收概述

對外商投資企業、外國企業與在華外籍人員徵收的各種稅收統稱為涉外稅收。

(一) 改革開放以來中國涉外稅收政策回顧

中國涉外稅收政策是隨著國家對外經濟與貿易交往活動的發展而逐步建立起來的。尤其是在 1978 年確立對內搞活經濟、對外開放的基本方針並由封閉內向型經濟向開放外向型經濟轉變以來，中國對外經濟交往和技術合作迅猛發展，形成了對外開放的新局面，這迫切要求制定、建立和實施一整套涉外稅收法規，中國涉外稅收制度由此得到迅速發展和確立。

20 世紀 80 年代初期，為最大限度地招商引資，「以全面優惠促開放」為導向，以招商引資規模為重點，以全面優惠、最大負擔和平等為基本原則，涉外稅制體現出稅負從輕、優惠從寬、手續從簡的若干特點。自 1984 年起至 1993 年，中國陸續頒布了一系列擴大稅收優惠的法規，並圍繞經濟特區、經濟技術開發區、沿海經濟開放區、高新技術產業開發區和保稅區等的建設，逐步設計、形成了「經濟特區—經濟技術開發區—沿海經濟開放區—其他特定地區—內地一般地區」的多層次涉外稅收優惠格局。

1994 年後，為改善投資環境，適應建立和發展社會主義市場經濟的需要，中國涉外稅制建設經過一段時期的發展、局部修改與完善後形成內外兩套企業所得稅稅制，但從涉外稅制建設的基本原則看，對外資由最初的全面優惠逐步向特定行業優惠過渡。雖然是內外兩套企業所得稅稅制，但由於 1993 年 12 月 13 日將國有企業、集體企業和私營企業三個企業所得稅暫行條例以及《國營企業調節稅徵收辦法》進行整合併制定

《中華人民共和國企業所得稅暫行條例》，1994年1月1日起開始實施的《中華人民共和國企業所得稅暫行條例》，將內資企業所得稅稅率規定為33%，與1991年制定的《中華人民共和國外商投資企業和外國企業所得稅》的稅率持平，說明當時內外資企業所得稅的稅負相對於改革初期已很接近了。除經營期在十年以上的生產性外商投資企業可享受「兩免三減半」的優惠外，一般外資企業（不包括可享受特殊優惠的外資企業）與內資企業的徵稅規定基本相同。另外，在新的個人所得稅制度下，中外籍人員適用的稅率已完全相同（為照顧外籍人員的生活水平，新個人所得稅制度允許在中國工作的外籍人，在就其工資、薪金繳納個人所得稅時，再扣除3,200元的附加減除費用）。所以，在涉外所得稅的徵收上，中國已不再堅持全面優惠的原則。

2007年3月16日，十屆全國人大五次會議通過《中華人民共和國企業所得稅法》，並於2008年1月1日起開始施行，新法的通過及實施標誌著中國從此告別企業所得稅的「雙軌」時代，真正實現「兩稅合一」。新企業所得稅法從中國現階段的國情出發，針對當前在稅收領域存在的新情況和新問題，進一步明確所得稅徵收的原則，明確內外資企業適用統一的企業所得稅稅率，進一步規範了企業的稅前扣除辦法及其標準，完善了稅收優惠政策，強化了稅收徵管。該法的貫徹實施將有利於中國產業結構優化升級，有利於為各類企業創造一個公平競爭的稅收環境，標誌著未來中國涉外稅制建設由對外資優惠轉向統一稅制、公平競爭。

(二) 中國現行涉外稅收的稅種和稅率

中國目前的稅制主要是以流轉稅和所得稅為主體，以財產稅、資源稅、行為稅為輔助的複合稅制體系，共包括25個稅種。國家的稅收收入絕大部分源於流轉類稅收和所得類稅收，其中關稅、消費稅、增值稅都屬於流轉稅。目前適用於外商投資企業、外國企業和外籍人員的涉外稅種共有12項，即：流轉稅、營業稅、外商投資企業和外國企業所得稅、個人所得稅、資源稅、城市房地產稅、土地增值稅、印花稅、契稅、車船使用牌照稅、農業稅、屠宰稅。中國涉外稅收中所採用的稅率有比例稅率（如外商投資企業和外國企業所得稅）、超額累進稅率（如個人所得稅）和定額稅率（如車船使用牌照稅）三種。

二、中國涉外稅收優惠政策的主要內容

(一) 在企業所得稅方面的優惠政策

一般情況下，企業所得稅稅率分為兩種：第一種，對在中國境內設立生產經營機構或場所從事生產和經營的企業取得的應稅所得，實行30%的比例稅率，另按應稅所得額徵收3%的地方所得稅，兩項合計負擔率為33%。第二種，對外國公司、企業和其他經濟組織在中國境內沒有設立經營機構或場所，而有來源於中國境內的股息、利息、租金、特許權使用費和其他應稅所得的；或者在中國境內設立機構、場所，但上述所得與其機構、場所沒有實際聯繫的，一律按20%的比例稅率徵收預提所得稅，實行源頭扣繳。

但在下列情況下，涉外企業可以享受所得稅方面的優惠。

（1）生產性外商投資企業，除了屬於石油、天然氣、稀有金屬、貴重金屬等資源開採項目的，由國務院另外規定以外，實際經營期限在十年以上的，從開始獲利的年度起，第一年和第二年免徵企業所得稅，第三年至第五年減半徵收企業所得稅。

（2）從事農、林、牧業和設在經濟不發達的邊遠地區的外商投資企業，依照前一規定享受減免稅待遇期滿後，經批准可在以後的十年內繼續按應納稅額減徵15%～30%的所得稅。

（3）對設在經濟特區的外商投資企業和外國企業，以及設在經濟技術開發區的生產性外商投資企業，減按15%的稅率徵稅。對設在經濟特區和經濟技術開發區所在城市的老市區、沿海經濟開放區的外商投資企業，減按24%稅率徵收所得稅。上述企業屬於能源、交通、港口、碼頭或國家鼓勵的其他項目的，還可減按15%稅率徵收所得稅。

（4）對外商開辦的產品出口企業，在按稅法規定減免所得稅期滿以後，凡當年出口產品的產值達到當年企業產值70%以上的，還可以按法定稅率，減半徵收所得稅。

（5）鼓勵擴大和增加資本投資的優惠。對外商投資企業的外國投資者將從企業分得的利潤在中國境內直接再投資於該企業，增加註冊資本，或者作為資本投資開辦其他外商投資企業，其經營期限不少於5年的，可以退還再投資部分已納所得稅稅款的40%；如果再投資舉辦、擴建產品出口企業或先進技術企業，可全部退還再投資部分的已納稅款。

（二）在流轉稅方面的優惠政策

在流轉稅（包括增值稅、消費稅、營業稅和海關關稅）方面，中國政府對外商投資企業開展加工貿易、出口自產產品以及進口屬於國家鼓勵發展項目的相關設備等給予稅收優惠。下面重點闡述在進出口方面享受的優惠政策。

外商投資企業可享受的進出口優惠政策主要體現在以下兩個方面：

一是特定項目的優惠。如，《外商投資產業指導目錄》鼓勵類和限制乙類，且轉讓技術的外商投資項目，外國政府貸款和國際金融組織貸款項目、符合《當前國家重點鼓勵發展的產業、產品和技術目錄》的國內投資項目、符合中西部省、自治區、直轄市利用外資優勢產業和優勢項目目錄的項目。

二是特定主體的優惠。如，已設立的「五類」外商投資企業（即鼓勵類、限制類乙類外商投資企業、外商投資研究開發中心、先進技術型和產品出口型外商投資企業。）、外商投資設立的研究開發中心。由此可見，並非只要是外商投資企業就當然可以享受進口稅收優惠政策。

同時，也並非只要符合上述條件的就必然可以享受優惠政策。從進口商品的種類和資金來源來看，還必須符合以下條件：

一是《外商投資項目不予免稅的進口商品目錄》外所列的自用設備、加工貿易外商提供的不作價進口設備及隨設備進口的技術及配套件、備件。該類設備必須是國內不能生產或性能不能滿足需要；對於外商投資研究開發中心進口的自用設備，還僅限於不構成生產規模的實驗室範疇。

二是資金必須來源於投資總額或投資總額以外的自有資金，即企業儲備基金、發展基金、折舊和稅後利潤等。

(三) 在其他稅種方面的優惠政策

在其他稅種（如資源稅、土地增值稅、城市房地產稅、印花稅、契稅、個人所得稅和農業稅等）方面，外商投資企業、外國企業和外籍人員也可以同內資企業和國內公民一樣得到一些減免稅待遇。

(四) 中國政府還通過與其他國家訂立雙邊協定的方式向外國投資者提供稅收優惠

要確保外國投資者從中國的稅收優惠中真正得到好處，有賴於稅收饒讓的爭取和實行。稅收饒讓是指居住國政府對本國納稅人所得因來源國給予的稅收減免而未繳納的稅款，視同已納稅給予抵免。

三、中國與外國（地區）簽訂的雙邊稅收協定

為了從國際法方面保障利用外商投資事業的健康發展，自實行改革開放政策以來，中國已經先後同世界上許多國家簽訂了雙邊層次的《關於對所得避免雙重徵稅和防止偷漏稅的協定》以及《關於相互促進（鼓勵）和保護投資協定》。根據國家稅務總局公布的數據，截至 2017 年 5 月底，中國已對外徵稅簽署 106 個稅收協定，其中 97 個協定已生效，和香港、澳門特別行政區簽署了稅收安排，與臺灣地區簽署了稅收協議，並與「一帶一路」沿線國家中的 54 個國家簽訂稅收協定。基本涵蓋了中國利用外商投資的主要投資來源國和對外直接投資的主要目的地。另外，中國還於 2013 年 8 月簽署了《多邊稅收徵管互助公約》的多邊稅收條約。與此同時，中國還與一些國家就國際運輸收入（空運和海運）的稅收出了問題簽署了議定書或相關協定。稅收協定對於企業主要有四個方面的作用，一是消除雙重徵稅，降低「走出去」企業的整體稅收成本；二是增強稅收確定性，降低跨國經營稅收風險；三是降低「走出去」企業在東道國的稅負，提高競爭力；四是當發生稅務爭議時，提供相互協商機制，解決存在爭議的問題。一般情況下，稅收協定稅率往往低於東道國的國內法稅率。以俄羅斯為例，其國內法對利息、特許權使用費的標準預提所得稅率均為 20%，而根據中國與其最新簽訂的協議，利息的預提稅率為 0，特許權使用費的預提稅率為 6%，這就可以明顯降低企業的稅收成本，增強「走出去」企業的競爭力，給企業帶來真正的實惠。現在很多企業到國外投資經營遇到稅收問題，首先想到的不是找稅務機關解決，而是私下解決，想著花幾個錢就能搞定，這是對稅收協定缺乏瞭解的表現。不管是大企業還是小企業，都有權享受稅務部門提供的稅收服務，稅務總局已經出抬專門文件，規定「走出去」企業遇到了問題或者在東道國遇到了不公平待遇和歧視，向省級稅務部門提出後，10 日之內省級稅務機關就要向國家稅務總局反應，總局則要在 20 日之內決定是否接受申請。

另外，中國政府還通過與其他國家訂立雙邊稅收協定的方式向外國投資者提供稅收優惠。通過訂立雙邊稅收協定提供稅收優惠是通過國際法方式提供，有別於通過國內立法提供。要確保外國投資者從中國給予的稅收優惠中真正得到好處，有賴於稅收

饒讓的爭取。稅收饒讓亦稱「虛擬抵免」和「饒讓抵免」，指居住國政府對其居民在國外得到減免稅優惠的那一部分，視同已經繳納，同樣給予稅收抵免待遇不再按居住國稅法規定的稅率予以補徵。稅收饒讓是配合抵免方法的一種特殊方式，是稅收抵免內容的附加。它是在抵免方法的規定基礎上，為貫徹某種經濟政策而採取的優惠措施。稅收饒讓這種優惠措施的實行，通常需要通過簽訂雙邊稅收協定的方式予以確定。因此它是一種國家間的措施，是居住國政府對所得來源國吸引外資政策的一種積極配合。

思考題

1. 什麼是國際稅收？對國際稅收概念的理解要把握哪幾個方面的內容？
2. 國際稅收與外國稅收和涉外稅收的區別是什麼？
3. 什麼是稅收管轄權？稅收管轄權有哪些類型？稅收管轄權與國際雙重徵稅是什麼關係？
4. 國際雙重徵稅的類型及產生原因有哪些？
5. 國際雙重徵稅的避免和消除方式有哪些？
6. 什麼是國際稅收協定？其主要內容有哪些？
7. 什麼是國際避稅？國際避稅與國際逃稅在性質上的主要區別是什麼？
8. 國際避稅中企業法人避稅的主要方法有哪些？

第十二章　區域經濟一體化

　　國際經濟合作是世界各國在經濟全球化條件下加快經濟發展的最重要因素之一。20世紀80年代以來，隨著信息技術的進步，經濟全球化浪潮席捲了世界各國，國際經濟聯繫與合作更加密切，各國都在適應和利用這個大趨勢，在毗鄰國家之間建立多樣的經濟合作組織，簽訂區域性自由貿易協定或建立關稅同盟。作為全球性經濟組織重要補充的多樣化區域經濟組織，是走向經濟全球化和世界多極化必不可少的中間環節。

第一節　區域經濟一體化的形式

一、按照區域經濟一體化的程度劃分

（一）優惠貿易安排

　　優惠貿易安排是指成員國之間通過協定或其他形式，對全部商品規定特別的關稅優惠，也可能包含小部分商品完全免稅的情況。這是經濟一體化的最低級和最鬆散的一種形式。第二次世界大戰後初建的東南亞國家聯盟就屬於此種形式的一體化組織。

（二）自由貿易區

　　它是指由簽訂有自由貿易協定的兩個或兩個以上的國家或地區組成的貿易區域。自由貿易區內逐漸減免甚至取消關稅與進口數量限制。同時，保留成員國各自的原有獨立的對區外國家的關稅結構和其他貿易保護措施。

（三）關稅同盟

　　它是指兩個或兩個以上的國家通過簽訂條約或協定取消區域內關稅或其他進口限制，並對非同盟國家實行統一的關稅率而締結的同盟。這在一體化程度上比自由貿易區更進了一步。它除了包括自由貿易區的基本內容外，而且成員國對同盟外的國家建立了共同的、統一的關稅稅率，結盟的目的在於使參加國的商品在統一關境以內的市場上處於有利地位，排除非成員國商品的競爭，它開始帶有超國家的性質。

（四）共同市場

　　它是指除了在成員國內完全廢除關稅與數量限制並建立對非成員國的共同關稅外，還取消了生產要素流動的各自限制，允許勞動、資本等在成員國之間自由流動。在商品自由流動方面，它一直對共同市場外的商品統一關稅，有協調間接稅制度、產品標

準化制度；在資本的自由流動方面，有協調籌資制度；在勞動的自由流動方面，有學歷和技術等級的相互承認制度，等等。共同市場下經濟調節的超國家性質比關稅同盟更進一步。

(五) 經濟同盟

它是共同市場和經濟共同體向超國家一體化的宏觀協調機制發展的具體步驟，是一種較高層次的區域經濟一體化組織形式。其特點是，在實行關稅、貿易和市場一體化的基礎上，進一步協調成員國之間的經濟政策和社會政策，包括貨幣、財政、經濟發展和社會福利政策，以及有關貿易和生產要素的流動政策，並擁有一個制定這些政策的超國家的共同機構。

(六) 完全的經濟一體化

這是經濟一體化的最高級形式。完全經濟一體化不僅包括經濟同盟的全部特點，而且各成員國還統一所有的重大經濟政策，如財政政策、貨幣政策以及有關貿易和生產要素流動的政策。在這個一體化組織內，各成員國的稅率特別是增值稅率和特別消費稅率基本協調一致；它建立統一的中央銀行，使用統一的貨幣；取消外匯管制，實行同樣的匯率管理；逐步廢除跨國界的金融管制，允許相互購買和發行各種有價證券；實行價格的統一管理；等等。完全經濟一體化組織一般有共同的組織管理機構，這種機構的權力以成員國的部分經濟決策與管理權限的讓渡為基礎。

表 12.1　　　　　　　　區域經濟一體化的類型與特點

	自由貿易	共同的對外關稅	生產要素流動	共同的經濟政策（貨幣、財政等）	建立統一的超國家經濟機構
優惠貿易安排	×	×	×	×	×
自由貿易區	√	×	×	×	×
關稅同盟	√	√	×	×	×
共同市場	√	√	√	×	×
經濟同盟	√	√	√	√	×
完全的經濟一體化	√	√	√	√	√

二、按區域經濟一體化的範圍劃分

(一) 部門經濟一體化

部門經濟一體化是指區域內各成員國的一個或幾個部門（或商品，或產業），達成共同的經濟聯合協定而產生的區域經濟一體化組織。

(二) 全盤經濟一體化

全盤經濟一體化是指區域內各成員國的所有經濟部門加以一體化的形態。

三、按參加國的經濟發展水平劃分

(一) 水平經濟一體化

水平經濟一體化，又稱橫向經濟一體化。它是指由經濟發展水平大致相同或相近的國家所組成的經濟一體化組織。

(二) 垂直經濟一體化

垂直經濟一體化，又稱縱向經濟一體化。它是指由經濟發展水平不同的國家所組成的區域經濟一體化組織。

第二節　區域經濟一體化的原因及現狀

一、發展區域經濟一體化的經濟原因

當前全球範圍內日益加深的市場化改革趨勢，為區域經濟一體化的發展奠定了體制基礎。在戰後新技術條件下，各國各地區之間的分工與依賴日益加深、生產社會化、國際化程度不斷提高，使各國的生產和流通及其經濟活動進一步走出國界。這就必然要求消除阻礙經濟國際化發展的市場和體制障礙。當今世界，越來越多的國家通過實踐認識到，只有選擇市場經濟體制，才能加快本國經濟發展的速度、提高經濟的運轉效率和國際競爭力。通過改革，各國消除了商品、生產要素、資本以及技術在國家之間進行流動的經濟體制上的障礙，促成了區域經濟一體化的發展。

世貿組織多邊貿易體制本身的局限性以及近年來多邊貿易談判所遭遇的挫折和困難，刺激了區域經濟一體化的發展。雖然世貿組織是推動貿易自由化和經濟全球化的主要力量，但由於自身龐大，運作程序複雜，根據世貿組織一攬子接受方式，其成員對各項議題的談判只有在一致同意的基礎上才能進行，從而注定了短時間內所有成員達成共識和消除矛盾並非易事。比如，2001年11月在多哈發起的首輪多邊回合談判一直舉步維艱。多邊貿易談判前景的不可預測性，為雙邊和區域性貿易協議提供了發展空間與機遇，也為參與全球競爭多了一種選擇。而且，區域經濟一體化組織因其成員常常是地理位置相鄰、社會政治制度相似、生產力發展水平相近、有類似的文化歷史背景，因而具有開展經濟合作的諸多優勢。

二、發展區域經濟一體化的政治原因

服務於本地區的和平、發展與穩定，是此輪區域經濟一體化浪潮的政治原因，其主要包括：謀求政治修好，緩解矛盾衝突，穩定地區局勢。世界銀行研究表明，區域貿易協議除了促進貿易流動，也對消除政治衝突起著顯著的作用。歐洲合作的初始動機和最終目標就是政治。經過兩次世界大戰的磨難，歐洲人意識到不能再發生戰爭，必須通過合作、一體化與聯合，才能實現歐洲的長久穩定、安全和發展。時至今日，

歐洲各國終於通過經濟合作，為實現地區的和平與發展、實現大歐洲聯合的夢想，奠定了堅實的基礎。在亞洲，1999年東亞領導人關於東亞合作的聯合聲明，明確提出了開展政治、安全對話與合作的議題。此外，印度和巴基斯坦之間政治緊張局勢的緩解，與正在進行的南亞自由貿易區協議談判密不可分。非洲一些國家政局長期不穩，大多數國家經濟又不發達，這些因素促使非洲聯盟於2002年問世，其目的是試圖以政治和經濟合作來推動地區穩定與經濟發展。

推動國內的體制改革。一些發展中國家和轉軌國家把區域貿易協議作為鎖定貿易自由化或國內體制改革進程的機制，即通過外部的條約責任和有形具體的承諾來促進國內的體制改革。20世紀90年代，東歐轉型國家與歐盟簽署區域貿易協議的目的之一，就在於以此推動向市場經濟的轉化過程。

尋求區域層面的政治保護以抗衡其他區域集團。這是世界大國加緊組織和鞏固區域經濟集團的一個重要動因。美國參與跨地區的亞太經合組織，意在抗衡不斷擴大的歐盟。而歐盟希望作為一個更強大的整體，用一個強音在國際上更有力地與美、日等大國抗爭，不僅在自家門口加緊對外經濟擴展，在拉美和亞洲等地積極開展經濟合作，而且致力於大歐洲自由貿易區的構想。日本極力在亞太地區推行「雁陣模式」，鞏固和擴大大東亞經濟圈，同時採取各種措施打入歐美腹地，並期望借此獲取安理會常任理事國地位。俄羅斯以獨聯體為依託，已經建立或正在構建一些區域經濟集團，如獨聯體國家經濟聯盟、歐亞經濟共同體等，以鞏固和加強俄的大國地位。東盟通過加強內部協調與合作，在世貿組織、聯合國貿發會議等多邊經濟組織中用一個聲音說話，來維護日益增強的自身利益。

三、區域經濟一體化的現狀

全球範圍內區域經濟一體化迅速發展主要依靠三條途徑：一是不斷深化、升級現有形式；二是擴展現有集團成員；三是締結新的區域貿易協議或重新啓動沉寂多年的區域經濟合作談判。其發展現狀主要包括以下幾點。

(一) 區域經濟一體化覆蓋大多數國家和地區

據世界銀行統計，全球只有12個島國和公國沒有參與任何區域貿易協議（RTA）。174個國家和地區至少參加了一個（最多達29個）區域貿易協議，平均每個國家或地區參加了5個。當然，各地區之間的差別很大，發展程度也不相同。世貿組織全體成員同時又是各區域經濟組織成員，有的具有多重區域經濟一體化組織成員的身分。全世界近150個國家和地區擁有多邊貿易體制和區域經濟一體化的「雙重成員資格」。北方國家簽署的區域貿易協議最多，平均每個國家為13個。相當數量的發展中國家已與北方國家簽署了雙邊優惠貿易協議。多數協議發生在東歐、北非和拉美，東亞各國簽署的協議少一些，而南亞各國至今尚無與北方國家簽署協議的先例。

(二) 區域經濟一體化內容廣泛深入

新一輪的區域協議涵蓋的範圍大大擴展，不僅包括貨物貿易自由化，而且包括服務貿易自由化、農產品貿易自由化、投資自由化、貿易爭端解決機制、統一的競爭政

策、知識產權保護標準、共同的環境標準、勞工標準,甚至提出要具備共同的民主理念等。比如,北美、歐盟、南南以及其他一些區域一體化協議中,很多都涉及標準、物流、海關合作、服務、知識產權、投資、爭端解決機制、勞工權益和競爭政策等條款。

(三) 形式與機制靈活多樣

一是大多數區域經濟集團對成員資格採取開放式態度,以加速擴大。除一些明確由雙方構成的區域經濟,如美加自由貿易協議、澳新緊密經濟合作關係協議等之外,一般區域經濟大都經歷了成員由少到多的過程。比如,歐盟歷經 5 次大規模擴大,現已發展至 27 個成員國。亞太經濟合作組織 14 年來也經歷了 4 次擴大,達到 21 個成員。二是合作形式和層次由低級向高級發展。許多國家放棄或基於原有貿易優惠安排而成立自由貿易區或關稅同盟,有的從關稅同盟發展成為共同市場。比如,1995 年 1 月,南錐體四國(阿根廷、巴西、烏拉圭、巴拉圭)根據 1994 年簽署的黑金城議定書的規定,將自由貿易區提升為關稅同盟,並正式開始運轉,從而成為世界上僅次於歐盟的第二大關稅同盟。

(四) 跨洲、跨區域經濟合作的興起和發展

20 世紀 90 年代以來,區域經濟合作的構成基礎發生了較大變化,打破了狹義的地域相鄰概念,出現了跨洲、跨洋的區域合作組織。比如,日本相繼與墨西哥、新加坡簽署了自由貿易協議。不同區域經濟集團之間也展開了連橫合作。南錐體共同市場與其第二大貿易夥伴歐盟之間開始探討建立自由貿易區,而東盟與歐盟外長會議之間就政治、經濟領域內廣泛的問題進行探討也已制度化。北美自由貿易區也有意與南錐體共同市場合作,建立從阿拉斯加到阿根廷的整個美洲範圍內的自由貿易區。突尼斯、摩洛哥等成員先後與歐盟談判建立「歐盟與地中海自由貿易區」,並成為歐盟的夥伴國和聯繫國。南非則在與印度、澳大利亞、馬來西亞等國積極籌建「印度洋經濟圈」。

四、區域經濟一體化的障礙分析——以亞洲為例

區域經濟一體化是當今世界經濟發展的一大趨勢,已成為各國處理國際事務的出發點和落腳點。但當前區域經濟一體化也面臨著諸多阻礙。以亞洲區域經濟為例,自由貿易區能不能在一個經濟發展水平差異巨大的地區中良好發展,這是人們最為關注的一個問題。縱觀整個亞洲,既有日本、新加坡這樣人均收入達 20,000 美元以上的工業國家,也有人均收入在 2,000 美元左右的越南、柬埔寨等經濟不發達國家。在這樣的區域經濟一體化中存在諸多問題。

(一) 如何取消受保護部門的關稅和非關稅壁壘

理論說來,經濟發展水平相近的地區組建自由貿易區時,由於利益衝突較小,比較容易解決關稅和非關稅壁壘問題,從實際來看,也確實如此,而且這類自由貿易區發展也比較快,如歐盟。而在東亞地區,由於缺乏一個實力較強且能夠承擔地區責任的大國,這樣各成員為了自身的利益都會提出保護部分產業、部門或產品的要求,甚

至連日本這樣的經濟強國也不會例外。如日本不願意開放本國的農產品部門，這在1997年亞太經合組織實施部門提出自由化方案時已有較強烈的反應。由於各成員國經濟發展水平不平衡，在關稅和非關稅壁壘減讓方面，可調和的空間相比較小，利益衝突也比較多，這無疑會減慢自由貿易區的發展。

(二) 如何解決地區貨幣穩定問題

自由貿易區的建立需要有一個穩定的匯率，這樣才能夠保證地區商品和要素的流動不會因價格的劇烈波動而受到干擾，才能夠達到調整地區產業，提高經濟效益的目的。因此，在建立自由貿易區時，世界上各區域集團都盡可能保持地區貨幣穩定，以保障區內貿易的有效增長。如歐盟在德、法貨幣基礎上建立了歐元，北美自由貿易區由美元發揮地區貨幣的作用。在亞洲地區，卻是另一種情況。長期以來，東亞成員對外貿易中的70%一直都是用美元來計算的，美元升值對它們出口有好處，一旦美元貶值，出口就嚴重受到影響，同時美元日元聯動，即彼長此消，更加不利於東亞成員對這兩國的貿易。由於缺乏地區貨幣，使得東亞各成員匯率具有極不穩定的性質，很容易引發地區經濟危機。

(三) 如何保證東亞內需的不斷增長

與歐盟、北美區域化集團明顯不同的是，亞洲地區市場在一定程度上不是一個以內需為主導的市場。由於東亞各國基本上是實行出口導向型的貿易政策，這樣包括日本在內的亞洲各國都對世界其他市場形成較強的依賴關係。如亞洲各國在金融危機後能夠迅速擺脫危機以及後來又出現的經濟增長波動，都與美國市場需求變動密切相關。再從東亞內部的貿易結構來看，也不是以服務內需為第一位的。雖然東亞內貿佔有較高的比重，但是由於這種內貿建立在垂直的產業分工基礎上，因而東亞各國之間的貿易關係是在不同產業間進行的。日本、韓國等具有較高製造業水平的國家向區內製造水平較低的成員出口設備，這些成員則向日本出口原材料或半成品，這樣就使得中國與日本彼此成為重要的貿易夥伴，但是中國與其發展水平最接近的東盟卻缺乏互補，因而彼此貿易額在各自的貿易總額中也不占主導地位。上述這種貿易關係與其說是為了彼此的需要，還不如說是為了服務區外市場或提高對區外產品的競爭力，這樣自由貿易區將可能因成員的向心力不足而受到影響。

(四) 如何解決亞洲地區的政治障礙

地區經濟一體化從另一個意義上說是一種政治行為。經濟關係的深化可以推進政治合作，反過來國家間政治關係的深化也可以推動地區合作走向更高層次。在亞洲，由於各國政府在區域經濟一體化方面起著主導作用，這就意味著，國家間經濟關係的深化還需要輔之以政治上的高度互信，才有可能邁向更高層次的經濟合作。從實際來看，地區中的兩個大國中國和日本之間由於各種原因，要達到政治上的高度互信還有一段相當長的路要走，這樣亞洲地區至少暫時還難以形成一個機制化的區域組織。

第三節　區域經濟一體化的理論

一、關稅同盟理論演化過程

在次優理論提出之前，傳統上認為關稅同盟是值得鼓勵的，其理由在於既然關稅同盟是向自由貿易邁進了一步，那麼關稅同盟即使沒有實現福利最大化，也會提高世界的福利水平。李斯特認為，國家出於對自身利益的考慮，可以在某一時期與意向相同的國家結成同盟，以對抗與它們利益相衝突的國家。真正開始系統地對關稅同盟進行的研究是在第二次世界大戰以後。1950 年，維納在其代表性著作《關稅同盟理論》中系統地提出了關稅同盟理論。傳統理論認為，關稅同盟一定可以增加成員國的福利。維納指出了這些早期關稅同盟理論的非準確性，提出了「貿易創造」和「貿易轉移」概念，認為建立關稅同盟得益與否，取決於這二者的實際成果，從而將定量分析用於對關稅同盟的經濟效應的研究，奠定了關稅同盟理論的堅實基礎。

(一) 貿易創造效應

貿易創造效應是指由於關稅同盟內實行自由貿易後，產品從成本較高的國內生產轉往成本較低的成員國生產，從成員國的進口量增加，新的貿易得以「創造」。此外，一國由原先從同盟外國家的高價購買轉而從結盟成員國的低價購買也屬於貿易創造。

(二) 貿易轉移效應

假定締結關稅同盟前關稅同盟國不生產某種商品而採取自由貿易的立場，無稅（或關稅很低）地從世界上生產效率最高、成本最低的國家進口產品；關稅同盟建立後，同盟成員國成本高的產品轉由從同盟內生產效率最高的國家進口。如果同盟內生產效率最高的國家不是世界上生產效率最高的國家，則進口成本較同盟成立增加，消費開支擴大，使同盟國的社會福利水平下降，這就是貿易轉移效應。

建立關稅同盟並不等於向自由貿易靠攏。因為它在成員國之間實現自由貿易的同時，也對非成員國實施差別待遇的保護貿易。而這種自由貿易和保護貿易的結合就會產生「貿易創造」和「貿易轉移」兩種效應。通過局部均衡分析，維納得出結論：「貿易創造」和「貿易轉移」兩種效應的相對強度就決定了關稅同盟是否應該得到提倡。目前，西方探討關稅同盟貿易效應的觀點按照邏輯關係分成三個方面進行闡述：一是關稅同盟的利益來源；二是關稅同盟的產生原因；三是最優對外關稅的決定。

1. 「消費效應」的提出

「消費效應」指徵收關稅後由於價格上升，使得國內消費量減少。英國經濟學家米德在維納關稅同盟理論的基礎上補充性地提出了「消費效應」。米德認為，關稅同盟形成後，商品的相對價格會發生變化。

2. 動態效應的研究

(1) 競爭促進效應。經濟學家西托夫斯基認為，競爭的加強是影響歐共體發展的

最重要因素。在關稅同盟形成前,各成員國多已形成了壟斷的市場結構,長期以來幾家企業瓜分國內市場,攫取超額利潤,阻礙技術進步,因而不利於各國的資源配置和技術進步。組成關稅同盟以後,有助於勞動生產率的提高和成本的下降,增進社會利益。

(2) 規模經濟效應。美國經濟學家巴拉薩認為,假定其他條件不變,則關稅同盟越大,其對世界總體的潛在利益越大,關稅同盟國間市場越擴大,帶給這些國家和世界的利益越增大。對那些國內市場狹小或嚴重依賴對外貿易的國家而言,建立關稅同盟最大的動態效應是它能帶來規模經濟效應。

(3) 資源配置效應。關稅同盟帶來的各國市場的相互開放,提高了市場的透明度,市場趨於統一。一個較大的區域規模,一般擁有較大量的區域生產要素,在關稅同盟的影響下,必然會誘發資本、勞動力、技術、自然資源等生產要素的集聚與擴散,使資源得到重新配置。這些都將使生產要素配置更加合理,提高要素利用率,降低要素閒置的可能性,從而實現資源的最佳配置。

(4) 刺激投資效應。關稅同盟通過撤銷貿易壁壘帶來的區域市場擴大將有利於改善投資環境。投資環境的改善既可以吸引成員國廠商的投資,又可以使非成員國企業為繞過貿易壁壘的限制到關稅同盟國內投資設廠,以享受大市場的益處。

3. 貿易條件的效應分析

1970年,皮爾斯在其所著的《國際貿易》一書中認為,全球多數國家尤其是貿易小國在國際貿易中所占的比重非常小,無法通過改變貿易條件改善自身在國際貿易中的被動地位。貿易小國組成關稅同盟後,貿易創造效應出現,這相應就保證了成員國出口的快速穩定增長。另外,一體化也提升了同盟整體進口量在世界進口總量中所占的份額,而進口規模的擴大使得成員國具備影響世界價格的能力。同時,貿易轉移使成員國減少了從同盟外第三國的進口,這在一定程度上會使第三國下調其出口價格。而貿易條件的改善使世界收入向著市場規模大且具有一定壟斷地位的關稅同盟轉移,這對原本是貿易小國的成員國而言肯定是有益的。

二、關稅同盟的效應

關稅同盟帶來的效應主要分為兩個方面,一個是靜態效應,另一個是動態效應。

(一) 關稅同盟產生的靜態效應

所謂關稅同盟的靜態效應,是指假定在經濟資源總量不變、技術條件沒有改進的情況下,關稅同盟對集團內外國家、經濟發展以及物質福利的影響。

1. 貿易創造效應和貿易轉移效應

貿易創造是指成員國之間相互取消關稅和非關稅壁壘所帶來的貿易規模的擴大。貿易規模的擴大產生於相互貿易的便利,以及由取消貿易障礙所帶來的相互出口產品價格的下降。相應地成員國相互貿易的利益也會增加。由於關稅同盟內實行自由貿易後,產品從成本較高的國內生產轉往成本較低的成員國生產,從成員國的進口量增加,新的貿易得以「創造」。此外,一國由原先從同盟外國家的高價購買轉而從結盟成員國

的低價購買也屬於貿易創造。

貿易轉移是指，建立關稅同盟之後成員國之間的相互貿易代替了成員國與非成員國之間的貿易，從而造成貿易方向的轉移。假定締結關稅同盟前關稅同盟國不生產某種商品而採取自由貿易的立場，無稅（或關稅很低）地從世界上生產效率最高、成本最低的國家進口產品；關稅同盟建立後，同盟成員國成本高的產品轉由從同盟內生產效率最高的國家進口。如果同盟內生產效率最高的國家不是世界上生產效率最高的國家，則進口成本較同盟成立增加，消費開支擴大，使同盟國的社會福利水平下降。

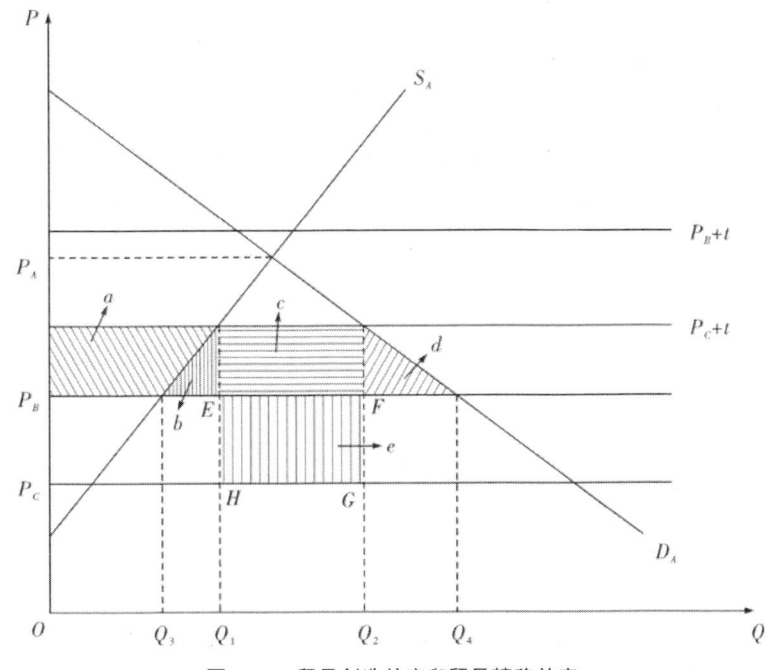

圖 12.1　貿易創造效應與貿易轉移效應

假設世界上有 A、B、C 三個國家，都生產某一相同產品，但三國的生產成本各不相同。現以 A 國為討論對象，在圖 12.1 中，S_A 表示 A 國的供給曲線，D_A 表示 A 國的需求曲線。假設 B、C 兩國的生產成本是固定的，圖中 P_B、P_C 兩條直線分別表示 B、C 兩國的生產成本，其中 C 國成本低於 B 國。

在組成關稅同盟之前，A 國對來自 B、C 兩國的商品徵收相同的關稅 t。假設 A 國是一小國，徵收關稅之後，B、C 兩國的相同產品若在 A 國銷售，價格分別為 P_B+t、P_C+t（$<P_A$），很顯然，B 國的產品價格要高於 C 國，故 A 國只會從 C 國進口，而不會從 B 國進口。此時，A 國國內價格為 P_C+t，國內生產為 OQ_1，國內消費為 OQ_2，從 C 國進口為 Q_1Q_2。

假設 A 國與 B 國組成關稅同盟，組成關稅同盟後共同對外關稅假設仍為 t，即組成關稅同盟後，A 國對來自 B 國的進口不再徵收關稅，但對來自 C 國的進口仍徵收關稅。如圖所示，B 國產品在 A 國的銷售價格現為 P_B，低於 P_C+t，所以 B 國取代 C 國，成為

A 國的供給者。由於價格的下降，A 國生產縮減至 OQ_3，Q_3Q_1 是 A 國生產被 B 國生產所替代的部分，此為生產效應。另一方面，價格的下降引起 A 國消費的增加，消費由原來的 OQ_2 升至 OQ_4，消費的淨增部分 Q_2Q_4 為關稅同盟的消費效應。

組成關稅同盟後，A 國的進口由原來的 Q_1Q_2 擴大到 Q_3Q_4，新增加的貿易即是貿易創造效應，如圖所示，貿易創造效應＝生產效應＋消費效應＝$Q_3Q_1+Q_2Q_4$。除去貿易創造部分，剩下的 Q_1Q_2 部分，原來是從同盟外（C 國）進口的，但組成關稅同盟後，則改由同盟內其他成員（B 國）進口，即貿易方向發生了轉移，故貿易轉移效應等於 Q_1Q_2。

2. 社會福利效應

組成關稅同盟後，A 國消費者福利改善，而生產者福利則降低。如圖所示，消費者剩餘增加（$a+b+c+d$），生產者剩餘減少 a。另外，原來從 C 國進口的關稅收入（$c+e$）（e 為矩形 $EFGH$ 的面積）現因改從同盟國進口而喪失。綜合起來，關稅同盟對 A 國的淨福利效應等於（$a+b+c+d$）$-a-$（$c+e$），即（$b+d$）$-e$。（$b+d$）為貿易創造的福利效應。其中 b 表示因同盟內成本低的生產（B 國）替代了國內成本高的生產而導致的資源配置效率的改善，d 表示同盟內廢除關稅後進口價格下降、國內消費擴大而導致的消費者福利的淨增加；e 則表示貿易轉移的福利效應，因貿易轉移意味著同盟內成本高的生產替代了原來來自同盟外成本低的生產，故 e 表示這種替代所導致的資源配置扭曲，即貿易轉移對 A 國的福利不利。這樣，關稅同盟對 A 國福利的淨影響可表示成貿易創造的福利效應減去貿易轉移的福利效應。

加入關稅同盟對 A 國究竟有沒有利，取決於貿易創造的福利效應是否能抵消貿易轉移的福利效應。

3. 次優理論和關稅同盟的其他靜態效應

（1）次優理論

範納認為關稅同盟的建立既可能增加也可能減少成員國和世界其他國家的福利，而這取決於產生關稅同盟的環境，這就是次優理論。這個理論認為，如果福利最大化或者帕累托最優所需要的條件不能全部滿足，那麼盡量滿足盡可能多的條件是沒有必要的，並且這樣做通常會導致次優情況的發生。因此，建立關稅同盟並不僅僅在成員國之間消除貿易壁壘，並不必然產生次優的福利狀態。

（2）關稅同盟的其他靜態福利效應

第一，關稅同盟使得各成員國的海關人員、邊境巡邏人員等減少而引起的行政費用的減少。

第二，貿易轉移型關稅同盟通過減少對同盟成員國之外的世界上其他國家的進口需求和出口供給，有可能使同盟成員國共同的貿易條件得到改善。

第三，任何一個關稅同盟，在國際貿易投票中以一個整體來行動，較之任何一個獨立行動的國家來說，可能具有更強大的討價還價的能力。

第四，關稅同盟建立後，可減少走私。由於關稅同盟的建立，商品可在同盟成員國之間自由移動，在同盟內消除了走私產生的根源。這樣，不僅可以減少查禁走私的費用支出，還有助於提高全社會的道德水平。

(二) 關稅同盟產生的動態效應

關稅同盟的動態效應，是指關稅同盟對成員國貿易以及經濟增長的推動作用。關稅同盟的動態效應表現在以下幾個方面：

(1) 關稅同盟的建立使成員國間的市場競爭加劇，專業化分工向廣度和深度拓展，使生產要素和資源配置更加優化。

(2) 關稅同盟建立後，成員國國內市場向統一的大市場轉換，自由市場擴大，從而使成員國獲取轉移與規模經濟效益。

(3) 關稅同盟的建立、市場的擴大、投資環境的大大改善，會吸引成員國廠商擴大投資，也能吸引非成員國的資本向同盟成員國轉移。

(4) 關稅同盟建立以後，由於生產要素可在成員國間自由移動，市場趨於統一併且競爭加劇，投資規模擴大，促進了研究與開發的擴大，技術進步提高，加速了各成員國經濟的發展。

關稅同盟的第一個動態效應就是大市場效應（或規模經濟效應）。關稅同盟建立以後，為成員國之間產品的相互出口創造了良好的條件。這種市場範圍的擴大促進了企業生產的發展，使生產者可以不斷擴大生產規模，降低成本，享受到規模經濟的利益，並且可進一步增強同盟內的企業對外，特別是對非成員國同類企業的競爭能力。因此關稅同盟所創造的大市場效應引發了企業規模經濟的實現。關稅同盟的建立促進了成員國之間企業的競爭。在各成員國組成關稅同盟以前，許多部門已經形成了國內的壟斷，幾家企業長期占據國內市場，獲取超額壟斷利潤，因而不利於各國的資源配置和技術進步。組成關稅同盟以後，由於各國市場的相互開放，各國企業面臨著來自於其他成員國同類企業的競爭，結果各企業為在競爭中取得有利地位，必然會紛紛改善生產經營效益，增加研究與開發投入，增強採用新技術的意識，不斷降低生產成本，從而在同盟內營造一種濃烈的競爭氣氛，提高經濟效率，促進技術進步。關稅同盟的建立有助於吸引外部投資。關稅同盟的建立意味著對來自非成員產品的排斥，同盟外的國家為了抵消這種不利影響，可能會將生產點轉移到關稅同盟內的一些國家，在當地直接生產並銷售，以便繞過統一的關稅和非關稅壁壘。這樣客觀上便產生了一種伴隨生產轉移而生的資本流入，吸引了大量的外國直接投資。

(三) 關稅同盟的動態劣勢

關稅同盟的動態劣勢表現在以下幾方面：

(1) 關稅同盟的建立促成了新的壟斷的形成，如果關稅同盟的對外排他性很大，那麼這種保護所形成的新壟斷又會成為技術進步的嚴重障礙。除非關稅同盟不斷有新的成員國加入，從而不斷有新的刺激，否則由此產生的技術進步緩慢現象就不容忽視。

(2) 關稅同盟的建立可能會拉大成員國不同地區之間經濟發展水平的差距。關稅同盟建立以後，資本逐步向投資環境比較好的地區流動，如果沒有促進地區平衡發展的政策，一些國家中的落後地區與先進地區的差距將逐步拉大。

第四節　主要區域經濟一體化組織

一、北美自由貿易區

北美自由貿易區（North American Free Trade Area，NAFTA）是在區域經濟集團化進程中，由發達國家和發展中國家在美洲組成的。美國、加拿大和墨西哥三國於1992年8月12日就《北美自由貿易協定》達成一致意見，並於同年12月17日由三國領導人分別在各自國家正式簽署。1994年1月1日，協定正式生效，北美自由貿易區宣布成立。三個會員國彼此必須遵守協定規定的原則和規則，如國民待遇、最惠國待遇及程序上的透明化等來實現其宗旨，以消除貿易障礙。自由貿易區內的國家貨物可以互相流通並減免關稅，而貿易區以外的國家則仍然維持原關稅及壁壘。美墨之間因北美自由貿易區使得墨西哥出口至美國受惠最大。

（一）北美自由貿易區產生的背景和動因

北美自由貿易區是在經濟全球化浪潮中，美、加、墨三國區域內分工協作加強，要求進一步相互開放市場，實現商品、人員、資金、技術的流動，增強北美地區在國際經濟中的總體競爭實力的結果。同時也突出地體現了美國為了適應全球化進程中各種區域性貿易安排加快發展的趨勢，應對來自歐盟以及可能形成的東亞經濟區的競爭，聯合加拿大與墨西哥鞏固和加強美國在世界經濟發展總體格局中的主導地位。

1. 外部原因：世界經濟區域集團化

20世界80年代以來，世界經濟全球化不斷發展，為了適應激烈的競爭，更多的國家組成新的區域經濟一體化組織或者進入原有的一體化組織中。1985年歐洲統一市場的建立被提上日程，亞太地區也早就存在一些次區域一體化組織，比如東盟，這些都構成了對北美的挑戰。而且美國、墨西哥、加拿大等國家也認同區域和雙邊自由貿易可以在某種程度上促進多邊貿易自由化的進程。

2. 內部原因：美國、加拿大和墨西哥經濟發展的必然選擇

隨著歐洲、日本經濟的迅速發展，美國在世界經濟中作為絕對超級大國的地位發生了動搖，1971年美國在維持了80多年的貿易順差後出現了逆差。這極大地打擊了美國投資者的信心，不利於美國經濟的長期發展。

美國一直以來都與加拿大在經濟貿易方面有著密切的聯繫，在政治、軍事上保持著長期的同盟關係。兩國是世界上最大的貿易夥伴，1990年雙邊貿易額高達1,706億美元，單是加拿大安大略省同美國的貿易額就超過美日兩國或美國和歐共體的貿易額。

美國與墨西哥兩國有3,200千米長的共同邊界，兩國在經濟上有很大的互補性。1991年美墨貿易額達645億美元，墨西哥是美國的第三大貿易夥伴，僅次於加拿大和日本。美國對墨西哥的出口額和從墨西哥的進口額分別佔墨西哥進口額、出口額的3/4和2/3。墨西哥也是美國投資的重要場所，1989年達71億美元，佔墨西哥所有外國投資的62%。在戰略上考慮，成功地將拉美大國墨西哥納入自由貿易體系，無疑為美國

與其他拉美國家的經濟合作打下了良好的基礎。

加拿大的進出口嚴重依賴美國，外貿是加拿大經濟的生命線，其出口貿易額占國內生產總值的 1/4，1990 年加拿大對美國的出口比重占其出口總值的 75%，從美國的進口比重占加拿大進口總值的 64.6%。

在北美自由貿易區建立以前，加拿大同墨西哥之間的經濟聯繫並不密切，雙方在農業、製造業、能源等各方面廣泛合作的潛力並沒有得到有效地開發，因而雙方存在較大的構建自由貿易區的潛在經濟利益。而經濟改革逐漸取得成效、消費水平逐步上升的墨西哥同樣可以為加拿大提供一個更大的潛在市場。如果北美自由貿易區談判可以順利完成，那麼加拿大諸多具有比較優勢的產品便可以進入墨西哥市場，而且加拿大還可以通過擴大對墨西哥的投資，利用墨西哥廉價的勞動力來降低成本、增強產品競爭力。並且為了維護加拿大在美國和加拿大自由貿易區協定中能獲得的既定利益，同時為了爭奪墨西哥市場，加拿大政府也將十分樂於參加北美貿易協定的談判。

作為北美地區唯一的一個發展中國家，同經濟狀況與自己有很大不同、經濟影響力比自己大的國家構建自由貿易區，對墨西哥而言意味著巨大的挑戰和風險。然而墨西哥之所以積極加入北美自由貿易區，也是出於其自身利益的考慮，是為了適應國內經濟形勢變化而做出的戰略性抉擇。

墨西哥作為經濟相對落後的發展中國家，在 20 世紀 80 年代曾發生過嚴重的經濟恐慌，比索大幅度貶值、通貨膨脹、物價上漲、債務累累。冷戰結束後，針對世界政治格局的巨變，墨西哥調整對外政策，堅定地推行經濟改革，實行經濟全球化戰略。在美國和加拿大兩國簽署了《美加自由貿易協定》後，為了扭轉經濟持續惡化的困境，墨西哥加快了改革的步伐，降低關稅、緊縮貨幣、實行自由貿易、消除關稅壁壘，加速國有企業的私有化進程，為墨西哥成為美國的貿易夥伴奠定了基礎。墨西哥同美國在經濟關係上相當密切，與美國的貿易占全部對外貿易的 65%，其中對美國的出口占全部出口的 70%。美國是墨西哥最大的投資國，在墨西哥投資總額占其外資的 2/3，此外美國還是墨西哥最大的債權國，占其全部外債的 35%。因此美加自由貿易區擴大到墨西哥，對墨西哥是十分有利的。

(二) 北美自由貿易區的經濟效應及其影響

NAFTA 成立十幾年來的實踐證明三國在一定程度上達到了合作的初衷，並取得了巨大的經濟實惠。NAFTA 實施後，三國無論是商品進口總額還是出口總額都保持了國際貿易地區份額的首位，遠高於歐盟國家的相應總額。同時北美自由貿易區的建立給南北國家區域範圍內的合作開創了先河，譜寫了南北關係的新篇章，具有一定的示範效應。

1. 促進各成員國之間的貿易增長

NAFTA 的建立大大加快了墨西哥與美國和加拿大兩國的貿易自由化程度，美墨貿易額從 1993 年的 896 億美元，增加到 1998 年的 1,737 億美元，約占墨西哥外貿總額的 80%，這使得墨西哥成為美國的第二大貿易夥伴。

NAFTA 成立後，由於其獨特性的原產地規則，直接庇護了區域內紡織品服裝貿易。

美國、加拿大和墨西哥之間逐漸形成了美國生產棉紗，在墨西哥、加拿大織成布，做成服裝再回流到美國的紡織品服裝貿易的區內循環。在20世紀90年代，墨西哥已經取代中國成為紡織品對美國出口的第一大國。加拿大和墨西哥對NAFTA內部市場的依賴程度超過40%，美國對北美市場的貿易依存度也達到25%左右。NAFTA三國的經濟貿易聯繫越來越密切，近幾年來，加拿大和墨西哥近90%的產品都是出口到NAFTA成員國的，從NAFTA成員國的進口份額也呈現加速上升的趨勢。

2. 對外商直接投資的影響

NAFTA提供了一個很好的投資環境，以確保長期投資所需要的信心與穩定性。在一個強大透明的投資框架下，NAFTA已經吸引了創紀錄的外商直接投資（FDI）。2000年NAFTA三國之間的FDI達到的2,992億美元，是1993年1,369億美元的兩倍多。同時，從NAFTA區域外吸引國家的投資也在增長。目前，北美地區占全球向內FDI的23.9%和全球向外FDI的25%。

與貿易類似，NAFTA實施以後，美加之間FDI增長基本比較穩定，而美國和加拿大在墨西哥的投資增長迅速，美加在墨西哥外資中的比重也有所增長。墨西哥在1991—1993年期間的FDI流量為120億美元，2000—2002年期間則增長為約540億美元，FDI占國內總投資的比重也從1993年的6%增長到2002年的11%，而這些主要是由其NAFTA夥伴國提供的。墨西哥吸收FDI流入量在發展中國家的比重一直保持在5%以上，最高時則達到了2001年的12.1%。同期，墨西哥吸收FDI流入量占世界吸收FDI流入量的比重也保持在2%以上，2008年由於金融危機，墨西哥的FDI有所回落。

3. 增加了就業機會，促進了墨西哥和加拿大就業的增長

NAFTA實行幾十年以來，通過貿易的擴大，增加了美國、加拿大、墨西哥三國的就業機會，提高了人民的平均生活水平，增強了人們的社會福利。NAFTA帶來了成員國之間貿易的擴大，也帶動了各國相關產業的發展和就業增加。以美國的情況看，受惠於對加拿大、墨西哥兩國的出口增長，直接增加的就業機會就達近30萬個。而且成員國中發達國家的資金、設備和技術的流入，也為發展中國家墨西哥的廉價勞動力的就業開闢了廣闊前景。

4. 區內資源的優化配置

NAFTA規定了從業慣例到貿易服務，投資規則等各項基礎政策，政策的穩定性和程序性使得對北美地區的投資者可以進行長遠規劃，從而實現資源的最優配置。

NAFTA提供了一個3.6億消費者的巨大市場，區內企業可以從規模經濟中獲益，降低產品的成本，獲得競爭優勢。NAFTA消除了貿易壁壘，市場的擴大提供了更多的專業化生產和協作機會，因而能創造出「範圍經濟」。區內企業可以選擇適當的產業形態，根據「生產分工」戰略，區內勞動密集型產業和部分「夕陽產業」可以南遷到勞動力豐富而廉價的墨西哥，將新興產業和高科技產業留在美國、加拿大國內，促進美加產業結構的升級。產業的轉移和升級有力地推動了美國汽車、電信設備等工業部門的發展。而對墨西哥來說，美加的產業結構調整也給它帶來了技術含量相對較高的資本重組，提高了其工業資本的有機構成和效率。

另外，NAFTA的建立還優化了區內資本資源的配置。美、加、墨三國處於不同的

經濟發展階段，當然投資資金供給的多少也不相同。美國是全球外國直接投資的最大輸入國。由於美加長期的經貿聯繫，美國對外直接投資總額中加拿大分享的比例高達20%，而墨西哥的經濟發展一直受制於資本的匱乏。NAFTA 建立後，流入墨西哥的外國直接投資大幅度增加。

二、歐盟

歐洲聯盟，簡稱歐盟（EU），總部設在比利時首都布魯塞爾，是由歐洲共同體發展而來的，創始成員國有 6 個，分別為德國、法國、義大利、荷蘭、比利時和盧森堡。該聯盟現擁有 28 個會員國，正式官方語言有 24 種。

(一) 發展歷程

20 世紀 50 年代初，為了防止第三次世界大戰的爆發，法國、德國、義大利、比利時、盧森堡和荷蘭一起商議，建立了歐洲煤鋼共同體。1957 年 3 月，六個成員國簽訂了建立歐洲經濟共同體條約和歐洲原子能共同體條約。此三個共同體合稱歐洲共同體，歐盟經濟一體化初具模型。歐盟於 1968 年 7 月 1 日取消了各成員國之間的所有關稅，建立了統一的海關稅則，初步建成了關稅同盟，對來自區外的第三國產品實行共同的關稅政策，以促進區域內貿易和經濟的發展。同時在經濟政策協調方面，建立了共同農業政策。1979 年，建立了歐洲貨幣體系，使經濟一體化的程度向前邁進了一步。1992 年各成員國正式簽署一系列條約，決定實行統一的財政和貨幣政策，建立統一的歐洲貨幣——歐元。歐盟的經濟一體化正式成熟。歐盟經濟一體化進程以關稅同盟為起點，通過實施共同市場、統一大市場而最終向全面的經濟貨幣聯盟邁進。

與世界其他地區眾多類似經濟區域相比，無論從聯合的廣度和深度，還是從地位和影響看，歐盟都是最成功的典型。除此之外，歐盟的經濟一體化不僅取消了所有的有形障礙，如取消海關、統一身分證，還取消了各種技術障礙，便於人才和技術的流動、促進經濟的發展。同時，取消了財政稅收上的差別和商業投資法律方面的不同，方便了資本的流動。經歷了 6 次擴張的歐盟成為一個涵蓋 28 個國家、總人口超過 4.8 億的當今世界上經濟實力最強、一體化程度最高的國家聯合體。歐盟成了世界上最富足的地區。歐盟的盟內生產總值高達 12 萬億美元，超過了美國。全球人均國內生產總值最高的國家也在歐洲，其中盧森堡、挪威、愛爾蘭和丹麥分別位居第一、第四、第六和第七。歐洲每年數百億歐元的團結基金確保了地區之間的均衡發展。成員國之間人員的自由往來促進了思想的交流，反過來又能夠增強歐盟的吸引力和競爭力。為其他區域經濟一體化組織做了表率，對世界的經濟發展具有極其重要的促進作用。

(二) 取得的成果

歐盟是世界上經濟最發達的地區之一，經濟一體化的逐步深化又促進了該地區經濟的進一步繁榮。2013 年，歐盟 28 個成員國國內生產總值達到 12 萬億歐元，人均國內生產總值為 23,100 歐元。歐盟為世界貨物貿易和服務貿易最大進出口方。歐盟對外貿易中，美國、中國、俄羅斯、瑞士為主要貿易夥伴。歐盟也是全球最不發達國家最大出口市場和最大援助者，多邊貿易體系的倡導者和主要領導力量。

歐盟的誕生使歐洲的商品、勞務、人員、資本自由流通，使歐洲的經濟增長速度快速提高。歐盟的經濟實力已經超過美國居世界第一。而隨著歐盟的擴大，歐盟的經濟實力將進一步加強，尤其重要的是，歐盟不僅因為新加入國家正處於經濟起飛階段而擁有更大的市場規模與市場容量，而且歐盟作為世界上最大的資本輸出的國家集團和商品與服務出口的國家集團，再加上歐盟相對寬容的對外技術交流與發展合作政策，對世界其他地區的經濟發展特別是包括中國在內的發展中國家也至關重要。歐盟可以稱得上是個經濟「巨人」。

三、東盟

東南亞國家聯盟的前身是由馬來西亞、菲律賓和泰國三國於 1961 年 7 月 31 日在曼谷成立的東南亞聯盟。1967 年 8 月 7 日至 8 日，印度尼西亞、新加坡、泰國、菲律賓四國外長和馬來西亞副總理在泰國首都曼谷舉行會議，發表了《東南亞國家聯盟成立宣言》即《曼谷宣言》，正式宣告東南亞國家聯盟（簡稱東盟 ASEAN）成立。

（一）發展歷程

東盟 1967 年成立至今的歷程可以分為兩大階段，即冷戰時期和冷戰結束後。

1. 冷戰時期的東盟

這個時期促進東盟團結的主要因素有兩個：一是遏制共產主義；二是柬埔寨問題。冷戰時期的東盟的主要貢獻，是使原本一盤散沙的東南亞國家出現了初步的團結，培養了地區意識，有效地促進了地區的政治與安全合作，確立了各種組織架構，為冷戰後進一步深化區域合作打下了良好的基礎。但此時的東盟的興趣主要集中在政治與安全合作方面，在經濟合作方面沒有什麼建樹。

2. 冷戰結束後的東盟

冷戰結束後，地區與全球環境發生了重大變化，意識形態在國際關係中的重要性下降了，經濟全球化與區域化成為影響國際關係的主要因素，這兩大趨勢並行不悖，改變了全球與地區的國際關係格局。這一時期的東南亞地區，美國在該地區的影響力下降了，但它仍然企圖主導該地區，但是顯得有些力不從心；日本的作用正在日益提升。它在該地區的作用開始跳出經濟的範圍，向政治與安全等領域擴張；中國正在崛起成為一個新興的大國，它成為對該地區擁有重大影響力的國家。而東盟作為該地區的一個重要的國際組織，在地區事務中正在扮演越來越重要的角色，成為該地區的一支主導力量。

20 世紀 90 年代初，東盟率先發起區域合作進程，逐步形成了以東盟為中心的一系列區域合作機制。1994 年 7 月成立東盟地區論壇，1999 年 9 月成立東亞－拉美合作論壇。此外，東盟還與美國、日本、澳大利亞、新西蘭、加拿大、歐盟、韓國、中國、俄羅斯和印度 10 個國家形成對話夥伴關係。東盟與中日韓（10+3）、東盟分別與中日韓（10+1）合作機制已經發展成為東亞合作的主要渠道。

為了早日實現東盟內部的經濟一體化，東盟自由貿易區於 2002 年 1 月 1 日正式啓動。2003 年，中國與東盟的關係發展到戰略協作夥伴關係，中國成為第一個加入《東

南亞友好合作條約》的非東盟國家。根據 2003 年 10 月在印尼巴厘島舉行的第九屆東盟首腦會議發表的《東盟協調一致第二宣言》（亦稱《第二巴厘宣言》），東盟將於 2020 年建成東盟共同體。為實現這一目標，2004 年 11 月舉行的東盟首腦會議還通過了為期 6 年的《萬象行動計劃》（VAP）以進一步推進一體化建設，簽署並發表了《東盟一體化建設重點領域框架協議》《東盟安全共同體行動計劃》等。會議還決定起草《東南亞國家聯盟憲章》以加強東南亞國家聯盟機制建設。

(二) 取得的成果

在經濟方面，東盟國家經濟增長穩健。國際貨幣基金組織（IMF）預測東盟五國（馬來西亞、越南、印度尼西亞、泰國、菲律賓）2017 年將達到 5.1%，較 2016 年 10 月公布的《世界經濟展望》報告降低了 0.2 個百分點。2015 年東盟五國經濟增長率為 4.7%。這對當今面臨經濟呈現下滑狀態的各國如何保本國經濟平穩發展是一個了不起的創舉。

在政治方面，各國政局趨於平穩。2014 年，印尼誕生了首位平民出身的總統佐科，並順利實現了政權的更替；泰國軍方接管了政權，結束了持續近半年的政局動盪；柬埔寨反對黨——救國黨也結束了近一年的抵制活動。因此可以看出，東盟的成立對其成員國間的國內政局的穩定也產生了巨大的作用。

在外交方面，2014 年美國國防部長邀請東盟國家的國防部長到美國本土舉行首屆美國—東盟防長會議；美國與菲律賓簽署了《強化防務合作協議》；東盟與日本對話關係在貿易、旅遊以及通過建設經濟特區推動地區互聯互通方面取得進展；東盟與印度的關係進一步密切，雙方計劃實現 2015 年貿易額達到 1,000 億美元的目標。東盟還提出與印度加快印緬泰三方高速公路建設，並在糧食安全領域加強合作。因此可以看出東盟在積極拓展與各方面的聯繫，東盟也在利用其影響力不斷地促進和加強成員國的發展。

總結東盟主要成就包括如下七大方面：

(1) 東盟自由貿易區從 1992 年開始建設，經過 10 多年的努力於 2004 年正式運作，區域內貿易的比重迅速提升，其他領域的經濟合作，包括投資合作、旅遊合作、能源合作等也逐步開展。

(2) 從 1995 年開始擴大新成員，在原來的 6 個成員的基礎上，首先是吸收越南，接著將印支地區各國和緬甸吸收進來，成為一個包括本區域所有國家的國際性組織。

(3) 建立東盟區域論壇，為本地區成員與區域外大國提供了一個開展安全對話的平臺，有力地促進了本地區各成員的互信和理解，減少了猜疑並且化解了不少衝突。

(4) 促進歐亞合作。東盟作為歐亞會議的發起人，在促進歐盟合作和對話方面發揮了非常重要的作用。

(5) 與區域外大國建立了對話夥伴關係，還分別與中國、印度、日本、美國等國簽署了《東南亞友好合作條約》，充分利用區域外大國在東南亞地區的力量與存在，實現本地區的和平、穩定與發展。

(6) 東盟在機構運作和制度化方面取得了長足的進步，包括將原來不定期舉行的

東盟政府首腦會議改為每年舉行一次，加強了東盟秘書處的職能等。

（7）提出到 2020 年建立東盟共同體的發展藍圖，為東盟今後的發展和深化各個領域的合作指明了方向。

思考題

1. 區域經濟一體化的組織形式有哪些？這些組織形式有什麼區別？
2. 區域經濟一體化所帶來的效應有哪些？
3. 簡述中國參與區域經濟一體化的情況。

第十三章　國際經濟協調

在經濟全球化、區域經濟一體化日益增強的國際環境下，國家間經濟聯繫日益緊密，相互影響和相互依存性不斷加深，世界各國認識到僅依靠自身的力量常常難以解決國際經濟事務中的矛盾和糾紛。跨國經濟活動的增加必然對國際經濟規則提出更多和更高的要求。國際經濟協調在全球開放經濟中是必不可少的，是加強國際經濟合作的重要保證和必然趨勢。

第一節　國際經濟協調概述

一、國際經濟協調的內涵

國際經濟協調是指各國政府通過國際經濟組織、國際會議等方式進行對話協商，對國際經濟關係和宏觀經濟政策進行聯合調節。國際分工和各國經濟相互依存是國際經濟協調產生和發展的客觀基礎。各國經濟利益的協調是國際經濟協調的本質。解決彼此間在經濟交往中的矛盾和衝突，維護並促進世界經濟穩定和正常發展是國際經濟協調的目標。各國政府是國際經濟協調行為的主體。通過一定方式，聯合對國際經濟運行進程進行干預或調節是國際經濟協調的主要手段。國際經濟協調有狹義和廣義之分。從狹義角度看，國際經濟協調是各國政府在制定國內政策的過程中，通過國家間磋商、談判等方式來對某些宏觀經濟政策進行共同設置，或各國政府充分考慮國際經濟關係，有意以互利的方式調整各自的經濟政策；從廣義角度看，凡是在國際範圍內能夠對各國宏觀經濟政策產生一定程度制約的行為，都可被視為國際經濟協調。通過國際經濟協調，可以在經濟波動中通過各國間一致的微觀、宏觀經濟調節，避免經濟不確定因素帶來的負面影響，促進各國經濟穩定增長，實現和維持世界經濟均衡。國際經濟協調已成為國際經濟合作順利發展的重要保證。

二、國際經濟協調的分類

(一) 根據協調的地理範圍分類

根據協調的地理範圍大小區分，國際經濟協調可分為區域性協調和國際性協調。區域性的經濟協調主要是指區域經濟一體化組織內的各成員國，按照相互間達成的協議，從協調彼此間的關稅、資本、勞動力流動等方面的政策開始，建立統一的市場，逐步協調各國國內的經濟政策，最終實現區域內經濟一體化的目標。國際性的經濟協

調主要是通過聯合國等國際經濟組織進行的。不同時期所要協調的目標是不同的，一般包括貿易、投資、金融等政策，以消除貧困、促進世界經濟發展。

(二) 根據協調方式的規律性分類

根據協調的方式是否具有規律性，國際經濟協調分為臨時性的和制度化的協調。主要是看協調的形式是否已經形成制度，定期舉行，以及具有固定的組織形式等。如國際經濟組織和區域經濟組織等形式的協調均屬於制度化的協調。而為了應對突發事件或解決不同國家相互間出現的問題而臨時進行的對話協商則屬於臨時性的協調。

(三) 根據參與協調主體的數量分類

與根據參與協調主體的多少，國際經濟協調可以是雙邊或多邊協調。雙邊協調是指兩個國家之間就一些問題而展開的談判、磋商等協調活動。多邊協調則是在兩個以上國家間開展的協調活動。

(四) 根據協調內容分類

根據協調的內容區分，國際經濟協調可以是微觀或者宏觀方面的協調。微觀方面的協調是指具體的國際合作項目中，雙方當事人在爭議發生後所進行的旨在自行解決爭議所進行的協商、調解、仲裁和訴訟。宏觀方面的協調是指國家政府之間舉行首腦會議、簽訂國際公約或協定、成立國家間經濟組織等經濟外交活動，協調內容涉及對國家間的經濟活動進行干預和調解時，即為宏觀方面的經濟協調。宏觀經濟協調可以是雙邊的，也可以是多邊的；可以是制度化的，也可以是臨時的。

三、國際經濟協調的發展

國際經濟協調作為一種經濟現象並不是近期才出現，嚴格來講，它在經濟國際化和世界市場開始出現和形成時就存在了。只是在第二次世界大戰後，國際經濟協調才加快發展，形成了當代國際經濟協調體制。

(一) 第二次世界大戰前的最初構建時期

最早的全球性經濟協調機制產生於 19 世紀。16 世紀的地理大發現以後，世界市場的產生、國際分工的形成、國際貿易的發展，乃至發達國家爭奪殖民地市場的競爭的出現，都要求國家間進行必要的協調和規範。1815 年歐洲國家成立的萊茵河委員會是世界上第一個官方國際經濟組織，也是第一個通過機制化和制度化途徑協調各國經濟利益和確立規範的組織。

19 世紀中後期出現了國際經濟協調的最初發展。到 20 世紀初的 1909 年，國際經濟組織已達到 37 個。但在此之後至第二次世界大戰期間的國際形勢決定了國際經濟協調的效果是極其有限的。這一期間的協調主要是為應對經濟危機的不良影響。西方國家共同採取一定的經濟政策，對國際經濟關係進行協調，協調的基本特點是特定性和臨時性。在戰前的世界經濟格局下，西方發達國家幾乎都擁有各自的經濟區域和勢力範圍，相互之間爭鬥多於合作。

(二) 第二次世界大戰後至 20 世紀 70 年代初的建立與啟動時期

19 世紀建立的國際經濟機制主要是專業性的，這是由當時世界經濟體系形成初期的特性所決定的。進入 20 世紀，在吸取戰前經濟爭鬥及經濟秩序混亂教訓的基礎上，世界各國均逐漸認識到建立統一的國際經濟秩序及進行國際經濟協調的重要性。隨著國家間相互依存態勢的逐步形成和深化，國際經濟協調開始在世界經濟的各個領域和各個層面得到迅速發展。

第二次世界大戰後初期是國際經濟協調機制發展的第一個高潮。這一時期協調的重點是建立新的國際貨幣和貿易關係，相繼產生了布雷頓森林國際貨幣體系和構成國際經濟機制核心的國際貨幣基金組織、世界銀行、關貿總協定、經濟合作與發展組織、國際開發協會等。這些機構的產生不僅使國際相互依存程度不斷增強，也使國際經濟的運行逐步走向規則化，促進了經濟協調機制的綜合化和專門化，對世界經濟、國際貿易、國際金融的發展和減緩經濟危機的振動幅度產生了一定的積極作用。

進入 20 世紀 60 年代後，隨著發展中國家的獨立，國際經濟機制中出現了新的協調問題。大批發展中國家在世界經濟舞臺上的出現意味著世界經濟開始呈現南北兩極的態勢。長期在世界經濟中處於被剝削、被掠奪地位的發展中國家為了積極謀求經濟上的平等地位，開始了爭取國際經濟新秩序的鬥爭，有效地促進了國際經濟協調機制向平等方向發展。與此同時，發展中國家還加強了自身的南南經濟協調，建立了 77 國集團、石油輸出國組織等大批經濟組織，也導致了國際經濟機制的質的轉變。同一時期，隨著美國經濟實力的逐漸衰落，日本和西歐的崛起，以美元為核心的國際貨幣體系發生動搖。1973 年以後，隨著固定匯率制度的解體，國際經濟協調的第一階段遂告結束。

(三) 20 世紀 70 年代中至 80 年代初的初步成熟時期

1975 年西方七國首腦會議召開，標誌著以世界經濟多元化為基礎的經濟協調進入第二階段。這一時期出現了許多新的特徵。首先，多元化格局出現，不僅西歐、日本等主要發達國家參與到國際經濟協調中來，改變了美國一家獨大的局面，而且南南合作也得以發展，越來越多的發展中國家參與到國際政治經濟生活中，使國際經濟協調走向多邊化和多極化。其次，協調機制已初步成熟。全球協調、區域協調、政府協調並存，多管齊下的國際經濟協調機制使協調向更高水平發展，歐洲共同體、經濟合作與發展組織、亞太經濟合作組織等不僅在區域協調，也為全球協調發揮了重要作用。最後，國際經濟協調方式更為靈活多樣，國際經濟組織和區域經濟合作組織成為國際經濟協調的主要渠道，各國根據國際經濟運行特徵不斷地調整戰略目標和具體目標。

(四) 20 世紀 80 年代中期至 21 世紀初的發展時期

20 世紀 80 年代以後，主要發達國家的國際經濟協調繼續向縱深發展。1985 年的「廣場會議」，美、日、英、法、德五國就聯合干預匯率問題達成一致協議，認為美元價值高估，承諾聯合干預外匯市場，促使美元有秩序地貶值。會議標誌著發達國家間的經濟協調已開始落到實處。1986 年的「東京會議」進一步將其政策協調具體化，對 10 項經濟指標進行監督。這一指標體系即包括匯率、國際收支，也包括各國的通貨膨

脹率、利率、貨幣發行量等指標。這是西方國際經濟協調向前邁進的又一標誌性會議。

　　進入 90 年代後，國際經濟協調的形式日益多樣化，協調的範圍不斷擴大，幾乎涉及世界經濟的每個角落。1993 年 1 月 1 日歐洲統一大市場的啓動到 11 月 1 日歐洲聯盟的成立，推動了世界範圍內區域經濟一體化的蓬勃發展，促進了區域內經濟協調機制日益完善。1995 年 1 月，世界貿易組織替代了關稅及貿易總協定開始了它在國際貿易及相關領域裡的協調作用。在國際金融領域，國際貨幣基金組織和世界銀行的作用得到一定強化。同時，構建全球性金融機制的問題自 1997 年東南亞金融危機爆發以來已得到了越來越多國家的關注。這一切都表明國際經濟協調進入了一個新的發展階段。

　　與之前相比，這一階段的國際經濟協調具有以下幾個特點：

　　1. 參與者具有廣泛的國際性

　　各國政府、各類國際經濟組織都積極參與國際經濟協調。協調可以在兩國之間，也可在兩個區域經濟組織之間，或者國家與區域經濟組織之間，甚至還出現了洲際之間的協調。參加國際經濟協調的主體越來越具有廣泛性，不僅有發達國家，而且出現了越來越多的發展中國家參與的首腦會談。一般來說，經濟發展水平越高，相互間依賴程度越大，協調的領域越廣泛，協調的內容越深入具體。當然，由於受經濟發展水平的影響，發展中國家間的經濟協調程度遠不如發達國家間的協調程度高。

　　2. 多層次、全方位的聯合干預

　　國際經濟協調的形式多種多樣，協調的層次包括微觀和宏觀方面，協調的領域涉及貿易、金融、投資、信息和環境保護等幾乎所有領域；不僅協調各國對外經濟貿易政策，而且還逐步深入到各國國內經濟發展目標和經濟指標的協調。對於國際經濟發展進程中出現的重要事件經常是幾個國家同時進行聯合干預。

　　3. 以發達的工業國家為核心

　　與之前的情況相比較，國際經濟協調打破了以美國控制為主的局面，逐漸向多極化發展，但由於受到政治和經濟等方面因素的影響，在國際經濟協調中發揮主要作用的仍然是世界上一些主要經濟發達國家。

（五）2008 年至今的調整時期

　　進入 21 世紀，特別是 2008 年國際金融危機的爆發給世界經濟的發展帶來嚴重影響，各種矛盾和問題不斷地湧現，貿易保護主義強勢抬頭，國際經濟環境變得更為複雜。為了促進世界經濟平穩持續發展，加強各國的經濟合作，國際經濟協調比以往任何時候都顯得更加重要。國際經濟協調已經進入了一個新的階段，其主要特點如下：

　　1. 新貿易保護主義增強

　　近年來在金融危機的影響下，作為各國經濟聯繫重要方式的國際貿易增速放緩、國際投資劇烈波動。隨之而來的是新貿易保護主義愈演愈烈，已經波及貿易、投資、技術轉讓、資源保護等國際經濟活動的所有領域。更加重要的是，實行保護自主義的已不再是傳統的弱小落後國家，反而是強大先進的發達國家。在當前全球經濟越來越緊密聯繫的背景下，需要各國政府和國際經濟組織通過國際經濟協調渠道，共同努力來抑制新貿易保護主義，促進國際貿易與投資的恢復和發展。

2. 國際經濟組織協調作用減退

國際經濟組織協調作用出現減退，急需深化改革和優化國際經濟規則。聯合國所屬的經濟組織、國際貨幣基金組織、世界貿易組織等一直在國際經濟協調中發揮著重要作用。但近年來這些主要國際組織的作用開始減退，甚至出現功能缺失。例如，在全球金融危機爆發時期，作為全球最大的國際金融協調組織國際貨幣基金組織卻沒能發揮應有的作用，其內部的改革也停滯不前；世界貿易組織的新一輪談判原定於 2005 年完成，卻一直拖至 2013 年 12 月才達成「巴厘一攬子協議」，說明它在國際貿易領域的協調能力有所下降。

3. 國際經濟多極化趨勢與舊的國際經濟體制和規則的衝突

進入 21 世紀後，國際經濟格局的多極化趨勢呈加速發展之勢。主要表現是以金磚國家為代表的新興市場大國經濟的快速崛起，給由美國等少數發達國家主導的國際經濟格局帶來巨大挑戰，對現行的國際經濟體制和規則造成衝擊。這意味著主要發達國家與新興市場大國必須要通過必要的經濟外交努力，通過有效的國際經濟協調機制，來共同調整和改革已經越來越不能適應多極化趨勢的國際經濟體制和規則。

4. 區域經濟一體化和區域貿易協定的迅速發展

21 世紀以來，經濟全球化發展進程緩慢，但區域經濟一體化趨勢得到進一步加強，歐洲、北美經濟一體化不斷發展的同時，東亞地區的經濟合作呈現快速發展勢頭，全球自由貿易協定如雨後春筍般不斷湧現。截至 2015 年年底，全球向世貿組織通報並生效的區域貿易協定達到 423 個。目前，正處於談判或者研究階段的 RTA 還在不斷增加。可以預見，在今後相當長的時間內，自由貿易區仍會較快地發展。區域經濟一體化的發展，各類區域經濟合作組織的建立，為國際經濟協調提供了更寬廣的平臺，從而形成雙邊、多邊與區域等多個平臺互相補充、相互推動的國際經濟協調機制。

5. 各種不安全因素的增多使協調內容深化

當前，國際格局正在經歷深刻調整演變，世界經濟發展前景充滿不確定性。地區衝突、恐怖主義、氣候變化、能源資源、網絡安全等問題日益凸顯，全球治理難度增大，國際經濟協調機制面臨挑戰。這些不安全因素威脅著世界經濟平穩發展，各國政府需要加強經濟外交，不斷深化國際間協調的內容。

四、國際經濟協調的主要形式

(一) 國際經濟組織

國際經濟組織是指活動於經濟領域、跨越國界的政府間組織。其成員國為實現共同目標，必須在一定範圍內約束自身的行為。國際經濟組織有明確的宗旨和職能，並有常設機構開展活動，它所進行的國際協調具有相對穩定、經常和持續的特徵。國際經濟組織按參加國的廣泛程度劃分為全球性國際組織、區域性國際組織，如世界貿易組織、世界銀行等；按活動領域劃分為綜合性組織和專門性組織，如聯合國的經濟機構、原料生產及輸出國組織等。國際經濟組織是第二次世界大戰以後國際經濟協調的重要形式。

(二) 國際會議

國際會議是指多個主權國家的政府代表通過會晤,就相互間經濟關係和有關的國際經濟問題進行協商,在共同討論的基礎上尋求或採取共同行動,進而規定各方權利、義務的協調形式。國際會議一般沒有固定的議題,與會國主要就當前迫切需要處理的經濟問題交換意見,協調各自的政策立場,會議結果可能促使國際協調形式的建立,可能促使各方採取共同措施達成原則性協調,也可能促使各方表明進行某方面政策協調的意向。與會國的責任一般隨國際經濟環境的改變而自然解除,或者持續到下一次國際會議舉行。因此,國際會議所進行的國際協調的約束力不強,大多數是臨時性的,而且很不穩定。國際會議既有雙邊的、部長級的、臨時性的會議,也有多邊的、首腦級的、定期或不定期的會議。

(三) 國際條約和協定

國際條約和協定是兩個或兩個以上主權國家為確定它們在經濟方面的權利和義務而締結的書面協議。國際條約以國際法形式規範、管理、協調國際經濟交往,使世界經濟運行受到法律秩序的規範和約束。國際條約和協定可以通過有效期結束、達成新協議、廢除舊協議等方式解除簽約國的國際協調責任,所以它不同於具有永久性的國際經濟組織及區域經濟集團的協調形式,具有時效性。

五、國際經濟協調的作用

國際經濟協調的作用突出地表現在以下三個方面:

(一) 促進世界經濟的持續和穩定發展

從20世紀60年代末至80年代初,世界經濟連續出現了1969—1971年、1973—1975年、1979—1982年三次經濟危機,世界經濟的平均年增長率下降了2%,世界貿易金融秩序嚴重失衡。危機出現後,主要發達國家加強國際經濟協調,採取了必要的共同干預措施,再加上國際社會的共同努力,世界經濟能夠保持一段時期的持續穩定的發展。但在迅速發展的世界經濟新環境中,戰後所建立的國際經濟協調模式已難以維繫往日的輝煌。2008年,由美國次貸危機引發的全球金融危機,波及各國實體經濟,其影響非常嚴重。在此之後,全球加強合作,共同抵禦金融風險逐漸成為各國的共識。從西方七國集團財長和央行行長會議到二十國峰會的召開,從第七屆亞歐首腦會議到二十國第二輪金融峰會,從主要經濟體聯手降息到各國相繼出抬的刺激經濟穩定的各項措施的出抬,國際經濟協調佔有舉足輕重的作用,在一定程度上減弱了經濟危機在國際間的傳遞,阻止了經濟危機的進一步惡化。

(二) 促進各國間經濟進一步相互依賴,加速經濟全球化的步伐

經濟全球化的主要特徵之一就是商品和資本市場的全球化、生產過程的全球化以及經濟調節的全球化。在這一過程中各國之間的競爭非常激烈,矛盾衝突時常出現,需要及時和不斷地通過各種協調形式加以解決。此外還有許多全球性的重大經濟問題更需要通過國際經濟協調來處理,如匯率問題、南北關係問題、世界經濟持續發展問

題、環境保護問題等，不同國家相互之間通過確立共同的經濟發展目標，交流信息，協調彼此的政策行動，更進一步加深了相互依賴和共同合作的關係。

(三) 有利於國際經濟合作的順利開展

國際經濟協調和國際經濟合作之間既存在手段與目的的關係，也存在著相輔相成的關係。在國際經濟協調過程中需要參與協調的各方密切合作，協調的目標才能實現。另外，國際經濟協調又可以促進國際經濟合作的順利開展。在合作關係建立起來之前，需要國際經濟協調來解決利益糾紛和矛盾，各方還需要不斷地進行經濟信息的交換和共享。如一個投資項目，在項目正式確立之前，合作各方需要多次磋商，就有關的投資方式、股權安排、盈虧分擔等一系列問題進行談判。達成協議並開始實施的過程中，各方仍需要不斷地協調相互的立場，解決出現的矛盾問題，使合作順利開展下去。

第二節　國際經濟協調的主要組織

聯合國是協調國際事務的常設機構，世界貿易組織、國際貨幣基金組織、世界銀行這三大經濟組織的出現，則成為通過參與國之間協調而形成全球經濟一體化機制的重要標誌，在經濟利益協調上具有劃時代的意義。這三大國際經濟組織及其他一些相關組織通過一系列的國際條約將國際經濟領域的國際法原則、規則和慣例加以規範化和程序化，使各國在國際經濟機制上達成了一定共識。

一、聯合國

聯合國成立於 1945 年 10 月 24 日，總部設於美國紐約。截至 2016 年年末，聯合國共有 193 個會員國、2 個觀察員國，包括了世界上所有得到國際承認的主權國家。

《聯合國憲章》是一個國際條約，規定了國際關係的基本原則。根據憲章，聯合國的宗旨如下：維持國際和平及安全；發展國家間友好關係；合作解決國際問題，增進對人權的尊重；成為協調各國行動的中心。聯合國有六個主要機構，其中聯合國大會、安全理事會、經濟及社會理事會、託管理事會和秘書處五個機構設在紐約聯合國總部。第六個主要機構是國際法院，設在荷蘭海牙。雖然近年來聯合國大會和秘書處對國際經濟事務的關注逐漸增多，但在聯合國六個主要機構中，只有經濟及社會理事會是純粹的經濟組織。經濟及社會理事會負責協調聯合國及聯合國系統的經濟和社會工作。作為討論國際經濟和社會問題以及擬訂政策建議的中心論壇，經濟及社會理事會在加強國際合作、促進發展方面發揮著關鍵作用。經濟及社會理事會有 54 個理事成員國，由大會選出，任期三年。經濟及社會理事會每年 7 月舉行主要會議，其中包括一次部長級特別會議，討論重大經濟社會問題。經濟及社會理事會下屬五個區域委員會在各自區域負責促進經濟發展，加強經濟關係。

在聯合國的附屬機構中，重點從事經濟活動的機構有聯合國貿易和發展會議、聯合國開發計劃署、聯合國人口活動基金、聯合國環境規劃署、世界糧食計劃署和世界

糧食理事會等。其中聯合國貿易和發展會議，成立於 1964 年，是聯合國系統內唯一綜合處理貿易、資金、技術、投資和可持續發展領域相關問題的政府間機構。其總部設在日內瓦，目前有成員國 188 個。貿發會議的主要目標是幫助發展中國家增強國家能力，最大限度地獲取貿易和投資機會，加速發展進程，並協助它們應對全球化帶來的挑戰和在公平的基礎上融入世界經濟。貿發會議通過研究和政策分析、政府間審議、技術合作以及與非政府機構企業部門的合作實現其目標。貿發會議自成立以來，在促進發展中國家的經濟貿易發展，推動南北對話和南南合作方面發揮了重要作用。但是近年來，隨著國際政治經濟形勢的急遽變化，特別是由於發達國家對發展合作態度日趨消極和發展中國家利益要求不同而導致的談判能力下降的情況下，貿發會議的談判職能逐漸削弱，但在幫助發展中國家制訂經濟發展戰略和貿易、投資、金融政策，加強它們參與多邊經濟貿易事務的能力方面，仍然發揮著獨特而重要的作用，被譽為「發展中國家的良心」和「南方知識庫」。

除了上述聯合國主要機構和附屬機構之外，還有一些根據各國政府間的協定而設立的重要國際經濟組織，它們雖不是聯合國的附屬機構，但因特別協定而與聯合國關係密切，因而被稱作聯合國的專門機構。它們是國際貨幣基金組織、世界銀行、世界貿易組織、國際開發協會、國際金融公司、聯合國糧食及農業組織、國際勞工組織、國際民用航空組織、萬國郵政聯盟、國際電信聯盟、世界氣象組織、國際海事組織、世界知識產權組織、國際農業發展基金會、聯合國工業發展組織、國際原子能機構、世界衛生組織和聯合國教育、科學及文化組織。這 18 個專門機構絕大部分都屬於經濟組織。

二、世界貿易組織

世界貿易組織是根據《建立世界貿易組織的協定》建立的獨立於聯合國的永久性國際組織。世貿組織在 1994 年 4 月 15 日取代了成立於 1947 年的關稅與貿易總協定，於 1995 年 1 月 1 日正式開始運作。世貿組織目前擁有 164 個成員，成員貿易總額達到全球的 98%，有「經濟聯合國」之稱。

(一) 世貿組織的宗旨和目標

在《建立世界貿易組織協定》的序言部分，規定了世界貿易組織的宗旨是：提高生活水平，保證充分就業，大幅度穩步地提高實際收入和有效需求；擴大貨物和服務的生產與貿易；堅持走可持續發展之路，各成員應促進對世界資源的最優利用、保護和維護環境，並以符合不同經濟發展水平下各成員需要的方式，加強採取各種相應的措施；積極努力以確保發展中國家尤其是最不發達國家在國際貿易增長中獲得與其經濟發展水平相應的份額和利益。

世貿組織的目標是建立一個完整的包括貨物、服務、與貿易有關的投資及知識產權等更具活力、更持久的多邊貿易體系，以包括關貿總協定貿易自由化的成果和「烏拉圭回合」多邊貿易談判的所有成果。

(二) 世貿組織的主要機構

世界貿易組織的執行機構是總理事會，由每個成員方的常設代表組成，平均每月在日內瓦召開一次會議。其最高權力機構是每兩年開一次會的部長理事會，討論和決定涉及世貿組織職能的所有重要問題。

世貿組織中的關鍵機構是爭端解決機構和貿易政策審議機構。所有成員國都可參加解決爭端機構。該機構通常每個月開兩次會議以聽取關於違反世貿組織規則和協議的投訴。該組織設立專家小組研究爭端並決定是否違反了規則。世貿組織是具有法人地位的國際組織，在調解成員爭端方面具有最高的權威性。貿易政策審議機構也是全體成員都可參加的，負責審議世貿組織所有國家貿易政策的論壇。貿易大國的政策每隔兩年審議一次，其他國家的貿易政策每隔四年審議一次。

其他主要機構還有貨物貿易理事會、非貨物貿易理事會和知識產權貿易相關問題理事會。

(三) 世貿組織的基本原則和主要職能

世貿組織繼承了關貿總協定的基本原則，包括：第一，非歧視原則；第二，互惠原則；第三，最惠國待遇原則；第四，國民待遇原則；第五，關稅減讓原則；第六，市場准入原則；第七，一般取得數量限制原則；第八，透明度原則。並將這些原則推廣到服務貿易、知識產權保護、與貿易有關的投資措施等領域。

世界貿易組織的職能主要包括：第一，負責多邊貿易協議的實施、管理和執行，促進世界貿易組織目標的實現，同時為多邊貿易協議的實施、管理和運作提供框架；第二，為各成員就多邊貿易關係和有關事務進行談判以及世貿組織貿易部長會議提供場所，並提供實施談判結果的框架；第三，通過爭端解決機制，解決成員間可能產生的貿易爭端；第四，運用貿易政策審議機制，定期審議成員的貿易政策及其對多邊貿易體制運行所產生的影響；第五，通過與其他國際經濟組織（國際貨幣基金組織、世界銀行及其附屬機構等）的合作和政策協調，以保障全球經濟決策的凝聚力和一致性，避免政策衝突。

(四) 世貿組織的主要協定

「烏拉圭回合」經歷 8 年談判，最後達成以《建立世界貿易組織協定》為主體的一系列協議，英文原版長達 634 頁，是當今協調世界貿易與各類經濟關係最宏大的一部法典，其中最主要的協議包括以下內容：

1. 有關貨物貿易的多邊協議

具體包括《1994 年關稅與貿易總協定》《農業協議》《關於衛生和動植物檢疫措施的協議》《紡織品與服裝協議》《與貿易有關的投資措施協議》《貿易的技術性壁壘協議》《反傾銷協議》《海關估價協議》《裝船前檢驗協議》《原產地協議》《進口許可證協議》《補貼與反補貼協議》《保障措施協議》。其中最重要的《1994 年關稅與貿易總協定》在成員方達成互惠互利協議，尋求大幅度削減關稅和其他貿易障礙，取消國際貿易歧視待遇，達到提高生活水平，保證充分就業，保證實際收入和有效需求持續增

長，實現世界資源充分利用及發展商品生產與交換，在推動國際貿易新秩序建立和發展自由平等的國際貿易等方面起到了巨大的作用。《與貿易有關的投資措施協議》是「烏拉圭回合」多邊貿易談判的新議題之一，也是國際社會制定和實施的第一個具有全球性的有關國際直接投資措施方面的協議，對日益繁榮的國際投資與貿易活動產生了重大影響，該協議主要適用於與貨物貿易有關的投資措施，能夠使由於國際貿易而產生扭曲或限制的投資措施得到改善。

2.《服務貿易總協定》及附件

該協定是「烏拉圭回合」多邊貿易談判達成的一項新的獨立多邊貿易協定，是世貿組織的服務貿易法的基本規範和核心規範。在世貿組織中與《關稅與貿易總協定》和《知識產權協定》的地位是平行的。

3.《與貿易有關的知識產權協定》

該協定為國際知識產權保護確立了新的統一國際標準和準則，有力解決了近年來由於貿易而產生的知識產權侵權日益嚴重的問題，對國際貨物貿易、技術貿易、投資以及各國相關國內立法產生了較大影響。

(五) 世貿組織的重點調整

隨著世界經濟政治格局的變化和科學技術的迅速發展，國際分工、生產、協作的廣度和深度日益擴大，整個世界已逐步成為一個統一的大市場，國際貿易、國際投資、國際經濟技術合作進一步融為一體。因此，世貿組織為了適應全球經濟發展的需要，協調的重點發生了許多新的變化。

1. 約束、協調、管轄的範圍不斷擴大

在貨物貿易領域，把長期遊離於關貿總協定管轄範圍之外的農產品和紡織品、服裝貿易納入了世界貿易組織的約束和管轄範圍。同時，在世貿組織的主持下，達成了貨物貿易領域的新協議《信息技術協議》；在服務貿易領域，以《服務貿易總協定》為基礎，新的服務部門協定不斷達成；與貿易有關的知識產權、投資措施等新領域不斷納入約束、協調的範圍，達成了《與貿易有關的知識產權協定》；納入管轄、約束和協調的新議題，包括政府採購透明度、電子商務、貿易與環境保護、貿易與勞工標準、貿易與競爭政策等。

2. 自由化協調的重點發生轉移

世貿組織自由化協調的重點從貿易壁壘轉向市場壁壘，從商品貿易自由化轉向要素流動自由化，從整體自由化轉向部門自由化。

3. 協調政策的方向發生變化

世界貿易組織協調政策的方向發生明顯變化。主要由邊境措施轉向國內立法與決策，由貿易政策轉向競爭政策，從貿易問題逐步轉向社會經濟問題。

三、國際貨幣基金組織

國際貨幣基金組織（IMF）是根據布雷頓森林會議通過的《國際貨幣基金協定》建立的全球性國際金融機構，於1945年12月27日成立，1947年3月1日正式開始運

行，同年 11 月 15 日起成為聯合國的一個專門機構。總部設在華盛頓，現有成員189 個。

(一) 國際貨幣基金組織的宗旨和目標

國際貨幣基金組織的宗旨是通過一個常設機構來促進國際貨幣合作，為國際貨幣問題的磋商和協作提供方法；通過國際貿易的擴大和平衡發展，把促進和保持成員國的就業、生產的發展、實際收入的提高作為經濟政策的首要目標；穩定國際匯率，在成員國之間保持有秩序的匯價安排，避免競爭性的匯率貶值；協助成員國建立經常性交易的多邊支付制度，消除妨礙世界貿易的外匯管制；在有適當保證的條件下，基金組織向成員國臨時提供資金，使其有信心利用此機會糾正國際收支的失調，而不採取危害本國或國際繁榮的措施；按照以上目的，縮短成員國國際收支不平衡的時間，減輕不平衡的程度等。

國際貨幣基金組織的目標是促進國際間的金融與貨幣領域的合作；促進國際經濟一體化的步伐；維護國際間的匯率秩序；協助成員國之間建立經常性多邊支付體系等。

(二) 國際貨幣基金組織的主要機構

國際貨幣基金組織的主要組織機構是理事會和執行董事會。

理事會是國際貨幣基金組織的最高決策機構，由各成員國委派理事和副理事各一人組成，一般由各國的財政部長或中央銀行行長擔任。理事會決定接納新成員國或停止成員國資格，調整各成員國應繳納的基金份額，批准成員國貨幣平價的統一變動，決定基金組織淨收益的分配和基金的清理等。理事會每年舉行一次會議，所有會員國都需參加。

執行董事會是國際貨幣基金組織處理日常業務的機構，行使理事會授予的一切權力。執行董事會現由 24 名執行董事組成。美國、英國、德國、法國和日本各單獨指派一名。其他成員國劃分為 19 個選區，中國、俄羅斯和沙特阿拉伯為單一國家選區，分別單獨指派一名執行董事。

(三) 國際貨幣基金組織的主要職能

1. 管理職能

在有關匯率政策、經常項目支付、貨幣兌換問題上，確定一套行為準則，如規制各國匯率、外匯管制及國際儲備等制度。並負責監督成員國對準則的執行和義務的履行。

2. 融資職能

當成員國糾正國際收支失衡或避免其發生時，向它們提供短期資金融通，幫助其擺脫危機，以穩定外匯市場和擴大國際貿易。

3. 磋商職能

為成員國提供有關國際貨幣合作與協商等會議場所。與會員國就國際貨幣領域的有關事項進行磋商，為協調彼此間的貨幣政策提供資料和建議。

四、世界銀行

世界銀行（WB）是世界銀行集團的簡稱，是國際復興開發銀行的通稱。世界銀行是根據 1944 年美國布雷頓森林會議上通過的《國際復興開發銀行協定》成立的，1947 年 11 月 15 日成為聯合國經濟方面的專門機構。世界銀行集團包括五個成員機構：國際復興開發銀行、國際開發協會、國際金融公司、多邊投資擔保機構和國際投資爭端解決中心。其總部設在華盛頓，是世界上最大的多邊開發援助機構，對各成員國而言，也是最大的國外借貸機構。

(一) 世界銀行的宗旨和目標

按照《國際復興開發銀行協定條款》的規定，世界銀行的宗旨是：通過對生產事業的投資，協助成員國經濟的復興與建設，鼓勵不發達國家對資源的開發；通過擔保或參加私人貸款及其他私人投資的方式，促進私人對外投資，同時當成員國不能在合理條件下獲得私人資本時，可運用該行自有資本或籌集的資金來補充私人投資的不足；鼓勵國際投資，協助成員國提高生產能力，促進成員國國際貿易的平衡發展和國際收支狀況的改善；在提供貸款保證時，應與其他方面的國際貸款配合。

世界銀行的目標是通過提供資金、經濟和技術諮詢、鼓勵國際投資等方式，幫助成員國，特別是發展中國家提高生產力，促進經濟發展和社會進步，改善和提高人民生活水平。世界銀行為全世界設定了到 2030 年要實現的兩大目標：終結極度貧困，將日均生活費低於 1.25 美元的人口比例降低到 3% 以下；促進共享繁榮，促進每個國家底層 40% 人口的收入增長。

(二) 世界銀行的主要機構

世界銀行集團的主要組織機構是理事會和執行董事會。

理事會是世界銀行集團的最高權力機構，由各成員國委派理事和副理事各一人組成。一般由各國財政部長、中央銀行行長或級別相當的一名高級官員擔任。理事會的主要職權包括批准接納新成員、停止成員資格、確定資本、決定淨收入分配等重大問題。

執行董事會是經理事會授權、負責辦理日常重要事務的機構。其主要職權包括制定政策，審議並決定貸款提案，向理事會會議提交決算審議、行政預算和年度經營報告等。執董會成員包括世界銀行行長和 25 名執行董事。

(三) 世界銀行的協調與合作

面對全球經濟的持續衰退，發達國家與發展中國家必須攜手推進國際協調合作，從國際金融危機爆發至今的眾多事實都表明，昔日由少數幾個發達國家主導的經濟治理模式已逐漸弱化，許多國際性問題的解決，都有賴於發達國家與新興經濟體一起平等協商解決。為此，在全球層面，世界銀行主要強調加強國際合作夥伴之間的相互協調，以改善資源使用，防止相互掣肘，解決跨國治理問題。具體途徑包括：強化對多邊相關方工作的支持，改進援助國協調工作，與其他多邊開發銀行協調開展調查工作

等。世界銀行推出的「具有包容性和可持續性的全球化」的理念和硬貸款降價措施，穩定和強化了同中等收入國家貸款合作的基礎。為落實所提出的發展理念，世界銀行將加大對借款國社會和發展領域的支持，以縮小貧富差距，促進社會平衡與和諧發展。具體包括以下六個重點領域：支持最貧困國家的發展；支持脆弱和衝突後國家的建設；加強同中等收入國家的合作；幫助阿拉伯國家尋求新的發展機會；促進全球公共產品領域業務的開展；促進全球學習與知識服務。以上六個領域中有三個涉及同中等收入國家的合作，充分體現了加強同中等收入國家合作的積極態度。

第三節　國際經濟協調的主要領域

國際經濟協調涉及的領域和內容十分廣泛，可以說包括了國際間的所有經濟活動。從協調的內容看，主要涉及貿易、金融、投資，此外還包括科技、環境保護、經濟發展、南北關係等方面的協調和各國國內政策與國際間政策的調節。

一、國際貿易領域的協調

在國際貿易協調領域主要是對關稅和非關稅貿易政策與措施以及調整各國貿易關係方面的協調。協調的實施主體主要是國際貿易組織，通過雙邊和多邊貿易規則協調各國、各地間的貿易交往。在這一領域的協調主要在如下兩個層次上進行：

一是在區域經濟組織成員內部進行。主要是通過消除關稅和非關稅壁壘，協調各成員國的經濟貿易政策和立場等方面措施來實現的。區域經濟一體化的加強促進了區域內貿易自由化進程。北美自由貿易區、歐洲聯盟、東南亞國家聯盟等區域性組織在這方面取得了積極成果。

二是在世界範圍內進行的。目前世界上協調範圍最廣、影響最大的當數世界貿易組織。在關貿總協定和世界貿易組織主持下，各成員國共進行了9輪貿易談判，在貿易以及與貿易有關的許多領域都取得了成果。在關稅方面，世界普遍關稅稅率大大降低，其中發達國家的關稅稅率從戰後的35%降低到現在的4%，發展中國家平均稅率降到13%～15%的水平。對於其他非關稅壁壘措施也制定了相關的規則。此外，在與貿易有關的投資、知識產權和服務貿易方面也都達成了一系列相關協議。可以說，通過貿易領域的國際協調，世界貿易的自由化進程顯著加快。

關於世貿組織在國際貿易中的協調作用主要包括以下方面：

第一，建立起全球多邊貿易談判的協商機制。全球範圍內多邊貿易談判的協商機制主要是由世貿組織主持進行的。世界貿易組織及其前身關稅與貿易總協定自成立以來不斷定期組織全球範圍的貿易談判，為成員提供處理經濟及法律問題的各種協議和協定，為推動多邊貿易談判提供框架協議草案並積極推動協議的簽訂與落實。世貿組織正式成立後，談判的議題和重點也由原來的貨物貿易領域的談判逐漸向服務貿易領域，特別是知識產權以及投資領域拓展，為世界經濟的發展與協調做出了積極貢獻。

第二，制定統一的多邊貿易規則。世貿組織的重要成效之一在於制定了一系列行

之有效的多邊貿易規則，主要包括非歧視原則（最惠國待遇原則/國民待遇原則）、互惠互利原則和透明度原則等。

第三，協調各成員國的貿易政策和措施。通過貿易政策審議機制，定期審議各成員國的貿易政策法規是否與世貿組織相關的協議條款所規定的權利義務相一致。

第四，主持解決各成員國之間的貿易糾紛。世貿組織理事會作為爭端解決機構，處理就烏拉圭回合最後文件所包括的任何協定或協議而產生的爭端。根據世界貿易組織成員的承諾，在發生貿易爭端時，當事各方不應採取單邊行動對抗，而是通過爭端解決機制尋求救濟並遵守其規則及所做出的裁決。

二、國際金融領域的協調

1973年，布雷頓森林體系崩潰以後，西方各國普遍開始實行浮動匯率制。在浮動匯率制下，匯率由外匯市場的供求所決定，市場匯率的波動對國際收支平衡起著一定的自動平衡作用。因為匯率的變動會引起國內外商品價格的相對變化，當一國貨幣貶值時，該國出口商品的外幣價格降低，因而使原來用於國外商品的支出轉移為國內商品的需求。這種轉變，不僅能刺激國內需求的增加，引起國民收入的提高，同時這種政策手段還能擴大出口，減少進口，扭轉國際收支，實現經濟的外部均衡。正是由於各國政府從各自利益出發，加大了對匯率干預的力度，對世界經濟的平衡發展構成了威脅，再加上浮動匯率的多變性導致了國際金融市場更大的不穩定性和投機性，給國際貿易和國際投資帶來了風險，因此，各國需要相互協調，減少單邊行動，實行有管理的浮動匯率。匯率的協調主要包括兩種：一種是多邊協調，主要是針對發達國家國際收支和匯率政策的相互作用進行的協調，估計這些政策對世界經濟的影響；另一種是個別協調，主要是檢查會員國的匯率政策，要求會員國盡早將本國匯率變動情況通知相關經濟組織。實際上自浮動匯率制實行以來，國際金融領域協調一直沒有停止過。

在國際金融領域裡起主要協調作用的國際經濟組織是國際貨幣基金組織、世界銀行以及一些地區金融組織。它們的協調活動主要有以下三個方面：一是向成員國提供貸款。國際貨幣基金組織的貸款只能用於解決短期性國際收支不平衡，用於貿易和非貿易的經常項目支付；而世界銀行的貸款則大都是中長期項目，目標是促進貸款國的經濟發展。二是促進國際貨幣合作和研究國際貨幣制度改革。國際貨幣基金組織在這兩方面做了許多工作，比如創設特別提款權、制定浮動匯率制度、份額的增加及分配、穩定匯率、對成員國的匯率政策進行監督、收集和交換國際金融情報等。三是提供技術援助。國際貨幣基金組織通過向成員國派遣顧問、代表、專家等形式，在財政、貨幣、國際收支、銀行業務、統計、匯價和貿易等方面向成員國提供技術援助。

三、國際投資領域的協調

國際投資領域的協調主要是通過跨國公司的國際產業轉移進行的。以往國際產業轉移的類型是從勞動密集型產業到資本、技術密集型產業，產業轉移是從相對發達的國家轉移到次發達國家再到發展中國家和地區逐層推進，產業轉移的階段是從加工貿易到零部件和原材料的本地化生產，產業轉移的技術通常是進入標準化產業階段的技

術。但進入20世紀90年代以後,國際經濟環境發生了變化,國際產業轉移也出現了一些新的特點和發展趨勢:第三產業投資成為國際產業轉移中的新熱點;國際產業轉移出現了跳躍性發展趨勢;生產外包成為國際產業轉移的主流方式;國際產業轉移出現產業供給鏈整體搬遷趨勢。這些都成為國際投資領域經濟協調的基礎和條件。在國際投資領域進行協調的主要目的,就是要排除投資領域的障礙,推動投資自由化,調整資金流向和投資利益的分配,解決相關國家之間的矛盾和糾紛。

(一) 國際投資協調的主要內容

1. 政府投資和經濟援助的內外協調

政府投資及經濟援助的協調主要包括:對各國政策進行指導性國際協調;通過建立多邊國際金融機構,集中管理政府援助資金和貫徹統一援助政策;進行政府間的聯合投資等。在發展中國家,進行政府間的聯合投資方式是較為普遍的模式。

2. 投資管理的內外協調

這方面的協調主要表現在:限制投資競爭(如發達國家實行的出口信貸君子協定)、平衡競爭條件(如統一國際銀行的資本標準);對跨國公司的行為進行監督與管理(如《巴塞爾協議》規定銀行母國與東道國對跨國銀行共同承擔監督責任);制定規範的國際投資行為規範等。

3. 外資政策的協調

由於各國在體制及政策方面均存在較大差異,在引進外資過程中難免出現摩擦和障礙,須通過國際投資公約和規範來協調雙方的利益,加強對海外投資和外國投資的保護,以維護正常的投資環境。如第二次世界大戰後各國開始簽訂的雙邊投資保護協定,在外國投資者的待遇標準、投資項目和內容、政治風險、代位權和投資爭議等方面做出具體規定,這類協定已成為當今國際投資外部協調的主要形式。

4. 國家間稅收分配關係的協調

稅收是協調國際分配關係的重要手段,協調的主要形式有:締結多邊稅收協定;在區域一體化組織內進行稅收合作;非區域性多邊合作。另外,國際稅收合作在減輕跨國投資經營的稅負,促進國際投資及其他國際交易活動的發展方面也起到一定作用。

5. 國際債務的協調

這方面主要採取債務重新安排(債務重議)、內債與外債的協調等措施。

(二) 當前國際投資協調的特點

1. 雙邊投資協定成倍增加

雙邊投資協定是指為了調整國家間私人投資關係,保護外國投資者的合法權益,維護健康的投資環境,由母國和東道國簽訂的一種促進和保護投資的雙邊條約。協定的具體內容因簽約國的具體國別而有所不同,但一般均涉及外資的待遇(如國民待遇、最惠國待遇)、涵蓋的範圍(典型的包括非股權投資和各種類型的股權投資,以及投資週期各階段的主要問題)、政治風險保障及爭端解決(對資金轉移、徵收和國有化、簽約方和投資者與東道國爭議解決等具體投資保護標準做出明確規定)等問題。

自20世紀60年代以來,雙邊投資協定的擴展速度令人矚目。60年代,涉及75

個；70年代，涉及167個；80年代，涉及386個。截至2016年年底，世界各國簽訂的BIT達到了2,954個。其中大部分是在發展中國家間簽訂的。可見，雙邊投資協定網絡的覆蓋範圍非常廣且仍在持續擴大。各國政府積極參與簽訂的雙邊層次的國際直接投資協定，已成為推動國際投資迅猛發展的主導力量，並進而加速了經濟全球化的進程。

2. 區域層次的國際投資政策協調呈現多樣化趨勢

現行的區域層次的投資政策協調主要有三類：一是區域經濟集團內的協調。一般是在地區經濟一體化協議中包含投資問題的條款，如歐洲聯盟成員國間資本自由流動的協議；東盟國家投資協定；亞太經濟合作無約束性投資原則；北美自由貿易協定等。二是專項能源和原材料輸出國組織內的協調。它主要通過分配銷售份額、避免成員國內部削價競爭來防止巨型跨國公司操縱國際市場價格，如歐佩克、天然橡膠生產國協會、銅出口政府聯合委員會等。三是不同類型國家所組成的綜合性組織內的協調。它是主要涉及投資問題或獨立的投資協議，如經合組織國際投資與多國公司聲明及其相關協議、阿拉伯國家投資協定等。

3. 多邊層次的國際投資政策協調受到重視

在多邊層次的國際投資政策協調方面，世界銀行與世界貿易組織均有重要建樹。由世界銀行達成了多項多邊投資協定，如《國際投資爭端解決公約》《建立多邊投資擔保機構章程》《國際直接投資待遇指南》等。由「烏拉圭回合」最終協議達成並於1994年由世貿組織通過的三個涉及投資問題的協議，標誌著多邊層次國際投資取得重大進展。例如《與貿易有關的投資措施協議》對國際直接投資的業績要求作了具體規定，該協議明確禁止對外國投資項目提出貿易平衡和出口限制等業績要求，由此通過逐步取消對外國投資者的障礙而極大地促進國際直接投資的發展。《服務貿易總協定》規定了適用於所有服務部門的普遍義務和規範，因而服務行業的投資要受該協定的協調。《與貿易有關的知識產權協議》是多邊層次貿易和投資中知識產權保護最為綜合的協調機制，該協議雖然沒有直接涉及投資問題，但由於知識產權有可能成為投資的一個組成部分，且對知識產權保護與否直接影響跨國公司做出投資的決策，因而該協議自然成為國際投資政策協調中知識產權保護的重要機制之一。

四、南北經濟關係的協調

南北經濟關係的協調一直是國際經濟協調中的重要領域。所謂南北經濟關係，是指發展中國家和發達國家之間的經濟關係。第二次世界大戰後的較長時期內，世界經濟發展中一直存在著不穩定因素，這就是南北經濟發展不平衡，貧窮差距不斷擴大。發達國家人口僅占世界人口的1/4，國民收入卻占世界的4/5，而發展中國家的人口占世界人口的3/4，但國民收入只占世界的1/5。發展中國家普遍存在經濟發展水平落後，技術水平低下，在國際市場上競爭能力差等問題。有些國家由於歷史和其他原因，經濟結構嚴重單一，不適應當今世界經濟發展的需要。而且，長期以來，債務問題一直困擾發展中國家的經濟和社會發展。如非洲由於種種原因一直落後於其他地區，全世界48個最不發達國家中有33個在非洲，其中一半人生活在貧困線以下，每年都不得不把國內財政收入的大部分用於償還外債。另外，受金融危機影響，多數發展中國家經

濟增長、出口收益、僑匯和投資萎縮、匯率波動頻繁、借貸成本上升，其債務脆弱性增加。沉重的債務負擔已嚴重阻礙了發展中國家的經濟發展，並造成惡性循環，使發展中國家在經濟上對發達國家處於依附狀態，在國際經濟中處於不平等地位。因此，妥善解決債務問題、減輕發展中國家的債務負擔，是幫助許多發展中國家，尤其是最不發達國家消除貧困、實現千年發展目標的重要前提。

打破舊的不合理的經濟秩序，建立國際經濟新秩序，爭取良好的外部生存環境是發展中國家多年的共同願望。為此，發展中國家一直堅持不懈努力，積極協調彼此的立場和步驟，取得了一定的成果。如發展中國家與發達國家就設立商品共同基金達成協議；發達國家對發展中國家實行普惠制；通過《聯合國海洋法公約》；發達國家在減免最不發達國家的政府債務問題上做出了不同程度的承諾；二十國集團峰會制度的建立使得一批發展中國家有了與世界最發達的幾個經濟強國同臺競技、共同參與國際經濟協調的平臺；國際貨幣基金組織和世界銀行兩大機構決定向新興經濟體和發展中國家以及代表權過低的國家轉移超過6%和3%的投票權，這標誌著以中國、印度、巴西為代表的一批發展中國家國際地位的提高。在促進南南合作、協調發展中國家爭取國際經濟新秩序的立場和步驟中，許多南方國家的經濟組織發揮了重要的作用。其中影響比較大的有石油輸出國組織、中美洲共同市場、中非關稅和經濟同盟、七十七國集團、阿拉伯共同市場、東非共同體、東南亞國家聯盟、西非經濟共同體、拉丁美洲經濟體系、海灣合作委員會，還有影響越來越大的十五國集團。當然，中國改革開放後經濟的迅速崛起也為促進世界經濟發展、協調南北和南南經濟關係做出了貢獻。

另外，在南北關係的協調方面，聯合國系統有相當多的經濟組織從事著相應的經濟協調工作。重要的經濟組織有經濟及社會理事會、技術合作促進發展部、開發計劃署、貿發會議、國際貨幣基金組織、世界銀行、國際農業發展基金會和人口活動基金等，這些組織整體上通常被稱為聯合國發展體系。長期以來，聯合國發展體系向發展中國家提供了大量的資金和技術援助，並幫助培訓技術、管理和信息人員。據統計，聯合國組織60%的人員和約50%的各種經費都用於促進南北之間的合作，這些工作推動了發展中國家技術、管理和生產水平的提高，有助於經濟和社會的發展。

五、各國國內政策的國際協調

近年來，國際經濟協調的領域越來越深入，經常會涉及各國國內政策的協調。這是因為隨著經濟全球化和世界經濟一體化的深入發展，國與國之間的相互依賴關係日益加強，各國國內的政策和調節措施已經具有國際調節性質，它表現在各國政府為了發展本國經濟而拓展對外經濟關係所採取的國內調節政策和措施。如為鼓勵擴大出口商採取的出口信貸、對某些商品出口實行補貼、對本國的跨國公司提供稅收優惠、為吸引外資而實施的一系列優惠政策等；再如，各國都制定有競爭政策和競爭立法，如反壟斷法、防止不正當競爭法、公平交易法等，以保證市場機制的有效運轉和合理的資源配置。有效的競爭政策將促進外國直接投資，但在實際運行時，各國對外國投資者的進入都或多或少施加了許多條件，從而干擾了正常投資活動。因此，世貿組織和亞太經合組織都把協調各國的競爭政策作為談判的重要議題和協調的重要領域，以達

到促進貿易投資自由化的目標。可以說，以上這些調節政策和措施雖然都是一國國內的經濟政策，但這些政策又直接影響到國際間的商品、資本、勞務、技術的國際流動。因此，國內調節政策具有國際調節政策的性質是國際經濟相互依存的重要表現。兩者之間具有相互傳導、相互示範的效應。各國國內調節政策應和國際調節政策相互配合，避免衝突，以保證各國經濟和世界經濟運行的正常秩序。

思考題

1. 什麼是國際經濟協調？其類型有哪些？
2. 國際經濟協調的理論有哪些？
3. 國際經濟協調的主要形式有哪些？
4. 國際經濟協調的主要組織有哪些？其主要職能分別是什麼？
5. 世界貿易組織在國際貿易協調中的作用有哪些？

第十四章　可行性研究與資信調查

第一節　可行性研究概述

一、可行性研究的概念、發展與階段劃分

(一) 可行性研究的概念

可行性研究有時也稱投資項目可行性研究，是指通過對市場需求、生產能力、工藝技術、財務經濟、社會法律環境等方面情況的詳細調查研究，就項目的生存能力和經濟及社會效益進行評價論證，從而明確提出這一項目是否值得投資建設和如何營運等建議。可行性研究是在項目投資決策之前對項目進行評價的一種科學方法。任何項目的建設都需要做好可行性研究、資信調查、投資環境評估和市場調查等前期準備與分析工作，其中可行性研究是最重要和最綜合的一個步驟。

(二) 可行性研究方法的發展

項目的可行性研究從 20 世紀初誕生以來（較早的可行性研究工作是在 20 世紀 30 年代美國開發田納西河流域進行的）到現在，大致經歷了以下三個發展時期：

1. 第一個時期（20 世紀初到 20 世紀 40 年代末期）

在這一時期，項目的可行性研究主要採用財務分析方法，即從企業角度出發，通過對項目的收入與支出的比較來判斷項目的優劣。

2. 第二個時期（20 世紀 50 年代前期到 20 世紀 60 年代末期）

在這一時期，可行性研究從側重於財務分析發展到同時從微觀和宏觀角度評價項目的經濟效益，費用—效益分析（或稱經濟分析）作為一種項目選擇的方法被普遍接受。在這個時期，美國於 1950 年發表了《內河流域項目經濟分析的實用方法》，規定了測算費用效益比率的原則性程序；1958 年，荷蘭計量經濟學家丁伯根首次提出了在經濟分析中使用影子價格的主張。在這之後，世界銀行和聯合國工業發展組織都在其貸款項目的評價中同時採用了財務分析和經濟分析兩種方法。

3. 第三個時期（20 世紀 70 年代初期到現在）

在這一時期，可行性研究的分析方法產生了社會分析方法，即把增長目標和公平目標（兩者可統稱為國民福利目標）相結合作為選擇項目的標準。這一階段的主要研究成果有：1968 年、1974 年，牛津大學的李托和穆里斯編寫的《發展中國家工業項目

分析手冊》和《發展中國家項目評價和規劃》；1972年、1978年、1980年聯合國工業發展組織編寫的《項目評價準則》《工業可行性研究手冊》《工業項目評價手冊》等。

中國自1979年起，在總結中華人民共和國成立以來經濟建設經驗教訓的基礎上，引進了可行性研究，並將其用於項目建設前期的技術經濟分析。

(三) 可行性研究的階段劃分

1. 機會研究

機會研究，又稱投資機會鑒定，它的主要任務就是針對一個特定的地區與行業，分析和選擇可能的投資方向，尋找最有利的投資機會。在此過程中，需要對項目相關數據進行估算。機會研究的步驟大體是：國別研究、地區研究、特定部門或行業研究、提供項目初步報告。

機會研究工作比較粗糙，主要依靠籠統的估計而不是依靠詳細的分析。這種粗略研究所依據的各種數據一般是經驗數據和規劃數據，也有的是參考現有項目匡算得出的數據，其精確度一般為±30%。對於大中型投資項目，機會研究所用的時間一般為2~3個月，所耗費用一般占投資費用的0.1%~1%。投資機會鑒定後，凡能引起投資者興趣的項目，就有可能轉入下一階段即初步可行性研究階段。

2. 初步可行性研究

初步可行性研究是經投資決策者初步判斷並提出進一步分析的要求後，對項目方案所做的初步的技術和經濟等方面的分析。這一步驟根據決策者的要求和建議也可省去而直接進入下一階段的研究。

初步可行性研究，主要是對以下各項作出研究和分析：市場狀況、生產能力和銷售策略；資源（人力、動力、原材料）；建廠地址選擇；項目技術方案和設備選型；管理結構；項目實施進度；項目財務分析（項目資金籌措、產品成本估算、盈利率和還貸估算）；不確定性分析。

初步可行性研究，將為項目是否可以上馬提供判別依據。初步可行性研究一般要用4~6個月或多一點的時間來進行，各種數據的估算精度為±20%，所需費用一般占總投資的0.25%~1.5%。如果確定項目可以上馬，則可進入下一階段即可行性研究。

3. 可行性研究

這一階段不但要對項目從技術上、經濟上進行深入而詳盡的深一步研究，確定方案的可行性，還必須對多種方案進行反覆權衡比較，從中選出投資省、進度快、成本低、效益高的最優方案。可行性研究將為如何實施投資項目提供指導性依據。

可行性研究的內容與初步可行性研究的內容基本相同，但它所需要的資料數據比初步可行性研究更精確些，對數據處理精度要求更高些。這一階段各種數據的估算精度為±10%，時間一般為8~12個月，所需費用占總投資費用的1%~3%，大型項目占總投資費用的0.2%~1%。

4. 編寫可行性研究報告

這一階段的主要任務是將可行性研究的基本內容、結論和建議用規範化的形式寫成報告，成為最終文件以提交決策者作為最後決策的基本依據。

下面以中外合營（合資與合作）項目為例說明可行性研究報告的主要內容。其主要內容包括：基本概況（包括合營企業名稱、法定地址、註冊國家、總投資、註冊資本和合營企業期限等）；產品生產安排及其依據；物料供應安排及其依據；項目地址選擇及其依據；技術設備和工藝過程的選擇及其依據；生產組織安排及其依據；環境污染治理和勞動安全、衛生設施及其依據；建設方式、建設進度安排及其依據；資金籌措及其依據；外匯收支安排及其依據；綜合分析（包括經濟、技術、財務和法律等方面的分析）和主要附件（包括合營各方的營業執照副本、法定代表證明書等）。

5. 項目評估

項目評估是指銀行、政府部門、金融信貸機構對項目的可行性研究報告作出評審估價。項目評估和可行性研究同是為投資決策服務的技術經濟分析手段。它們的內容基本相同，但它們是投資決策過程中兩個不同的重要階段。其主要區別在於：項目評估主要是由銀行或金融機構進行的，它所關心的是貸款的收益與回收問題，主要評估項目的還款能力及投資的風險。可行性研究是由投資者負責進行的，其考察的重點是更新技術、擴大生產、賺取利潤。所以，在項目評估時應側重考查以下幾個問題：

（1）基礎數據尤其是重要基礎數據的可靠性。
（2）項目方案是否優選。
（3）項目投資估算的誤差是否超過允許的幅度。
（4）項目投資建議是否切實可行，有沒有錯誤的建議或遺漏。
（5）項目的關鍵方面是否達到期望研究的質量。

可行性研究的五個階段都是在項目投資前進行的，可行性研究是項目發展週期的一個重要組成部分。

二、可行性研究應注意的問題

(一) 科學性和公正性

進行可行性研究，必須堅持實事求是的原則，數據資料要求真實可靠，分析要據實比選、據理論證、公正客觀。絕不能出現為達到事先已經確定的投資目標而任意改動數據的情況。

(二) 評價數據的正確性、合理性和可靠性

（1）認真審核基礎數據的可靠性。投資額、生產量、成本費用和銷售收入等基礎數據一定要比照同類項目，結合當地實際情況認真估算，如果基礎數據估算失誤，即使後面的內部收益率計算過程再規範、計算數值再準確，也不能起到應有的作用。

（2）合理確定計算期。計算期不宜過長，如果過長，便難以預測環境的變化，進而使計算的各項動態經濟指標的可信度降低。

（3）基準收益率的確定必須切合實際，偏高或偏低都會使折現計算失真。

（4）多方案比較時應認真審定方案之間的可比條件，否則，不僅使比較失去實際意義，而且可能導致決策失誤。

(三) 可行性研究的結論應簡單明確

可行性研究的結論和建議，應以簡潔的文字總結本研究的要點，建議決策人採用推薦的最優方案，要簡述其理由。其中包括推薦方案的生產經營和技術的特點、主要技術經濟指標、不確定性分析結論、對項目各階段工作的指導意見等。同時，對實施項目中要加以注意和預防的問題也應明確指出，切忌有意隱瞞一切可能出現的風險。

三、可行性研究的內容

各類投資項目可行性研究的內容及側重點因行業特點而差異很大，但一般包括以下內容。

(一) 投資必要性

主要根據市場調查及預測的結果，以及有關的產業政策等因素論證項目投資建設的必要性。在投資必要性的論證上，一是要做好投資環境的分析，對構成投資環境的各種要素進行全面的分析論證；二是要做好市場研究，包括市場供求預測、競爭力分析、價格分析、市場細分、定位及營銷策略論證。

(二) 技術可行性

主要從項目實施的技術角度合理設計方案，並進行篩選和評價。各個行業不同項目技術可行性的研究內容及深度差別很大。對於工業項目，可行性研究的技術論證應達到那個比較明確地提出設備清單的深度；對於各種非工業項目，技術方案的論證也應達到目前工程方案初步設計的深度，以便於國際慣例接軌。

(三) 財務可行性

主要從項目及投資者的角度，設計合理財務方案，從企業理財的角度進行資本預算，評價項目的財務盈利能力，進行投資決策，並從融資主體（企業）的角度評價股東投資收益、現金流量計劃及債務清償能力。

(四) 組織可行性

制定合理的項目實施進度計劃、設計合理的組織機構、選擇經驗豐富的管理人員、建立良好的協作關係、制定合適的培訓計劃等，以保證項目的順利執行。

(五) 經濟可行性

主要從資源配置的角度衡量項目的價值，評價項目在實現區域經濟發展目標、有效配置經濟資源、增加供應、創造就業、改善環境、提高人民生活水平等方面的效益。

(六) 社會可行性

主要分析項目對社會的影響，包括政治體制、方針政策、經濟結構、法律道德、宗教民族、婦女兒童及社會穩定等。

(七) 風險因素及對策

主要對項目的市場風險、技術風險、財務風險、組織風險、法律風險、經濟及社

會風險等風險因素進行評價，制定規避風險的對策，為項目全過程的風險管理提供依據。

四、可行性研究在國際經濟合作中的作用

可行性研究是確定建設國際經濟合作項目前具體決定性意義的工作，指在投資決策之前，對擬建項目進行全面技術經濟分析的科學論證，在投資管理中，可行性研究是指對擬建項目有關的自然、社會、經濟、技術等進行調研、分析比較以及預測建成後的社會經濟效益。在此基礎上，綜合論證項目建設的必要性、財務的盈利性、經濟上的合理性、技術上的先進性和適應性以及建設條件的可能性和可行性，為投資決策提供科學依據。具體來說，可行性研究在國際經濟合作項目中主要有以下作用：

（1）可行性研究是建設項目投資決策和編製設計任務書的依據。
（2）可行性研究是建設單位籌集資金的重要依據。
（3）可行性研究是建設項目進行工程設計、施工、設備購置的重要依據。
（4）可行性研究是建設項目單位與各有關部門簽訂各種協議和合同的依據。
（5）可行性研究是向當地政府、規劃部門和環境保護部門申請有關建設許可文件的依據。
（6）可行性研究是國家各級計劃綜合部門對固定資產投資實行調控管理、編製發展計劃、固定資產投資、技術改造投資的重要依據。
（7）可行性研究是項目考核和後評估的重要依據。

總之，可行性研究為國際經濟合作項目的成功提供保障。國際經濟合作項目大多是大型項目，對於企業而言具有重大的意義。一般企業在進行國際經濟合作之前，都必須進行可行性研究，避免盲目投資產生的風險。通過科學分析，使得企業對該項目的情況更加瞭解，從而更明確其中的利與弊。如果在國際經濟合作之前，沒有對項目整體的情況進行系統分析就盲目行動，可能會使公司陷入尷尬的境地，甚至面臨潛在的危機。

五、進行可行性研究時的一些重要參考資料

從國外方面來看，聯合國工業發展組織曾制定和出版了三本工作手冊，作為在世界範圍內通用的項目可行性研究標準手冊，它們是：《工業可行性研究報告編寫手冊》《項目評價準則》《項目估價實用指南》。從國內來看，主要是國家發展和改革委員會和原建設部制定出版的《建設項目經濟評價方法與參數》。

第二節 可行性研究的實施方式

目前進行項目可行性研究通常採用兩種方式：一是由企業自己編製，但同時聘請一些專家作為顧問；二是委託專業諮詢公司編製。

一、由企業承擔編製任務

(一) 可行性研究小組成員的組成

如果由企業自己承擔編製任務,則首先要成立一個研究小組。項目可行性研究小組按照理論模式至少應包括下列成員:一名負責人;一名市場分析專家;一名本行業技術專家;一名管理專家;一名財務專家。此外,還應視項目的具體情況聘請一些短期專家協助工作,如法律、金融、生態環境等方面的專家。

(二) 由企業自己承擔編製任務的利弊分析

以企業自身為主,同時視情況聘請一些短期專家協助編製可行性研究報告的優點主要是:編製人員熟悉本行業和本企業的技術業務以及企業管理特點,編製的報告針對性較強,並且所花費的費用較少。但是,同時也存在著一些缺點:可行性研究結論往往帶有一定的傾向性;有些企業因專業人才不全或水平較低,有可能導致可行性研究報告的質量較差,甚至有可能帶來一些問題。

二、委託專業諮詢公司編製

在國內外,承擔項目可行性研究的機構大小各異,有跨國公司、研究院所、大學、設備製造商、施工承包公司以及專門的諮詢公司和小型事務所等。目前,在西方國家有一些世界性的跨國諮詢公司,專門從事可行性研究工作,如美國的麥肯錫公司和克泰爾公司、法國的雷諾諮詢工程公司、瑞士的哈耶克諮詢公司等。因此,企業必須按照一定的程序,選擇信譽高、經驗多的諮詢機構為自己服務。委託專業諮詢公司編製可行性研究報告時,要注意處理好以下兩個問題。

(一) 合作程序

1. 確定諮詢服務的職責範圍

項目投資者應為本次諮詢服務劃定界限,其中包括:需要提供服務的內容細目、日程安排、報告的最終形式,等等。

2. 發送徵求諮詢文件

根據諮詢服務的職責範圍,項目投資者編製出徵求諮詢文件,然後向項目投資者認為比較合適的諮詢機構發送。備選諮詢機構一般以三至六家為宜,提出名單過多,會給選擇工作帶來困難。

3. 確定候選機構的優選順序

候選機構在接到徵求諮詢文件後,如果對此次諮詢感興趣,一般都會編製諮詢建議書。內容包括可行性研究的工作大綱、時間進度、研究重點、研究深度、費用和支付方式、人員組成、向項目投資者匯報的時間、次數等各方面必須明確的問題。項目投資者在收到各候選機構的諮詢建議書後,即可開始對各諮詢機構的業務能力、從事工作的人員是否稱職以及該建議書的適用程度進行評價,選出一個值得與之進行合同談判的公司。

選擇諮詢機構的標準，可以從以下幾個方面確定：
(1) 諮詢機構對項目所涉及的經濟和技術活動的一般經驗如何。
(2) 所提出的工作計劃是否切合項目的實際情況。
(3) 所提出的費用是否能被項目投資者基本接受。
綜合以上三項標準，排出優選順序。

4. 談判簽訂合同

通過以上優選排序確定候選機構後，既可安排與選中的公司談判，就一些細節問題進行磋商，最後簽訂諮詢合同。談判結束後，項目投資者將選定諮詢公司的消息通知其他候選公司，然後諮詢工作人員即可開始工作。

(二) 可行性研究諮詢費用的計算公式

1. 固定金額計算方式

固定金額計算方式是按照諮詢價格的理論構成計算出諮詢費用總額，以後的整個諮詢活動不再另外計取費用。通常，這項總額費用中還包括有一定比例的不可預見的支出費用。諮詢過程中，如費用有結餘，歸諮詢機構；如有超支，投資者不予補償。對於確定屬於業務增加而引起的費用，可以用追加合同的方式解決。

2. 諮詢人員工資加一定比例其他費用方式

諮詢人員工資加一定比例其他費用方式是將諮詢人員的工資加一定比例其他的費用，作為諮詢費。其計算公式為：諮詢費＝諮詢人員工資×(1+系數)＋直接費用。

公式中的系數，實際上反應了諮詢活動中間接諮詢費用的內容，它的高低一般取決於常規的間接費用數量和諮詢工程的所在地、工作季節、工程類型等。該系數通常在2以上，美國一般取2.3~3。

3. 概略估計方式

概略估計方式是對於某些投資項目，由於其所需諮詢服務的不確定性，可由諮詢機構一方根據項目難易程度和以往同類項目諮詢的經驗，提出一個諮詢費用的總金額，並同時規定一個報酬總額的上限和下限。如果項目諮詢活動出現意外增減，諮詢費用增減的額度以預先議定的上下限為界。

第三節　資信調查

一、資信調查的概念、分類和意義

(一) 資信調查的概念

資信調查是指通過一定的方式對貿易客戶或合作與投資夥伴的資金及信用等方面的情況進行調查瞭解。資信調查在有的國家或地區又稱徵信調查，簡單來說，就是驗證一個人或企業的信用。資信調查與諮詢服務並不完全相同，諮詢服務是請人當經營與管理或信息方面的顧問或參謀，而資信調查可以說是請人當商業方面的偵察人員。

我們通常所說的在投資決策之前要做好國外市場調查研究工作，主要講的是要做好投資環境的評估，當然，如果從廣義上來理解，也可以把資信調查包括在其中。

(二) 資信調查的分類

資信調查按照不同的標準可以分為許多不同的類型。以資信調查的地域分類，可以分為國外資信調查與國內資信調查；以資信調查的對象分類，可以分為個人資信調查、企業資信調查、財產資信調查和產業資信調查；以資信調查的目的分類，可以分為投資資信調查、交易資信調查、管理資信調查、聘雇資信調查和婚姻資信調查；按資信調查的方式分類，可以分為直接資信調查、間接資信調查與直接和間接相結合的資信調查；等等。

一般來講，資信調查是在一項決策作出之前進行，但由於經營管理過程中時常要進行一些較重要的決策，所以資信調查也不是一次就完結的，而是要根據需要選擇時機對投資與合作夥伴的資信不斷進行瞭解和掌握。另一方面，投資與合作夥伴的資信狀況也是在不斷變化的，也需要不斷進行瞭解，特別是當其法律與管理組織結構發生重大改組、人事發生重大調整或生產與經營狀況發生逆轉時，更需要及時把握其資信的相應變化。由此看來，資信調查又可以分為事前資信調查、事中資信調查、追蹤資信調查和應急資信調查等。

(三) 資信調查的意義

從進行國際合作與投資的角度而言，做好資信調查的意義和作用主要有以下幾個方面：

(1) 有助於選定資金和信用等方面情況良好的投資合作夥伴。如果我們選定的合作夥伴資信可靠，那麼就有助於合作與投資項目的順利進展；反之，如果選定的合作夥伴資信不佳，不僅對項目的順利進展不利，甚至還會使我們上當受騙，造成企業虧損甚至倒閉破產。

(2) 進行資信調查有利於作出科學的國際合作和投資項目決策，提高項目的成功率，促進國際經濟合作與投資事業的發展。例如，中國利用外資與海外投資工作中，都把對外方投資合作夥伴的資信調查作為一個重要環節來抓，結果是有力地提高了這兩方面的審批質量和工作水平。

(3) 搞好資信調查還有助於減少中國海外企業投產開業後合營各方的矛盾和糾紛，避免出現不必要的風險和損失，使中國海外企業能夠取得較好的經濟效益，使海外投資的本金能夠保值和增值。列如，中國某省的國際經濟合作公司與巴巴多斯某華人合資創辦了一家公司生產服裝，由於事先未對合作夥伴的資信情況進行認真調查瞭解，結果公司創辦後該華人採取多種手段侵吞公司資金，招致公司破產，我方損失一百多萬美元。

(4) 資信調查一般在項目可行性研究之前進行，因此，資信調查做好了對項目可行性研究工作的順利開展也有很大的益處。總之，資信調查是做好中國對外經濟貿易工作的一個重要前提。

二、資信調查的內容

(一) 關於資信調查內容的不同學說

在關於資信調查的內容（要素）主要應當包括哪些方面的問題上存在著不同的觀點和學說，較有代表性的有「三 F」說、「五 C」說、「五 P」說和「五 M」說。下面分別介紹這幾個學說。

1.「三 F」說

該學說中的三個 F 是指三個要素，即管理要素（Managerial Factor）、財務要素（Financial Factor）和經濟要素（Economic Factor），認為企業資信調查的內容主要是這三個方面。

2.「五 C」說

該學說認為企業資信調查的內容應當是：品行（Character），指潛在的合作夥伴在以往的經營中表現出來的商業道德，如債務償還情況等；經營能力（Capacity of Business），指潛在的合作夥伴在日常經營管理中所顯示出的經營技能和實力；資本（Capital），指潛在的合作夥伴的財務情況；擔保品（Collateral），指潛在的合作夥伴擔保品的種類、性質和變現性；經營狀況（Condition of Business），指潛在的合作夥伴目前經營業務的狀況，如市場環境狀況、所在行業的現狀與前景、企業的競爭力狀況等。

3.「五 P」說

該學說認為資信調查主要應當圍繞以下五個方面的內容進行：一是人的因素（Personal Factor），二是目的因素（Purposeful Factor），三是還款因素（Payment Factor），四是保障因素（Protective Factor），五是業務展望因素（Perspective Factor）。

4.「五 M」說

該學說認為資信調查的內容是管理（Management）、財力（Money）、企業員工（Man）、市場（Market）和機器設備（Machine）五個方面的狀況。

以上幾種學說的立論有所不同，但實質上區別並不是很大，因為資信調查的內容總是圍繞著與被調查對象直接相關的因素而展開。

(二) 資信調查的主要內容

對合作與投資夥伴進行資信調查時，主要應注意和考慮以下一些內容：

1. 公司或企業的註冊時間與註冊地點

公司或企業的註冊時間是一個很重要的信號。根據幾個主要西方國家的官方統計，公司的破產率與公司成立的時間長短有很大的關係。在破產的公司中，破產絕大多數是發生在公司成立的早期，破產的高峰期是在公司成立後的前三年，一般破產率達到 20% 左右，到成立後第十年，破產率逐步趨穩，在 5% 上下徘徊。所以，在尋找合作夥伴時要特別注意這一點。當然，這並不是說絕對不能與新成立的公司打交道。另外，還要注意公司或企業的註冊地點，有些外國企業在一些特殊地點註冊，這都是有其用意的。例如，有些企業不在本國或經營業務所在國註冊，而是到巴哈馬、開曼群島、百慕大、瑙魯、利比里亞等地註冊，因為上述地區對企業的管制較少，稅收政策也較

優惠，所以吸引了不少公司去尋求特殊的好處。對在這些地區註冊的公司的資信情況，中國應慎重對待。

2. 公司的註冊資本金額

現在國外的大多數公司都是有限責任性質的企業，即企業只是以其註冊資本的金額為上限對本企業的債務承擔有限責任。企業的經營能力與企業的資本實力有著密切的關係。例如，中國內地某進出口公司曾委託內地一家資信調查機構調查中國香港一家公司的資信情況，結果發現其註冊資本數量很小，而其卻大肆宣傳自己資金實力如何雄厚，可出幾億港元與內地合建企業等。

3. 公司的法律或管理組織結構

外國公司有不同形式的組織結構，如：有子公司、分公司與母公司之分；有有限責任公司、無限責任公司和股份有限公司之分；有股票上市公司與不上市公司、獨資公司與合資公司、控股公司與非控股公司之分；此外，還有獨資公司與合夥企業之分。總之，所有這些組織結構形式，都會在某些關鍵時刻和關鍵問題上影響該公司的權益。如子公司與分公司形式就有很大不同：子公司的債務由子公司負責償還，償還不了時則企業倒閉破產；而分公司則不同，因分公司不是獨立的企業法人，所以分公司所欠的債務在自身償還不了時，母公司要代為償還，這說明分公司是無限責任性質的企業。

4. 資產負債比率

資產負債比率是指企業負債總額與企業資產總額的比率。其計算公式為：資產負債比率=(負債總額/資產總額)×100%。資產負債比率是衡量企業資金實力和風險的重要尺度。這裡所指的負債，是指企業所負擔的全部短期和長期債務（國外把一年以上的欠款均視為長期債務，銀行透支額按其性質也算在長期債務之內）。這裡所講的資產是指企業所擁有的一切財產、物資、債權和其他各種可以用貨幣計價的權益。一般來說，該項比率越高，說明企業資信較差。這項比率原則上不應超過100%。英、美等國工業企業的負債對資產比率平均為50%左右，一般工業企業超過了這個比例，就很難從銀行或財務公司借到資金。當然，各國的經營管理理念不同，銀行等金融機構對企業的支持程度也有所不同，對這一比率的要求也就不一樣。在日本，工商企業的資產負債比率高達60%~90%也屬正常。

5. 合作夥伴的性格、道德（品行）和能力

合作夥伴誠實可靠並具有較強的業務開拓能力，是雙方合作成功的保障和基礎。為此，要對合作夥伴的經歷、學歷、信用、性格特點、主要經營者之間的相互關係、實際經營者與其繼承者關係、經營者對現代經營管理知識的認識與實踐程度、經營者的經營作風、履約情況以及經營者的經營能力等進行調查瞭解。

6. 企業的員工與設備等經營管理方面的情況

企業的員工與設備等經營管理方面的情況對企業資信也有直接的影響，這具體包括：企業員工的數量、構成比例、流動率、敬業精神、薪金水準和工會組織作用；企業設備的技術檔次、配套能力和商標牌號；企業經營與管理機構的設置、經營與管理計劃的制訂和執行情況、經營範圍和經營性質等。

7. 往來銀行

瞭解潛在合作夥伴往來銀行的名稱、地址以及其在銀行中的存、貸款情況和對外付款記錄也是很重要的。

8. 業務現狀與展望

企業供貨來源狀況、生產狀況、銷售狀況、銷售市場的分佈與未來銷售計劃，前後向關聯企業現狀與預測、該行業發展前景、企業業務開拓規劃以及長期投資的行業、產品、時間和地區分佈狀況等，與企業的資信調查情況也有密切的關係。

三、資信調查的途徑和程序

(一) 資信調查的途徑

(1) 通過國內外銀行進行調查。通過中國境內的銀行（如中國銀行）進行調查。調查時，國內企業要先提出委託申請書並提供國外被調查對象的有關資料，然後由銀行擬好文稿，附上調查對象資料，寄給其往來銀行的資信部門。國內企業也可以直接向對方的往來銀行調查。調查時，將企業自擬的文稿和調查對象的資料寄給對方的往來銀行資信部門。通過銀行系統進行調查，除了可以瞭解到被調查對象的資金實力與借貸信譽等屬於銀行內部保密的情況之外，所需費用也相對較低一些。

(2) 通過國內外的專業諮詢和資信調查機構進行調查。許多諮詢機構都進行客商資信調查工作，還有一些諮詢機構是以資信調查作為其主要業務的，即專業性的資信調查機構。在通過國內外的諮詢和資信調查機構進行資信調查時，也是要先提出委託申請並提供被調查對象的有關資料。目前，中國境內從事國際資信調查業務的機構已建立了不少，僅北京地區較有名的就有：中國國際經濟諮詢公司、中國對外經濟貿易諮詢公司、北京中貿商務諮詢公司和東方國際保理諮詢服務中心等。有些境外或國外的諮詢公司也已在內地指定代理機構或設立分支機構，開展資信調查等方面的業務，國內企業也可以直接委託它們進行資信調查。如美國鄧白氏信息諮詢公司已在中國境內設立機構從事資信調查等業務。由於是專業諮詢和資信調查機構，所以調查報告的內容會更全面準確，時效性也會更強，並且因為是中立機構，其所提供的報告也會更客觀公正。當然，委託這類機構進行資信調查時，所支出的費用也會相對高一些。

(3) 通過國內外商會或進出口協會進行調查。各國的商會組織都擁有各行業企業的詳細資料，因此，企業也可以通過商會或進出口協會瞭解國外調查對象的資信情況。

(4) 通過中國駐外使（領）館商務機構進行調查。中國駐外使（領）館的商務機構（經濟商務參讚處或經濟商務參讚室）對當地企業的情況比較瞭解，委託它們調查當地企業的資信情況也是一個有效的途徑。

(5) 通過國外的親朋好友、本企業的海外機構、本國的其他海外企業與機構、本企業的國外現有客戶與合作夥伴進行調查。

(6) 本企業派人到國外進行實地考察瞭解，判斷對方的資信，或根據對方的來函、報導對方情況的報刊以及對方股票的股市行情等由本企業作出判斷。

(7) 要求對方直接提供能反應其資信狀況的資料，直接與對方接觸，面對面核對

對方的身分和詢問對方的生產經營規模、註冊資金、年度盈利情況等，通過這些方式也可以瞭解和判斷對方的資信。對當面詢問不要有不禮貌的顧慮。如果怕有悖於對方的風俗人情，則可以先出示自己的合法身分和介紹本公司的情況，然後禮尚往來，也自然引起對方向我方相應地介紹其自身的有關情況，或者我方直接詢問對方。簽訂合同或協議本身就是為了防止今後的糾紛，這樣做對雙方都有利，任何一個誠實的客戶都明白這個道理。

在上面所講的七個途徑中，前五個是間接的資信調查途徑，後兩個是直接的資信調查途徑。有時可以將間接和直接的資信調查途徑結合起來使用。凡是進行間接的資信調查都要將被調查對象的全稱、地址、電話和傳真號碼及其往來銀行的全稱、地址、電話和傳真號碼告之被委託調查機構或個人，同時，還需要提高被調查對象與自己單位接觸的意向。

(二) 資信調查的程序

資信調查的程序主要針對間接資信調查而言的。間接資信調查五種途徑的程序大同小異，下面以通過國內資信調查機構進行調查為例，介紹基本程序如下：

1. 提出委託申請

即由委託人向資信機構提出書面申請，填寫國外資信報告委託書，詳細列明調查對象的有關情況和具體事項以及委託方的情況。

2. 付款

零散客戶在委託申請提出後付清費用。固定客戶付款情況有所不同，採用的是定期結算付款的方式。

3. 開始調查

資信機構在將委託人所填具的委託書統一編號備案後，便開始通過相應的方式進行調查工作。根據國際慣例，資信機構在從事調查時無權向調查對象透露委託來源。

4. 提供資信調查報告

資信機構在事先約定的期限內完成調查工作，向委託人提供資信報告。報告標準文字為中文，如委託人有要求也可提供英文等文種的報告。

四、資信（信用）等級評定

資信（信用）等級評定是指以統計方法，將影響企業信用的各項要素數量化和精確化，按照具體、客觀、準確、迅速的原則，對被調查企業的信用狀況給予一個總體評價。具體進行評定時要制定出一個評分表，以企業得分總數的多少，評定其信用等級。目前，一般的做法是將企業的綜合信用分為四個等級，即最好、好、一般、差。有時也稱為 A、B、C、D 四級。

(一) 工商企業信用等級評定的具體標準和條件

下面以臺灣地區中華徵信所信用評定等級劃分標準為例進行介紹，其將信用評級的等級劃分為以下幾類：

1. A級：優良客戶

標準和條件是：①在本行業與銀行界必須具備最高的信譽；②有穩定的高於本行業平均水平的獲利能力；③屬於第一類股票上市公司，盈餘情況良好；④屬於全國性成績優秀的大廠商；⑤財力雄厚的廠商；⑥對本公司盈利有突出貢獻的廠商；⑦自動付款交易情況良好者。

2. B級：滿意客戶

標準和條件是：①長期往來性客戶，收付款情況正常；②公司獲利情況良好；③往來交易量極為平穩；④企業與其負責人無不良評價；⑤對本公司盈利有貢獻的廠商；⑥地方性廠商；⑦上市股票公司，盈餘正常；⑧同行業與銀行界評價良好；⑨小型企業具有潛力者。

3. C級：應該注意的客戶

標準和條件是：①往來交易有延滯或換票情況者；②查詢往來銀行實績較差者；③公司或工廠用房與用地為租用者；④企業財力薄弱者；⑤公司新成立，營業未滿三年者；⑥舊客戶久未往來，近來重新往來者；⑦夕陽行業的廠商；⑧不景氣受害較嚴重的廠商；⑨負債比率偏高的廠商；⑩有財務糾紛或訴訟的廠商；⑪資信資料不全的廠商；⑫在同行業往來交易中有不良記錄的廠商。

4. D級：應該特別注意的客戶

標準和條件是：①營業情況不良者；②獲利能力差，近年嚴重虧損者；③資產負債比率偏高，負債情況嚴重；④產品滯銷情形嚴重；⑤關係企業經營失敗；⑥被主要往來客戶重大倒帳；⑦股東不和，情形嚴重，重大股東退股；⑧遇水災、火災等重大自然災害者；⑨有重大漏稅或違法情形者；⑩同行業傳說不穩定者；⑪有退票等不良記錄者；⑫有刑事犯罪前科者；⑬付款情況不良，經常需要催討者。

(二) 工商企業信用等級評定的對應分值

下面仍然是以臺灣地區中華徵信所企業信用等級評定的對應分值為例加以說明。通過工商企業信用等級評定的對應分值表可以看出，80分至100分對應的是A級、50分至79分對應的是B級、30分至49分對應的是C級、29分以下對應的是D級。

表14.1　　　　　　　　　信用等級評定的對應分值表

等級		分值	信用狀況
A	AA	90-100	信用優良，往來交易應無問題
	A	80-89	信用良好，目前往來交易應無問題
B	B+	70-79	信用尚佳，當前正常交易尚無問題
	B	60-69	信用尚可，有保證或有條件之交易尚可往來
	B-	50-59	信用普通，資產有限，大宗交易宜慎重
C	C	30-49	信用欠佳，往來交易應注意

資料來源：臺灣地區中華徵信所。

五、如何閱讀和利用資信調查報告

在委託資信機構進行資信調查後，我們會得到一份資信調查報告，在閱讀和利用資信調查報告時應注意以下幾點：

（1）拿到一份資信調查報告後，首先，要關注調查對象的信用等級，因為信用等級是整個調查報告的核心，通過信用等級可以觀察到調查對象的總體資信情況。如果資信等級為 A 級，說明被調查對象的資信較好，在一定條件下可以與之合作。如果資信為 C 級，與之合作時應特別加以注意。如果被調查對象的資信為 D 級，則不應與之合作。其次，要認真閱讀報告中的總體分析或重要評論部分的內容，因為這些部分的內容會給我們一些有關調查對象的綜合情況分析和評價，並提示我們在與之進行交易時應注意的問題。

（2）不論調查對象的信用等級評定是高還是低，在把握住上面提到的兩個關鍵內容之後，還要對資信報告從頭到尾進行仔細閱讀。在閱讀報告時，一方面要注意分析給調查對象評定某個等級的依據，另一方面，還要注意將自己所瞭解的調查對象的情況以及調查對象所提供的自身情況同報告中所反應出來的情況進行對照。

（3）要根據本企業與調查對象的接觸意向，擬與調查對象進行合作的項目性質，對資信調查報告進行有針對性的閱讀，分析是什麼因素影響了調查對象的信用情況，而這些因素對本企業與之合作是否有直接的影響，如果有，要慎重考慮本企業應當做出什麼樣的決策。

思考題

1. 可行性研究的概念與階段如何劃分？
2. 可行性研究的內容有哪些？
3. 簡述資信調查的主要內容、途徑與程序。
4. 企業信用等級評定的具體標準和對應分值一般如何規定？
5. 如何進行資信調查報告的閱讀與利用？

國家圖書館出版品預行編目(CIP)資料

國際經濟合作 / 李大鵬、李延 主編. -- 第一版.
-- 臺北市 : 崧博出版 : 財經錢線文化發行, 2018.10

面 ; 公分

ISBN 978-957-735-549-2(平裝)

1.國際合作 2.經濟合作

559.8　　　　107016649

書　　名：國際經濟合作
作　　者：李大鵬、李延 主編
發 行 人：黃振庭
出 版 者：崧博出版事業有限公司
發 行 者：財經錢線文化事業有限公司
E-mail：sonbookservice@gmail.com
粉絲頁　　　　　　網　址：
地　　址：台北市中正區延平南路六十一號五樓一室
8F.-815, No.61, Sec. 1, Chongqing S. Rd., Zhongzheng Dist., Taipei City 100, Taiwan (R.O.C.)
電　　話：(02)2370-3310　傳　真：(02) 2370-3210
總 經 銷：紅螞蟻圖書有限公司
地　　址：台北市內湖區舊宗路二段 121 巷 19 號
電　　話：02-2795-3656　傳真：02-2795-4100　網址：
印　　刷：京峯彩色印刷有限公司（京峰數位）

　　　本書版權為西南財經大學出版社所有授權崧博出版事業有限公司獨家發行電子書及繁體書繁體版。若有其他相關權利及授權需求請與本公司聯繫。

定價：500 元

發行日期：2018 年 10 月第一版

◎ 本書以POD印製發行